Textilarbeit Schritt für Schritt

von
Cornelia A. Schlieper

Dr. Felix Büchner / Handwerk und Technik – Hamburg

ISBN 3.582.0**7521**.4

Verlag Dr. Felix Büchner – Verlag Handwerk und Technik G.m.b.H., Lademannbogen 135, 22339 Hamburg; Postfach 63 05 00 – 22331 Hamburg – 1997
Gesamtherstellung: Universitätsdruckerei H. Stürtz AG, 97017 Würzburg

Inhaltsverzeichnis

Textilarbeit Schritt für Schritt – das Konzept

Grundlegende Themen des Textilunterrichts werden anschaulich mit zahlreichen Abbildungen und Fotos abgehandelt.

Viele schüleraktive Handlungsideen sind in alle Kapitel integriert. Lernen lässt sich erleichtern, wenn es mit Methoden geschieht, die neben dem gedanklichen auch einen handelnden Zugang zu den Inhalten erlauben.

Durch die vielfältigen Handlungsideen sollen zugleich Methoden- und Sozialkompetenz der Schülerinnen und Schüler gestärkt werden. Sie erlernen unterschiedliche Methoden, die es ihnen ermöglichen, auch in anderen Kapiteln selbstständig eine passende Methode auszuwählen bzw. neue Methodenideen zu entwickeln.

Schülerinnen und Schüler erfahren bei der Umsetzung der Handlungsideen, dass die Beschäftigung mit einer angemessenen, umweltfreundlichen und gesunden Kleidung nicht allein das Gebiet von Fachleuten, sondern ihre Sache ist.

Verschiedene Arbeitstechniken werden
Schritt für Schritt
anschaulich durch zahlreiche Bilder mit kurzer Beschriftung dargestellt.

Ungeübte und ausländische Schülerinnen und Schüler können hier schrittweise den Arbeitsablauf verfolgen und später praktisch nachvollziehen.

Insgesamt führt das Buch also anschaulich in Theorie und Praxis des Textilunterrichts ein.

Cornelia A. Schlieper
Herbst 1997

1 Vom textilen Rohstoff zur Bekleidung

1.1 Materialauswahl

1. *Beschreibe Situationen, in denen eine Weste getragen wird.*
2. *Nenne Anforderungen, die an eine Weste gestellt werden, z.B. leichte Pflege.*
3. *Textile Flächen haben unterschiedliche Eigenschaften.*

   Suche diejenigen Eigenschaften aus der Abbildung heraus, die für eine Weste wichtig sind.
4. *Nenne weitere – hier nicht genannte – Eigenschaften, die bei einer Weste wichtig sind.*
5. *Beschreibe das auf S. 24 abgebildete Stoffangebot.*

   Erkunde auch das Stoffangebot in verschiedenen Stoffläden.
6. *Mache Vorschläge: Welcher Stoff soll für eine Weste gekauft werden?*

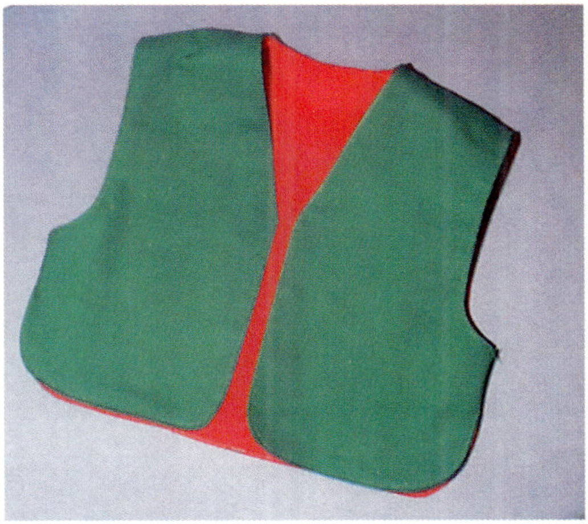

Zunächst sollen hier die verschiedenen Produktionswege für unterschiedliche Textilien aufgezeigt werden:

- Wie werden textile Flächen hergestellt?
- Welche Naturfasern und Chemiefasern gibt es?
- Welche Möglichkeiten der Textilveredelung gibt es, um die Trage- und Pflegeeigenschaften der Naturfasern und der Chemiefasern zu verbessern?

Nach den jeweiligen Bedürfnissen – dem späteren Einsatz – müssen jeweils Rohstoff, Verarbeitung und Veredelungstechniken ausgewählt werden.

Wie werden textile Flächen hergestellt?

1. *Sammle Stoffproben von verschiedenen textilen Flächen.*
2. *Beschreibe das Aussehen der abgebildeten textilen Flächen. Stelle Unterschiede fest.*

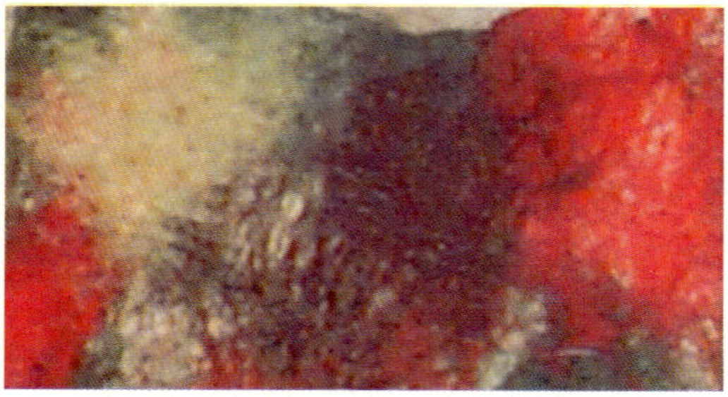

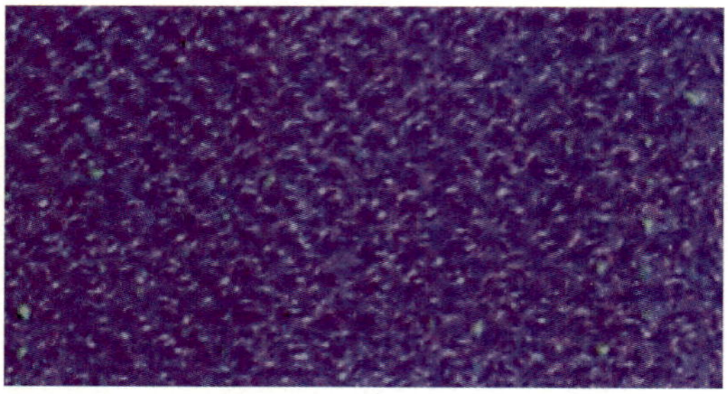

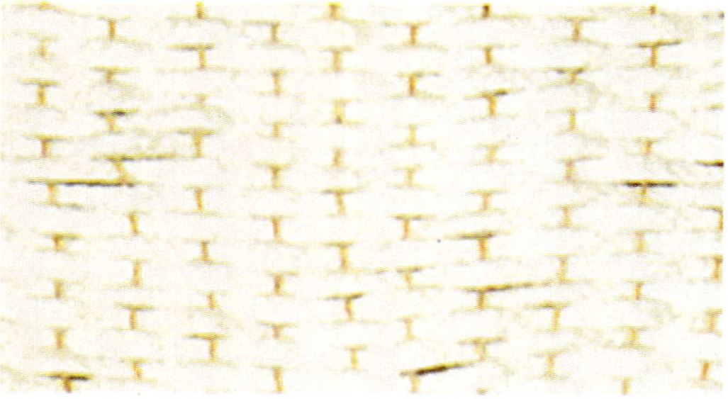

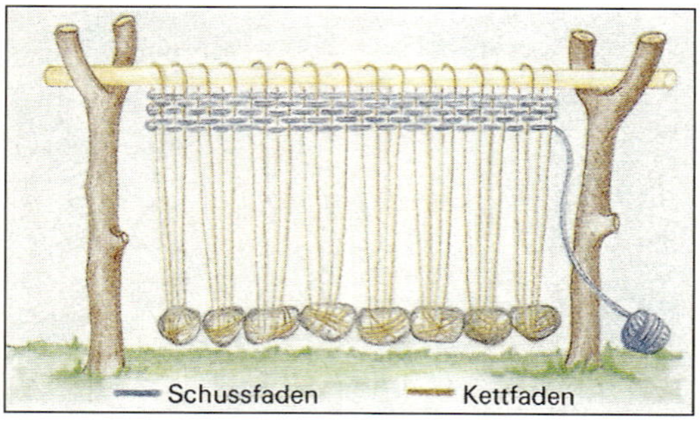

Webgestell auf Astgabeln

Webwaren

Bei Webwaren werden zwei Fadensysteme miteinander verkreuzt. Die beiden Fadensysteme sind die Kettfäden und die Schussfäden.

Das Weben ist eine uralte Technik. Die ersten Webgestelle wurden auf Astgabeln errichtet. Auf den Astgabeln ruhte ein Baumstamm, um den die Kettfäden verknotet wurden. Mit Steinen beschwert, hingen die Kettfäden senkrecht herunter. Der Schussfaden war zu einem Knäuel aufgewickelt. Er wurde waagerecht mit den Kettfäden verkreuzt, d. h., man führte die Schussfäden abwechselnd unter den Kettfäden hindurch bzw. darüber hinweg – eine Leinwandbindung entstand. Leinwandbindung ist eine feste Bindung.

Später wurden die Webstühle entwickelt, die heute von den Webautomaten abgelöst sind. Das Herstellungsprinzip ist zwar immer noch das Gleiche, die Herstellung erfolgt jedoch wesentlich schneller, außerdem sind viele unterschiedliche Muster möglich.

Durch die jeweilige Bindung werden Eigenschaften eines Stoffes bestimmt. Neben der Leinwandbindung finden wir die Köperbindung und die Atlasbindung.

Köperbindung und Atlasbindung sind weniger fest. Typisch für die Köperbindung sind die schräg verlaufenden Linien, z. B. bei Jeansstoff. Dieser wird besonders fest gewebt und erhält so die gewünschte Festigkeit.

Webautomaten

Maschenwaren
Beim Stricken und Häkeln werden aus einem fortlaufenden Faden Schlingen gebildet, diese Schlingen nennt man auch Maschen. Miteinander verschlungen und ineinander hängend, ergeben diese Maschen den Stoff, vgl. S. 136 ff.

Durch unterschiedliche Maschenarten werden Muster erzeugt, vgl. S. 139 ff., 147.

Verbundstoffe
Sie entstehen durch eine Verbindung von Fasern, Fäden oder Flächen. Man unterscheidet Filze und Vliesstoffe.

Filze werden durch mechanische Verfahren hergestellt, z. B. durch Filzen und Walken unter Einwirkung von Wärme, Feuchtigkeit und Seifenlauge, vgl. S. 160 ff.

Vliesstoffe werden durch Hitzeeinwirkung verschweißt oder verklebt.

Verbundstoffe können oft preiswerter als Webwaren oder Maschenwaren hergestellt werden, da das Arbeitsverfahren Spinnen entfällt.

1. *Prüft mit Fadenzählern die Verknotung von Kettfäden und Schussfäden in verschiedenen Stoffproben. Verknotung: Läuft der Schussfaden jeweils über oder unter dem Kettfaden?*
2. ***Fertigen eines Webrahmens:***
   Nehmt einen festen Kartondeckel, z. B. Schuhkarton.
   Kerbt oben und unten in den Kartonrand Einschnitte
   – Abstand der Einschnitte jeweils 1 cm, vgl. S. 152 ff.
   Bespannt den Karton mit Kettfäden. Hierfür eignet sich sehr fester Zwirn oder Paketband.
3. *Versucht*
   a) eine Leinwandbindung,
   b) beobachtete Webmuster in unterschiedlichen Stoffen
   nachzuweben.

Eigenschaften von textilen Flächen

Beim Vergleich von Webwaren, Maschenwaren und Verbundstoffen können folgende unterschiedliche Eigenschaften festgestellt werden. Die Eigenschaften werden jeweils durch das verwendete Material – Rohstoff, Fadenart – verstärkt bzw. gemindert.

Eigenschaften	Webwaren	Maschenwaren	Verbundstoffe
Wärmehaltevermögen	gering	gut bis sehr gut	gut bis sehr gut
Dehnbarkeit	sehr gering	sehr gut	gut
Strapazierfähigkeit	gut bis sehr gut	gering	sehr gering
Griff	fest bis hart	weich	weich
Fall	weich bis brettig	fließend	weich bis brettig

	Webwaren	Maschenwaren	Verbundstoffe
Beispiele	Hemden, Hosen, Kleider, Jacken, Blusen, Tischdecken, Geschirrtücher	Pullover, Unterwäsche, Strümpfe, Trainingsanzüge	Mäntel, Jacken, Wegwerfkleidung für die Krankenpflege

Textile Fäden

1. *Löse Fäden aus verschiedenen Stoffproben:*
   a) Maschenwaren,
   b) Webwaren.
2. *Versuche die Fäden weiter aufzulösen.*
   Beschreibe den Aufbau der Fäden.
3. *Nenne Verwendungszwecke für Stoffe aus*
   a) Garnen,
   b) Zwirnen.
4. *Beurteile folgendes Angebot: Preiswerter, strapazierfähiger, eleganter Herrenanzug aus Streichgarn.*

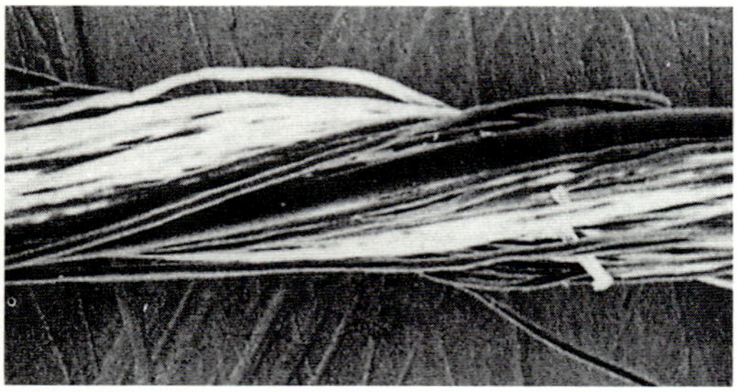

Garne

Zwirne

Maschenwaren und Webwaren werden aus textilen Fäden hergestellt. Hierbei kann es sich um Garne oder Zwirne handeln. Je nachdem, ob Garne oder Zwirne verwendet werden, haben die Stoffe unterschiedliche Eigenschaften.

Garne bestehen aus einzelnen Fasern, die beim Spinnen zusammengedreht werden. Die Fasern werden durch die Drehung beim Spinnen leicht aneinander gepresst. Zwischen den Fasern befinden sich jedoch noch Luftzwischenräume. Die Faserenden können noch aus dem Garn herausstehen und ihm ein flauschiges Aussehen geben.

Zwirne entstehen, wenn zwei oder mehrere Garne zusammengedreht werden. Zwirne sind in der Regel stärker gedreht als Garne. Durch die Drehung werden die Fasern eng aneinander gepresst, es sind kaum Luftzwischenräume vorhanden.

Eigenschaften von Garnen und Zwirnen

Garne sind durch die leichte Drehung weicher und anschmiegsamer als Zwirne. Sie haben aufgrund der Zwischenräume ein gutes Wärmehaltevermögen, vgl. S. 34.

Effektgarne sind Garne mit besonderer Wirkung, besonderem Effekt, z. B. durch Farbe oder Material oder durch die Drehung.

Beispiele – Garne
Heftfäden und Stickgarne sind Garne, von ihnen wird keine hohe Reißfestigkeit verlangt.
Streichgarnstoffe (Wolle) werden aus weichen Garnen hergestellt.

Zwirne sind aufgrund der starken Drehung reißfester und scheuerfester. Sie haben kaum Luftzwischenräume und so auch nur ein geringes Wärmehaltevermögen.

Beispiele – Zwirne
Nähfäden sind in der Regel Zwirne.
Kammgarnstoffe (Wolle) werden aus Zwirnen hergestellt.

Faserunteruchungen

Löse Fäden aus verschiedenen Stoffproben. Führe die Versuche durch.

Brennprobe

a) Baumwolle, b) Synthetics, c) Wolle.

Halte jeweils einen Faden mit einer Pinzette über die Flamme.
Beschreibe das Aussehen
– der Flamme,
– des Rückstandes.
Beschreibe den Geruch.

Sichtprobe

a) Baumwolle, b) Synthetics, c) Wolle.

Drehe die Fäden auf.
Zupfe einige Fasern aus dem aufgedrehten Faden.
Lege die unterschiedlichen Fasern nacheinander unter ein Mikroskop mit 400-facher Vergrößerung.
Beschreibe das Aussehen von
– Baumwollfasern,
– synthetischen Fasern,
– Wollfasern.

Rückstand Synthetics

Synthetische Fasern – Vergrößerung

- ▶ Brennproben und Sichtproben können auch mit anderen Rohstoffen durchgeführt werden.

Wir erstellen Lernspiele zu den verschiedenen textilen Rohstoffen

Planung

- ▶ Wir überlegen gemeinsam.
  In wie viel Gruppen wollen wir unser Spiel spielen? Jede Gruppe benötigt:
- ▶ ein Spielbrett, Spielsteine und Würfel,
- ▶ Spielkarten: Wissens-, Ereigniskarten.

Vorbereitung

- ▶ Die Aufgaben werden verteilt.
- ▶ In Gruppen werden nun Spielbretter, Wissenskarten und Ereigniskarten erstellt.
- ▶ Die Spielbretter werden auf Zeichenkarton angefertigt. Sie haben Wissensfelder und Ereignisfelder.

Wissenskarten

Die Gruppen, die die Wissenskarten erstellen, schreiben Fragen auf die Karten. Die richtigen Antworten werden auf dem Kopf stehend darunter geschrieben, z. B.:

In welchem Land wird Baumwolle angebaut?

Ereigniskarten

Die Gruppen, die die Ereigniskarten erstellen, überlegen sich Begebenheiten, die zu einer Strafe oder Belohnung führen, z. B.:

Du kaufst ein naturfarbenes Baumwoll-T-Shirt.
Rücke 4 Felder vor.

Durchführung

Nun können wir endlich spielen.
Jede Gruppe bekommt ein Spielbrett usw. Die Wissenskarten und Ereigniskarten liegen verdeckt auf dem Tisch. Nun wird im Uhrzeigersinn gewürfelt. Kommt ein Spieler auf ein Wissens- oder Ereignisfeld, so liest sein rechter Nachbar die Wissens- bzw. Ereigniskarte vor und kontrolliert die Antwort. Es gelten auch die Regeln des Spiels „Mensch ärgere dich nicht“.

Flachs (Leinen)

Baumwolle

Wolle

Seidenkokon

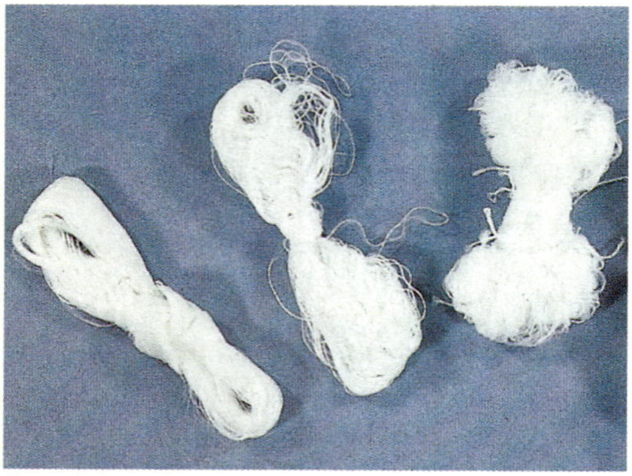

Chemiefasern

Übersicht – textile Rohstoffe

1. *Nennt verschiedene textile Rohstoffe.*
2. *Ermittelt textile Rohstoffe, aus denen eure Kleidungsstücke hergestellt sind.*
3. *Nennt weitere Verwendungsmöglichkeiten für textile Rohstoffe.*

Die Naturfasern waren die ersten textilen Rohstoffe. Wolle und Leinen waren für unsere Vorfahren wichtig, da sie diese selbst erzeugten. Aus China kam die kostbare Seide dazu, die heute auch in Europa gezüchtet wird. Baumwolle wird in tropischen und subtropischen Ländern angebaut.

Baumwolle und Flachs/Leinen sind pflanzliche Naturfasern, sie bestehen aus Cellulose.

Wolle und Seide sind tierische Naturfasern, sie bestehen aus Eiweiß.

Chemiefasern: Bereits in der Mitte des 19. Jahrhunderts wurden Versuche unternommen, nach dem Vorbild der Seidenraupe textile Fäden künstlich herzustellen. Ausgangsmaterial war die Cellulose, das Holz von Fichten und Buchen. Endprodukt war ein Faden, der aus wiedergewonnener Cellulose bestand.

1931 wurden die ersten synthetischen Textilfasern erzeugt. Ausgangsmaterial war Erdöl, aus dem durch chemische Verarbeitung ein neues Endprodukt, der synthetische Faden, entstand, vgl. S. 16.

Textile Rohstoffe

Naturfasern		**Chemiefasern**	
pflanzliche	tierische	cellulosische	synthetische
↓	↓	↓	↓
Baumwolle	Wolle	Viskose	Polyester
Leinen	Kamelhaar	Acetat	Polyamid
Jute	Angora (Kaninchen)	Modal	Polyacryl
Hanf	Seide		Polyurethan (Elasthan)
Sisal	Mohair (Ziege)		
	Kaschmir (Ziege)		

1.2 Naturfasern

Baumwolle

Baumwollfasern sind Samenhaare einer meist einjährigen Pflanze, die bis zu 2,5 m hoch wird. Aus zunächst gelben, vor dem Abblühen rosa gefärbten Blüten entwickeln sich Kapseln mit ca. 30 Samenkörnern, an denen 2000 bis 7000 Samenhaare – Baumwollfasern – sitzen.

Die Baumwollfasern haben eine Länge von 12 bis 47 mm. Die Baumwollfaser erscheint als flaches, gewundenes Bändchen, die Seiten sind leicht eingerollt. Baumwollfasern sind reißfest, die Nassreißfestigkeit ist noch höher. Aus diesem Grund wird Haushaltswäsche oft aus Baumwolle hergestellt, da sie die Belastung des häufigen Waschens besonders gut aushält.

Neben dem hohlen Kern (Lumen) weist die Baumwollfaser viele kleine Hohlräume auf; Pflanzenschutzmittel und andere Stoffe können sich hierin anreichern.

Baumwollfasern nehmen aufgrund ihrer Beschaffenheit leicht Feuchtigkeit, z. B. Schweiß, auf. Sie lassen sich gut färben.

Wie kann man Baumwolle erkennen? Baumwolle verbrennt mit heller Flamme. Sie riecht dabei nach verbranntem Papier, zurück bleibt eine hellgraue Asche. Dieser Rückstand wird auch als Flugasche bezeichnet, da er leicht davonfliegt.

Mikroskopisches Bild der Baumwollfaser (Querschnitt)

Baumwolle – eine Naturfaser?

Baumwolle gilt als ein besonders natürlicher und tragefreundlicher „Naturstoff“. Der Trend „zurück zur Natur“ verschaffte der guten alten, fast in Vergessenheit geratenen Baumwolle in den letzten Jahren ein außergewöhnliches Comeback.

Baumwolle erfordert sehr gute Böden. Im Sudan z. B. wird anstelle von Lebensmitteln Baumwolle für den Export angebaut. Der Sudan erzielt über die Hälfte seiner Deviseneinnahmen aus dem Baumwollexport. Hauptanbaugebiete für Baumwolle sind die Südstaaten der USA, die Ex-Sowjetunion, China, Indien, Mexiko, Ägypten und der Sudan.

Die meisten der weltweit eingesetzten chemischen Pflanzenbehandlungsmittel – Unkraut- und Schädlingsbekämpfungsmittel – werden in den großen Baumwollmonokulturen eingesetzt. Darunter sind viele Pflanzenbehandlungsmittel, die z. B. in der Bundesrepublik Deutschland längst verboten sind. Damit die großen Pflückmaschinen die reifen Baumwollkapseln ernten können, müssen die Sträucher außerdem vorher chemisch entlaubt werden. Rückstände der Chemikalien können sich in den Baumwollfasern anreichern. Völlig verschwunden sind die Pflanzenbehandlungsmittel erst nach zehn Wäschen.

Die oft notwendige künstliche Bewässerung hat in vielen Ländern zu riesigen Umweltproblemen geführt, z. B. am Aralsee oder am Nil. Der Aralsee trocknete wegen der ausgedehnten Wassernutzung für den Baumwollanbau aus.

Der billige „Ausverkaufspreis“ von Baumwolltextilien wird durch niedrige Rohstoffpreise und die Verarbeitung in Billiglohnländern erreicht. Wird z. B. ein T-Shirt in Hongkong angefertigt, kostet es den Hersteller 0,88 DM, aus deutscher Produktion wären es dagegen 35,00 DM. Passend dazu bietet die Werbung die Jeans wieder im „Kolonialstil“ an. (nach R. Grießhammer, Beck'sche Reihe)

Leinen – Flachs

Leinen war zunächst die wichtigste pflanzliche textile Faser, bevor die Baumwolle im 16. Jahrhundert nach Europa kam.

Leinen ist eine Bastfaser, die man aus der Flachspflanze gewinnt. Flachs wird wie Getreide angebaut. Die einjährige Pflanze muss jedes Jahr neu ausgesät werden. Im Juli oder August werden die Pflanzen mit den Wurzeln ausgerissen – damit die Fasern möglichst lang bleiben – oder gemäht. Danach trennt man die Fruchtkapseln mit den Leinsamen von den Flachsstängeln ab. Die Flachsstängel werden dann 5 bis 8 Tage in warmes Wasser gelegt, damit man die Faserbündel leichter herauslösen kann. Nach dem Trocknen wird das Flachsstroh gebrochen, die Holzteile werden entfernt. Die restlichen Holzteile und kurze Fasern trennt man noch durch Auskämmen – Hecheln – ab.

Die Flachsfasern werden nun zu Garn versponnen. Die Leinenerzeugung erfordert also einen hohen Arbeitseinsatz.

Reinleinen besteht zu 100 % aus Leinen. Bei **Halbleinen** besteht die Kette vollständig aus Baumwolle, der Schussfaden aus Leinen. Der Leinenanteil muss mindestens 40 % des Gewebes ausmachen.

Leinen ist sehr strapazierfähig, es ist wenig elastisch und knittert deshalb sehr stark. Leinen ist sehr saugfähig.

Leinen wird für Bekleidung und Haushaltstextilien, z. B. Geschirrtücher, verwendet.

Flachsstroh wird gebrochen (um 1910)

Wolle

Schafe werden ein- bis zweimal pro Jahr mit elektrischen Schermaschinen geschoren. Das abgeschorene, zusammenhängende Haarkleid des Schafes heißt Wollvlies. Pro Schaf werden so 3 bis 5 kg Wollvlies – Rohwolle – gewonnen. Etwa 40 % des Wollgewichtes sind Wollfett und Schmutz. Die Wolle muss also zunächst durch eine schonende Wäsche gereinigt werden. Die Wollfaser hat im Aufbau große Ähnlichkeit mit dem menschlichen Haar.

Die Wollfasern werden dann zu Kammgarn – glattes, feines Garn – oder zu Streichgarn – gröberes Garn versponnen. Die Wolle kommt mit der Bezeichnung **„reine Schurwolle"** oder mit dem Wollsiegel in den Handel.

Lammwolle wird bei der ersten Schur eines jungen Lamms gewonnen, sie ist besonders fein.

„Reine Wolle" kann dagegen durch Zerfasern von alten Wollstoffen usw. hergestellt werden.

Shetlandwolle ist sehr robust, sie stammt von Shetlandschafen.

Wolle von anderen Tierarten:

Angorawolle stammt von dem Angorakaninchen, sie ist sehr fein, glatt und weich. Die Angorakaninchen werden geschoren.

Kaschmir sind Haare der Kaschmirziege. Die Haare – etwa 100 g pro Ziege – werden im Frühjahr aus dem Fell ausgekämmt. Kaschmirwolle ist besonders fein und teuer.

Kamelhaar ist Flaumhaar, es wird von den Tieren beim Haarwechsel abgeworfen. Kamelhaar kann nicht gefärbt werden, deshalb wird es oft mit Schurwolle verarbeitet.

Mohair ist die Bezeichnung für das Haar von Mohair- oder Angoraziegen. Mohair filzt nicht, ist aber wenig strapazierfähig. Mohair wird so auch meist zusammen mit Schafwolle verarbeitet.

Seide

Die Seide wurde vor etwa 5000 Jahren von der chinesischen Kaiserin Si Lung Schi entdeckt. Für 2000 Jahre konnte China das Wissen um die Seidenherstellung geheim halten. Dann brachten die Römer den edlen Stoff auf der 10 000 km langen, berühmten Seidenstraße nach Europa.

Heute wird weltweit weniger als 1 Prozent der Textilien aus Seide hergestellt. China ist auch heute noch der führende Seidenhersteller.

Seide ist eine Naturfaser, die von den Seidenraupen – Maulbeerspinnern, Nachtfaltern – erzeugt wird.

Das Seidenspinnerweibchen legt zwischen 300 und 500 Eier. Aus den mohnkorngroßen Eiern schlüpfen 3 mm lange, gefräßige Raupen aus, die sich von frischen Maulbeerblättern ernähren.

Nach 35 Tagen erreichen die Raupen die Größe eines Zeigefingers, sie haben sich bereits drei- bis viermal gehäutet. Die Seidenraupen haben nun an ihrer Unterlippe eine „Spinnwarze", aus der sie die Seidenflüssigkeit pressen, die sofort an der Luft erstarrt.

Beim Spinnen bewegen die Seidenraupen den Kopf achterförmig, um sie herum entsteht eine taubeneigroße Hülle – ein Kokon. Der Kokon besteht nach etwa drei Tagen aus einem dreieinhalb Kilometer langen Seidenfaden.

In dem Kokon verpuppt sich die Raupe und wird später zum Schmetterling, der die Kokonwand löst und schlüpft. Der Faden kann nun nicht mehr in einem Stück abgespult werden. Aus diesem Grunde gibt man die Kokons nach dem Einspinnen in Behälter mit heißem Wasser. Die Puppen werden dabei abgetötet und der Leim, der den Kokon zusammenhält, wird gelöst.

Kreisende Bürsten fangen den Anfangsfaden, die feinen Fäden können nun abgerollt werden.

Etwa 7 bis 10 Kokonfäden werden zu einem Rohseidenfaden zusammengefasst. Aus ihm stellt man später das Garn her.

Als „Ernte" von 50 000 Raupen erhält man etwa 120 kg Rohseide, pro Raupe also etwa 2 g.

Die noch stumpf aussehende Rohseide wird meist nach dem Weben in Lauge gekocht – entbastet, so erhält man einen glänzenden Stoff. Seide ist die feinste Naturfaser.

Als „Seide" dürfen nur solche Stoffe bezeichnet werden, deren Fasern ausschließlich aus Kokons von seidenspinnenden Insekten gewonnen werden.

Seide wird zu hochwertiger Damenoberbekleidung, Damenunterwäsche, Oberhemden, Krawatten usw. verarbeitet.

Steckbriefe für textile Rohstoffe

In Gruppen wird ein textiler Rohstoff ausgewählt, den die anderen Gruppen später mithilfe des Steckbriefes erraten sollen.

Steckbrief

Dringend gesucht wird ein textiler Rohstoff, der auch in der Bundesrepublik Deutschland gewonnen wird.

Besondere Eigenschaft: Er wärmt sehr gut, nimmt leicht viel Wasserdampf – auch Schweiß – auf und gibt diesen nur langsam wieder an die Umgebung ab. Wassertropfen können nicht in die Faser eindringen. Er knittert kaum.

Name: Je nach Herkunft hat er unterschiedliche Namen.

Aufenthaltsorte: Viele. Strümpfe, Anzüge, Mäntel, Sportbekleidung, Unterwäsche.

Pflege: Nicht immer ganz einfach. Man muss vorsichtig damit umgehen.

1.3 Chemiefasern

Chemiefasern unterteilt man in
- **cellulosehaltige Chemiefasern und**
- **Synthesefasern**, die aus Erdöl gewonnen werden, vgl. S. 12.

Für die Herstellung von Chemiefasern wird die Spinnmasse durch Spinndüsen, die einer Duschbrause ähnlich sind, gepresst. Durch verschiedene Verfahren versucht man, die Struktur der Naturfasern nachzuahmen.

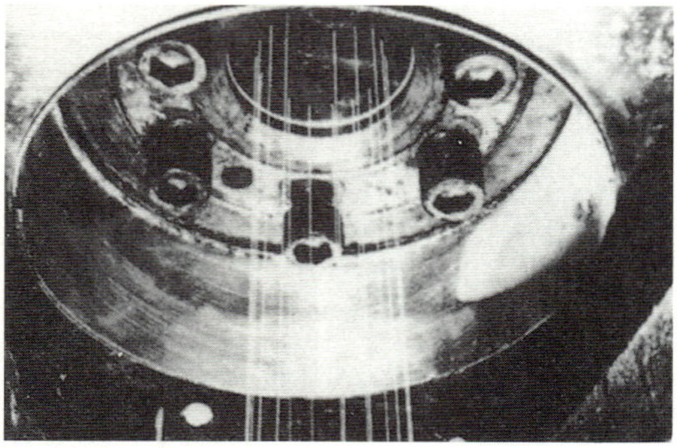

Spinndüse

Faserlänge: Chemiefasern können unbegrenzt lang sein. Häufig werden sie zu kurzen Fasern zerschnitten, die man dann – wie Naturfasern – zu Fäden verspinnt.

Faserform: Chemiefasern haben eigentlich eine glatte Oberfläche. Sie kann aber auch künstlich gekräuselt – texturiert – werden. Durch dieses Verfahren wird ein besseres Wärmehaltevermögen erreicht.

Faserquerschnitt: Je nach der Öffnung der Spinndüsen haben Chemiefasern einen unterschiedlichen Querschnitt, z. B. dreieckig, sternförmig, kreisförmig. Durch den Querschnitt werden Glanz und Wärmehaltevermögen beeinflusst.

Cellulosehaltige Chemiefasern

Die wichtigsten Faserarten sind **Viskose**, **Modal** und **Acetat**.

Ausgangsmaterial sind z. B. für Viskose Kiefern, die in großen Baumschulen angebaut werden. Durch Kochen mit Chemikalien wird der Zellstoff – die Cellulose – aus dem Holz herausgelöst.

Durch Zusatz weiterer Chemikalien wird die spinnfähige Masse erzeugt. Anders als bei Naturfasern sind Chemikalien für die Herstellung von Chemiefasern notwendig. Für die Herstellung benötigt man enorme Wassermengen, dadurch werden Gewässer und Luft belastet.

Synthesefasern

Die wichtigsten Faserarten sind **Polyamid**, **Polyacryl**, **Polyester** und **Polyurethan**.

Auch bei der Erzeugung bzw. weiteren Bearbeitung von Synthesefasern werden Chemikalien verwendet, die den Menschen und die Umwelt belasten.

Zu den positiven Eigenschaften der Synthesefasern gehören Reiß- und Scheuerfestigkeit. Synthesefasern laden sich aber elektrostatisch auf. Schmutz und Feuchtigkeit können nicht in die Fasern eindringen, sie nehmen also keinen Schweiß auf.

Bei Sommerkleidung aus Synthesefasern muss beachtet werden, dass die UV-Strahlen sehr viel stärker hindurchdringen als bei Baumwolle. Menschen mit empfindlicher Haut sollten diese Kleidungsstücke also meiden.

Herstellung von cellulosehaltigen Chemiefasern und Synthesefasern

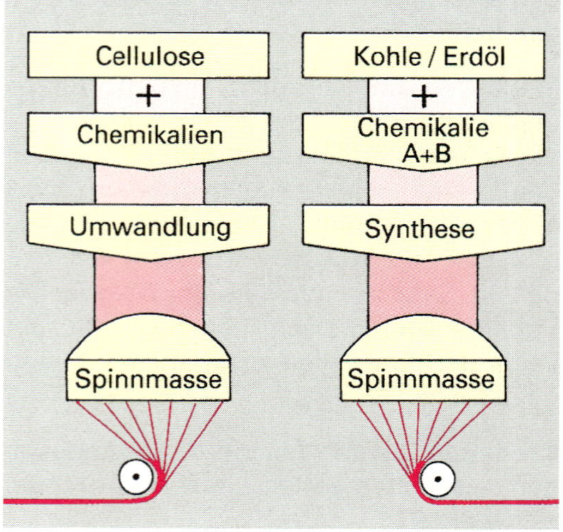

Überblick – Eigenschaften textiler Rohstoffe

	Eigenschaften / Rohstoffe	Reißfestigkeit, Scheuerfestigkeit	Knitter-festigkeit	Feuchtigkeits-aufnahme-fähigkeit	Wärme-haltevermögen	Griff	Besonderheiten
NATURFASERN	**Baumwolle**	strapazier-fähig	knittert leicht	saugfähig	hält kaum warm	weich	beult leicht aus, läuft beim Waschen evtl. ein
	Leinen	sehr strapa-zierfähig	knittert leicht	saugfähig	sehr gering, fühlt sich kühl an	fest	raut nicht auf, trocknet schnell, glänzt, nimmt keinen Geruch an
	Wolle	strapazier-fähig	knittert nicht, Falten hängen sich an feuchter Luft aus	sehr saugfähig, Wasserdampf wird aufgenommen, Wassertropfen perlen zunächst ab	hält sehr warm	weich bis fest	filzt, mottenanfällig
	Seide	sehr strapa-zierfähig	knittert kaum	sehr saugfähig	isoliert gut	weich	geringes Gewicht, edler Glanz
CHEMIEFASERN	**Viskose**	strapazier-fähig	knittert leicht	saugfähig	hält kaum warm	weich	ähnlich wie Baumwolle
	Modal	sehr strapa-zierfähig	knittert leicht	saugfähig	hält kaum warm	weich	ähnlich wie Baumwolle
	Acetat	strapazier-fähig	knittert kaum	wenig saugfähig	hält kaum warm	weich	Aceton (Fleckenwasser, Nagellack) löst Acetat auf, es entstehen Löcher
	Polyamid Polyester Polyacryl	sehr strapa-zierfähig	knittert nicht	kaum saugfähig, Wasser wird an der Faser entlang abgeleitet	kält kaum warm Ausnahme: Polyacryl	weich	geringes Gewicht, die Fasern laden sich elektrostatisch auf, verrotten nicht

Waschverfahren und Bügeltemperaturen, vgl. S. 208 ff. und 214.

1.4 Ausrüstungsverfahren – „Textilveredelung"?

1. *Sammelt verschiedene Stoffproben aus Baumwolle, die unterschiedlich behandelt wurden: Rohnessel, gebleichte, gefärbte Baumwolle usw.*

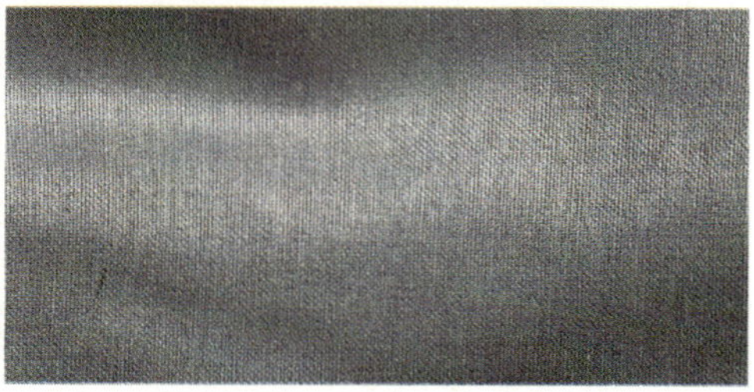

2. *Vergleicht Aussehen und Eigenschaften der Stoffproben:*
   a) *Welche Veränderungen wurden vorgenommen?*
   b) *Wie hat sich das Aussehen verändert?*
   c) *Welche Eigenschaften haben sich verändert?*
   d) *Nenne Verwendungszwecke für die verschiedenen Stoffe.*
3. *Welche Ausrüstungsverfahren sind besonders belastend für die Umwelt?*
4. *Auf welche Ausrüstungsverfahren können wir verzichten?*

Bleichen

Versuch – Bleichen

Gib in ein Becherglas Wasser und einige ml 10-prozentiges Wasserstoffperoxid.

Koche darin ein Stück ungebleichte Baumwolle (Rohnessel).

Rühre mit einem Glasstab um.

Falls du noch keine Veränderung beobachten kannst, gib noch etwas Wasserstoffperoxid dazu.

Spüle die Stoffprobe gründlich aus.

Vergleiche Aussehen und Größe der behandelten Stoffprobe mit einer unbehandelten Stoffprobe.

Unbehandelte Baumwolltextilien sind nicht strahlend weiß, sondern gelblich bzw. beige.

Um leuchtend weiße bzw. pastellfarbene Textilien zu erhalten, werden diese zunächst unter Einwirkung von Chemikalien aufgehellt, d. h. gebleicht. Einige Betriebe färben auch ungebleichte Textilien und senken so die Umweltbelastung durch Bleichmittel.

Bleichmittel werden durch optische Aufheller unterstützt, vgl. S. 211.

Beim anschließenden Einfärben werden nun klare und leuchtende Farbtöne erzielt.

Bleichmittel belasten jedoch die Umwelt.

Ungebleichte Naturfasern

Färben

Farbige Textilien wurden früher teuer gehandelt. Der Purpursaum kennzeichnete die Senatoren im alten Rom. Königsblau und Safrangelb waren Würdenträgern oder Priestern vorbehalten. Noch vor 200 Jahren hieß es: Wenn der Untertan Rot trägt, ist es mit der Herrschaft bald vorbei. Der Symbolgehalt der Farben wird heute jedoch wenig beachtet. Vielfältige Farben sind für uns selbstverständlich geworden.

Purpurkleider durfte das normale Volk nicht tragen

Heute gibt es etwa 2000 unterschiedliche Farbstoffe, mit denen über 50 000 Farbtöne erzeugt werden. Jährlich werden weltweit vier Millionen Tonnen Farbstoffe aus Erdöl hergestellt.
Die Farbstoffproduktion für die Textilindustrie belastet Boden und Wasser.

Neue Modetrends werden immer wieder – oft auch allein – durch neue Farben bestimmt.

Das zu färbende Material – Fasern, Garne oder textile Flächen – wird je nach erwünschter Farbintensität unterschiedlich lang in ein Farbbad getaucht. Wenn der gewünschte Farbton erreicht ist, nimmt man das Material aus dem Farbbad.

Nur 60 % der Farben des Farbbades haften an den Fasern, der Rest gelangt in das Abwasser. Diese Farben können durch normale Kläranlagen nicht entfernt werden. Für das Färben von 1 kg Baumwolle werden 60 bis 100 l Wasser benötigt, bei Synthesefasern sind es 20 bis 60 l.

Nach dem Färben werden die Textilien gewaschen, hierdurch soll überschüssiger Farbstoff von den Fasern genommen werden. Bei kräftigen Farben, z. B. Rot oder Blau, bleiben manchmal Farbreste auf den Fasern, diese können beim späteren Waschen zu Verfärbungen führen.

Selbst zu färben ist beliebt und wird durch die Werbung „Seien Sie kreativ“ gefördert. Textilfarben, die mindestens einen gefährlichen Stoff enthalten, müssen mit einem Gefahrensymbol und entsprechenden Hinweisen ausgezeichnet sein, um darauf aufmerksam zu machen. Diese Farbstoffe enthalten dann mindestens einen Bestandteil, der bei Hautkontakt oder beim Einatmen allergieauslösend sein kann. Das Abwasser wird durch diese Farben und das verwendete Kochsalz sehr stark belastet.

Naturfarben sind auch keine ökologische Lösung, sie belasten das Abwasser noch stärker als synthetische Farbstoffe. Die erforderlichen Beizen gehören größtenteils zu den ökologisch bedenklichen Stoffen, die eigentlich gesondert entsorgt werden müssten.

Färben von Textilien

Jeans – Rohstoffgewinnung und -veredelung

Anbau und Ernte: Für ein Paar Jeans müssen zwei Kilogramm Rohbaumwolle angebaut werden. Für die Bewässerung dieser Baumwolle werden in einem sehr trockenen Anbaugebiet – z. B. im subtropischen Sudan – zur Bewässerung 58 000 Liter Wasser benötigt, die aus dem Nil gepumpt werden. Mit dieser Wassermenge kommt der Bundesbürger bei uns durchschnittlich ein Jahr aus. Der Einsatz von Dünge- und Schädlingsbekämpfungsmitteln ist ebenso notwendig.
Für die Maschinen, die die Baumwollkapseln – für diese Jeans – in riesigen Monokulturen pflücken, werden dann nochmals zwei Liter Rohöl benötigt. Vorher wurden die Baumwollpflanzen chemisch entlaubt, damit die Kapseln maschinell geerntet werden können.

Färben: Schwarze, gelbe oder rote Jeans sind in Verruf geraten. Schwarze Textilfarben z. B. können Blei, Quecksilber und Nickel enthalten. Ein Risiko besteht also für die Arbeiter in den Fabriken und später auch für den Träger der Kleidung. Nickel befindet sich z. B. in Jeansknöpfen. Es kann allergische Reaktionen auslösen. Oft ist der Jeansknopf „Auslöser" für spätere Allergien. Besonders groß ist die Gefahr, wenn die Textilien direkt auf der Haut getragen werden.

Stone-washed: Vor allem bei Jeans hat sich dieser Modetrend durchgesetzt: Neue Kleidung soll alt und ausgeblichen aussehen. Der Stoff wird mit Bimssteinen und Bleichmittel in viel Wasser durchgewalkt. Als Bleichmittel werden gentechnisch erzeugte Enzyme eingesetzt, die die Abwässer belasten. Der Stoff wird bei dieser Behandlung geschädigt und ist so auch schneller verschlissen.
Schadstofffrei sind die Jeans dann häufig erst nach der zehnten Wäsche.

Farballergien sind seit Jahren bekannt. Besonders eng anliegende Kleidung ist der Verursacher. Das Tragen von Leggings ist für viele Menschen mit allergischen Reaktionen an den Beinen verbunden.

Es war geplant, die Verwendung von allergieauslösenden Farbstoffen auf dem angebrachten Etikett in der Kleidung zu kennzeichnen. Die Kennzeichnungspflicht scheiterte jedoch an dem massiven Druck der Textilbranche. So bleibt der Kleiderkauf für Allergiker ein Lotteriespiel. Eng anliegende Kleidung vermeiden oder vorheriges Waschen können jedoch eine Hilfe sein.

Seit dem 1. Januar 1996 dürfen keine Textilien mit Krebs erregenden Farben – Azofarbstoffen – in der Bundesrepublik verkauft werden. Damit das Gesetz greift, muss jedoch zunächst ein wirkungsvolles Kontrollnetz aufgebaut werden.

Gibt es auch Alternativen?
In China und Südamerika gibt es uralte Baumwollarten, die bunt sind. Baumwolle wächst in Grüntönen über Gelb bis hin zu Kupferfarbe und sogar in Rosa- und Rottönen. Blaue Baumwolle gibt es nicht. Durch die Verpflanzung eines Gens der blau färbenden Indigo-Pflanze in das Erbmaterial der Baumwolle soll diese Lücke in der Farbpalette geschlossen werden.

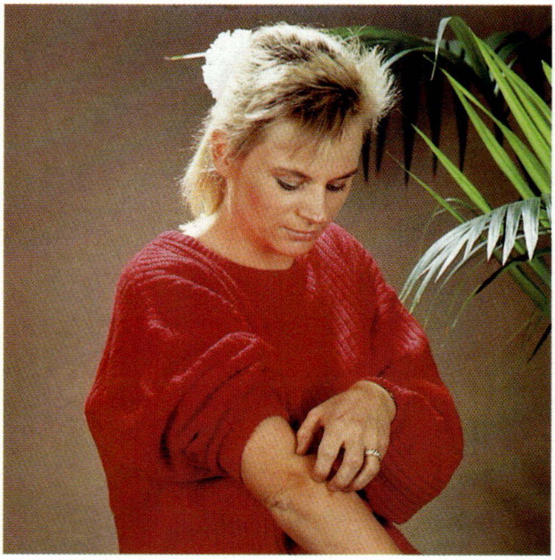

Allergie durch farbige Kleidung

Bedrucken

Durch unterschiedliche Druckverfahren können Textilien verschiedenfarbig gemustert werden.

Handdruck: Holzplatten mit erhabenen Mustern – Model – werden hierfür hergestellt. Der erhabene Teil der Muster wird mit Farbe bestrichen und auf die zu druckende Fläche gepresst. Für jede Farbe wird eine eigene Druckform benötigt.

Bei diesem Verfahren ist es schwierig, fortlaufende Muster ohne Absätze aneinander zu fügen.

Handdruck ist zeitaufwendig und deshalb teuer.

Walzen- oder Roleauxdruck: Das Muster wird in eine Druckwalze eingraviert. Die Druckwalze durchläuft ein Farbbad, die Mustervertiefungen in der Druckwalze werden mit Farbstoff gefüllt. Überschüssiger Farbstoff wird mit dem Rakel – Farbabstreifmesser – von der Druckwalze abgestreift. Die textile Fläche läuft nun unter Druck zwischen zwei Walzen hindurch. Die Mustervertiefungen erscheinen dabei als Muster auf der Fläche.

Bei mehrfarbigen Mustern läuft die textile Fläche über mehrere Musterwalzen. Bis zu vierzehn Farben können nacheinander aufgedruckt werden.

Das Walzendruckverfahren eignet sich nur für kleinere Muster.

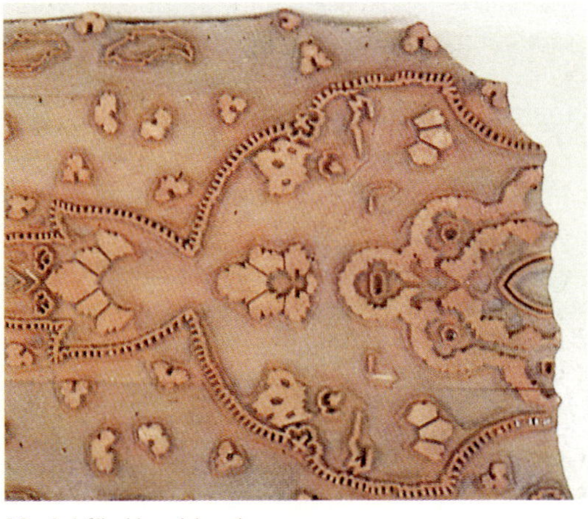

Model für Handdruck

Schablonen- oder Filmdruckverfahren: Mit diesem Verfahren können größere Muster gedruckt werden.

Ein Rahmen wird mit einem farbdurchlässigen Trägermaterial – Gaze – bespannt, das man mit einer lichtempfindlichen Filmschicht beschichtet.

Das Muster wird nun von einem Diapositiv auf die Filmschicht übertragen. An den belichteten Stellen bildet sich eine unlösliche Beschichtung, an den unbelichteten Stellen wird die Beschichtung gelöst und später herausgewaschen.

Die dadurch entstandene Schablone wird nun auf die textile Fläche aufgesetzt. Ein Rakel verteilt den Farbstoff gleichmäßig auf der Schablone und drückt ihn durch die nicht beschichteten Stellen der Gaze auf die textile Fläche. Für jede Farbe wird eine eigene Schablone angefertigt.

Auch bei diesem Verfahren ist es schwierig, Muster ohne Absatz aneinander zu fügen.

Das Schablonendruckverfahren kann mithilfe von Pappschablonen nachgeahmt werden, vgl. S. 171. Man unterscheidet:

Positivdruck – farbliche Gestaltung der Schablonenform,

Negativdruck – farbliche Gestaltung um die Schablonenform herum.

Walzendruckmaschine

Rauen

1. ***Versuch – Feuchtigkeitsaufnahme***
   Gib auf eine dunkle Gummiunterlage einige Wassertropfen.
   Lege nacheinander verschiedene Gewebeproben darauf.

   Beobachte:
   - *Welche Textilien nehmen die Feuchtigkeit schnell auf?*
   - *Bei welchen Textilien bleibt die Unterlage feucht?*
   - *Wie fühlen sich die Textilien nach der Feuchtigkeitsaufnahme an?*
2. ***Versuch – Wärmehaltevermögen***
   Stelle fest, wie sich unterschiedliche Textilien anfühlen, wenn du sie
   a) über den Handrücken reibst,
   b) über den Handrücken streckst.
   Beobachte: kühl, glatt, warm, rau?
   Welche Aussagen kannst du bezüglich des Wärmehaltevermögens der Textilien machen?
3. *Nenne Kleidungs- und Wäschestücke, die aus gerauten Stoffen hergestellt werden.*

Beim Rauen werden die textilen Flächen über Walzen geführt, die mit kleinen Stahlhäkchen versehen sind. Die Häkchen ziehen Faserenden aus dem Gewebe.

Textilien können einseitig oder beidseitig geraut werden.

Veränderte Eigenschaften: Durch das Rauen wird das Wärmehaltevermögen von Baumwolle verbessert. Auch die Feuchtigkeitsaufnahme von Textilien kann dadurch erhöht werden. Die herausstehenden Faserenden können die Feuchtigkeit von der Haut herunterziehen.

Angeraute Stoffe kommen unter den Bezeichnungen **Biber, Flanell und Finette** in den Handel. Diese Stoffe werden z. B. für Bettwäsche oder für Winterkleidung verwendet.

Mercerisieren

Baumwolle wird mit Natronlauge behandelt und unter Spannung getrocknet, hierbei quillt die Baumwollfaser auf und erhält einen dauerhaften Glanz.

- ► **Mercerisierte Baumwolle**
  – hat einen seidenartigen Glanz,
  – ist reißfester,
  – ist saugfähiger,
  – lässt sich besser einfärben,
  – läuft nicht ein.
  Verwendung bei Leibwäsche, Babywäsche, Bettwäsche, Küchenwäsche usw.
- ► Für den Verbraucher ist das Mercerisieren unbedenklich.

Kleider machen Leute – machen sie auch krank?

Kleider machen Leute – oft auch krank. Bei der Mode ist leider nicht mehr nur allein das Talent von Designerinnen und Schneidermeistern maßgeblich. Auch die Textil-„Veredler“ mischen tüchtig mit, beispielsweise durch über 100000 Tonnen so genannter Textilhilfsmittel, die jährlich in Deutschland in die Kleidung verarbeitet werden. Viele Chemikalien sind überflüssig, einige umweltschädigend und gesundheitlich bedenklich.

Kaum einer von uns denkt darüber nach, wie diese hochveredelten, kuschelig weichen, nicht filzenden und leicht zu pflegenden Stoffe entstanden und welche oftmals giftigen Substanzen sie enthalten. In Verruf geraten sind die mit Formaldehyd veredelten Stoffe aus Baumwolle.

Veredelung von Textilien – das klingt gut und teuer. Gemeint sind damit Arbeitsprozesse wie Bleichen, Aufrauen, Färben, Bedrucken und chemisches Aufrüsten.

Meist fragt man sich vergeblich, was im T-Shirt oder der Hose wirklich drin steckt. Gerade an der Baumwolle versuchen sich die Textilveredler gerne.

Hochveredeln – Pflegeleichtausrüstung

1. *Versuch – Elastizität*
   Presse nacheinander unterschiedliche Stoffproben zwei Minuten in der Hand fest zusammen.
   Beobachte: Welche Textilien
   – glätten sich wieder?
   – bleiben verknittert?
2. *Ermittle Eigenschaften der Baumwolle, die sich bei einer Pflegeleichtausrüstung verändern.*

Formaldehydhaltige Kunstharze – kleine Kügelchen – dringen in die Baumwollfasern ein und vernetzen sie. Die Fasern werden hierdurch, z. B. auch nach dem Zusammenpressen im Versuch, immer wieder in die ursprüngliche Form zurückgezogen. Die Knitterbildung ist verringert oder beseitigt. Die Fasern können allerdings auch nicht mehr so stark aufquellen, d. h., die Feuchtigkeitsaufnahme ist gemindert.

Naturfasern, z. B. Baumwolle, werden pflegeleicht ausgerüstet, damit sie ähnlich gute Pflegeeigenschaften wie synthetische Fasern erhalten.

- ► **Formaldehydhaltige Verbindungen können Allergien auslösen.**
- ► Pflegeleichte Textilien sind z. B. durch die Bezeichnungen „bügelfrei", „non iron" oder „rapid iron" gekennzeichnet.
  Verwendung für Blusen, Oberhemden, aber auch T-Shirts usw.
- ► **Pflegeleicht ausgerüstete Textilien**
  - knittern nicht so leicht,
  - sind bügelleicht,
  - nehmen weniger Wasser auf, also auch weniger Schweiß,
  - trocknen leichter,
  - sind schmutz- und fleckabweisend,
  - sind nicht so reiß- und scheuerfest.
- ► **Pflegeleichtausrüstung ist für den Verbraucher bedenklich.**

Sanforisieren

Das **Warenzeichen „Sanfor"** garantiert ein maximales Einlaufen um höchstens 1 %. Baumwolle wird mechanisch behandelt, das „Einlaufen" vorweggenommen.

Warenzeichen „Sanfor plus" und „Sanfor plus 2" garantieren außerdem eine Pflegeleichtausrüstung mit formaldehydhaltigen Kunstharzen.

Bei der **Sanfor-Set-Behandlung** wird der Stoff mit flüssigem Ammoniak behandelt, es werden keine Chemikalien eingelagert.

- ► **Sanfor-Set-Behandlung bietet**
  - Einlaufschutz,
  - Erhöhung des Glanzes,
  - Knitterarmut,
  - verbesserte Reiß- und Scheuerfestigkeit.
- ► **Sanfor- und Sanfor-Set-Behandlung sind für den Verbraucher unbedenklich, Achtung aber bei „Sanfor plus" und „Sanfor plus 2".**

Naturtextilien – schadstoffgeprüft

Green Cotton z. B. ist ein Name für ökologisch angebaute Baumwolle. Die Baumwolle wird handgepflückt, auf den Einsatz von Entlaubungsmitteln und Pestiziden wird verzichtet.

Ein namhafter französischer Hersteller hat eine Kollektion angeboten, die aus beige, braun oder grün wachsenden Baumwollarten hergestellt wurde. Diese Fasern hat man nicht gebleicht und gefärbt bzw. es wurden nur Pflanzenfarbstoffe eingesetzt. Gegen späteres Einlaufen wurde die Ware mechanisch ausgerüstet.

Auch in der Textilherstellung ist also Umweltbewusstsein möglich. Der Verbraucher sollte beim Einkauf gezielt nach der Ausrüstung der Stoffe fragen.

1.5 Textilkennzeichnung

Versuche die abgebildeten Kennzeichnungen zu erläutern.

Textilkennzeichnungsgesetz
Textilien müssen Angaben über Art und Gewichtsanteile der verwendeten textilen Rohstoffe (Rohstoffgehaltsangabe) aufweisen.

Besteht ein **Textilerzeugnis nur aus einem Rohstoff**, so kann die Bezeichnung des Rohstoffes durch die Zusätze „100%" oder „rein" oder „ganz" ergänzt werden.

Ein Textilerzeugnis besteht z. B. aus Baumwolle. Folgende Kennzeichnungen sind zugelassen:

100% Baumwolle
Reine Baumwolle
Baumwolle

Bestehen **Textilerzeugnisse aus mehreren Rohstoffen**, so unterscheidet man zwei Kennzeichnungsvorschriften.

Ein Rohstoff ist mindestens zu 85 % enthalten:
Dieser Rohstoff braucht nur mit seinen Gewichtsanteilen angegeben zu werden. Die Angabe der sonstigen Rohstoffe kann unterbleiben, sie ist aber nicht untersagt.

Ein textiler Gegenstand besteht z. B. zu 90 % aus Baumwolle und zu 10 % aus Polyester. Folgende Kennzeichnungen sind zugelassen:

90 % Baumwolle
Baumwolle 85 % Mindestgehalt
90% Baumwolle 10% Polyester

Kein Rohstoff ist zu 85 % oder mehr enthalten:
In diesem Fall müssen die zwei Rohstoffe mit den größten Gewichtsanteilen angegeben werden. Die übrigen Rohstoffe werden in absteigender Reihenfolge ihrer Gewichtsanteile aufgeführt, ihre genauen Gewichtsanteile muss man nicht angeben.

Ein textiler Gegenstand besteht z. B. aus 50 % Baumwolle, 30 % Leinen und 20 % Polyester. Folgende Kennzeichnungen sind zugelassen:

50% Baumwolle 30% Leinen Polyester
50% Baumwolle 30% Leinen 20% Polyester

Besteht ein textiler Gegenstand aus mehreren Rohstoffen mit gleichen Gewichtsanteilen, so sind diese Rohstoffe mit ihren Gewichtsanteilen anzugeben.

Enthält ein textiler Gegenstand einen oder mehrere Rohstoffe mit Gewichtsanteilen unter 10 %, werden diese nicht einzeln genannt, sie werden durch den Sammelbegriff „sonstige Fasern" gekennzeichnet.

Gütezeichen – RAL
Ein Gütezeichen garantiert die Qualität einer Ware – unabhängig vom Hersteller. Die Gütebedingungen werden vom Ausschuss für Lieferbedingungen und Gütesicherung (RAL) festgelegt. Im Bundesanzeiger gibt der Bundesminister für Wirtschaft die Gütezeichen bekannt. Der Ausschuss überwacht auch die Einhaltung der Qualität.

Gütezeichen für Textilien garantieren eine bestimmte Rohstoffzusammensetzung. Die Gütezeichen für Reinleinen und Halbleinen gehören zu den ältesten Gütezeichen. Außerdem gibt es Gütezeichen für Baumwolle, Wolle, Seide usw.

RAL-Testate
Ein Produzent kann für ein Produkt ein RAL-Testat beantragen. Ein RAL-Testat ist kein Gütezeichen. Es beschreibt z. B. die Eigenschaften der Textilien, es garantiert aber keine Spitzenqualität. Der Produzent zahlt für die Erstellung des RAL-Testates. Der Verbraucher kann aufgrund von RAL-Testaten die Qualität verschiedener textiler Gegenstände besser vergleichen.

Warenzeichen, Markenzeichen
Warenzeichen geben Auskunft über die Herkunft einer Ware. Es sind Wortzeichen oder Bildzeichen, die vom Produzenten festgesetzt wurden. Hier übernimmt der Produzent die Qualitätsüberwachung.

Der Verbraucher kann bei guten Erfahrungen mit entsprechend gekennzeichneten Textilien auf das bewährte Warenzeichen zurückgreifen.

Gleiche synthetische Textilien, z. B. aus Polyester, können also unterschiedliche Warenzeichen – Trevira oder Diolen – tragen, da sie von verschiedenen Produzenten hergestellt werden.

Warenzeichen und Markenzeichen gibt es auch für fertige Produkte.

Führt eine Pro-und-Kontra-Diskussion zum Thema „Kleidung mit Markenzeichen“.

Gütezeichen

NATURFASER BAUMWOLLE

Internationales Seidenzeichen

Rein Leinen

Reine Schurwolle

RAL-TESTAT

..........[1]) **Information nach Musterprüfung** ....[2])

BADEWÄSCHE
"Markenname"

100 % Baumwolle		
Walkfrottier:		hochflorig
Nenn-Maße		
Badetuch:		130 x 160 cm
Strandtuch:		65 x 140 cm
Handtuch:		50 x 100 cm
Gästetuch:		30 x 50 cm
Waschhandschuh:		15 x 20 cm
Nähte:		3 Stiche je cm
Schnittkanten:		eingeschlagen und gesäubert
Aufhänger:		je Stück
Flächengewicht:		370 g/m²
Höchstzugkraft	K/Sch:	250/350 N
Fadendichte	K/Sch:	12/ 18 je cm
Saugfähig:		200 %
Farbechtheit (höchste Echtheitszahl 8* bzw. 5)		
Lichtecht:		6*
Reibecht trocken/nass:		5/4-5
Waschen 95 °C:		4
Gechlortes Wasser:		4

..........[3]) ....[4])

GORE-TEX® GUARANTEE

Lee

MUSTANG

TREVIRA® MICRONESSE

Gruppenarbeit – Ein T-Shirt entsteht

1. *Erarbeitet gemeinsam in Gruppen die verschiedenen Stationen der T-Shirt-Herstellung.*
2. *Sucht das Land, in dem euer Verarbeitungsschritt stattfindet, auf der Weltkarte.*
3. *Gestaltet ein typisches Symbol für euren Verarbeitungsschritt.*
4. *Kennzeichnet das Land durch dieses Symbol auf einer Weltkarte.*
5. *Berichtet euren Mitschülern über den Verarbeitungsschritt.*

Wenn ihr Fragen habt, versucht diese zunächst innerhalb der Gruppe zu lösen. Dasselbe gilt für Konflikte.

Gruppe I

Baumwolle wächst in feuchtwarmem Klima an ca. 2,50 m hohen Büschen. Die Baumwolle für das T-Shirt wird in Ägypten angebaut.

Die Fasern wachsen in den Fruchtkapseln der Pflanze. Damit die Ernte gut ausfällt, werden die Baumwollfelder oft gedüngt und die Pflanzen mit Insektenvertilgungsmitteln – Pestiziden – besprüht.

Damit die Maschinen die Baumwollkapseln leichter pflücken können, müssen die Felder zunächst mit Entlaubungsmitteln besprüht werden. Die Blätter fallen ab und die Maschinen können die Kapseln abpflücken.

Die Baumwolle ist von Natur aus gelblich bis bräunlich.

Die geerntete Baumwolle wird getrocknet und gereinigt. Vor dem Verschicken wird sie zu Ballen gepresst. Die Ballen werden auf speziellen Märkten, den Baumwollbörsen, verkauft. Eine dieser Börsen ist in Bremen.

Gruppe II

Große Baumwollballen werden in Spinnereien in der Türkei angeliefert. Die Baumwollfasern sind in den Ballen ganz fest zusammengepresst.

Bevor man das Garn, das man zur Herstellung des T-Shirts benötigt, auf riesigen Spinnmaschinen herstellt, wird das Fasermaterial gereinigt, gelockert und parallel angeordnet. Dadurch kann es später gleichmäßiger versponnen werden.

Dann wird das Garn mit hoher Geschwindigkeit versponnen und im selben Arbeitsgang auf Spulen aufgewickelt. Aus diesem Garn kann jetzt der T-Shirt-Stoff gefertigt werden.

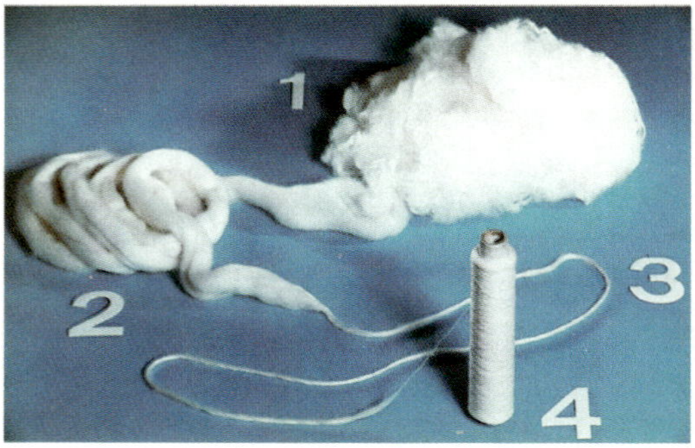

Gruppe III

Die Spulen mit dem Garn verschickt man nach Südkorea. Hier wird der Stoff auf großen Wirkmaschinen gewirkt, diese Maschinen arbeiten sehr schnell. Der fertige Stoff besteht aus Maschen. Seht einmal eure T-Shirts genauer an.

In diesen Fabriken arbeiten nur noch ganz wenige Menschen. Fast alles wird von einem Computer gesteuert und überwacht. Lediglich einige Kontrolleure mit Ohrenschützern überwachen die Maschinen, abgerissene Fäden müssen von ihnen z. B. wieder eingefädelt werden.

Die Stoffbahnen werden aufgewickelt, verpackt und zum Bleichen verschickt.

Gruppe IV

Bei dem Bleichbetrieb in Bulgarien werden dicke, naturfarbene Stoffballen angeliefert.

Unter Einwirkung von Chemikalien, z. B. Chlor, wird hier die natürliche – gelbliche bis bräunliche – Farbe der Baumwolle zerstört.

Gebleichte Baumwolle benötigt man nicht nur für strahlend weiße T-Shirts, sondern auch für bunte T-Shirts, die besonders schön und kräftig gefärbt werden sollen.

Um die überschüssigen Chemikalien zu entfernen, muss der weiße Baumwollstoff nach der Bleiche noch gewaschen werden. Wieder gelangen Chemikalien in die Umwelt.

Danach werden die Stoffballen an den nächsten Ausrüstungsbetrieb, die Färberei, weitergeschickt.

Gruppe V

Die gebleichten Stoffballen werden in einer Färberei in Belgien angeliefert, hier sollen sie z. B. die Farbe „Orange“ erhalten.

Der Farbstoff „Orange“ ist in einem riesigen Farbbad in Wasser gelöst. Das Farbbad nennt man auch Flotte. Der Stoff wird durch die Flotte gezogen, dabei dringt der Farbstoff in die Baumwolle ein.

Danach wird der Stoff nochmals gewaschen und gereinigt, um die überschüssige Farbe zu entfernen.

Farbstoffe, die nur oberflächlich auf der Baumwolle liegen, können teilweise später beim Tragen in die Haut des Menschen eindringen. Das ist nicht so gefährlich, wie es sich anhört. Da aber einige Menschen allergisch reagieren, ist es doch nicht ganz unproblematisch.

Die orangefarbenen Stoffballen werden jetzt zur Näherei weitertransportiert.

Gruppe VI

In der Näherei in der Türkei wird der orangefarbene Stoff nach Mustern zugeschnitten. Der Schnitt kommt aus Italien, das Nähgarn aus Polen und die Etiketten für die Textilkennzeichnung aus Südkorea.

Die Näherinnen nähen Vorder- und Rückteil an Schultern und Seiten zusammen. Dann müssen nur noch die Bündchen an Halsloch, Ärmel und Unterkante genäht werden. Eine Näherin näht immer nur eine Naht und schafft so bestimmt 100 Stück in einer Stunde. Sie wird nach der Anzahl der genähten Stücke bezahlt.

Wenn alle T-Shirts fertig sind, werden sie gebündelt und an einen Betrieb verschickt, in dem sie „pflegeleicht“ ausgerüstet werden.

Gruppe VII

Die fertigen T-Shirts werden an eine Firma in Frankreich geliefert. Sie sollen hier hochveredelt werden, sodass sie nicht einlaufen und gut in Form bleiben.

Da die T-Shirts aus Maschenware eher „lappig“ sind, werden sie in Chemikalien getaucht, die ihnen Form geben.

Die Person, die das T-Shirt trägt, muss es zwar nach der Wäsche kaum Bügeln, aber dafür kann die Baumwolle auch nicht mehr so viel Schweiß aufnehmen.

Nach diesem Arbeitsschritt wird das Baumwoll-T-Shirt gewaschen. Manchmal machen die Ausrüster dies nicht sorgfältig genug, dann hat das T-Shirt einen süßlich stechenden Geruch. Das ist die Chemikalie Formaldehyd, einige Menschen reagieren allergisch darauf. Formaldehyd kann man manchmal auch riechen, wenn man einen Jeansmarkt betritt.

Nach der Hochveredelung wird das T-Shirt zum Verkauf nach Deutschland geschickt.

2 Körper – Klima – Kleidung

2.1 Mikroklima

1. *Vergleiche das Verhalten von Claudia und Marko in den beschriebenen Situationen. Was hättest du getan, um dich in deiner Kleidung wohl zu fühlen?*
2. *Erläutere die Aufgaben der Kleidung bei a) Hitze, b) Kälte, c) Regen.*
3. *Beschreibe Kleidung, die du im a) Sommer, b) Winter trägst.*

Eine Schutzfunktion unserer Kleidung besteht darin, die Körpertemperatur gleichmäßig auf ca. 37 °C zu halten.

Wir sind verschiedenen klimatischen Einflüssen – Sonne, Wärme, Wind, Kälte, Regen, Schnee – ausgesetzt. Auch die eigene Wärmebildung im Körper durch körperliche Beanspruchung ist unterschiedlich. Der Körper kann Temperaturschwankungen nur begrenzt durch Erweiterung bzw. Verengung der Blutgefäße ausgleichen.

Wir schwitzen, wenn die Wärmeproduktion unseres Körpers größer ist als die Wärmeabgabe, z. B. im Sommer oder bei starker körperlicher Anstrengung. Der Körper reguliert dann den Wärmestau durch eine verstärkte Schweißabgabe. Durch das Verdunsten dieser Flüssigkeit auf der Haut wird eine Kühlwirkung erreicht. Wir frieren, wenn mehr Wärme abgegeben als gleichzeitig gebildet wird.

Für unser Wohlbefinden und Gesundheit soll die Kleidung so beschaffen sein, dass kein Wärme- bzw. Feuchtigkeitsstau von innen entsteht. Auch vor Kälte, Wärme und Feuchtigkeit von außen muss die Kleidung schützen.

Kleidung, unsere zweite Haut

Ca. 90 % unserer ersten Haut sind 24 Stunden – Tag und Nacht – von unserer Kleidung, der zweiten Haut, umhüllt.

Zwischen Haut und Kleidung bildet sich ein Mikroklima, das durch die Kleidung verändert werden kann.

Ein Beispiel: Als Claudia und Marko morgens zu einer Bergwanderung starten, ist es noch recht kalt. Beide tragen über dem T-Shirt einen Pullover und eine Jacke.

Es wird Mittag: Die Sonne scheint warm, die Anstrengung der Wanderung bringt Claudia und Marko zum Schwitzen.

Marko zieht Jacke und Pullover aus und verstaut sie in seinem Rucksack. Claudia öffnet nur den Reißverschluss ihrer Jacke und schiebt beide Ärmel hoch.

Hinter einer Wegbiegung wird es dann plötzlich durch Schatten und Wind wieder unangenehm kalt. Marko hat aber keine Lust, seinen Pullover und die Jacke wieder aus dem Rucksack hervorzuholen. Claudia hat es viel leichter.

1. *Beschreibe Situationen, in denen du besonders stark gefroren hast.*
2. *Lies den Zeitungsartikel. Erläutere die Tatsache, dass man in luftdurchlässiger Kleidung schneller friert.*
3. *Beschreibe die Abbildungen. Wie wird die jeweilige Kälte/Wärme von den abgebildeten Personen eingeschätzt? Begründe deine Aussagen.*

Zweierlei Kälte

Klirrende Kälte mit eisigem Wind lässt viele Leute die Temperaturen noch frostiger empfinden, als sie tatsächlich sind. Meteorologen sprechen dabei von der gefühlten Temperatur. Wie extrem gemessene und gefühlte Temperaturen auseinander gehen können, erlebten wir auf dem Feldberg: Dort wurden –20 °C gemessen, laut Wetteramt entsprach dies bei einer Windgeschwindigkeit von 90 Stundenkilometern einem gefühlten Wert von –40 °C.

Erklärt wird der Unterschied mit Gesetzen des Wärmeaustausches: Die Haut ist wärmer als die kalte Winterluft. Der Körper ist von einem Luftpolster – einem eigenen Mikroklima – umgeben. Ist es windstill, herrschen in diesem Luftpolster Temperaturen, die etwa in der Mitte zwischen Umgebungs- und Körperwärme liegen. Heizt außerdem die Sonne Haut und Luftpolster auf, empfinden viele Menschen wohlige Wärme, selbst wenn es bitterkalt ist.

Sturm fegt das schützende Luftpolster weg. Ist es dann noch trocken, geben wir Feuchtigkeit ab. Körperflüssigkeit verdunstet, hierdurch wird die Haut abgekühlt, und wir empfinden den Winter eisiger, als er ist. Mit besonders starkem Frostgefühl reagieren Menschen auch dann, wenn Schnee oder Regen fallen, denn sie treffen direkt auf die Haut.

Wir finden mit Experimenten Antworten auf unsere Fragen

Wir entwickeln eine Fragestellung, z. B.:
Welche Kleidung bietet mir den größten Tragekomfort bei Regen und Wind?

- Aus welchem Rohstoff?
- Mit welchen Ausrüstungsverfahren?
- Mit welcher Schnittkonstruktion?
- Die Umwelt – Entsorgung – sollten wir dabei auch nicht vergessen.

Wir suchen nach Experimenten, mit denen wir die Fragestellung beantworten können.

Mit welchen Versuchen können wir die Wind-, Wärme- und Feuchtigkeitsdurchlässigkeit der Textilien untersuchen?

Wie werden die Versuche durchgeführt?

Wir führen die Versuche durch:

- Der Versuchsaufbau wird beschrieben.
- Die Ergebnisse werden notiert, z. B.:
  Eine Baumwolljacke hat folgende Eigenschaften?
  Eine Jacke aus Wolle hat folgende Eigenschaften?
  Eine Öljacke?
  usw.

Auswertung der Versuchsergebnisse:

Die Ergebnisse werden verglichen und ausgewertet, z. B.:

- Der Wind- und Feuchtigkeitsschutz war besonders gut bei? Wodurch werden diese Eigenschaften erreicht?
- Als Regenkleidung empfehlen wir?

Wir arbeiten mit der Jigsaw-Methode – Gruppenpuzzle

Jigsaw ist das englische Wort für Laubsäge, Puzzlespiel oder Gruppenpuzzle. Zunächst bilden wir Stammgruppen.

Die Stammgruppen sollen dann in Expertengruppen geteilt – „zersägt" – werden.

In unseren Stammgruppen – vier Personen – beraten wir zunächst, wer von uns die Versuche zu den Eigenschaften der Textilien in den verschiedenen Expertengruppen untersuchen will, damit wir später gemeinsam die Frage beantworten können:

Welche Kleidung bietet den größten Tragekomfort bei Regen und Wind?

Ein Experte informiert sich über
- die Wärmeisolation unterschiedlicher Textilien.

Ein Experte informiert sich über
- die Luftdurchlässigkeit unterschiedlicher Textilien.

Ein Experte informiert sich über
- die Wasseraufnahme unterschiedlicher Textilien.

Ein Experte informiert sich über
- die Wasserdampfaufnahme – Schweißaufnahme – unterschiedlicher Textilien.

Nach dieser ersten Beratung in den Stammgruppen arbeiten wir in den vier Expertengruppen, Versuche, vgl. S. 32 f.

Als Experten kehren wir dann in unsere Stammgruppen zurück und berichten den anderen Mitschülern genau über unsere Versuchsergebnisse. Sicher gibt es da auch einige untersuchte Stoffproben, die unsere Berichte anschaulicher und interessanter machen.

„Wir haben folgenden Versuch durchgeführt ...

Stellt euch vor, dieser grüne Stoff lässt keine Luft durch. Dieser rote Stoff wurde sofort nass."

Nachdem alle von ihren Versuchsergebnissen berichtet haben – und vielleicht auch schon zwischendurch – gibt es sicher viele Fragen: „Erzähl das noch einmal, was habt ihr da gemacht?" oder „Was habt ihr festgestellt, nimmt dieser Stoff Wasser auf?" „Und wie war es mit dem Wasserdampf?" „Schön warm fühlt er sich ja an."

In den Stammgruppen kommen wir nun gemeinsam den Stoffen auf die „Spur".
Den größten Tragekomfort bei Regen und Wind bietet dieser textile Stoff:

- Rohstoff?
- Faden?
- Flächenkonstruktion?
- Ausrüstung?

Die Stammgruppen berichten dann der Klasse von ihren Untersuchungsergebnissen: „Wir empfehlen ..."

Wärmeisolation

1. *Füllt gleich große verschließbare Gläser mit heißem Wasser (60 °C). Umwickelt die Gläser mit gleich großen*
   - *a)* ***gleichen textilen Flächen aus unterschiedlichen Rohstoffen,*** *z. B. Baumwolle, Wolle, beschichtete Stoffe usw.,*
   - *b)* ***unterschiedlichen textilen Flächen aus gleichem Rohstoff,*** *z. B. Baumwolle, gewebt und gewirkt.*
2. *Messt und notiert die Wassertemperatur in den Gläsern alle 20 Minuten.*
3. *Sucht nach Begründungen für die unterschiedliche Wärmeisolation der verschiedenen textilen Flächen.*

Versuchsaufbau – Wärmeisolation

► Das Wärmehaltevermögen von textilen Flächen ist abhängig von der Menge der eingeschlossenen Luft. Luft ist ein schlechter Wärmeleiter.

Luftdurchlässigkeit

1. *Richtet den Luftstrom eines Föhns auf gespannte*
   - *a)* ***gleiche textile Flächen aus unterschiedlichen Rohstoffen,*** *z. B. Baumwolle, Wolle, beschichtete Stoffe usw.,*
   - ***b) unterschiedliche textile Flächen aus gleichem Rohstoff,*** *z. B. Baumwolle, gewebt und gewirkt.*

   Haltet gegen die Rückseite des Stoffes ein dünnes Blatt Papier. Beobachtet jeweils die Bewegung des Papiers.
2. *Notiert die Ergebnisse.*
3. *Sucht nach Begründungen für die unterschiedliche Luftdurchlässigkeit der verschiedenen textilen Flächen.*

Versuchsaufbau – Luftdurchlässigkeit

► Luftdurchlässige Stoffe ermöglichen den Abtransport von Wärme und Feuchtigkeit.

Feuchtetransport

Führt die folgenden Versuche mit je einer Stoffprobe, z. B. Baumwolle, Wolle, beschichtete Stoffe, Mikrofasern usw., durch.

1. *Legt die Stoffproben auf eine saugfähige Unterlage.*
   Gebt auf jeden Stoff einen Tropfen Tinte. Bewegt die Stoffe auf dem Tisch.
   Beobachtet das Verhalten der Tintentropfen.

2. *Füllt ein größeres Gefäß mit Farblösung (Wasser und Tinte).*
   Befestigt an einem Holzstab mit Stecknadeln 20 cm lange Stoffstreifen so, dass sie 1 cm tief in die Farblösung eintauchen.
   Messt nach 5, 10 und 15 Minuten mit einem Lineal, wie hoch die Farblösung in den Stoff gestiegen ist (Steighöhe).
   Notiert jeweils die Werte.
   Ordnet die Stoffe nach ihrer Saugfähigkeit.

3. *Legt nasse Stoffproben zum Trocknen aus.*
   Stellt fest, welcher Stoff die längste Trocknungszeit benötigt.

4. *Füllt in einen Dampfdrucktopf etwas Wasser.*
   Gebt den Siebeinsatz mit unterschiedlichen Stoffproben auf den Dreifuß.
   Schließt den Topf, erhitzt und wartet, bis der Druckanzeiger steigt.
   Öffnet den Topf nach 10 Minuten.
   Nehmt die Stoffproben heraus und prüft die Stoffproben mit den Fingern. Sind sie
   a) nass,
   b) feucht,
   c) fast trocken?

Versuchsaufbau – Aufnahme von Wasser

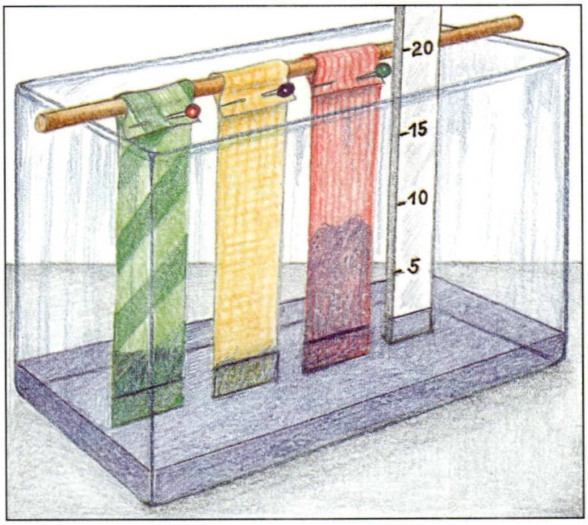

Versuchsaufbau – Aufnahme von Wasser

Versuchsaufbau – Aufnahme von Wasserdampf

2.2 Gesundheitliche Anforderungen an Textilien

Wärmeisolation

Das Wärmehaltevermögen der Kleidung wird durch isolierende Lufteinschlüsse in den Garnen und Stoffen sowie zwischen den einzelnen Textilschichten ermöglicht.

Beispiele:

- Mehrere Kleidungsstücke, locker übereinander getragen, wärmen stärker als ein enges Kleidungsstück.
- Kleidung mit engen Strickbündchen wärmt stärker als solche mit weiten, offenen Ärmeln.
- Maschenwaren wärmen stärker als glatte, gewebte Stoffe.
- Gekräuselte Fasern, z. B. Wolle, und bauschige Garne isolieren stärker als glatte, feste Fasern bzw. Garne.
- Geraute Stoffe, z. B. Flanell, wärmen besser als glatte. Durch die „abstehenden Fasern“ entsteht zwischen Haut und Stoff eine wärmende Luftschicht.
- Steppstoffe mit einer Füllung aus Daunen oder bauschigen, voluminösen Fasern isolieren besonders gut.

Luftdurchlässigkeit – Luftaustausch

Die Luftdurchlässigkeit von Textilien fördert die Wärmeregulation und das Verdunsten von Feuchtigkeit.

Locker sitzende Kleidung, die am Hals, an Ärmeln und Hosenbeinen offen ist, unterstützt den Luftaustausch. Die Poren im Textilmaterial bestimmen außerdem den möglichen Luftaustausch. **Beispiele:**

- Dünne, meist leinwandbindige Stoffe sind luftdurchlässig.
- Fest gewebte Stoffe mit Köperbindung sind weniger luftdurchlässig und halten daher stärker die Wärme.
- Maschenwaren sind stärker luftdurchlässig als gewebte Stoffe. Größe und Dichte des Maschengebildes bestimmen die Luftdurchlässigkeit.
- Geöffnete Reißverschlüsse fördern den Luftaustausch.

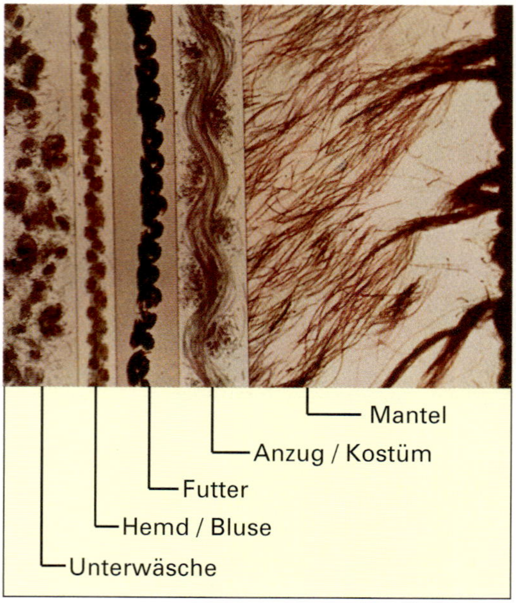

Bekleidungsschichten

1. Betrachte das Foto „Bekleidungsschichten“. Welche Schichten können gut wärmen?

2. Mache Vorschläge für
a) luftige Sommerkleidung,
b) wärmende Winterkleidung.
Berücksichtige dabei textile Rohstoffe, textile Flächen und Schnittgestaltung.

Luftdurchlässigkeit

Feuchtigkeitsaufnahme und -transport

Claudia hat sich an einem heißen, schwülen Sommertag ein blaues Baumwolloberteil und eine karierte Hose angezogen. Beide Teile hat sie selbst genäht, weil sie sie modisch und schick findet.

1. *Überlege, wo sich Wärme und Feuchtigkeit zwischen ihrem Körper und ihrer Kleidung verteilen bzw. wo sie sich stauen.*
2. *Suche in Katalogen nach Kleidungsstücken, die den Wärme- und Feuchtetransport beeinträchtigen.*

Unsere Kleidung soll die Feuchtigkeit – den abgegebenen Schweiß – nach außen weiterleiten. Sie soll sich nach einem Schweißausbruch wieder trocken und wärmend anfühlen. Kleidung, die nass auf der Haut liegt, lässt uns frieren.

Der Feuchtetransport wird ermöglicht durch

- ▶ **Textilporen** – Luftlöcher – in der textilen Fläche,
- ▶ **locker sitzende Kleidung** – durch den Luftaustausch werden normalerweise 20 bis 30 % des Schweißes nach außen abgegeben.
- ▶ Feuchtigkeit wird an die Faseroberfläche angelagert und verdunstet. Synthetische Chemiefasern, z. B. Polyacryl, geben Wassertropfen schnell ab, d. h., sie leiten die Flüssigkeit weiter. Es dringt nur wenig Flüssigkeit ins Faserinnere ein. Synthetics fühlen sich schnell feucht an, sie trocknen jedoch auch schnell wieder.
- ▶ Feuchtigkeit wird ins Faserinnere weitergeleitet. Bei Baumwolle, Leinen, Viskose dringt Feuchtigkeit in die Fasern ein und lässt sie aufquellen. Die nassen Fasern behindern nun den Transport von Schweiß, die Textilien kleben auf der Haut und trocknen nur langsam. Die Nässe bewirkt gleichzeitig ein unangenehmes Kältegefühl. Wolle stößt Wasser ab, sie nimmt jedoch Wasserdampf – Schweiß – in die Faser auf. Wolle kann bis zu 40 % des Eigengewichts als Wasserdampf in sich aufnehmen, ohne sich feucht anzufühlen.

Durch spezielle Ausrüstungsverfahren können die Eigenschaften der verschiedenen Rohstoffe jedoch stark verändert werden, z. B. imprägnierte Baumwolle wirkt Wasser abweisend.

Bewegungsfreiheit, Hautfreundlichkeit

Bewegungsfreiheit in der Kleidung ist ebenfalls für das Wohlbefinden wichtig, sie muss sich an die Bewegungsabläufe anpassen. Dehnbare Materialien und Textilien mit geringem Gewicht wirken sich positiv auf die Bewegungsfreiheit aus. Empfindungen bei Hautkontakt mit der Kleidung können angenehm, z. B. weich, oder unangenehm, z. B. kratzend, sein.

Problemlose Pflege

Kleidungsstücke, die direkt auf der Haut aufliegen und Schweiß aufnehmen, müssen regelmäßig gewechselt und gewaschen werden. D. h., die Kleidungsstücke müssen eine 60 °C-Wäsche vertragen.

Die Pflege der Textilien soll einen möglichst geringen Energie- und Arbeitsaufwand erfordern und die Umwelt möglichst wenig belasten.

2.3 Neu in der Textilverarbeitung

1. *Erklärt anhand des Fotos, warum Dunovafasern „Klimafasern“ genannt werden.*
2. *Trefft Entscheidungen, aus welchen Materialien*
   a) eine Winterjacke,
   b) ein Jogginganzug,
   c) ein gestrickter Sommerpulli
   sein sollen.
3. *Prüft, aus welchen Materialien eure Jacken bestehen.*
   Diskutiert Vor- und Nachteile von Mehrschichttextilien.

Chemiefasern mit neuen Eigenschaften

Um Chemiefasern, z. B. Polyacryl und Polyester, günstige Klimaeigenschaften zu verleihen, hat man Fasern geschaffen, in deren Kern viele winzige Kanäle entstehen.

Dunova – auch Klimafaser genannt – ist eine neue Polyacrylfaser, die achtmal mehr Wasser als eine herkömmliche Polyacrylfaser aufnimmt. Sie weist ähnlich wie Baumwolle eine große Saugfähigkeit auf, trocknet aber wesentlich schneller, ist leichter, formbeständiger und läuft nicht ein.

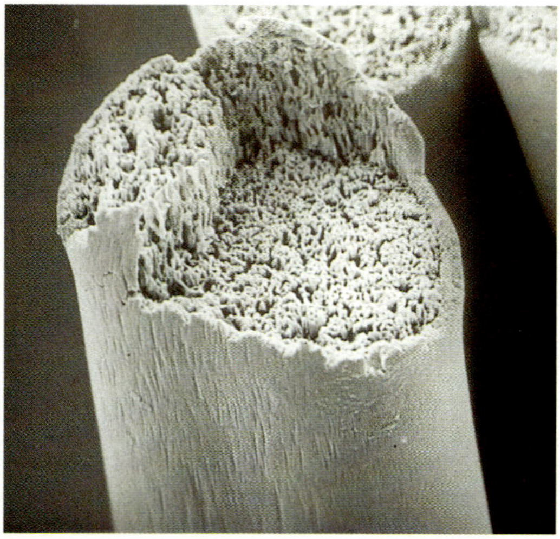

Dunova – eine neue Chemiefaser

Wetterkleidung ist heute, will man den Herstellern glauben, wasserdicht (bzw. Wasser abweisend), winddicht und atmungsaktiv (W-W-A). Wunder können diese Materialien allerdings nicht vollbringen: Weder das Schwitzen wird verhindert noch kann man von einem aktiven „Atmen“ des Materials sprechen. Allenfalls wird pro Zeiteinheit eine bestimmte Feuchtigkeitsmenge nach außen durchgelassen. (Verbraucherzentrale)

Mikrofasern

Das Außenmaterial von Jacken usw. besteht häufig aus Mikrofasern. Sie erfüllen die gleichen Funktionen wie die Kunststoffmembran in Mehrschichttextilien, d. h., sie sind ebenfalls wind- und wasserdicht, aber atmungsaktiv, also durchlässig für Luft und Wasserdampf – Schweiß.

Mikrofasern sind feiner als Seide. 100 Mikrofasern passen in den Querschnitt eines Haares. Mikrofasern – Polyester- oder Polyamidfasern – werden zu dichten Stoffen mit feinsten Poren verarbeitet.

Diese Stoffe sind außerdem besonders leicht und strapazierfähiger, d. h. reiß- und scheuerfester als Naturmaterialien.

Firmennamen für diese Stoffe sind Tactel, Trevira-Finesse oder Belseta u.a.

Neue Eigenschaften durch Mikrofasern

Mehrschichttextilien mit einer Kunststoffmembran

Bei diesen winddichten, wasserdichten und atmungsaktiven Bekleidungsstücken befindet sich zwischen Oberstoff und Futter eine luftdurchlässige Klimamembran – eine Kunststofffolie, die aus dem gleichen Material wie Teflon besteht (Gore-Tex). Die Folie hat pro cm^2 1,4 Milliarden Mikroporen, die Luft und Wasserdampf nach außen entweichen lassen. Wind und Regen können die Membran aber nicht von außen nach innen durchdringen.

Bei Sympatex besteht die Membran aus Polyester.

Neben den angenehmen Trageeigenschaften haben diese Mehrschichttextilien jedoch auch Nachteile. Die Kunststoffmembran – Teflon – verrottet nicht, beim Verbrennen entstehen hochgiftige Gase. Gore Tex nimmt die Kleidungsstücke zur erneuten Verarbeitung der Membran zurück.

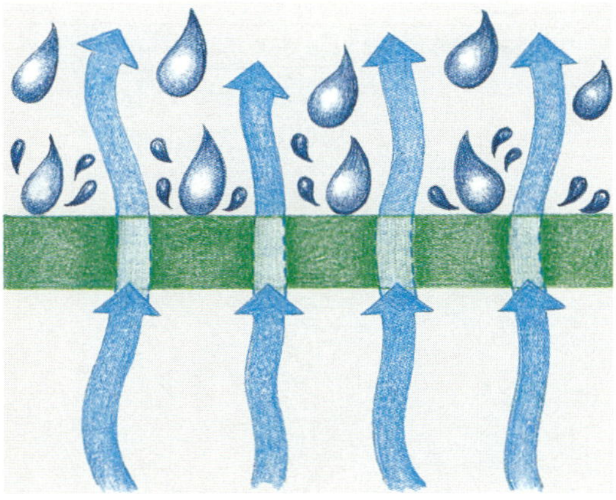

Neue Eigenschaften der Klimamembran

Zweischichttextilien, die Alternative?

Chemiefasern innen – Naturfasern außen

Die der Haut zugewandte Innenseite besteht aus synthetischen Chemiefasern, die den Schweiß von der Haut abnehmen und zur Verdunstung an die Außenschicht aus Baumwolle weiterleiten. Auf diese Weise bleibt die Haut trocken, die Feuchtigkeit verteilt sich im Stoff auf der Oberfläche. Für schweißtreibende Aktivitäten können solche Textilien, die die Feuchtigkeit nicht festhalten, sondern schnellstmöglich nach außen transportieren, sinnvoll sein.

Sportbekleidung und Sportunterwäsche dieser Art findet man unter den Markennamen Climate 2000, Daron comforteam, Sport-Fit, Duo-Tex.

Naturfasern innen – Chemiefasern außen

Für weniger schweißtreibende Sport- und Freizeitarten wird Bekleidung angeboten, deren Innenfutter aus Baumwolltrikot oder Baumwollfrottee oder aus Mischfasergeweben Baumwolle/Polyester hergestellt ist. Die Außenschicht besteht aus Wind und Wasser abweisenden, atmungsaktiven Chemiefasern, z. B. Mikrofaser Tactel.

Weitere Textilien für Regenbekleidung

Beschichtete Textilien

Bei diesen Textilien wird eine Kunststoffschicht auf ein Trägermaterial aufgebracht. Dieses Material ist nun absolut wind-, wasser- und wasserdampfundurchlässig, z. B. Öljacken. Die Wasserdampfdurchlässigkeit muss beim Schnitt der Kleidung berücksichtigt werden.

Imprägnierte – gewachste Textilien

Sehr dicht gewebte Stoffe werden mit chemischen Mitteln, z. B. mit Silikon oder Wachs, imprägniert. Mit Wachs werden z. B. Jacken aus Baumwolle – Barbour-(Berber)jacken – imprägniert.

Durch diese Ausrüstungsmethode werden die Kleidungsstücke winddichter und Wasser abweisend. Nach längerer Einwirkzeit wird die Kleidung allerdings wasserdurchlässig. Die Imprägnierung ist nicht waschfest, sie muss erneuert werden.

Wir erstellen eine Wandzeitung zum Thema Körper – Klima – Kleidung

Eine Wandzeitung ist ein großes Plakat, auf dem in übersichtlicher Form Informationen und Meinungen – Wünsche, Träume und Ängste – zu einem Thema dargestellt werden, vgl. S. 77.

Wandzeitungen werden in Gruppen oder durch die Zusammenarbeit aller Schüler erstellt.

Die Informationen können dann leicht in dieser Form anderen Schülern/der Öffentlichkeit zugänglich gemacht werden.

Was ist bei der Gestaltung einer Wandzeitung zu beachten?

- Bilder sagen oft mehr als Worte. Es lohnt sich, Bilder, Fotos, Grafiken, Statistiken für die Wandzeitung aus Zeitschriften zu sammeln oder selbst zu erstellen. Auch Karikaturen beleben eine Wandzeitung.
- **Layout:** Wenn genügend Material – Texte und Bilder – vorhanden ist, geht es daran, das Layout – eine Gestaltung – für die Wandzeitung zu entwerfen. Durch Hin- und Herschieben der einzelnen Teile kann man den vorhandenen Platz einteilen und so einen Eindruck von dem späteren Aussehen bekommen.
  Das Aufkleben und Beschriften geschieht, wenn alle mit dem Entwurf zufrieden sind.
- Überschriften, Schlagzeilen sollen griffig und einprägsam sein.
- Die Schriftgröße muss so gewählt werden, dass sie auch aus größerer Entfernung klar lesbar ist.
- Wichtige Informationen müssen von den Betrachtern schnell erfasst werden können, sie werden durch eine größere Schrift oder leuchtende Farbe hervorgehoben.
- Die Schriftgröße je nach Wichtigkeit der Aussage abstufen: wichtige Aussagen größer, unwichtigere kleiner darstellen.

Generell gilt:

- Die Wandzeitung sollte nicht überladen sein. Überschriften und Bilder brauchen Raum, damit sie wirken können. **Weniger sagt oft mehr.**
- Der Betrachter muss die Aussagen der Wandzeitung schnell erfassen können, sonst verliert er evtl. das Interesse und wendet sich anderen Dingen zu.

Und los geht es, an die Arbeit!
Die Wandzeitungen sollen später eure Mitschüler über dies wichtige Thema informieren.

Sonderkommission – Regen-/Wetterbekleidung

Ihr wisst nun Bescheid über verschiedene Textilien, die für Regen-, Wetterbekleidung verwendet werden. Als Mitglieder der „Sonderkommission Regen-/Wetterbekleidung" bekommt ihr nun viel Arbeit.

Für das Rollenspiel „Sonderkommission Regen-/Wetterbekleidung" benötigen wir

- eine Sonderkommission (vier Personen),
- Personen, deren Regen-, Wetterbekleidung von der Sonderkommission ermittelt und untersucht wird. Die Personen, die die verschiedenen Rollen spielen, werden jeweils von drei anderen Mitschülern – Zeugen – unterstützt.

Einige mögliche Beispiele für unterschiedliche Bekleidung findet ihr auf den Rollenkarten.

Die Sonderkommission soll nun die jeweilige Regen-, Wetterbekleidung der Personen herausfinden und Ratschläge für eine gesunde und umweltfreundliche Kleidung erteilen.

Die Sonderkommission überlegt sich, mit welchen Fragen sie die jeweilige Regen-, Wetterbekleidung ermitteln kann.
Z. B.: Aus welchem Rohstoff wurde deine Kleidung gefertigt?
Schwitzt du leicht in der Kleidung?
Wirst du bei stärkerem Regen nass?
War die Kleidung sehr teuer?
usw.

Die zu untersuchenden Personen wählen sich mit ihren Mitschülern – Zeugen – eine Rolle aus. Dann überlegen sie, wie sie ihre Rolle spielen wollen und die Eigenschaften ihrer Regen-, Wetterbekleidung erläutern sollen.

Das Spiel beginnt:
Die Sonderkommission stellt Fragen. Sie weiß nicht, um welche Person es sich handelt. Dann gilt es, evtl. auch Überzeugungsarbeit zu leisten: „Weißt du auch, dass deine Kleidung die Umwelt belastet?"

Rollenkarten

Jana Schmidt meint:
Ich liebe leichte, allerdings auch teure Regenbekleidung aus Mehrschichttextilien.

Markus Petersen meint:
Wenn ich im Sommer an die Nordsee fahre, trage ich bei Regen den gelben „Friesennerz".

Ole Müller meint:
Ich liebe meinen modischen, imprägnierten Anorak, was soll all dieser neue Kram?

Silke Meier meint:
Ich mache es wie die Queen, ich trage eine gewachste Barbourjacke aus Baumwolle.

Claudia Schüler meint:
Leicht geht es auch billiger, meine Jacke ist aus Mikrofasern außen und Baumwolle innen.

Frau Hansen meint:
Besondere Regenkleidung benötige ich nicht, ich habe doch einen Schirm.

Herr Schneider meint:
Mein alter Lodenmantel aus Wolle ist warm, bei Regen wird er allerdings …

3 Kleidung – Mode – Umwelt

3.1 Aufgaben unserer Kleidung

1. *Betrachte die Fotos. Beschreibe die jeweilige Kleidung. Nenne die Aufgaben, die die Kleidung jeweils erfüllt.*
2. *Sammle weitere Bildbeispiele für verschiedene Aufgaben der Kleidung; berücksichtige dabei auch die Kleidung anderer Völker.*

Lies den Text „Reformkleidung“:

1. *Welche Aufgaben der Kleidung werden in dem Text genannt?*
2. *Beschreibe ein Kleidungsstück, in dem du dich*
   a) wohl fühlst,
   b) nicht wohl fühlst.
3. *Erläutere: Warum hast du dich heute morgen so angezogen?*
4. *Für welche Anlässe besitzt du spezielle Kleidung?*

Bekleidung gehört zu den Grundbedürfnissen des Menschen, sie hat vielfältige Aufgaben.

Schutzfunktion: Die Kleidung soll den Körper schützen
- gegen Umwelteinflüsse, z.B. Kälte, Regen und Schnee,
- vor Verletzungen am Arbeitsplatz, im Verkehr und beim Sport.

Außerdem muss sie die Klimaregelung des Körpers unterstützen, vgl. S. 28 ff.
In Ländern, in denen sonst keine Kleidung getragen wird, soll sie die Blöße bedecken.

Schmuck- und Kennzeichnungsfunktion: Ein altes Sprichwort sagt: „Kleider machen Leute." Zu allen Zeiten haben Menschen durch das Tragen von Kleidung und Schmuck, durch Bemalung und Narbenschmuck ihren Körper gestaltet.
Die Kleidung lässt auch die Zugehörigkeit zu bestimmten Gruppen erkennen, z.B.
- Trachten bestimmter Volksgruppen,
- Uniformen von Soldaten, Polizei und Feuerwehr,
- gleichartige Kleidung von Fußballfans, Punkern usw.

Aus den Aufgaben der Kleidung ergeben sich die Anforderungen, die an sie gestellt werden: Zweckmäßigkeit, gutes Aussehen, Haltbarkeit, Pflegbarkeit, physiologische Eignung – Wohlbefinden – bei unterschiedlichen Umgebungseinflüssen.

Reformkleidung für Damen

Auf dem Berliner Frauenkongress 1896 wurde die Frauenkleidung zum ersten Male Gegenstand öffentlicher Diskussion.

Es wurde Kleidung verlangt, die allen Lebensorganen ungehinderte Bewegung gestattet, die Schwere der Kleider vermindert, die Hauptlast auf die Schultern verlegt und eine gleichmäßige Temperatur des ganzen Körpers erzielt.

Die denkende Mutter wird die Kleidung des Kindes immer so beschaffen, dass sie den Körper nicht belästigt, ihn vor allen Dingen nicht einengt und dadurch das Wachstum behindert. Jedes Stück wird genügend Weite haben.

In einer Hinsicht fehlen viele Mütter allerdings oft: Allzu große Ängstlichkeit vor Erkältungen verleitet sie, dem Kind zu viel Kleidungsstücke aufzubürden, was nur Verweichlichung zur Folge hat. Zudem raubt die Schwere der Kleider dem im Wachstum leicht erschlaffenden Körper die Geschmeidigkeit und wird der Grund einer nachlässigen, gebeugten Haltung.

Es ist empfehlenswert, waschbare Stoffe zu wählen, die nicht so viel Staub aufnehmen und zudem ein öfteres Waschen vertragen. (Berlin 1908)

Kleidung für verschiedene Zwecke

	Zweck / Aufgaben	Aussehen und Beschaffenheit
	**Arbeitsschutzkleidung** Sie bietet Schutz und Sicherheit am Arbeitsplatz – vor äußeren Einflüssen (Staub, Hitze, Kälte, Regen) und vor mechanischen Einflüssen (z. B. Verletzungen). **Berufskleidung** bietet z.T. Schutz (Schutzwesten der Polizei), sie hat vor allem aber die Aufgabe, die Zugehörigkeit zu einer bestimmten Gruppe zu zeigen (Polizist, Richter, Soldat, Postbote usw.).	Signalfarben als Schutz, besondere Ausrüstungsverfahren (z. B. flammfest, Wasser abstoßend oder wasserdicht). Strapazierfähige Materialien (reiß- und scheuerfest), die auch von starken Verschmutzungen gesäubert werden können. Arbeitsschutzkleidung muss durch locker sitzende Schnittform Bewegungsfreiheit bieten; zu weite Formen und lose herabhängende Teile erhöhen die Unfallgefahr (z. B. bei der Arbeit an rotierenden Maschinen).
	**Sportkleidung** Die Kleidung soll bei körperlicher Betätigung genügend Bewegungsfreiheit ermöglichen. Sie soll für einen guten Ausgleich zwischen Körper- und Außenklima sorgen (z. B. beim Joggen). Sie soll Schutz bieten vor Witterungseinflüssen (z. B. Wander- und Skikleidung). Einige Sportarten erfordern spezielle Schutzbekleidung vor äußeren Einflüssen und Verletzungen.	Entsprechend dem Verwendungszweck erfordert Sportkleidung einen zweckmäßigen Schnitt. Die textilen Materialien müssen entsprechend der Sportart luftdurchlässig, winddicht, wasserdicht oder wärmend sein. Besondere Bekleidungsteile wie Kopfbedeckungen (Helme, Schutzkappen), Fußbedeckungen (Turnschuhe, Bergstiefel) und Körperbedeckungen (Skianzug, Surfanzug) erfordern spezielle Materialien.
	**Festliche Kleidung** Festliche Kleidung (Gesellschaftskleidung) soll uns schmücken. Sie wirkt elegant und hebt sich deutlich von der Alltagskleidung ab. Durch das Tragen besonderer Kleidung können festliche Anlässe in ihrer Bedeutung hervorgehoben werden. Im Gegensatz zur Alltagskleidung unterscheidet sich die festliche Damen- und Herrenbekleidung deutlich voneinander (klassischer festlicher Bekleidungsstil: schwarzer Smoking für Herren; langes Abendkleid für Damen).	Das textile Material ist meist weniger strapazierfähig und pflegeleicht, dafür aber kostbarer als das der Alltagskleidung. Schnittformen festlicher Kleidung sind auffälliger und aufwendiger wie auch das verwendete Material, aber weniger gut mit anderen Kleidungsstücken zu kombinieren.

Wir wählen ein Projektthema

Gemeinsam legen wir das Thema fest. Was wollen wir untersuchen?

- Mode und Konsum
- Jeans – ein Kleidungsstück macht Mode
- Textilrecycling
- Kleider machen Leute
- Kleidung – Ausdruck einer Epoche

Gliederung des Projektthemas
Wir gliedern das gewählte Thema in Unterthemen, so kann es in Gruppen bearbeitet werden. **Beispiel: Jeans – ein Kleidungsstück macht Mode.**

1. Gruppe: Geschichte der Jeans und Verzierung, Schnitte
2. Gruppe: Stoffgewinnung und Veredelung
3. Gruppe: Gegenstände aus Jeans und Jeans-Recycling
4. Gruppe: Marken und Werbung

Je vier oder fünf Schüler wählen nun gemeinsam ein Unterthema, mit dem sie sich beschäftigen wollen. In den Gruppen werden dann Fragen bzw. Stichworte gesammelt, die bearbeitet werden sollen. Es wird auch geklärt, wie die Gruppe die Ergebnisse darstellen will.

In der Klasse wird dann das weitere Vorgehen noch einmal besprochen und aufeinander abgestimmt.

Planung der weiteren Arbeit
In den Gruppen wird nun diskutiert: Wo können wir uns die notwendigen Informationen beschaffen? Wer übernimmt welche Aufgabe?

Durchführung der Arbeit
Das Informationsmaterial wird nun gemeinsam ausgewertet. Das Wesentliche wird auf Plakaten dargestellt.

Vorstellung der Gruppenergebnisse
Die Gruppen stellen ihre Plakate der Klasse vor. Gemeinsam werden die einzelnen Ergebnisse ausgewertet und zu einem Gesamtergebnis zusammengetragen.

Auswahl des Projektthemas

Vorbereitung und Planung der Gruppenarbeit

Vorstellung der Ergebnisse

3.2 Kleidung und ihre gesellschaftliche Bedeutung

Mode im Wandel der Zeit

1. *Sammelt Beispiele aus unterschiedlichen Lebensbereichen, die der Mode bzw. einem Modewechsel unterliegen.*
2. *Sucht Beispiele in der heutigen Zeit für direkte oder indirekte Kleidervorschriften.*
3. *Erklärt an Beispielen von früher und heute, wie sich der Einzelne durch Kleidung von der Gesellschaft abheben kann.*

Adelige des Rokoko um 1750

Bauern des Rokoko

- Mit dem Wort „Mode" (modus, lat.: Art und Weise, Regel, Maß) beschreibt man den Ausdruck des vorherrschenden Zeitgeschmacks einer Gesellschaft. Mode erstreckt sich auf viele Lebensbereiche, z. B. Bekleidungsweise, Lebensgestaltung, Denkweise, Sprachverhalten.
- Unter Mode im engeren Sinne versteht man die sich wandelnde Art der Kleidung, die einen Ursprung im Schmuck- und Geltungsbedürfnis des Menschen hat. Modische Kleidung bietet eine Möglichkeit, seinen persönlichen Stil hervorzuheben, die Stellung in der Gesellschaft oder die Zugehörigkeit zu einer bestimmten Gruppe zu zeigen.
- Kleidung ist nicht gleichbedeutend mit Mode. Sie ist aber der Mode und ihrem Wechsel besonders stark unterworfen.
- Im allgemeinen Sprachgebrauch wird Mode häufig mit Kleidung gleichgesetzt, z. B. Modeschöpfer, Modenschau, Modemesse, Modekollektion.

Auszug aus der Kieler Kleiderordnung (1417)

Keine Frau darf gekrauste Tücher und nicht mehr als zwei Mäntel haben, die mit Pelzwerk gefüttert sind, und darf auch keinerlei Geschmeide mit teurem Gestein und Perlen an ihren Kleidern tragen, wenn nicht ihr Mann an die Stadt nicht mindestens 400 Mark Silber zu versteuern hat.

Wenn der Mann der Stadt zwar Steuern zahlt, aber nicht für 100 Mark, so darf seine Frau keinerlei Geschmeide tragen. Insbesondere darf keine Bürgersfrau Pelzwerk oder Seide an ihren Kleidern tragen. Insbesondere wird befohlen, dass keine Dienstmagd oder Dienstbotin Spangen, Scharlachtuch oder irgendwelches vergoldetes Geschmeide trägt.

Durch besonders kostbare Kleidung haben die herrschenden Adeligen bis zur Französischen Revolution 1789 ihrer Vormachtstellung gegenüber Bürgern und Menschen niederer Stände Ausdruck verliehen. Der Adel erließ Kleiderordnungen, die verhindern sollten, dass sich reiche und selbstbewusste Bürger den Adeligen und Herrschenden durch das Tragen ähnlicher Kleidung anglichen. Die Kleidung sollte die besondere gesellschaftliche Stellung des Einzelnen kennzeichnen.

Mit der Französischen Revolution entstanden die Voraussetzungen für eine bürgerliche Gesellschaft. Das Modebild veränderte sich. Das Ende der Ständegesellschaft wurde durch den Sturz des Königs und die Beseitigung der Vorrechte des Adels herbeigeführt.

Als Ausdruck ihrer politischen Gesinnung trugen die Revolutionäre schlichtere Kleidung und lange Beinkleider, die Pantalons. So unterschieden sie sich auch äußerlich vom alten Adel, denn der trug damals eng anliegende Kniehosen. Die Kleidung – die langen Beinkleider – drückte das Streben nach neuen, freieren Lebensformen aus.

Die zweite Hälfte des 19. Jahrhunderts war vor allem durch die Industrialisierung gekennzeichnet. Auch die Erfindung der Nähmaschine ermöglichte es nun breiteren Bevölkerungsschichten, sich modisch zu kleiden.

Die Herrenmode war sachlich, zweckmäßig, zeitlos. Die Damenmode war dagegen immer noch aufwendig im Material und Ausputz – gemäß der Rolle der Frau in der Gesellschaft.

Mit dem Ersten Weltkrieg mussten die Frauen vielfach Stellungen der Männer übernehmen. Die Kleidung gab den Frauen jetzt mehr Bewegungsfreiheit: durch kurze Röcke und bequeme Schnitte.

Die Gleichstellung von Mann und Frau in der Kleidermode wurde erst in der zweiten Hälfte dieses Jahrhunderts erreicht.

Kürbishosen um 1550 bis 1600 — Rheingrafhosen 1650 bis 1680

Kniehosen um 1630, Pantalons um 1810

Frauen der 20er Jahre

Mode beeinflusst die Kleidung

1. *Betrachtet die Karikatur.*
   a) *Beschreibt, was auf den vier Streifen dargestellt ist.*
   b) *Der Einzelne passt sich modisch an. Welche positiven bzw. negativen Folgen können entstehen?*
   c) *Der Einzelne passt sich modisch nicht an. Welche positiven bzw. negativen Folgen können entstehen?*
2. *Diskutiert über den Text. Nennt Beispiele für „Führerprodukte", die zur Zeit eine Leitbildfunktion haben.*
3. *Was müsst ihr tragen, um dazuzugehören?*
4. *Erstellt in Gruppen Collagen:*
   a) *Wenn man das trägt, gehört man dazu.*
   b) *Wenn man das trägt, kann man zum Außenseiter werden.*

   Die anderen Gruppen sollen das von euch gewählte Thema nicht kennen. Überprüft, ob sie es herausfinden können.

Über die Mode

… und doch, wie willig folgen wir dabei den Führern …

Und welches Glück grinst uns aus dem Spiegel entgegen, wenn wir Anschluss haben, aussehen wie alle, und alle anders aussehen als gestern! Warum das alles? Vielleicht befürchten wir mit Recht, dass unser Charakter wie ein Pulverfass auseinander fallen könnte, wenn wir ihn nicht in eine öffentlich zugelassene Tüte stecken.

(Musil, R.: Mode und Gesellschaft)

Modemacher und Prominente bestimmen, was wir tragen

Deutschland 1931
Marlene Dietrich, Schauspielerin und Sängerin, symbolisiert in den 30er Jahren die veränderte Rolle der Frau innerhalb der Gesellschaft. Sakkos, Hemden und Hosenanzüge für Frauen wurden Mode.

USA 1928
Shirley Temple wird zum Kinderstar – und alle Mütter wollen ihren Star zu Hause: Rüschchenkleider werden Mode.

USA 1955
James Dean vor der Filmkamera in Blue Jeans, T-Shirt und Windjacke wird zum Helden der amerikanischen Jugend.

USA 1942
Humphrey Bogart hat mit „Casablanca" einen Welterfolg – und alle modebewussten Männer tragen Trenchcoats und Hüte.

Freiheit des Wilden Westens?

Die Jeans-Geschichte

Levi Strauss, jüdischer Krämer aus Franken, wandert 1846 nach Amerika aus. Mit 24 Jahren zieht Levi Strauss von New York nach San Francisco. In seinem Gepäck befinden sich Stoffballen und Zeltplanen. Levi Strauss erfährt bald, dass die Goldgräber keine Zelte, sondern strapazierfähige Hosen benötigen. So lässt Levi Strauss aus Zeltleinwand, die er aus Genua bezieht, für Goldgräber Arbeitshosen nähen. Die Bezeichnung Jeans entstand aus dem amerikanischen Wort für genuesisch.

Jacob Davis, ein jüdischer Einwanderer aus Riga, kommt auf die Idee, die Hosentaschen mit Kupfernieten zu verstärken, die normalerweise für die Herstellung des Zaumzeugs der Pferde gebraucht werden. Kennzeichen der Jeans sind außerdem orangefarbene Doppelsteppnähte. Jacob Davis übernimmt die Produktionsleitung bei Levi Strauss.

1873 werden die ersten Jeans aus blauem Baumwollstoff, der aus Nîmes/Frankreich kommt, hergestellt. Der Stoff wird Denim (de Nîmes) genannt, es heißt, dieser Stoff sei in der Robustheit nicht zu übertreffen.

Jeans-Werbung Mitte der 90er Jahre

1902 stirbt Levi Strauss, er hinterlässt ein Vermögen von 6 Millionen Dollar.

Durch die Wirtschaftskrise in den 30er Jahren werden Jeans Freizeitkleidung in den USA.

James Dean wird durch seine Filme „Jenseits von Eden“ (1954) und „Denn sie wissen nicht, was sie tun“ (1955) zum Helden der amerikanischen Jugend, die sich gegen den materiellen Überfluss und das eintönige Leben auflehnt. Modischer Ausdruck dieses Generationskonflikts wird die Kleidung von James Dean, er trägt Blue Jeans, T-Shirt und rote Windjacke. Jeans sind in den Schulen verboten. Jeans werden nun auch in Europa – Frankreich – eingeführt. Die Nachfrage nach Jeans aus der US-Army-Produktion ist überwältigend, denn jeder will am „American dream“ Anteil haben.

Ende der 50er Jahre sind die Jeans in den USA Zeichen der Gleichberechtigung von Schwarz und Weiß. An Feiertagen gehen die Schwarzen statt in der sonst üblichen Festkleidung in Jeans zum Gottesdienst und kaufen keine neuen Kleider, um so ihren Protest gegen die Rassendiskriminierung auszudrücken. Besonders in dieser Zeit wurden Jeans zu einem besonderen Zeichen des Befreiungskampfes.

Anfang der 60er Jahre begannen auch Frauen Jeans zu tragen. Die Jeans werden zum Ausdrucksmittel eines neuen Frauentyps: Frauen, die sich ihrer beruflichen und sexuellen Unabhängigkeit (Antibabypille) bewusst werden.

1969 heißt es in einer Levi-Strauss-Werbung: Blumenkinder entdecken ihre Liebe zu Levi's. Nicht ganz bedeutungslos, denn nur abgetragene haben eine Chance. Leicht ist es nicht, Levi's Jeans kleinzukriegen. Auch in dieser Zeit sind die Jeans Ausdrucksmittel des Generationenkonflikts, aber auch ein Zeichen der Verweigerung des Konsumzwangs.

Geschichte der Jeans-Werbung

Werbung, die hauptsächlich auf das männliche Publikum abzielt, zeigte den endlosen Horizont des amerikanischen Westens, allerdings war der Pferderücken gegen Autos und Motorräder ausgetauscht worden. Der Mythos eines James Dean wurde heraufbeschworen.

Sonst wurde der Schauplatz des „Wilden Westens" größtenteils durch exotische Schauplätze abgelöst. Abenteuer ist nach wie vor ein zugkräftiges Werbeelement, die Unverwüstbarkeit der Jeans soll demonstriert werden. Um dies zu verdeutlichen, werden sogar extreme Beispiele gewählt: „Im Wüstensand liegt ein Skelett, darunter Jeans – von dem Unglücklichen, den in der Wüste das Schicksal ereilte, sind nur noch ein paar Knochen und seine unverwüstlichen Jeans übrig geblieben."

In Europa erregte eine Jeans-Werbung unter dem Namen „Jesus-Affäre" einiges Aufsehen. Eine italienische Jeansmarke wurde berühmt durch ein Plakat, das auf den Hotpants einer Frau folgendes Jesus-Zitat zeigte: „Wer mich liebt, der folgt mir nach." In allen Ländern, in denen diese Werbung lief, gab es Stürme der Entrüstung. Als die Jeansfirma wegen Gotteslästerung verklagt werden sollte, stellte sich heraus, dass sie von einem Geistlichen gegründet worden war, der die herrschende Arbeitslosigkeit in seiner Stadt mit der Jeansfabrikation bekämpfen wollte. Der Geistliche ließ ein zweites Werbeplakat für seine „Jesus-Jeans" drucken, auf dem folgender doppelsinniger und unverfänglicher Slogan stand: „Von Jesus wird man noch in zweitausend Jahren reden."

Selbst vor der Kunst macht die Werbung nicht halt. Berühmte Kunstwerke von Michelangelo und Cranach oder die Freiheitsstatue werden in die Werbung eingespannt. Kritik gab es selbstverständlich.

Auch Frauen in Jeans sind ein beliebtes Werbethema. Als die Frauen anfingen, Jeans zu allen möglichen Gelegenheiten zu tragen, mussten die Werbefachleute sich etwas Neues einfallen lassen. So zeigte man die „knackigen Jeans am liebsten von der Seite, auf der sie am prallsten gefüllt waren". Nur fehlten zunächst noch die richtigen Slogans. Die Unverwüstbarkeit der Hosen erwies sich als kein besonders durchschlagendes Argument bei der weiblichen Käuferschicht. So wurden die Jeans zur zweiten Haut, die Frauen in vorher nie gezeigter Freizügigkeit darstellten.

Die Werbung zeigt auch, dass der Umsatz immer wieder durch neue Formen und Farben gesteigert wurde. Selbst bei den Jeans, die doch so unverwüstlich sind, müssen neue, aktuelle – modische – Jeans die alten ersetzen. Einige Beispiele: „Körpernah diktiert die Mode. Unsere Jeans sitzen hauteng von der Taille bis zur Fessel." Vier Jahre später heißt es: „Die Modelaunen von gestern sind vergessen. Die Jeans zeigen sich jetzt in schwungvoll ausgestellter Weite." Später wird verkündet: „Je verwaschener das Blau, desto schöner der Look." „Jeans von heute, unkompliziert wie die Leute von heute."

Brauchen Menschen Mode – oder braucht die Mode den Menschen?

1. *Sammelt Bild- und Textbeispiele für Modewerbung.*
2. *Untersucht in arbeitsteiligen Gruppen Modezeitschriften und Werbeprospekte nach folgenden Gesichtspunkten:*
   a) *Worüber wirst du informiert? Z. B. Preis, Material, Hersteller, Bezugsquelle.*
   b) *Welche Personen stellen die Mode vor, und in welchen Grundstimmungen und Lebenssituationen befinden sie sich dabei?*
   c) *Zeigt jeweils an einem Beispiel, wie Modewerbung mit Worten, Bildern und Farben Bedürfnisse der Menschen weckt.*
3. *Stellt in einer Liste die Interessen der Modeindustrie zusammen.*
4. *Stellt in einer Liste die Interessen der Käufer modischer Kleidung zusammen. Denkt dabei an die verschiedenen Funktionen der Kleidung.*
5. *Lest und diskutiert das Fallbeispiel „Jugendliche Schuldner berichten“ auf Seite 53.*

Häufiger Modewechsel ist besonders im Bereich der Kleidermode aus verschiedenen Gründen möglich:

- ▶ Jeder Mensch benötigt wegen seiner Schutz- und Schmuckbedürfnisse Kleidung.
- ▶ Die Anschaffung neuer Kleidermode ist meist weniger kostspielig als die Anschaffung anderer modischer Gegenstände.

Die Modeindustrie produziert zur Förderung ihres Umsatzes immer mehr, sogar weit über den eigentlichen Bedarf hinaus – in der Bundesrepublik wird ein großer Teil nicht abgesetzt.

Die Wirksamkeit der Werbung besteht darin, durch Bilder, Töne, Texte und Farben vorhandene Bedürfnisse beim Verbraucher zu wecken, wie z. B. Liebe, Zuwendung, Anerkennung, Stärke, Geborgenheit, Zugehörigkeit, Unabhängigkeit.

Die Werbung verspricht uns durch den Kauf bestimmter Produkte die Befriedigung unserer Bedürfnisse.

Im Bereich Kleidermode wird die Absicht der Modeindustrie am deutlichsten: Durch gesteuerte „Veralterung“ und immer neue Kaufanreize, durch Bedürfnisweckung mit raffinierten Methoden wird eine ständige Erneuerung, ein ständiger Wechsel in Gang gesetzt.

Modewechsel

1. *Beschreibt anhand der Schlagzeilen der Modebranche, vgl. S. 49, und der Fotos, an welchen Einzelheiten der Modewechsel bei Jeans erkennbar ist.*
2. *Sammelt Artikel aus Zeitungen und Zeitschriften über Mode. Wie lange vor der Saison wird über die neue Mode informiert?*

Umfrage – Wir ermitteln das Modeverhalten von Jugendlichen

Wir befragen unsere Mitschülerinnen und Mitschüler über ihr Modeverhalten.
Vorbereitung der Umfrage:

- Was wollen wir erfragen?
- Wie wollen wir die jeweiligen Antworten festhalten?
- Wer stellt die Fragen?

Wir sammeln mögliche Fragen:

- Kaufst du gerne Kleidung?
- Mit wem gehst du am liebsten einkaufen?
- Wonach richtest du dich, wenn du ein Kleidungsstück aussuchst:
  - nach dem Preis?
  - nach deinem Geschmack?
  - ob es modisch ist?
  - ob es qualitativ gut ist?
  - ob es sich für den Zweck eignet?
- Legst du Wert auf modische Kleidung?
- Woher erfährst du, was modern ist?
- Wem möchtest du besonders gefallen?
- Hast du ein Vorbild, nach dem du dich in deiner Kleidung richtest?
- Gibt es Personen, die dir deine Kleidung vorschreiben?
- Warum fühlst du dich in deiner Kleidung wohl?
- Möchtest du gern anders gekleidet sein?
- Was machst du mit deiner Kleidung, wenn sie nicht mehr modern ist?
- Für welche Anlässe hast du spezielle Kleidung?
- Wofür gibst du dein Geld hauptsächlich aus?
- usw.

Wir bereiten einen Kassettenrekorder vor und üben das Interview mit unseren Mitschülern in unserer Klasse.

Wir prüfen:

- Sind die Fragen richtig formuliert?
- Erfahren wir, was wir für unsere Auswertung benötigen?
- Benötigen wir weitere Fragen?

Der Fragebogen wird evtl. umformuliert oder ergänzt.

Dann ist es so weit – der Ernstfall beginnt!

Die Auswertung ergibt?

Auf jeden Fall wollen wir das Ergebnis unserer Umfrage „Modeverhalten von Jugendlichen“ unseren Mitschülerinnen und Mitschülern im Schaukasten vorstellen. Die Auswertung werden wir auf Plakaten darstellen.

Ob es notwendig ist, dass sie ihr Modeverhalten ändern, damit ihre Kleidung gesund und umweltfreundlich ist?

Jugendliche Schuldner berichten

Zu meinem 14. Geburtstag haben mir meine Eltern ein eigenes Girokonto auf der Bank eingerichtet. Sie meinten, ich wäre jetzt in dem Alter, in dem man lernen soll, wie man mit einem Konto umgeht. Andere in der Klasse hatten auch schon eins, also das war überhaupt nichts Besonderes. Auf das Konto wurde mein Taschengeld überwiesen, und ich war echt stolz, als ich auch noch eine Geldkarte für den Bankautomaten bekam. Mit 14 Jahren habe ich 60 Mark Taschengeld bekommen und mit 15 dann 10 Mark mehr. Meine Eltern sagten: Was du nicht unbedingt brauchst, musst du selbst bezahlen. Also z. B. so Extras wie Pullis von VM oder so, eben geile Teile, mit denen man gut drauf ist. Solche Hits kann ich mir natürlich nur dann leisten, wenn mir jemand aus der Verwandtschaft zu Weihnachten oder zum Geburtstag Geld geschenkt hat.

Es war immer toll, wenn ich mit meinen Freundinnen zusammen nachmittags unterwegs war. Dann haben wir in Kaufhäusern oder Hip-Shops neue Outfits anprobiert, andere Leute beobachtet und 'ne Menge Spaß gehabt. Manchmal habe ich bei so einem Bummel Spitzenklamotten für die Hälfte ergattert, echte Treffer gelandet. So etwas läuft natürlich nur, wenn man öfter unterwegs ist, sonst gehen einem solche Gelegenheiten durch die Lappen.

Ende September war der neue Herbstlook draußen. Tolle Teile überall. Wir gingen mal wieder durch die Stadt, aber außer ein paar Mark hatte ich nichts in der Tasche, weil ich ziemlich pleite war. Na ja, war ja auch kein Problem, da ich dachte, wir hätten uns nur zum Herumgucken verabredet. Aber Angie und Maren, meine Freundinnen, sahen das Date total anders. Die wollten sich Klamotten holen und hatten auch Geld dabei. Wie doof lief ich neben denen her, mit einem miesen Mickergefühl, richtig bescheuert kam ich mir vor, dass ich nur gucken, aber nicht kaufen konnte. Besonders neidisch war ich auf Angie, die hatte sowieso immer das Neuste, immer voll im Trend, und kam damit überall absolut top an. Sie kaufte sich hohe Buggies, und dann holten sich beide dieselben Jacken von Home B, wahnsinnig tolle Muster hatten die. Ich hab so getan, als würde mir die ganze Kauferei überhaupt nichts ausmachen, aber das haben mir die beiden nicht abgenommen, und deshalb sagte Maren: Ist doch kein Problem, dass du pleite bist, du hast doch 'ne Karte, heb doch was ab, die Bank sagt nichts. Ist doch schließlich dein Geld. Warum eigentlich nicht, habe ich gedacht. Und so ist es dann auch gelaufen. Bin zur Bank, hab Geld gezogen und am nächsten Tag noch mal, das war eben einfach total verlockend.

Ich habe Doc-M-Schuhe gekauft in matt Leder und Hosen von BS und erst mal die Teile zu Hause unterm Schrank versteckt.

Ja, und wenige Tage darauf kam alles raus, weil die Bank meinen Eltern gesagt hat, dass ich mit meinem Konto ganz schön in der Kreide bin. Da war vielleicht was los. (Nach: Naumann, F.: Die schnelle Mark, Hamburg)

3.3 Wodurch wird der Wert der Kleidung bestimmt?

1. *Lest die Umfrage in der Bekleidungsabteilung eines Geschäftes.*
2. *Ermittelt die jeweiligen Gründe der verschiedenen Personen für die Auswahl ihrer Kleidung, z. B.:*
   a) Sabine und Manfred:
   - *Es soll gut aussehen.*
   - *Es soll die anderen Leute beeindrucken.*
   - *usw.*
3. **Für die Auswahl, den Einkauf der Kleidung sind entscheidend der**
   Modewert,
   Gesundheitswert,
   ökologische Wert (Umwelt),
   psychologische Wert,
   soziokulturelle Wert (Gesellschaft),
   politische Wert.

   Ordnet je einen der Begriffe dem jeweiligen Einkaufsverhalten zu.
   a) Sabine und Manfred?
   b) Peter?
   c) usw.
4. *Nennt Kleidungsstücke, die*
   a) Manfred und Sabine,
   b) Peter,
   c) usw. kaufen.

Umfrage in der Bekleidungsabteilung

Können Sie uns sagen, was für die Auswahl Ihrer gerade gekauften Kleidung wichtig war?

Sabine und Manfred: Wir haben morgen früh einen Termin für ein Bewerbungsgespräch. Es ist ein wichtiges Ereignis, da hängt viel davon ab. So benötigen wir angemessene neue, modische Kleidung. Sie wissen doch: „Kleider machen Leute." Mit der Kleidung wird sicher alles gut werden. Ausgewählt haben wir: ...

Peter: Ich möchte durch meinen Einkauf die Umwelt möglichst wenig belasten. Die Kleidung muss in der Gegend hergestellt sein. Wie viel Energie wird für den Transport billiger Textilien aus anderen Erdteilen benötigt, ganz zu schweigen von der Umweltbelastung durch die Abgase. Die Textilien, z. B. Flachs, müssen umweltfreundlich angebaut oder, z. B. Wolle, erzeugt werden. Und auch bei der weiteren Verarbeitung – Ausrüstung – sollte auf umweltbelastende Chemikalien verzichtet werden. Chemikalien, nein danke. Ausgewählt habe ich ...

Jan: Durch falsche Kleidung habe ich eine Allergie bekommen. Nun achte ich darauf, dass die Kleidung keine allergieauslösenden Farbstoffe enthält. Außerdem sollte sie nicht zu eng anliegen. Ja, auch das Thema „Körper – Klima – Kleidung" muss ich beim Einkaufen beachten, damit ich mich später darin so richtig wohl fühle.

Reporter: Wie schaffen Sie das nur?

Jan: Das ist doch gar nicht schwer, die entsprechenden Kenntnisse habe ich noch aus meinem Textilunterricht. Der sollte Pflicht für alle sein. Dadurch könnten die Krankenkassen viel Geld sparen. Ausgewählt habe ich ...

Anna: Ich habe eine große Familie, da muss die Kleidung lange halten, oft wird die Kleidung von mehreren Kindern hintereinander getragen. Auch beim Sport wird vieles sehr strapaziert. Der Preis muss natürlich auch stimmen. Außerdem bevorzuge ich Kleidung, die leicht zu pflegen ist. Ausgewählt habe ich ...

Simone: Es gibt viel Hunger und Elend in der Welt. Sehen Sie sich diese T-Shirts an, sie wurden für uns in China genäht. Die Menschen erhalten dafür keinen angemessenen Lohn. Und außerdem die Kinderarbeit in vielen Ländern. Politiker können da sicher etwas tun, aber auch ich möchte durch mein Einkaufsverhalten mithelfen, die Not in den Entwicklungsländern zu lindern. So muss die Kleidung auch lange halten, damit sie nicht vorzeitig auf den Basars in Afrika landet und dort die heimische Textilindustrie zerstört. Ausgewählt habe ich ...

Pinar: Ich achte bei der Auswahl meiner Kleidung darauf, dass sie unseren Traditionen – unserer Kultur – entspricht. So benötige ich als Türkin eine ... **Miriam:** Auch bei uns gibt es viele Traditionen. Für meine Tanzgruppe benötige ich meine Heimattracht. Auch sonst sind meine Modegewohnheiten durch die Clique bestimmt. Da muss man sich dran halten, wenn man in sein will. Ausgewählt habe ich ...

Markus: Es gibt bestimmte Kleidungsstücke, z. B. Rollis, die ich nicht mag, die werde ich also bestimmt nicht kaufen. Beim Einkauf versuche ich auch möglichst die Werbung zu vergessen. Die Werbung versucht unsere Meinung zu beeinflussen, sie sagt z. B. „Modefarbe des Sommers ist ...“, „die Röcke oder Hosen sind dieses Jahr wieder ...“. Umweltfreundlich sind jedoch ganz andere Kleidungsstücke. Ausgewählt habe ich ...

Soziokultureller Wert

Gesundheitswert/Eignungswert

Ökologischer/politischer Wert

3.4 Mode und Umwelt

Textilverbrauch

1. *Vergleiche den jährlichen Pro-Kopf-Verbrauch von Textilien in Deutschland mit dem in anderen Ländern.*

Bundesrepublik Deutschland	24 kg
USA	19 kg
Schweiz	17 kg
Südkorea	9 kg
Brasilien	5 kg
China	4,5 kg
Indien	2 kg
Kenia	1 kg
Äthiopien	1 kg

2. *Führt eine Befragung zum Thema „Kleidung – Kauf und Verwendung" durch.*
   Überlegt euch zunächst mögliche Fragen:
   - *Wie viel Geld hast du zur Verfügung?*
   - *Woher erfährst du, was modern ist?*
   - *Was passiert mit deiner Kleidung, wenn du sie nicht mehr trägst?*
   - *usw.*
3. *Ermittle das Gewicht verschiedener Kleidungsstücke: Unterwäsche, Hose, Pullover, T-Shirt, Jacke usw.*
4. *Stelle die jährlich pro Person neu gekaufte Kleidungsmenge von 19 kg zusammen. (Die restlichen 5 kg sind Haus- und Heimtextilien.)*

5. *Lies und diskutiere die Pressemeldung auf S. 57:*
   „Zum Kaufen geboren"
   a) Warum ist der Textilverbrauch bei uns so hoch?
   b) Welche Folgen hat der hohe Textilverbrauch?
6. *Wir verreisen eine Woche mit dem Rucksack. Du kannst nur 3 kg Textilien (ohne Schuhe) mitnehmen. Es kann auch kühl werden und regnen.*
   Stelle eine geeignete Auswahl an Oberbekleidung und Wäsche zusammen.
7. *Ermittle mithilfe von Prospekten Kleidungsstücke, z. B.*
   a) T-Shirts,
   b) Hosen,
   die du längere Zeit tragen kannst. Beachte bei deiner Entscheidung Schnitt, Muster, Farbe, Material und Verarbeitung.
8. *Erkundet die weitere Verwendung von gesammelten Altkleidern.*

Wer bekommt diese Kleidungsstücke?

Studie über den Konsumzwang bei Teens und Twens

„Zum Kaufen geboren"

Hamburg (ap) Die Jugend lebt nach dem Grundsatz „born to shop" – zum Kaufen geboren. Das ist das Ergebnis einer Umfrage. „Die Konsumkids wollen gerne Konsumpioniere sein", heißt es in der Studie. Outfit und Klamotten seien „das" Statussymbol.

Viele Jugendliche könnten sich den Kaufzwängen kaum noch entziehen. Eine deutliche Mehrheit der 14- bis 29-Jährigen hätte mittlerweile sogar das Gefühl, dass sie in der Freizeit zu viel Geld ausgeben. Der Konsumzwang werde zum Konsumstress, und vom Geldausgeben zum Verausgaben ist nur noch ein kleiner Schritt.

In, neu und modisch – das sei die Formel für die Wünsche der jungen Leute. Das Wissen darum, was „in" ist, sei für die überwiegende Mehrheit der jüngeren Generation zu einem Grundbedürfnis geworden. Deshalb würde der Anteil der jungen Leute, die besonderen Wert auf modische Freizeitkleidung legen, immer größer (1986 – 55 %, 1996 – 71 %). Der Textilverbrauch in Deutschland liegt bei 24 kg pro Person – mit steigender Tendenz. Überquellende Kleiderschränke sind das Ergebnis. Frauen geben für Kleidung im Jahr im Durchschnitt 1400 DM, Männer rund 850 DM aus. Diese Textilien werden längst, bevor sie verschlissen sind, weggegeben, da Schnitt und Farbe nicht mehr den Vorstellungen entsprechen. Ein großer Teil dieser Textilien gelangt in die Basare in der Dritten Welt und zerstört dort die einheimische Textilkultur und -industrie.

Shopping bedeutet nach der Studie für die Jugend immer zweierlei: Lebenslust und Verhinderung von Langeweile. Einkaufszentren und -passagen bedeuten für sie nicht nur Erlebniskonsum, sondern gleichzeitig Fluchtburgen, um der Langeweile und Vereinsamung zu entfliehen. Jeder fünfte Westdeutsche gebe mittlerweile zu: „Manchmal kaufe ich wie im Rausch". Bei diesem Kaufrausch werde von den jungen Leuten erst dann Ruhe gegeben, wenn eine bestimmte Sache erworben sei – unabhängig davon, ob sie sie gebrauchen oder sich leisten können. Mehr als andere Bevölkerungsgruppen stehen Jugendliche unter einem fast sozialen Druck des „Konsumieren-Müssens". Dieser soziale Druck gehe vornehmlich von der Freizeitclique aus: „Wer dazugehören will, muss sich anpassen."

Was wir dagegen tun können

- ▶ Kleidung modernisieren.
- ▶ Weniger „Modefetzen" kaufen.
- ▶ Nicht jeden „Modeschrei" mitmachen.
- ▶ Kleidung länger tragen, tauschen, ausleihen.
- ▶ Altkleidung in Secondhandläden verkaufen.
- ▶ Kleidung pflegen (waschen usw.), Kleidung ausbessern.
- ▶ Textilien weiterverwenden für Patchwork, Applikationen usw.

Wofür Textilien produziert werden:

Arbeitsbereiche der deutschen Textilindustrie

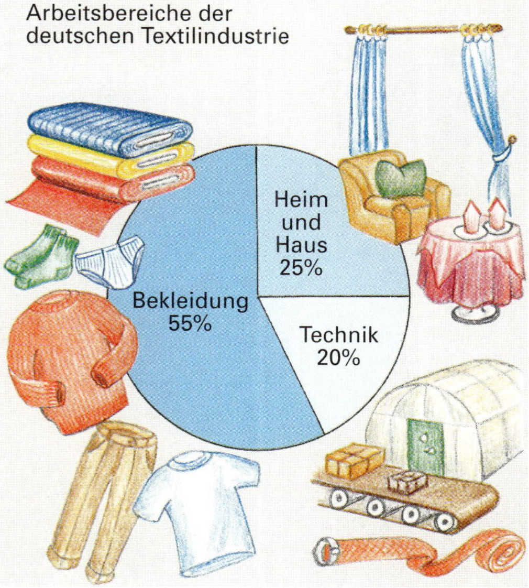

Der lange Weg unserer Kleidung

1. *Lest und diskutiert den Artikel.*
2. *Stellt fest, ob in den Etiketten eurer Kleidung Herkunftsländer angegeben sind.*
3. *Kennzeichnet die Herkunftsländer auf einer Weltkarte.*

Die Bundesrepublik ist zum weltweit größten Textilimporteur geworden. Zwei Drittel aller Bekleidungsartikel und Textilien, die bei uns verkauft werden, stammen aus ausländischer Produktion. In Tunesien arbeiten 16500 Beschäftigte für deutsche Modemacher. Auch in Marokko, der Türkei und China wird für uns Kleidung produziert.

Bevor Hemden, Hosen und Pullover bei uns in den Verkaufsregalen landen, haben sie lange Transportwege – bis zu 33000 Kilometer – zurückgelegt.

Wir verfolgen den Weg eines T-Shirts, das in Deutschland verkauft wird. Die Baumwolle wird z. B. in Ägypten angebaut. Die Erzeugung der Stoffballen und die Veredelung der Stoffe erfolgen in Belgien und Deutschland. Genäht werden die T-Shirts in der Türkei oder einem anderen Land mit niedrigen Löhnen. Die fertigen T-Shirts werden dann nach Deutschland zurücktransportiert. Durch diesen „Umweg" können die Produktionskosten für unsere Kleidung gesenkt werden. Der Gesamttransportweg beträgt inzwischen 9800 km.

Wer Textilien, z. B. T-Shirts, in China herstellen lässt, zahlt etwa 0,10 DM Arbeitslohn pro Stück, in der Bundesrepublik müssen dagegen für die Fertigung eines T-Shirts 6,00 DM gezahlt werden. Ein T-Shirt aus China kostet so 8,00 DM, ein T-Shirt gleicher Qualität aus Deutschland 35,00 DM.

Die Näherinnen in der fernöstlichen Textilindustrie arbeiten im Akkord. Sechs Tage in der Woche, zwölf Stunden am Tag. Der Monatslohn beträgt 50,00 DM. Einen Kündigungsschutz gibt es nicht.

Eine Handlangerin, kaum älter als zwölf Jahre, reicht die Teile weiter zur nächsten Näherin. Das Mädchen, das täglich in Hunderte von T-Shirts Nadeln für die Verpackung steckt, hat seine wunden Fingerkuppen mit Pflaster beklebt.

Die Reise per Bahn oder Schiff ist noch relativ umweltfreundlich. Lange Strecken werden jedoch auch per Lkw oder Flugzeug zurückgelegt.

Unsere Lohnkosten sind zu hoch für die vielen preiswerten Textilien, die wir für unsere ständig wechselnden Modeansprüche benötigen.

Die ökologischen Folgekosten – die Umweltschäden –, die durch den Kleidertransport entstehen, werden wir jedoch früher oder später teuer bezahlen müssen.

Solange wir den Anspruch haben, große Mengen billiger Textilien – oder auch teure Markentextilien –, die im Ausland produziert wurden, kaufen zu können, wird sich wenig ändern.

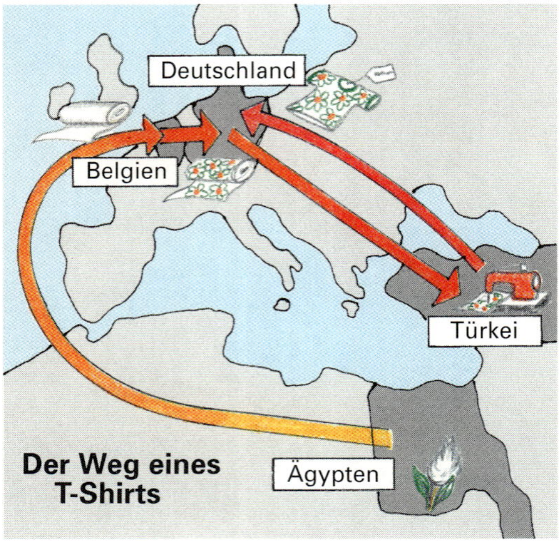

Der Weg eines T-Shirts

Unser Konsum belastet die Umwelt

Karikaturen, was wollen sie uns sagen?

Karikatur (von caricare [ital.] = überladen, übertragen) ist eine als Spott und Zerrbild verstandene Darstellung, die menschliche Eigenschaften und Handlungen übertreibt und dem allgemeinen Gespött preisgeben will.

Karikaturen sind mehr als nur Unterhaltung. Oft kann man die volle Aussage einer Karikatur nicht sofort verstehen.

Fragen, die wir uns zum besseren Verständnis von Karikaturen stellen können:

- Was sieht man?
- Welche Einzelheiten können wir erkennen?
- Was sagen die Texte in der Karikatur?
- Was müssen wir wissen, um die Karikatur zu verstehen?
- Welche Aussagen sind in der Karikatur enthalten?
- Wer soll durch die Karikatur angesprochen werden?
- Welche Wirkung soll die Karikatur erzielen?

Ein See stirbt

Kaum 30 Jahre ist es her: An den schilfbestandenen Ufern des „Blauen Meeres" und in den angrenzenden, mehrere Kilometer breiten Wäldern lebten zahlreiche Vogelarten, Tiger und Wildschweine. Aus dem See wurden reichlich Karpfen, Hechte und Zander gefangen. Urlauber erholten sich an dem viertgrößten Binnenmeer der Welt – 120-mal größer als der Bodensee.

Heute ist von dem Blauen Meer – Aralsee – nicht mehr viel übrig geblieben, Fische gibt es hier nicht mehr. Gemüse und Obst werden hier nicht mehr geerntet. Schuld ist der Mensch. Um riesige Baumwollplantagen zu bewässern, wurden die einzigen Zuflüsse gnadenlos angezapft und auf die Felder umgeleitet.

Die Umgebung ist durch den Einsatz von Pestiziden verseucht. Jedes zehnte Neugeborene stirbt in den ersten Lebensmonaten.

Ist der Aralsee noch zu retten?

Was wird aus unserer alten Kleidung?

Unsere Kleiderschränke sind voll. Kleidungsstücke, die „out“ sind, müssen sofort verschwinden, damit wieder Platz für neue Sachen entsteht. Entweder verkaufen wir die „alten Stücke“ in Secondhandläden, oder wir beruhigen unser schlechtes Gewissen mit der „guten Tat“ der Altkleidersammlung.

Teilweise haben wir damit Recht: die Kleidung wird in Kleiderkammern gelagert und kostenlos an bedürftige Menschen im eigenen Land weitergegeben. Auch in Katastrophengebieten kann diese Kleidung wertvolle Hilfe leisten.

Allerdings werden auch Altkleider vakuumverpackt nach Afrika oder Indien verschickt. Auf den Märkten dort sind sie zu haben, jene abgelegten Jeans, T-Shirts, Röcke, Jacken und Schuhe der Wegwerfgesellschaft. Die Kleider sind billiger als die im Lande hergestellten Baumwollstoffe, außerdem sind sie geschätzt, da sie westlich modern sind.

Diese Billigstkleider machen die einheimischen Textilhandwerker brotlos und treiben sie in die Armut. Sie sind nicht in der Lage, mit den niedrigen Preisen dieser Altkleider aus Europa zu konkurrieren.

Wo landen die "alten Klamotten"?
Jährlich werden in Deutschland rund 300 000 Tonnen Bekleidung gesammelt. Davon

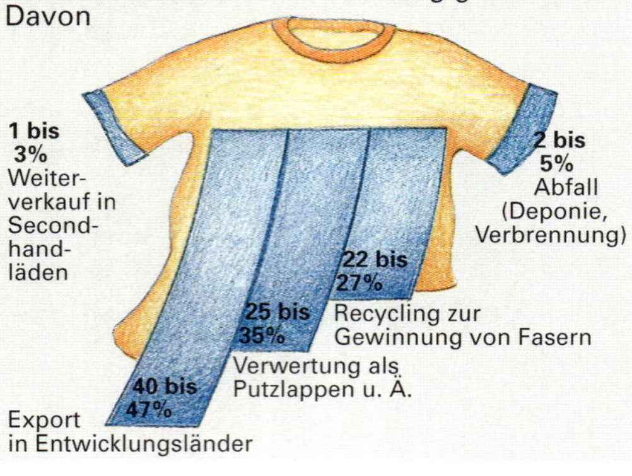

Mülldeponien und Müllverbrennung belasten die Umwelt. Die Deponien werden immer voller, viele mussten bereits geschlossen werden. Synthetische Chemiefasern verrotten nicht oder nur sehr langsam. Auch die Farbstoffe in den Textilien belasten die Umwelt.

Wiederverwertung von Alttextilien ist eine andere Möglichkeit.

Bisher wurde die Wiederverwertung von Textilien nur unter wirtschaftlichen Gesichtspunkten gesehen. Zukünftig werden auch Umweltaspekte bei der Wiederverwertung und der Entsorgung von Textilien beachtet werden müssen.

Zentren für die Wiederverwertung von Textilien befinden sich in Italien, Indien, Pakistan und einigen afrikanischen Ländern. Es werden Putzlappen und Vliese für die Autoindustrie hergestellt.

Problematisch ist die Verarbeitung von Mischgeweben aus Synthetik- und Naturfasern. Nur „alte“ **Wolle** wird bisher zu neuer Kleidung verarbeitet.

Polyester soll in Zukunft zu neuen Polyesterfasern aufbereitet werden.

Der Hersteller von Gore-Tex hat ein Rücknahmesystem für alte Kleidung eingeführt. Die Teflonmembranen werden herausgetrennt und wiederverwertet.

Die Wiederverwertung von Textilien ist sicher eine positive Entwicklung. Jedoch auch dafür werden Energie und Chemikalien benötigt. Die Altkleidung wird außerdem durch neue Kleidung ersetzt, durch die Erzeugung neuer textiler Rohstoffe entsteht eine hohe Umweltbelastung. Für die Produktion von Textilien wird z. B. pro Jahr doppelt so viel Strom benötigt wie jährlich in Hamburg.

Der Umwelt zuliebe – wir benötigen eine gesunde Umwelt – sollten wir langlebige Textilien kaufen und diese so lange wie möglich tragen.

Altkleidung vermeiden ist besser als verwerten oder gar wegwerfen.

Recycling von Textilien

Die Pressemeldungen über die Umweltschädlichkeit der Gore-Tex-Wetterkleidung haben Auswirkungen gehabt. In den Wetterjacken befindet sich ein Etikett mit dem Hinweis, dass sie vom Hersteller zurückgenommen werden. Die Jacken werden im Herstellerbetrieb zerlegt und so aufbereitet, dass daraus neue Kleidung hergestellt werden kann. Ist dies eine Lösung, oder sollte man von vornherein umweltfreundliche Kleidung herstellen?

1994 wurde das ECOLOG Recycling Network gegründet. Freizeit- und Sportbekleidung mit dem Etikett „ECOLOG", die ausschließlich aus Polyester hergestellt wurde, kann beim Fachhandel zurückgegeben werden. Die Kleidung soll dann zu neuen Textilien verarbeitet werden.

1995 gab es in der Bundesrepublik Deutschland 500 Händler, die ECOLOG-Kleidung anboten.

Zunächst sollen aus den „alten Textilien" Knöpfe, Reißverschlüsse usw. hergestellt werden. Später sollen daraus neue Garne für Kleidung entstehen.

Ob dies Projekt vom Fachhandel und den Verbrauchern angenommen wird? Die Menge an Alttextilien könnte dadurch verringert werden.

ECO LOG
RECYCLING - NETWORK

- ECOLOG garantiert die Rückführung dieses Produktes in den Recyclingkreislauf.
- Wenn Sie Ihr Bekleidungsstück nach Jahren ausrangieren, nimmt es Ihr ECOLOG-Händler zum Recyceln zurück.
- So bereiten Sie Ihre ECOLOG-Bekleidung auf die Wiederverwertung vor:
  - Reinigen Sie das Bekleidungsstück vor der Rückgabe.
  - Entfernen Sie nachträglich angebrachte Fremdteile (z. B. Aufnäher).

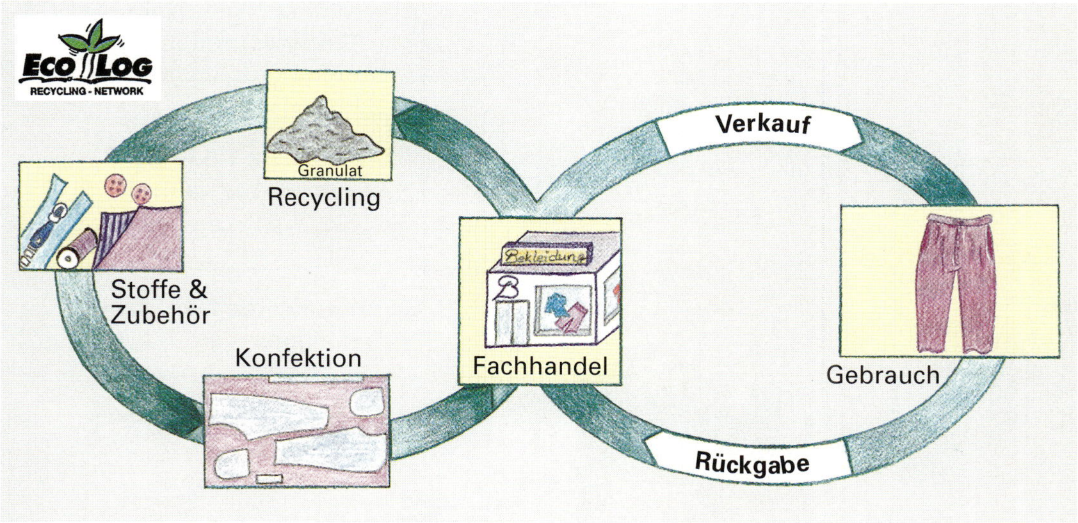

Diskussionsspiel

1. *Bildet Kleingruppen von vier bis sechs Personen. Schreibt die Aussagen auf Karten.*
2. *Legt den Stapel mit Karten verdeckt auf den Tisch. Ein Gruppenmitglied nimmt eine Karte, liest den Text vor und legt die Karte dann offen in der Mitte auf den Tisch.*
3. *Alle Gruppenmitglieder äußern sich im Uhrzeigersinn zu dem Text. Jede Zustimmung oder Ablehnung muss kurz begründet werden.*
4. *Das nächste Gruppenmitglied – im Uhrzeigersinn – nimmt eine Karte auf. Es folgt wieder ein Rundgespräch. Dies geht so weiter, bis alle Karten behandelt wurden.*
5. *Berichtet den Mitschülern aus den anderen Gruppen über eure Ergebnisse.*

Hinweis: Dies sind nur einige Anregungen. Ihr könnt auch andere/weitere Karten schreiben.

Es gibt keine gesunde Kleidung, Schadstoffe sind überall drin.

Mode muss sein, sonst gehöre ich nicht dazu.

Textilkennzeichnung, wer versteht die schon?

Auch für wenig Geld kann man schicke Kleidung kaufen.

Ökokleidung können wir uns nicht leisten.

Kleidung muss bequem sein, das ist wichtiger als Mode.

Uniformen für Schüler, das wäre die Lösung.

Alte Kleidung gehört in die Kleidersammlung.

Die nächste Hose wird wieder eine Jeans.

Baumwolle, die Naturfaser, das ist es.

Die Farbe der Kleidung ist mir egal.

Wir erstellen ein Modemagazin für junge Leute

Silke: Wir sind nun Textilfachleute, da können wir doch ein Projekt starten. Wir schreiben ein „Modemagazin für junge Leute“, so eine richtig spannende Zeitschrift für unsere Mitschülerinnen und Mitschüler.

Jan: Und wie stellst du dir das vor?

Silke: Wir setzen uns alle zusammen und überlegen uns Themen und die Gestaltung – und die Arbeitsverteilung natürlich auch.

Jan: In den zwei Textilstunden schaffen wir das doch nie.

Silke: Kein Problem, da fragen wir unsere anderen Pauker, ob sie mitmachen. In Datenverarbeitung können wir die Texte am Computer schreiben und die Bilder malen. Von unserer Deutschlehrerin bekommen wir sicher noch ein paar Tipps, wie wir das alles interessant schreiben können, damit die anderen unser Magazin auch kaufen und lesen.

Los, lass uns die anderen fragen, die haben sicher noch mehr tolle Ideen für unser neues Projekt.

- Zunächst überlegen wir uns gemeinsam, welche Themen in unserer Zeitschrift enthalten sein sollen, z. B.
- – **Fotostory – Schick um jeden Preis**
  – **Nullbock auf Alttextilien**
  – **Arbeitsanleitungen, Rätsel**
  – **Die Klasse ... rät**
  – **usw.**
- Jetzt wählt jede Gruppe ein Thema aus. Die Gruppenmitglieder sammeln nun Material – Texte und Bilder – zu ihrem Thema. Andere Zeitschriften können dabei Anregungen für die Gestaltung unserer Modezeitschrift geben.
- Zwischendurch treffen wir uns alle im Stuhlkreis und berichten über unsere bisherige Arbeit. Da gibt es sicher einige Anregungen von den anderen für die eigene Arbeit. Wir können uns gegenseitig bei Schwierigkeiten helfen, und wir können auch kontrollieren, was die anderen schreiben, sodass wir nichts doppelt schreiben.
- Nun geht es an die Suche nach passenden Überschriften und das Schreiben der Texte für unsere Zeitschrift sowie an das Zeichnen der Bilder und das Erstellen von Fotos.
- Die geschriebenen Texte und Bilder werden dann auf DIN-A4-Seiten gelegt. Gefällt es uns so, oder wollen wir noch etwas ändern?
- Sind alle Gruppenmitglieder zufrieden, können die Texte und Bilder aufgeklebt und die fertigen Zeitschriftenseiten kopiert werden.
- Nun müssen wir uns nur noch überlegen, wie wir unser Werk zusammenheften. Wo wollen wir die Zeitschrift verkaufen und was kostet sie?

Wir haben unsere eigene Modezeitschrift – super! Wir sind die Textilreporter unserer Schule.

4 Farben und Formen

4.1 Farben

Welcher Symbolgehalt der Farben ist hier dargestellt?

Tuschen – Farbwirkung

Ordnen von Karten nach der Farbwirkung

Farbwirkungen

1. *Schreibt in Gruppen folgende Begriffe auf Karten:*
   a) Eifersucht,
   b) Leidenschaft,
   c) Trauer,
   d) Hoffnung,
   e) Treue, f) usw.

2. *Tuscht nun auf die Rückseite der Karten die Farben, die ihr mit den Begriffen verbindet.*
   a) Eifersucht: Farbe?
   b) usw.

3. *Stellt nun euren Mitschülern eure Ergebnisse vor. Stellt Übereinstimmungen zwischen den verschiedenen Gruppenergebnissen fest.*

4. *Sammelt weitere Bedeutungen von Farben:*
   a) Rot – Feuerwehr, Arbeiterbewegung usw.
   b) Blau – blau machen, ins Blaue fahren usw.
   c) Grün – die Grünen, Grünschnabel usw.
   d) Gelb – gelbe Karte usw.
   e) usw.

5. *Bewertet die Farben mit den Begriffen*
   a) auffällig,
   b) sehr auffällig,
   c) wenig auffällig.

6. *Nennt Anlässe, bei denen ihr auf die Farbe eurer Kleidung achtet, z. B. Hochzeit – weiß.*

Persönliches Farbempfinden und Symbolgehalt der Farben

Die Augen empfangen Farben als Lichtwellen. Dabei lösen Farben über die Sinnesorgane bestimmte Empfindungen aus. Gleichzeitig verbinden wir mit den Farben unterschiedliche Erfahrungen, die wir gemacht haben, hierdurch werden Empfindungen verstärkt oder verändert.

Das zarte grüne Laub im Frühjahr kennzeichnet den neuen Beginn des Jahres. Mit der Farbe Grün verbinden wir so Natur, Hoffnung, Jugend, frischen Geruch usw. Grün kann jedoch auch negative Empfindungen in uns auslösen, z. B. der grüne Polizeiwagen hinter uns.

Die Farbe Weiß erinnert uns vielleicht an das Brautkleid und damit an Frieden, Glück und Beginn. Diese Farbe zeigt jedoch gleichzeitig, wie stark das Farbempfinden – die Bedeutung einer Farbe – an persönliche Erfahrungen gebunden ist. So symbolisiert die Farbe Weiß in anderen Kulturkreisen – in Asien – Trauer.

Der Symbolgehalt einer anderen Farbe: Purpur war früher die Farbe der Kaiser und Könige. Auch heute noch begegnet uns diese Farbe mit dem gleichen Symbolgehalt bei „Würdenträgern", bei Bundesrichtern und Kardinälen.

Nicht nur die Augen, sondern auch andere Sinne können durch Farbreize beeinflusst werden, z. B. unser Wärmeempfinden. Es gibt kalte und warme Farben, vgl. S. 67. In einem Raum mit überwiegend kalten Farben friert man schneller, als in einem Raum mit warmen Farben.

Auch unser Geschmack wird durch Farben geprägt, z. B. sauer: Gelb und Gelbgrün.

In der Werbung und auch bei den Produkten selbst werden Farben verwendet, die uns die Vorzüge der jeweiligen Ware über alle Sinne verdeutlichen sollen. Z. B. würde ein rotes oder schwarzes Waschmittel sicher nicht gekauft werden. Die Farben Weiß und Blau des Waschmittels jedoch signalisieren Sauberkeit.

Purpur symbolisiert auch heute noch Macht

Farben in der Natur mit Symbolgehalt

1. *Mit welchen Farben soll für folgende Produkte geworben werden?*
   a) Seife,
   b) Kriminalroman,
   c) Gemüse,
   d) Tanzmusik.
2. *Sammelt Werbebilder. Erläutert, welche Aussagen mit den verwendeten Farben beabsichtigt sind.*
3. *Nennt Farbkombinationen aus der Natur, die*
   a) Gefahr,
   b) Frische signalisieren sollen.

Grundfarben

Zweitfarben

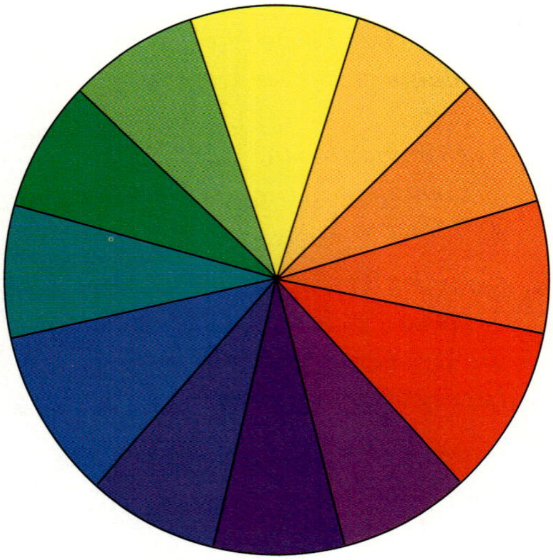

Zwölfteiliger Farbkreis

Kleine Farblehre

1. *Ermittelt durch Tuschen, aus welchen Grundfarben*
   a) Grün,
   b) Orange,
   c) Violett gemischt wurden.
2. *Sucht Namen für die verschiedenen Farben im zwölfteiligen Farbkreis.*
3. *Welche Farben wirken*
   a) warm, b) kalt?
4. *Welche Kleiderfarbe sollten*
   a) dünne Menschen,
   b) molligere Menschen bevorzugen?
5. *Welche Farbe sollte man für ein Kleidungsstück wählen, das länger getragen werden soll?*

Grundfarben oder Primärfarben
Rot, Blau und Gelb lassen sich nicht durch Mischen von Farben herstellen. Sie werden deshalb als Grundfarben bezeichnet.

Zweitfarben
Durch Mischen der Grundfarben kann man Zweitfarben herstellen.

Blau und Gelb ergeben Grün, Gelb und Rot ergeben Orange, und aus Blau und Rot kann man Violett erzeugen.

Drittfarben
Drittfarben können aus Grundfarben und Zweitfarben gemischt werden.

Gelb und Orange ergeben nun Gelborange, Rot und Orange Rotorange.

Rot und Violett gegeben Rotviolett, Blau und Violett Blauviolett.

Blau und Grün ergeben Blaugrün, Gelb und Grün Gelbgrün.

Mit den Farben Gelb, Rot und Blau im Tuschkasten lassen sich also alle übrigen Farbtöne mischen. Die Abstufungen der Grundfarben kann man in einem Farbkreis anordnen.

Farbverwandtschaft

Die Sekundärfarben sind mit den gemeinsamen „Eltern" – Grundfarben – verwandt.

So gibt es zunächst drei „Farbfamilien", die für unser Auge ein harmonisches Bild ergeben:

Rot – Orange – Gelb
Gelb – Grün – Blau
Blau – Violett – Rot

Auch Farben mit nur einem gemeinsamen „Elternteil" wirken für unser Auge harmonisch, z. B. Grün und Orange haben den gemeinsamen Elternteil Gelb. Verwandte Farben liegen im Farbkreis dicht nebeneinander.

Komplementärfarben

Mischt man die drei Grundfarben miteinander, so entsteht ein Grau/Braunton.

Zu dem gleichen Ergebnis kommt man, wenn man eine Grundfarbe mit einer Zweitfarbe mischt, die aus den beiden anderen Grundfarben entstanden ist.

Mischt man z. B. Rot mit Grün, das aus Gelb und Blau gefertigt wurde, entsteht ein Grau/Braunton. Ebenso ergeben
– Blau und Orange sowie
– Gelb und Violett Grau/Brauntöne.
In jedem dieser Farbpaare sind alle drei Grundfarben enthalten.

Solche Farbpaare heißen Gegenfarben oder Komplementärfarben. Gegensätzliche Farbtöne liegen sich im Farbkreis gegenüber.

Warme und kalte Farben

Die Farben Gelb, Gelborange, Rotorange und Rot empfinden wir als warme Farben. Braun und beige zählen ebenfalls zu den warmen Farben.

Die Farben Grün, Grünblau, Blau und Blauviolett erscheinen uns dagegen als kalte Farben.

Am wärmsten wirkt Rotorange, am kältesten Blaugrün, daher spricht man bei diesen beiden Farben von einem Kalt-Warm-Kontrast.

Komplementärfarben

1. *Lege jeweils ein 10 x 10 cm großes Papierstück in kräftiger Farbe auf einen weißen Untergrund. Starre eine halbe Minute darauf. Ziehe das farbige Papier fort, ohne den Blick zu wechseln. Auf dem weißen Untergrund erscheint die „aufgehellte" Komplementärfarbe.*

2. *Betrachte das abgebildete Foto. Ermittle*
   a) verwandte Farbtöne,
   b) Komplementärfarben.

3. *Sammelt Werbebilder. Stellt fest, wie hier*
   a) verwandte Farbtöne,
   b) Komplementärfarben
   verwendet werden.

4. *Betrachtet Modezeitschriften. Stellt fest, ob hier*
   a) verwandte,
   b) Komplementärfarben
   verwendet werden.

Hell-Dunkel-Kontrast

Komplementärkontrast

Mengenkontrast

Farbkontraste

Kontrast heißt so viel wie Gegensatz, z. B.: groß und klein, dick und dünn.

Hell-Dunkel-Kontrast

Mit den Farben des Farbkreises kann man Hell-Dunkel-Kontraste bilden, da die Farben einen unterschiedlichen Helligkeitsgrad haben. Gelb ist die hellste Farbe und Violett die dunkelste. Beide Farben liegen sich im Farbkreis genau gegenüber.

Auch mit einer Farbe kann man Hell-Dunkel-Kontraste erzeugen: z. B. mit einem tiefen Grünschwarz und einem aufgehellten Grünweiß.

Schließlich können solche Kontraste auch mit den „Un-Farben" Schwarz und Weiß gebildet werden. Zwischen Schwarz und Weiß, dem stärksten Kontrast, gibt es viele Grautöne.

Komplementärkontraste

Komplementärfarben steigern sich gegenseitig in der Leuchtkraft, sie wirken dadurch besonders intensiv.

Komplementärkontraste können z. B. mit den Farben Violett und Gelb oder mit den Farben Rot und Grün erzeugt werden.

Durch den Einsatz von Komplementärfarben kann man auf etwas anderes oder auf sich selbst aufmerksam machen.

Mengenkontraste

Der Mengen- oder Quantitätskontrast ist ein Gegensatz von „groß und klein" bzw. von „viel und wenig". Es werden also z. B. größere und kleinere Farbflächen miteinander verarbeitet.

Nehmen wir an, es soll eine Patchworkarbeit aus roten und gelbgrünen Stoffteilen gefertigt werden. Wenn man dreimal so viele gelbgrüne Stoffteile wie rote Stoffteile verwendet, wirkt die Arbeit unharmonisch. Die Leuchtkraft der gelbgrünen Farbe überstrahlt die rote Farbe. Verwendet man dagegen gleiche Anteile beider Farben, wirkt die Arbeit harmonisch.

Der jeweils beste Mengenkontrast der verschiedenen Farben ist unterschiedlich.

Wirkung von Farben

Farbe	Auffälligkeitswert	Einfluss auf Stimmungen	verbundene Vorstellungen	Einfluss auf Formen	Farbe
	auffällig	erheiternd	Licht, Heiterkeit; bei leichtem Grünstich: Neid, Eifersucht	vergrößernd	Gelb
	sehr auffällig	aktivierend	Reichtum, Macht, Glanz Freude	lässt Formen nah erscheinen	Orange
	sehr auffällig	erregend	Temperament, Leidenschaft, Erregung, Kampf	lässt Formen nah erscheinen	Rot
	wenig auffällig	versetzt in ungewöhnliche, feierliche Stimmung	Würde, Reife, Trauer, Einsamkeit	verkleinert Formen	Violett
	sehr wenig auffällig	deprimierend	Vertrauen, Treue, Unendlichkeit, Sehnsucht	lässt Formen fern erscheinen	Blau
	wenig auffällig	beruhigend	Natur, Jugend, Ruhe, Hoffnung	vergrößert scheinbar die Entfernung	Grün
	auffällig, aber nur innerhalb dunklerer, nicht völlig gesättigter Farben	–	Frieden, Einfachheit, Reinheit	vergrößernd, lässt Formen leichter erscheinen	Weiß (hell)
	sehr wenig auffällig	–	Angst, Armut, Langeweile	entsprechend Helligkeit vergrößernd oder verkleinernd	Grau
	auffällig, aber nur innerhalb hellerer, nicht völlig gesättigter Farben	–	Trauer, Tod, Niederlage	verkleinernd, lässt Formen schwerer erscheinen	Schwarz (dunkel)

(Bleckwenn/Schwarze: Gestaltungslehre, Hamburg 1995, S. 64)

4.2 Formen und Strukturen

Optische Täuschungen

1. *Betrachtet die verschiedenen Abbildungen.*
   Versucht die Fragen zu beantworten.
   Sucht jeweils nach einer Lösung für die optische Täuschung, z. B.:
   Erste Abbildung: die obere Person erscheint größer, weil ...
   usw.
2. *Sammelt Abbildungen von weiteren optischen Täuschungen.*

Der Schein trügt! Darauf beruhen optische Täuschungen. Wir sehen Dinge anders, als sie in Wirklichkeit sind, die Maßverhältnisse und die Farben sind verändert.

Wir wissen nicht genau, wie sich dies abspielt. Aber wir wissen, dass ein heller Gegenstand größer erscheint als ein dunkler und ein stehender Baum größer als ein liegender. Auch bei Nichtbeachtung der Perspektive kommt es zu optischen Täuschungen. Zusätzliche Linien können zu Richtungs- und Größentäuschungen führen. Hier sind einige Beispiele.

Schon in der Antike kannte man optische Täuschungen. Man versuchte Säulen höher wirken zu lassen, indem man sie nach oben verjüngte.

Auch ein Suchbild kann eine optische Täuschung verursachen. In einem Bild kann ein Gegenstand versteckt sein. Hier kommt es auf das genaue Hinsehen an.

Welche Person ist größer?

So geht es immer weiter

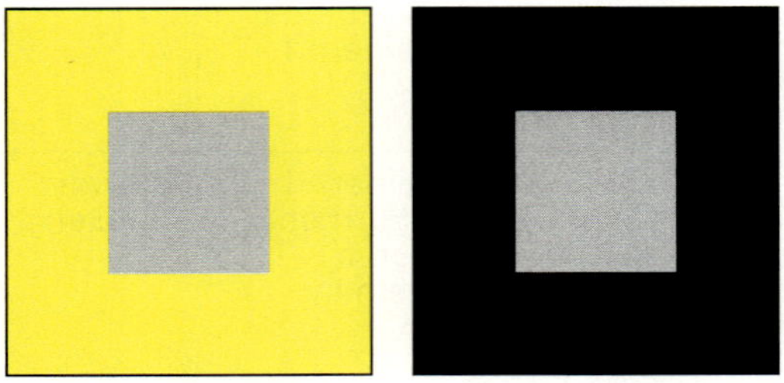

Welches graue Quadrat in der Mitte ist heller?

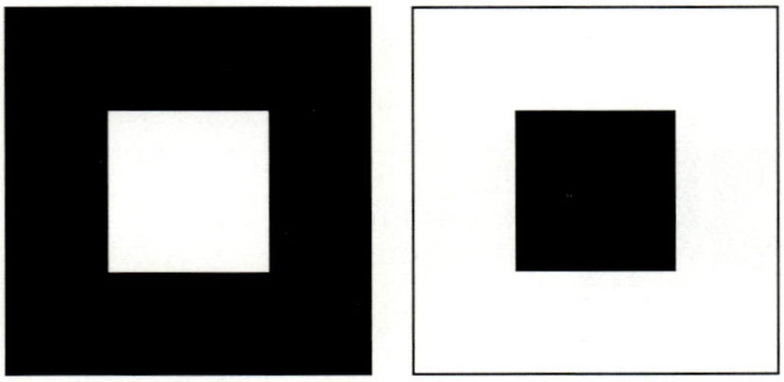

Welches Quadrat in der Mitte ist größer?

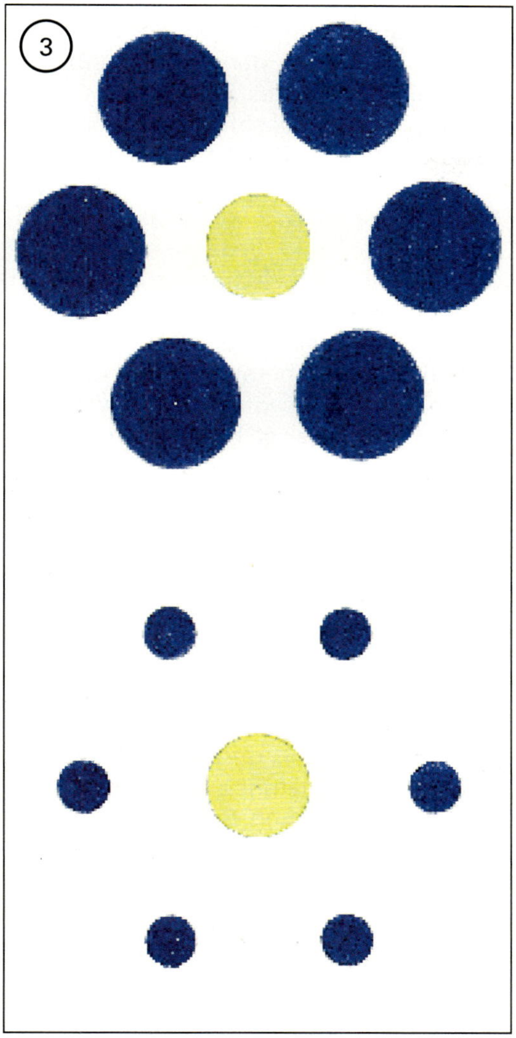

Welcher von den gelben Kreisen ist größer?

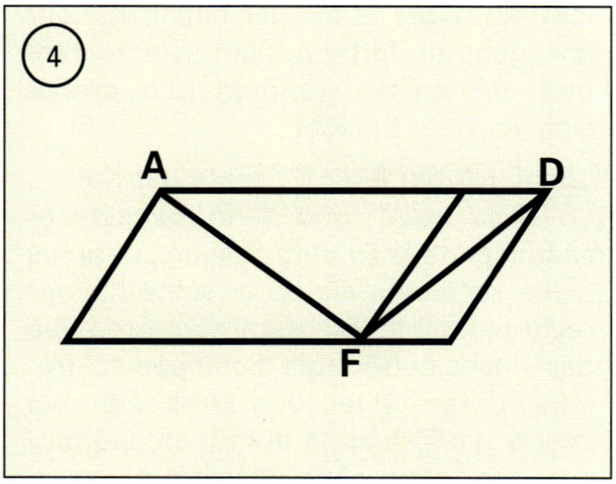

Welche Strecke ist länger: $\overline{AF}$ oder $\overline{DF}$?

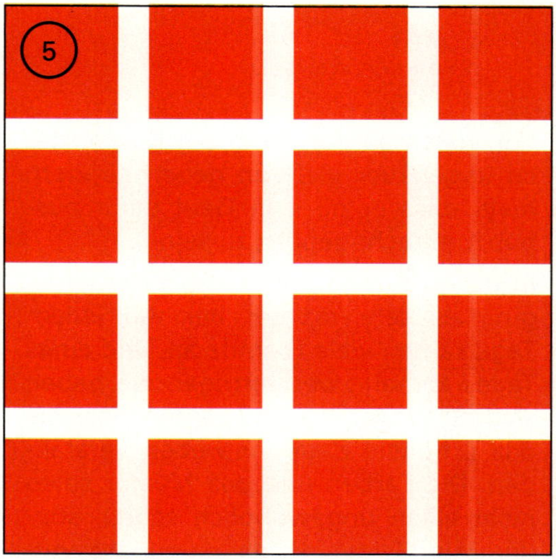

Geheimnisvolle Flecken

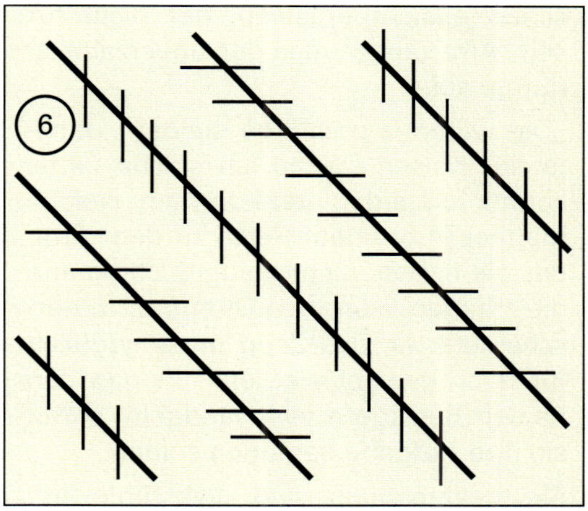

Verlaufen die starken Linien parallel zueinander?
Mit halb zugekniffenen Augen ...

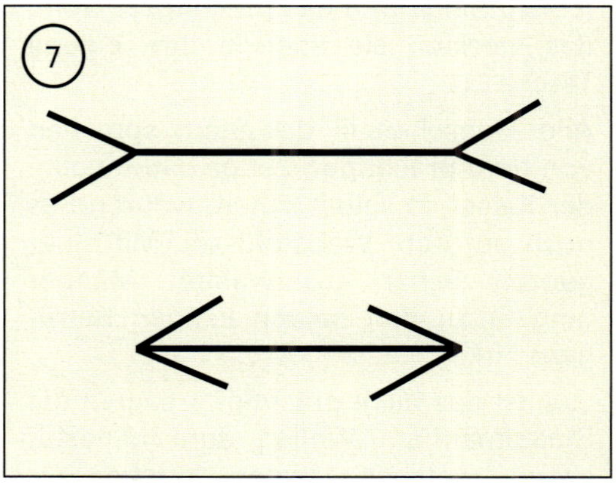

Welche Strecke ist länger?

Des Kaisers neue Kleider – eine optische Täuschung?

Vor vielen Jahren lebte ein Kaiser, der so ungeheuer viel von neuen Kleidern hielt, dass er all sein Geld dafür ausgab, um recht geputzt zu sein ...

In der großen Stadt, in der er wohnte, ging es sehr munter her. An jedem Tage kamen viele Fremde an, und eines Tages kamen zwei Betrüger, die gaben sich für Weber aus und sagten, dass sie das schönste Zeug zu weben verständen. Die Farben und das Muster seien nicht allein ungewöhnlich schön, sondern die Kleider, die davon genäht würden, sollten die wunderbare Eigenschaft besitzen, dass sie für jeden Menschen unsichtbar seien, der nicht für sein Amt tauge oder der unverzeihlich dumm sei.

„Das wären ja prächtige Kleider", dachte der Kaiser, „wenn ich solche hätte, könnte ich ja dahinter kommen, welche Männer in meinem Reich zu dem Amt, das sie haben, nicht taugen, ich könnte die Klugen von den Dummen unterscheiden! Ja, das Zeug muss sogleich für mich gewebt werden!" Er gab den beiden Betrügern viel Handgeld, damit sie ihre Aufgabe beginnen sollten.

Sie stellten auch zwei Webstühle auf, taten, als ob sie arbeiteten; aber sie hatten nicht das Geringste auf dem Stuhle. Trotzdem verlangten sie die feinste Seide und das prächtigste Gold, das steckten sie aber in ihre eigene Tasche ...

Alle Menschen in der Stadt sprachen von dem prächtigen Zeuge. Nun wollte der Kaiser es selbst sehen, während es noch auf dem Webstuhl sei. Mit einer ganzen Schar auserwählter Männer ging er zu den beiden listigen Betrügern hin ...

„Ja, ist das nicht prächtig?", sagten die Staatsmänner. „Wollen eure Majestät sehen, welches Muster, welche Farben?", und dann zeigten sie auf den leeren Webstuhl, denn sie glaubten, dass die andern das Zeug wohl sehen könnten. „Was", dachte der Kaiser, „ich sehe gar nichts! Das ist ja schrecklich! Bin ich dumm? Tauge ich nicht dazu, Kaiser zu sein? Das wäre das Schrecklichste, was mir begegnen könnte." „Oh, das ist hübsch", sagte er, „es hat meinen allerhöchsten Beifall!" ... Das ganze Gefolge sah und sah, aber es bekam nicht mehr heraus als alle die anderen, aber sie sagten gleich wie der Kaiser: „Oh, das ist hübsch!", und sie rieten ihm, diese neuen prächtigen Kleider das erstemal bei dem großen Feste, das bevorstand, zu tragen ...

Die ganze Nacht vor dem Morgen, an dem das Fest stattfinden sollte, waren die Betrüger auf und hatten sechzehn Lichter angezündet. Die Leute konnten sehen, dass sie stark beschäftigt waren, des Kaisers neue Kleider fertig zu machen. Sie taten, als ob sie das Zeug aus dem Webstuhl nähmen, sie schnitten in der Luft mit großen Scheren, sie nähten mit Nähnadel ohne Faden und sagten zuletzt: „Sieh, nun sind die Kleider fertig!"

Belieben Eure kaiserliche Majestät Ihre Kleider anzulegen", sagten die Betrüger, „so wollten wir Ihnen die neuen hier vor dem Spiegel anziehen!"

Der Kaiser legte seine Kleider ab, und die Betrüger stellten sich, als ob sie ihm ein jedes Stück der neuen Kleider anzögen, die fertig genäht sein sollten, und der Kaiser wendete und drehte sich vor dem Spiegel ...

„Seht, ich bin fertig!", sagte der Kaiser. „Sitzt es gut?", und dann wendete er sich nochmals zu dem Spiegel; denn es sollte scheinen, als ob er seine Kleider recht betrachte. Die Kammerherren, die das Recht hatten, die Schleppe zu tragen, griffen gegen den Fußboden, als ob sie die Schleppe aufhöben, sie gingen und taten, als hielten sie etwas in der Luft; sie wagten es nicht, es sich anmerken zu lassen, dass sie nichts sehen konnten.

So ging der Kaiser unter dem prächtigen Thronhimmel, und alle Menschen auf der Straße und in den Fenstern sprachen: „Wie sind des Kaisers neue Kleider unvergleichlich! Welche Schleppe er am Kleide hat! Wie schön sie sitzt!" Keine Kleider des Kaisers hatten solches Glück gemacht wie diese ...

„Aber er hat ja gar nichts an!", sagte endlich ein kleines Kind. „Hört die Stimme der Unschuld!", sagte der Vater; und der eine zischelte dem anderen zu, was das Kind gesagt hatte.

„Aber er hat ja gar nichts an!", rief zuletzt das ganze Volk. Das ergriff den Kaiser, denn das Volk schien ihm Recht zu haben, aber er dachte bei sich: „Nun muss ich aushalten." Und die Kammerherren gingen und trugen die Schleppe, die gar nicht da war.

H. C. Andersen

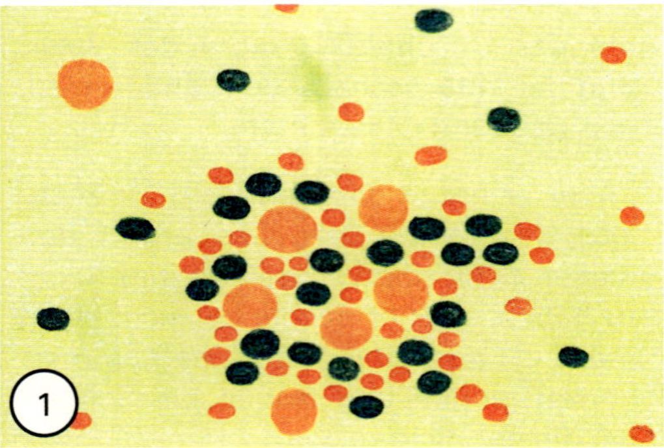

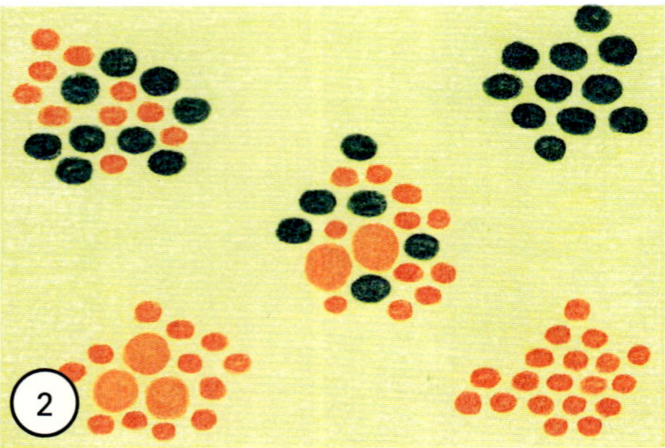

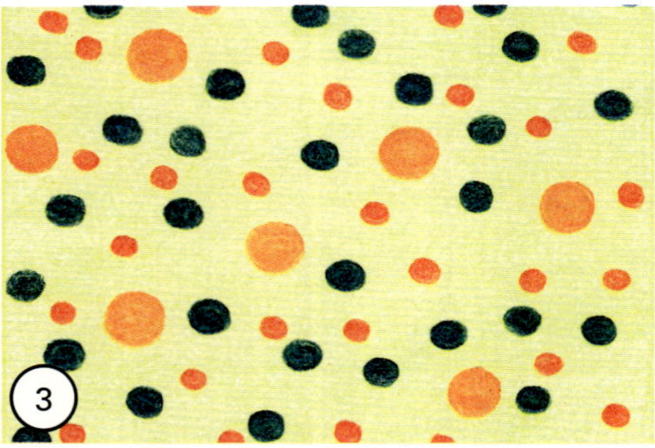

Freie Gestaltung

Der Punkt

1. *Ordne die Begriffe*
   a) Streuung,
   b) Häufung,
   c) Gruppierung
   den Abbildungen 1 bis 3 zu.
2. *Gestalte verschiedene Flächen, indem du*
   a) Punkte gleicher Farbe und Größe,
   b) Punkte unterschiedlicher Farbe und Größe,
   c) aus Papier ausgerissene Punkte und genau ausgeschnittene Punkte
   auf Flächen unterschiedlich anordnest. Beurteile jeweils die optische Wirkung.
3. *Suche nach Beispielen für Punktansammlungen*
   a) in der Natur,
   b) im zweiten Teil des Buches ab S. 90.

Wir begegnen überall und ständig unterschiedlichen Formen. Beim Gestalten setzen wir diese Formen jedoch bewusst ein. Dabei gehören Ausprobieren und Prüfen dazu.

Der Punkt ist das kleinste Formelement. Ein Punkt auf einer leeren Fläche lenkt den Blick auf sich. Die Sache wird auf den Punkt gebracht.

Werden Punkte aneinander gefügt, so entsteht zunächst eine Linie. Durch Aneinanderreihung mehrerer Linien entsteht dann eine Fläche.

Zur Erzeugung von Mustern mit Punkten können die Punkte auf der Fläche unterschiedlich angeordnet werden:

Streuung – Streumuster: Die Punkte werden beliebig über die Fläche verstreut.

Häufung: Die Punkte sind teilweise dicht zusammengefügt, teils liegen sie weit auseinander. Sind die Abstände regelmäßig, spricht man von einer **Gruppierung.**

Die Linie

1. *Gestalte Flächen mit*
   a) strenger, regelmäßiger Linienführung,
   b) freier, bewegter Linienführung.
2. *Sammle Bilder mit Linienführungen:*
   a) waagerechte Linien,
   b) senkrechte Linien.

Mehrere Punkte aneinander gereiht ergeben eine Linie. Zwischen zwei Punkten zieht das Auge eine Verbindungslinie.

Eine Linie zeigt immer einen bestimmten Richtungsverlauf. Es werden die drei Hauptrichtungen senkrecht, waagerecht und diagonal – schräg – unterschieden.

Die **senkrechte Linie** führt den Blick nach oben, sie wirkt aufstrebend und aktiv. Die senkrechte Linie entspricht der aufrechten Haltung des Menschen. In den gotischen Kirchen des Mittelalters findet man viele senkrechte Elemente, sie weisen in die Höhe, in die Unendlichkeit.

Die **waagerechte Linie** wirkt ausgewogen und ruhig. Sie entspricht der ruhenden Haltung des Menschen. Die waagerechte Linie vermittelt – wie der Horizont – den Eindruck von Weite.

Die **schräge, diagonale Linie** wirkt lebendig und eigenwillig, sie bringt Bewegung mit sich.

Gekreuzte Linien drücken Ausgewogenheit und Harmonie aus. Die aufstrebende Wirkung der senkrechten Linien wird von den waagerechten Linien aufgehoben.

Geknickte und wellenförmige – gebogene – Linien drücken Bewegung aus. Geknickte Linien erscheinen streng und nüchtern, gebogene Linien dagegen weich und freundlich.

Freie, unregelmäßig bewegte Linien verlaufen spannungsreich. In der freien Linienführung liegen unendlich viele Möglichkeiten der Ausdruckskraft.

Senkrechte Linien

Waagerechte Linien

Schräge, diagonale Linien

Freie Linienführung

Die richtige Kleidung für meinen Typ

Schnittformen

Muster

Farben

1. *Untersucht in den Abbildungen die unterschiedliche optische Wirkung von*
   a) Schnittform,
   b) Musterung,
   c) Farbe
   auf die Figur des Trägers.
2. *Sammelt Prospektmaterial. Untersucht das Warenangebot hinsichtlich*
   a) Farbe,
   b) Musterung,
   c) Schnittgestaltung.
   Nennt Personen, für die die Kleidungsstücke geeignet sind.
3. *Testet mit unterschiedlich farbigen Tüchern vor dem Spiegel, ob eure Lieblingsfarbe auch zu Gesicht, Haaren usw. passt.*
4. *Erläutert an Beispielen die Aussage: Das passt zu dem Typ.*
5. *Petra ist sehr groß, sie möchte kleiner erscheinen. Beratet Petra bei der Auswahl ihrer Kleidung.*
6. *Erstellt eine Wandzeitung: Fachleute informieren zum Thema „Mode, Umwelt, Gesundheit".*

Jeder Mensch hat seine eigene Körperform und Körpergröße. Sehr große, kleine und dicke Menschen entsprechen nicht immer unseren Idealen. Trotzdem kann man sich schick kleiden. Durch eine entsprechende Auswahl der Kleidung kann man Körperform und Körpergröße anders wirken lassen. Durch optische Täuschungen erscheint der Mensch nun größer oder kleiner, dicker oder dünner. Grundsätzlich gilt, dass senkrechte Linien und schmale Formen strecken.

Hier einige Tipps zur Veränderung von Körperform und Körpergröße.

Schnittformen unserer Kleidung können die Körperform und Körpergröße optisch verändern.

Streckende Wirkungen werden erreicht durch:

- alle senkrecht laufenden Linien und Teilungsnähte,
- lange und einteilige Formen, schmale Formen bei Hosen, Röcken, Oberteilen und Ärmeln,
- spitze und langgezogene Halsausschnitte.

Verkürzende – verbreiternde Wirkungen werden erreicht durch

- alle waagerecht laufenden Linien und Teilungsnähte,
- kurze und zweiteilige Formen,
- weite Formen,
- breite Halsausschnitte.

Auch durch die Musterung der Kleidung können wir die Körperformen und Körpergröße optisch verändern:

- Große Muster lassen die Figur breiter erscheinen,
- kleine Muster lassen die Figur kleiner, zierlicher erscheinen.
- Längsstreifen wirken streckend,
- Querstreifen wirken verbreiternd.

Auch durch Farben können wir die Körperformen und Körpergröße verändern:

- Helle und leuchtende Farben wirken vergrößernd.
- Dunkle und gedämpfte Farben haben eine verkleinernde Wirkung.

Grundsätzlich gilt:
Personen mit kräftigen Körperfarben vertragen leuchtende Kleidungsfarben. Personen mit zarten Körperfarben wirken in leuchtenden Farben eher blass.

Bei der Auswahl der Kleidung sollte man im Übrigen seinen eigenen Stil entwickeln.

Fühlt man sich in der Kleidung wohl, so ist man gut angezogen.

5 Wohnen

Wohnungssuche

Claudia und Sabine suchen eine gemeinsame Wohnung im Zentrum des Nachbarortes. Die Eltern wollen ihnen je einen Mietzuschuss von 300,00 DM zahlen.
Vor der Wohnungssuche ermitteln Sabine und Claudia ihre Wohnbedürfnisse.
Beantworte die folgenden Fragen für Claudia und Sabine.

Lage der Wohnung innerhalb der Ortschaft/Stadt

Soll die Wohnung im Orts-/Stadtzentrum oder am Orts-/Stadtrand liegen?

Entscheidungskriterien für die Wohnlage sind u.a.

- ▶ störende Einflüsse, z.B. Lärm durch Straßenverkehr, Geruchsbelästigung durch Industrie,
- ▶ Anbindung an das Verkehrsnetz, Nebenkosten durch Fahrgelder,
- ▶ Entfernung zum Arbeitsplatz, zu Schulen, Einkaufsmöglichkeiten usw.

Lage der Wohnung innerhalb des Hauses

Wird eine Wohnung im Erdgeschoss benötigt? Dies ist notwendig, falls eine Person gehbehindert ist.

Welche Himmelsrichtung sollen die Räume haben? Lichteinfall und Wärme werden durch die Himmelsrichtung bestimmt. Wünschenswert wäre: Küche nach Norden, Wohnzimmer nach Süden, Schlafzimmer nach Osten.

Wohnungsgröße

Wie viele Räume werden benötigt bzw. wie groß sollen die Räume sein?

Welche Wohnungsgesamtgröße ist erforderlich?

Zeitungsanzeigen helfen bei der Wohnungssuche

1. *Lies die Mietgesuche. Welche Zeitungsanzeige könnten Sabine und Claudia aufgegeben haben?*
2. *Lies die Mietangebote. Welche Wohnung könnte für Sabine und Claudia geeignet sein?*
3. *Welche Angaben müssen in einer Immobilienanzeige enthalten sein, damit der Leser über das Angebot informiert ist?*
4. *Welche Anzeigen enthalten keine ausreichenden Informationen?*
5. *Entwirf ein Mietgesuch für Sabine und Claudia für eine Zeitungsanzeige.*
   Die 2-Zimmer-Wohnung soll in einer Nebenstraße im Stadtzentrum liegen. Die Miete darf pro Monat höchstens 600,00 DM einschließlich Nebenkosten betragen. Der Umzug soll in den Sommerferien erfolgen.

IMMOBILIENMARKT

Mietgesuche

Eine verzweifelte Familie hat einen Hund und eine Katze und findet keine Wohnung, 3½–4-Zimmer-Whg., 950,– warm, ges., Tel. …

2-Zim.-Whg. m. Bad u. Balkon im Norden v. sehr ruh., alleinst., berufst. Dame dring. ges., Tel. …

Kinderloses Ehepaar sucht 3-Zi.-Whg. zum 1.8., Tel. …

Fam. m. 2 Kind. sucht in ECK od. näherer Umgebg. 4-Zi.-Whg. od. Haus m. kl. Garten zu mieten, Chiffre …

3- bis 4-Zim.-Altb.-Whg., im Zentrum gesucht. Sbd. ab 16 Uhr, Tel. …

500,– Belohnung! Jg. Ehep. su. zum 1.10. 2½–3-Zi.-Whg. oder Halbhs. mit Balkon od. Garten, bis 1000,– warm (Stadtrand/Land), Chiffre …

Suche für meine Tochter 1–2-Zim.-Whg. bis 600,– warm, z. 1.8. od. später, Chiffre …

Jg. Fam. sucht kl. Haus od. Whg. ca. 80 m^2, mit Garten, bis 850,–, bis 15 km Umkreis, Tel. …

Handwerker sucht Hauswartwhg., neben- od. hauptberuflich, Tel. …

Jg. Paar su. 2–3-Zi.-Whg. z. 1.7., bis 650,– warm, Tel. …

Vermietungen

2-Zim.-Whg., Kü., Bad, WC, Diele, 64 m^2, 650,– + NK/MSH z. 1.7. frei
Eichinger Whg.-Vm., Tel. …

3-Zim.-Whg., Vollbad, Hzg., 90 m^2, 1. Etg., Balkon, Nh. Bahnhofstr. 865,– u. Hzg., zu verm., Chiffre …

STADTNAH – IM GRÜNEN, 5 km z. Bahnhof, exkl. mod. 3-Zim.-Whg., Einzelhs., mit gemütl. kl. Garten, ruh. Bestlage, 75 m^2, ab 1.8. zu verm., 945,– + NK, Chiffre …

City, 3-Zi.-Whg., 89 m^2, 835,– warm, Garage 90,–, Tel. …

Top-Lage
Nachmieter f. mod. sonn. 2-Zi.-Whg., 70 m^2, große Einbaukü., Bad, WC, Fernhzg., Teppichbod., Fahrstuhl, Möllingstr. 2, 6. OG, schöne Aussicht, 886,– + NK, ab 19 Uhr, Tel. …

4½-Zi.-Komf.-Whg., gr. Balkon, in ruh. schöner Lage zu verm., Chiffre …

3-Zi.-Whg. mit Du., 700,– kalt + NK, Zentr., Chiffre …

3-Zim.-Whg., 66 m^2, Kü., Bad, Zhzg., geg. nebenberufl. Hausw'dienstleistung verbill. an Ehep. sof. zu verm. Tel. …

1-Zimmer-Wohnung, ca. 38 m^2, zum 1.7. zu vermieten. Miete: 578,60 DM zuzüglich Heiz- u. Nebenkosten.
Angebote ab Montag, Tel. …

Zi. in WG für Mädchen frei, ab Montag, Tel. …

2-Zi.-Whg., m. sonn. Balk., Bad, ruh. Geg., II. Etg., zu verm., Tel. …

Nachmieter z. 1.8. ges., 795,–, 3-Zi.-Whg., 63 m^2, Tel. …

Abkürzungen – Beispiele: Whg. – Wohnung / Zi. – Zimmer / Etg. – Etage / Balk. – Balkon / WG – Wohngemeinschaft / exkl. – exklusive / Hzg. – Heizung / KM – Kaltmiete / NK – Nebenkosten / Kaut. – Kaution

Der Mietvertrag

Einheitsmietvertrag

Blatt 1

Zwischen — als Vermieter

Vor- und Zuname,
Firma,
Straße, Nr., Ort

vertreten durch

und — als Mieter

Vor- und Zuname,
Firma,
Vor- und Zuname,
der Ehefrau,
z.Z. wohnhaft in
Straße, Nr., Ort

wird folgender Mietvertrag geschlossen:

§ 1 Mietsache

1. Vermietet werden
im Hause
Anschrift,
Ort, Straße, Nr., Stockwerk
folgende Räume a) Zimmer, Kammer, Küche/Kochnische*, Flur/Diele, Bad, WC
WC mit Bad, Dusche, Kellerraum Nr. Bodenraum/anteil*

zur Benutzung als ☐ Wohnräume ☐ gewerbliche Räume
☐ Sonstige Nutzung: Die Mietraumfläche beträgt ca. m^2

zusätzlich vermietet
werden b) Garage(n) , Stellplatz Nr. , sonstige Einrichtungen:
☐ nach gesondertem unabhängigem Mietvertrag ☐ nach den Bedingungen dieses Vertrages

Der Mietvertrag ist bindend für Vermieter und Mieter, deshalb muss man ihn genau lesen. Alle Vereinbarungen sollten schriftlich gemacht werden.

Die Miete setzt sich zusammen aus Kaltmiete, Nebenkosten (Betriebskosten) und Heizungskosten. Daneben können einmalige Zahlungen für Makler/Mietsicherheit beim Bezug der Wohnung entstehen.

Die **Kaltmiete** wird pro m^2 Wohnfläche berechnet. Sie wird bestimmt durch Lage, Alter des Wohnhauses, Ausstattung und Größe der Wohnung. Der örtliche Mietspiegel bietet eine Vergleichsmöglichkeit, ob die Miethöhe angemessen ist.

Nebenkosten: Hierzu gehören die Gebühren für Müllabfuhr, Straßenreinigung, Wasser, Treppenhausbeleuchtung usw. Sie sind im Mietvertrag geregelt.

In Mietverträgen können auch besondere Bedingungen festgesetzt werden, z. B. Staffelmiete (regelmäßige Mieterhöhung), Miete auf Zeit, Verbot der Tierhaltung.

Sozialwohnungen (öffentlich geförderter Wohnungsbau): Die Wohnungen wurden mit staatlichen Mitteln gebaut. Die Miethöhe ist gesetzlich geregelt. Zum Bezug einer Sozialwohnung benötigt man einen Wohnberechtigungsschein, den man bei der örtlichen Gemeinde beantragen kann.

Wohngeld

Bildet Gruppen:

1. *Erkundet bei der örtlichen Wohngeldstelle die Bedingungen für die Gewährung von Wohngeld.*
2. *Besorgt ein Antragsformular für die Gewährung von Wohngeld.*
3. *Erkundet, was man unter einer Sozialwohnung versteht und wer anspruchsberechtigt ist.*
4. *Besorgt einen Mietvertrag vom „Mieterbund“ und vom „Zentralverband der Deutschen Haus-, Wohnungs- und Grundeigentümer“. Vergleicht die Verträge, notiert die Rechte und Pflichten des a) Vermieters, b) Mieters.*
5. *Erkundet mithilfe eines Mietspiegels die Durchschnittsmiete für eine Wohnung mit 50 m².*
6. *Erkundet mögliche Gründe für eine Mieterhöhung.*
7. *Tragt eure Gruppenergebnisse zusammen und erstellt eine „Wandzeitung“ zum Thema Mietvertrag.*

Bei der Wohnungsbeschaffung muss auch die Finanzierung überlegt werden.

Haushalte mit geringem Einkommen können oft nicht das notwendige Geld für eine angemessene Wohnung aufbringen. Wohngeld wird deshalb bei entsprechenden Voraussetzungen vom Staat an Mieter oder Eigentümer gezahlt. Entscheidend für die Gewährung eines Wohngeldes sind die Einkommenshöhe, die Zahl der Familienmitglieder und die Höhe der Miete bzw. Belastung.

Wohngeld wird als Mietzuschuss bzw. als Lastenzuschuss gezahlt.

Mietzuschuss an:

Mieter einer Wohnung oder eines Zimmers, Bewohner eines Wohnheimes usw.

Lastenzuschuss an:

Eigentümer eines Eigenheimes, einer Eigentumswohnung, wenn er darin wohnt und die Belastungen trägt usw.

Wohngeld wird für öffentlich geförderte (Sozialwohnungen), steuerbegünstigte und frei finanzierte Wohnungen gewährt. Es ist unerheblich, ob es sich um Altbau- oder Neubauwohnungen handelt.

Antragsformulare bzw. genaue Informationen erhält man bei der örtlichen Wohngeldstelle der Gemeinde-, Stadt-, Amts- oder Kreisverwaltung.

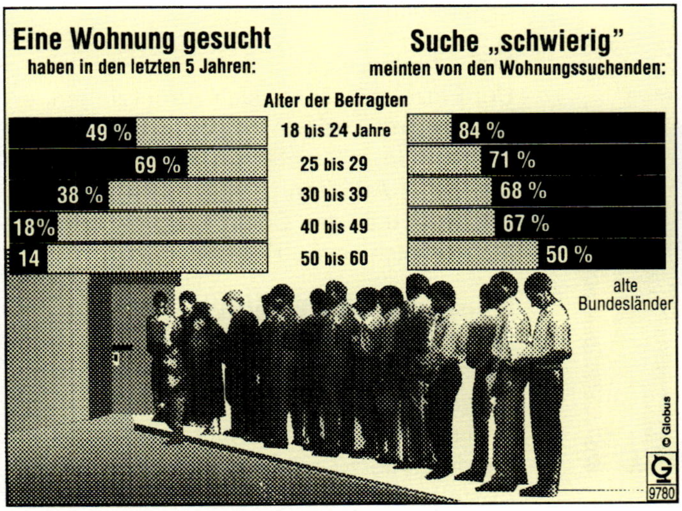

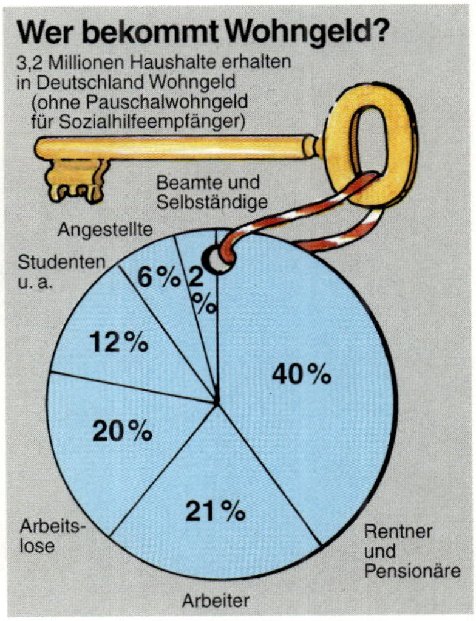

Wohnbedürfnisse

Kommunikationsbereich

Individualbereich

Haustechnischer Bereich

Wohnen ist ein Grundbedürfnis des Menschen. Kinder bauen sich eine Höhle unter dem Tisch oder wünschen sich ein Zelt im Freien. Junge Menschen drängen aus der komfortablen Wohnung der Eltern in die meist einfachere eigene „Bude“. In Wohngemeinschaften ist es neben der Gemeinsamkeit wichtig, dass jeder einen Raum hat, in den er sich zurückziehen kann. Aufgrund der gestiegenen Freizeit gewinnt die Wohnung heute an Bedeutung.

Wohnen befriedigt zunächst das Grundbedürfnis des Menschen nach Schutz und Geborgenheit vor äußeren Gefahren, Störungen und Witterungseinflüssen. Darüber hinaus muss die Wohnung folgende Bedürfnisse erfüllen:

- Familienleben und Geselligkeit,
- Erholen und sich zurückziehen können,
- Selbstverwirklichung und individuelle Entfaltung,
- Versorgung der Haushaltsangehörigen.

Aus den genannten Wohnbedürfnissen können folgende **Funktionsbereiche** einer Wohnung abgeleitet werden:

Kommunikationsbereich
Hier werden Unterhaltungen miteinander geführt, z. B. Planung von gemeinsamen Unternehmungen, Kinder werden betreut, die gemeinsamen Mahlzeiten werden eingenommen, Gäste werden empfangen usw. Hierzu gehören u.a. der Wohn- und Essbereich.

Individualbereich
Der Einzelne möchte sich zurückziehen, erholen und seinen eigenen Interessen nachgehen, z. B. schlafen, Hobbys und ungestört Arbeiten ausführen. Hierzu gehören u.a. der Schlaf-, Spiel- und Arbeitsbereich sowie Hobbybereich.

Haustechnischer Bereich
Arbeiten für die Versorgung der Haushaltsangehörigen wie Waschen, Nahrungszubereitung und Hauspflegearbeiten sollen in diesen Bereichen ausgeführt werden. Hierzu gehören Küche, Bad, WC, Abstellraum und Hausarbeitsbereich.

Anforderungen an eine Wohnung

Aus der Familienstruktur bzw. Wohngemeinschaft und den individuellen Ansprüchen ergibt sich die benötigte Größe der Funktionsbereiche. Sie ist abhängig von:

- Größe der Familie/Wohngemeinschaft,
- Alter (z. B. Jugendliche, Senioren),
- Gesundheitszustand,
- Beruf (z. B. notwendiger Arbeitsplatz),
- Freizeitverhalten (z. B. Hobbys),
- Lebensgewohnheiten und Werbung,
- finanziellen Möglichkeiten.

Forderungen an die Raumzuordnung und Raumproportionen

- Das Bad sollte neben den Schlafzimmern liegen, um die erforderlichen Wege zu verkürzen.
- In größeren Wohnungen ist ein zweites WC wünschenswert bzw. Bad/Dusche und WC sollten getrennt sein.
- Küche und Essplatz sollten miteinander verbunden sein, damit bei den Mahlzeiten nicht zu lange Wege zurückzulegen sind. Falls kleinere Kinder im Haushalt leben, sollte der Weg zwischen Küche und Kinderzimmer möglichst kurz sein. Evtl. lässt sich auch eine Spielecke im Essbereich einrichten.
- Ein Abstellraum ist wünschenswert. Je nach der Nutzung (Aufbewahrung von Reinigungsgeräten, Vorräten) sollte er eine zentrale Lage innerhalb der Wohnung haben oder sich möglichst in der Nähe der Küche befinden.
- Das Schlafzimmer sollte getrennt vom Wohnraum liegen. Durchgangszimmer sind ungünstig, da sie nur begrenzt genutzt werden können. Alle Räume sollen also vom Flur bzw. der Diele zu erreichen sein.
- Raumproportionen sollten ebenfalls beachtet werden. Lange schmale Räume sind schwer zu nutzen. Türen und Fenster sollten so angeordnet sein, dass die Stellwände für Schränke usw. bis in die Ecken genutzt werden können.

Nutzungsflexibilität

Einige Wohnfunktionen sind aufgrund der Raumausstattung an bestimmte Räume gebunden, z. B. Körperpflege im Bad. Für die meisten Wohnfunktionen können verschiedene Räume in der Wohnung genutzt werden, z. B. die Durchführung handwerklicher Arbeiten ist möglich im Keller, in der Küche, im Wohnzimmer, im Kinderzimmer usw. Eine starre Trennung in Wohn- und Schlafbereich sollte vermieden werden. Die Räume sollten nicht nur für Grundfunktionen, sondern auch für Zusatzfunktionen zur Verfügung stehen.

Die Wohnung sollte den unterschiedlichen Wohnbedürfnissen entsprechend flexibel genutzt werden können. Wohnbedürfnisse ändern sich vor allem durch die Familienentwicklung (die Familie wird größer und kleiner). Deshalb sollten die Räume umfunktioniert werden können, z.B.

- Schlafzimmer mit einem Arbeitsplatz,
- Esszimmer in ein weiteres Kinderzimmer,
- optische Trennung des Kinderzimmers durch eine Schrankwand in zwei Bereiche.

Die Wohnbedürfnisse von Kindern werden häufig zu wenig berücksichtigt. Beim Betrachten von Grundrissen fällt häufig auf: Das große Zimmer in der Wohnung ist das Elternschlafzimmer, der kleine Raum ist das Kinderzimmer.

Nutzungsflexibilität

Beurteilung von Wohnungsgrundrissen

Da Sabine und Claudia bisher keine passende Wohnung gefunden haben, gehen sie zu einem Wohnungsmakler. Er zeigt ihnen den Grundriss einer Etage in einem Mietshaus. Insgesamt sechs Wohnungen befinden sich hier. Die Wohnungen 1, 3 und 5 sind bereits vermietet. Die Wohnungen 2, 4 und 6 stehen noch leer. Claudia und Sabine wollen feststellen, ob eine dieser Wohnungen für sie geeignet sein könnte. Ihre übrigen Wohnbedürfnisse, z. B. Lage der Wohnung innerhalb der Ortschaft, werden mit diesem Angebot weitgehend erfüllt. Auch die erforderliche Miete können sie aufbringen.

1. *Übertrage die Tabelle auf S. 85 in dein Heft.*
2. *Bildet Gruppen.*
   Tragt für Claudia und Sabine jeweils Vor- und Nachteile für eine der drei Wohnungen in einer Tabelle ein.
3. *Vergleicht anschließend eure Ergebnisse.*
   Stellt fest, ob eine der drei Wohnungen in dem Haus den Bedürfnissen von Claudia und Sabine entspricht.

Wohnungsgrundrisse informieren – maßstabgetreu verkleinert – über die Größe und Anzahl der Räume und über die Raumzuordnung. Es ist auch zu erkennen, nach welcher Himmelsrichtung die Räume liegen. Fenster und Türen sind ebenfalls eingezeichnet. Außerdem kann festgestellt werden, in welcher Richtung die Türen zu öffnen sind.

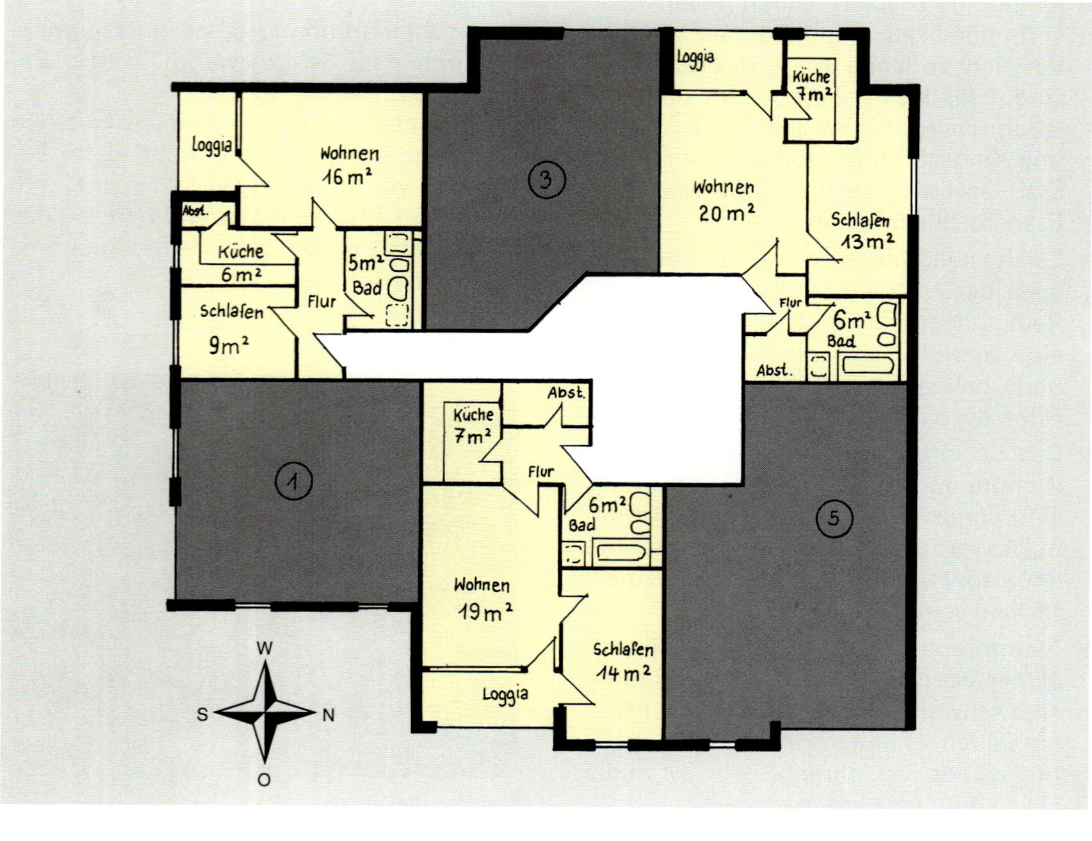

Kriterien	Küche	Bad	Raum 1	Raum 2
Himmelsrichtung der Räume	?	?	?	?
Fenster	?	?	?	?
Größe der Räume	?	?	?	?
Lage der Räume zueinander	?	?	?	?
Nutzung der Räume	?	?	?	?
Ausstattung	?	?	?	?
Sonstiges	?	?	?	?

Empfohlene Mindestgrößen für verschiedene Räume:	
Wohnzimmer	18 m²
Wohnzimmer mit Essplatz	20 bis 24 m²
Essplatz	6 bis 8 m²
Zimmer für zwei Personen	14 bis 18 m²
Zimmer für eine Person	8 bis 10 m²
Küche	8,5 bis 12 m²
Bad mit WC	4 bis 6 m²
WC	1,5 m²
Abstellraum	1 bis 2 m²
Balkon	7 m²

Der Wohnwert einer Wohnung wird nicht allein durch die Quadratmeterzahl und die Größe der einzelnen Räume bestimmt. Entscheidend sind auch Raumzuordnung, Raumproportionen und Nutzungsflexibilität.

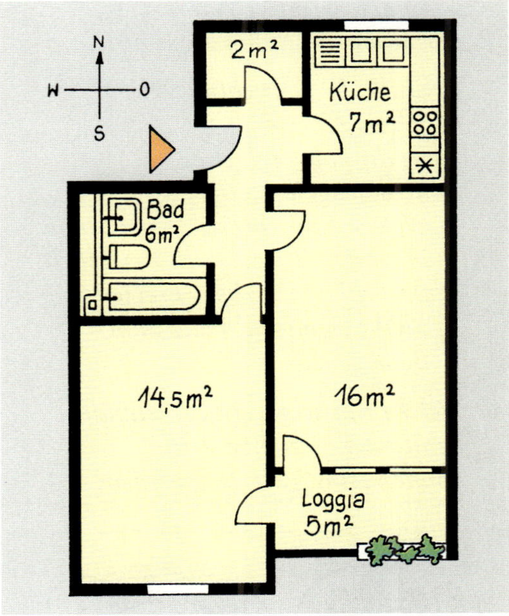

Claudia und Sabine haben nun ihre Wohnung gefunden, vgl. rechts.

1. *Ordnet die Wohnbedürfnisse/ Aktivitäten von Claudia und Sabine den verschiedenen Räumen zu.*
2. *Entwerft ein Schreiben für Claudia und Sabine, in dem sie mitteilen, dass sie die Wohnung mieten möchten.*

Einrichtung eines Jugendzimmers

1. *Lies den Informationstext über Claudias Zimmer.*
2. *Zeichne den Grundriss von Claudias Zimmer in dein Heft.*
   Benutze den Maßstab 1 : 50 (1 m ≙ 2 cm).
3. *Zeichne die vorhandenen Möbel im Maßstab 1 : 50 auf ein Blatt Papier. Schneide die Symbole für die Möbel aus.*
4. *Versuche durch Hin- und Herschieben der Symbole eine besonders günstige Anordnung der Möbel im Raum zu ermitteln.*
5. *Ergänze die Einrichtung in Claudias Zimmer.*
   Stelle dir dabei folgende Kontrollfragen:
   - *Welche Einrichtungsgegenstände benötigt Claudia evtl. zusätzlich für Schlafen, Arbeit, Freizeit?*
   - *Bleibt genügend Platz zum Bewegen?*
6. *Welche Einrichtungsgegenstände, Fensterdekorationen usw. können selbst gefertigt werden?*

Claudias neues Zimmer

Claudia möchte ihr Zimmer möglichst kostengünstig und wohnlich einrichten. Bettcouch, Schrank und Arbeitstisch will sie von zu Hause mitbringen. Alle zusätzlich benötigten Möbel, Lampen, Vorhänge und Teppichboden will sich Claudia nach und nach ihren eigenen Wünschen entsprechend beschaffen.

Claudia überlegt gemeinsam mit Sabine, wie sie die vorhandenen Möbel in ihrem neuen Zimmer aufstellen könnte. Sabine schlägt vor: „Zeichne den Grundriss von deinem Zimmer auf ein Stück Papier, so kannst du später durch Hin- und Herschieben der Möbelsymbole unterschiedliche Möblierungsmöglichkeiten beurteilen."

Claudias Zimmer hat folgende Maße:
(Grundriss vgl. S. 85)
Länge: 4,8 m, Breite: 3 m,
Fläche 14,5 m^2

Die **Zimmertür** ist 70 cm breit. Links neben der Tür ist ein Abstand von 15 cm zur Wand, die Tür wird nach außen geöffnet.

Die Balkontür ist 80 cm breit. Rechts neben der Tür ist ein Abstand von 80 cm zur Wand, die Tür wird nach innen geöffnet.

Die **Fensterbreite** beträgt 1 m. Das Fenster liegt genau in der Mitte der Wand.

Claudias bisherigen Möbel haben folgende Maße:

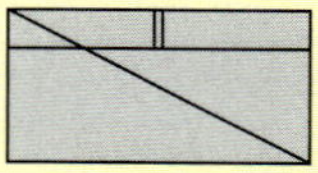

Bettcouch
1,00 x 2,00 m

Kleiderschrank
1,20 x 0,60 m

Arbeitstisch
1,00 x 0,70 m

Ein Jugendzimmer bzw. ein Zimmer in einer Wohngemeinschaft ist ein Mehrzweckraum, in dem unterschiedliche Wohnfunktionen möglich sein sollen, z. B. schlafen, Schularbeiten erledigen, in der Freizeit z. B. einem Hobby nachgehen, Musik hören, lesen und Geselligkeit pflegen, z. B. Feste feiern.

Gleichzeitig ist der Raum für diese verschiedenen Funktionen meistens knapp bemessen. Dieses Problem lässt sich lösen, wenn Einrichtungsgegenstände mehrere Funktionen erfüllen, z. B. Liege nachts als Schlafgelegenheit und tagsüber als Sitzgelegenheit.

1. *Sammelt Möbelprospekte. Stellt einen Anschaffungsplan für das Mobiliar eines Jugendzimmers zusammen. Ermittelt die Kosten.*
2. *Diskutiert alternative Möglichkeiten der Möbelbeschaffung, z.B. eigene Herstellung, Sperrmüll.*
3. *Macht Vorschläge für die Fensterdekoration in Claudias Zimmer.*
4. *Nennt Patchwork-Gegenstände, die für Claudias Raum hergestellt werden können.*

Sperrmüll – ein idealer Fundort

Fensterdekorationen

1. *Nenne Vorteile und Nachteile von Gardinen und Übergardinen.*
2. *Sammle Bilder von Fensterdekorationen. Beurteile die jeweilige Raumwirkung.*

Ob Gardinen und/oder Übergardinen benötigt werden, ist von folgenden Gegebenheiten abhängig:
- Ausblick und Umgebung
- Lichtverhältnisse
- Fenstermaße und -verteilung im Raum

Gardinen und Übergardinen regulieren den Lichteinfall, dämmen den Schall und halten die Wärme. Bei schlecht isolierten Fenstern kann durch das Zuziehen der Übergardinen – wenn die Heizkörper hierdurch nicht verdeckt werden – bis zu 30 % an Heizkosten gespart werden.

Durch Gardinen kann ein hässlicher Ausblick gemindert werden, andererseits kann bei einem Verzicht darauf der Garten – die Landschaft – direkt in das Wohnen mit einbezogen werden.

Für Gardinen eignen sich durchsichtige Gewebe, für Übergardinen undurchsichtige Stoffe. Die Materialien sollten lichtecht und pflegeleicht sein.

Für Stoffrollos wird weniger Material als für Gardinen benötigt. Rollos und Jalousien erfüllen den gleichen Zweck wie Gardinen.

Bei Fensterdekorationen die Wirkung von Farben und Mustern im Raum berücksichtigen, vgl. S. 89.

Bei gemusterten Tapeten Fensterdekorationen ohne Muster auswählen, der Vorhangstoff sollte eine Farbe der Tapete aufweisen.

Bodenlange, wandbreite Fensterdekorationen können zu einer großzügigen Wandgestaltung beitragen.

Farben und Muster verändern den Raum

1. *Zeichnet vier Räume, vgl. die Abbildung unten.*
2. *Wählt Farben und Formen für Decke und Wände, die den Raum*
   a) höher,
   b) niedriger erscheinen lassen.
3. *Wählt Farben und Formen für Decke und Wände, die den Raum*
   a) weiter,
   b) enger erscheinen lassen.
4. *Sammelt Bildmaterial von Wohnräumen aus Katalogen. Nennt aufgrund dieser Abbildungen*
   a) kalte Farben, die den Eindruck von Ferne vermitteln,
   b) warme Farben, die Nähe ausdrücken,
   c) harmonische Farben,
   d) Farben, die einen Hell-Dunkel-Kontrast ergeben.
5. *Vergleicht und beurteilt eure Raumgestaltungen.*
6. *Hennings Zimmer liegt in Richtung Osten und ist verhältnismäßig niedrig. Macht Vorschläge für Farben und Formen, die den Raum wärmer und höher wirken lassen.*

Bei der Gestaltung von Wänden, Decke und Fußboden muss beachtet werden, dass Farben und Formen – Muster – wichtige Faktoren bei der Wohnraumgestaltung sind, sie können einen Raum verändern.

Farben und Muster können einen Raum optisch verändern, sie heben Flächen hervor oder drängen sie zurück. Der Raum wirkt größer, kleiner, schmaler, enger, breiter, höher oder niedriger.

Die Wirkung der Farben ist jedoch gleichzeitig von dem farblichen Umfeld abhängig, z. B. wirkt Gelb auf einem schwarzen Hintergrund kräftiger als auf einem weißen.

Senkrechte Linien lassen einen Raum höher erscheinen, waagerechte Linien machen ihn optisch breiter.

Farben und Muster sollen zu den Einrichtungsgegenständen passen. Auch die Lichtverhältnisse sind zu berücksichtigen. Für sonnige Räume sollten kühle Töne und für dunkle, sonnenarme Räume warme, helle Töne ausgewählt werden.

Jede Farbgebung und Musterung sollte vorsichtig vorgenommen werden. Muster und Farben sind häufig der „Mode“ unterworfen, man „sieht sie sich schnell über“. Grundsätzlich gilt: Für alle Räume, in denen man sich länger aufhält, sollten unaufdringliche Farben und Muster gewählt werden.

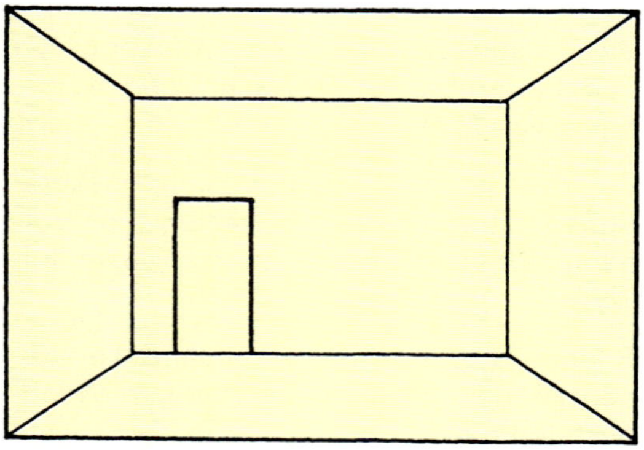

Hohe Räume erscheinen niedriger, wenn

- für die Decke und den Fußboden dunkle bzw. kräftige Farben gewählt werden,
- quer gestreifte oder entsprechend gemusterte Tapeten verwendet werden.

Niedrige Räume erscheinen höher, wenn

- Tapeten mit senkrechten Streifen oder Mustern gewählt werden,
- für die Decke helle Farben genommen werden.

Kleine Räume erscheinen größer, wenn

- ein heller Anstrich oder
- eine Tapete mit kleiner Musterung gewählt wird. Für kleine Räume eignen sich weder Tapeten mit auffälliger Musterung noch dunkle Farbanstriche.

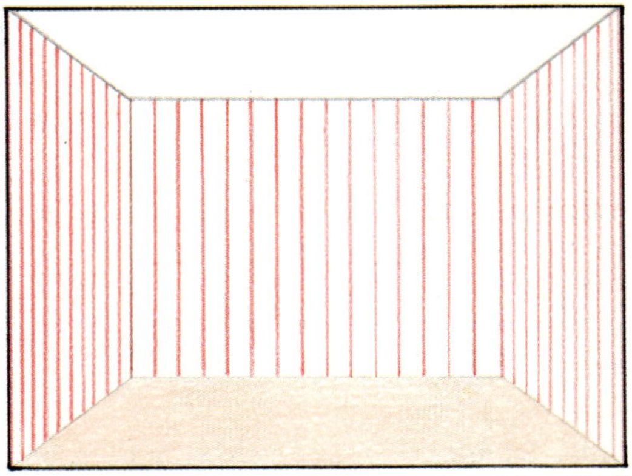

Große Räume wirken kleiner, wenn

- ein dunkler Anstrich oder
- eine Tapete mit großer Musterung ausgesucht wird. Bilder kommen dabei allerdings kaum zur Geltung.

Schmale Räume wirken kürzer, wenn

- die Stirnwand einen dunklen Farbanstrich bzw. eine dunkle oder quergestreifte Tapete erhält.

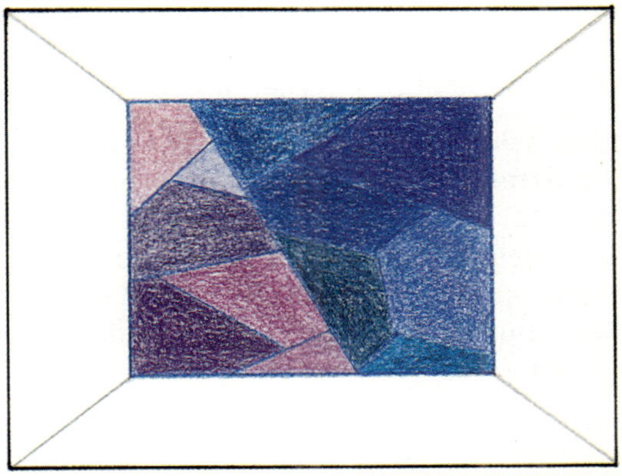

Dunkle Räume werden durch leuchtende Farben freundlicher.

Helle Räume mit voller Sonneneinstrahlung können durch kühle Farben einen Ausgleich erhalten.

1. *Betrachte die vier Abbildungen.*
   a) *Beschreibe jeweils die optischen Veränderungen durch Farbe und Muster, z. B.:*
   Der erste Raum wirkt ...
   b) *Nenne Räume, für die die jeweilige Raumgestaltung angemessen ist.*
2. *Erstellt Wandzeitungen zum Thema „Raumgestaltung durch Farbe und Muster“.*

6 Schneidern Schritt für Schritt

6.1 Einführung

Was bei Projekten zu beachten ist

Ideensammlung
Jeder Schüler äußert zunächst mündlich oder schriftlich seine Ideen zu einem möglichen Projekt, z. B. „Wir eröffnen unsere eigene Schneiderei", vgl. S.121, und erläutert sie.

Feststellen der Interessen – Entscheidung für ein Projektthema
Schüler und Lehrer legen gemeinsam Inhalte und Ziele zu einem Projektthema fest.

Am Ende des Projektes steht eine Dokumentation, ein Produkt. Das kann ein textiler Gegenstand sein, eine Modenschau, eine Ausstellung – ein Basar, eine Modezeitung usw.

Planung und Organisation
Jeder Schüler überlegt sich, was man bei der Verwirklichung des Projektes seiner Meinung nach klären, berücksichtigen, besorgen, erstellen, erlernen muss usw.

Ideensammlung für die Durchführung des Projektes mithilfe der Kartentechnik, vgl. S. 209:
Die Ideen werden auf postkartengroße Karten geschrieben. Wichtig ist, dass pro Karte nur ein Stichwort groß und deutlich notiert wird.

Wenn alle mit dem Schreiben fertig sind, werden die Karten an eine Wand – z. B. an die Tafel – geheftet und gesichtet. Doppelnennungen klebt man übereinander.

Jetzt muss versucht werden, Ordnung in die Karten zu bringen, indem für zusammengehörende Aufgabengruppen Überschriften gefunden werden. Evtl. fehlende Dinge/Aussagen müssen auf Karten ergänzt werden.

Die Karten können nun auf Packpapier aufgeklebt werden, damit die „Kartenwand" bei Bedarf während der weiteren Arbeit immer wieder zur Verfügung steht.

Durchführung
Die unterschiedlichen Aufgaben werden am besten arbeitsteilig in Kleingruppen erledigt. Die Kleingruppen können z.B. nach besonderen Interessen oder Fähigkeiten gebildet werden.

Die Kleingruppen versuchen nun, ihre Aufgaben zu lösen. Alle Gruppenmitglieder sind für den Ablauf des Projektes und für das Produkt mitverantwortlich.

Es ist notwendig, dass sich die Gruppen immer wieder untereinander über ihre Ergebnisse informieren und sich austauschen.

Fertigstellung und Vorstellung
Das fertig gestellte Produkt wird durch die Gruppen den anderen Schülern oder den Eltern vorgestellt, z.B. bei einer Einladung zum Basar oder zur Modenschau. Auch dieser Teil des Projektes muss gemeinsam gründlich geplant werden. Z.B.: Wer übernimmt die einzelnen Aufgaben?

Bewertung
Nach Abschluss des Projektes sollte darüber nachgedacht werden:
Was war besonders gut?
Was hat am meisten Spaß gemacht?
Wo gab es Probleme?
Was sollte geändert werden?
Sind wir mit unserer Arbeitsweise und dem Ergebnis zufrieden?

Mind Map – Vorüberlegungen beim Schneidern

1. *Mache dir die Ordnung der Mind Map (Gedächtniskarte) „Vorüberlegungen beim Schneidern" klar.*
2. *Erstellt eine Mind Map zum Thema „Mögliche Angebote für einen Basar" oder zu einem Thema, das ihr im Unterricht vereinbart.*
   a) *Bestimmt zunächst die Bezeichnungen für die Hauptäste.*
   b) *Gestaltet dann die Unteräste mit unterschiedlichen Schriften und Abbildungen.*

Eine Mind Map kann man zum Gliedern, Ideenfinden, Zusammenfassen usw. benutzen.

Die jeweiligen Gedanken bestimmen das Bild – die entstehende Mind Map. So dargestellte Inhalte können wir viel besser behalten. Wie wäre es, wenn wir vor der nächsten Klassenarbeit gemeinsam eine Mind Map erstellen würden?

Wie erstellen wir eine Mind Map?

- ▶ Wir beschreiben das Blatt im Querformat, nicht im Hochformat.
- ▶ Das jeweilige Thema, hier die „Vorüberlegungen beim Schneidern", schreiben wir groß in die Mitte des Blattes.
- ▶ Nun können wir zunächst auf einem Extrazettel – Tafel, Kartentechnik – Begriffe, Ideen zum Thema sammeln.
- ▶ Jetzt überlegen wir uns drei bis fünf – nicht mehr! – Überschriften, die wir mit Großbuchstaben und mit unterschiedlichen Farben an die Hauptäste schreiben.
- ▶ Die Unteräste, z. B . „Ich habe eine Idee" oder „Ich nähe", gestalten wir dann mit unterschiedlichen Farben, Schriften und Symbolen. Durch die Bilder – Symbole – können wir später alles besonders gut behalten.
- ▶ Nicht zu viele Unteräste einzeichnen, damit wir die Übersicht behalten.
- ▶ Das Blatt beim Schreiben so drehen, dass die Begriffe gut zu lesen sind.

6.2 Handnähen – Grundtechniken

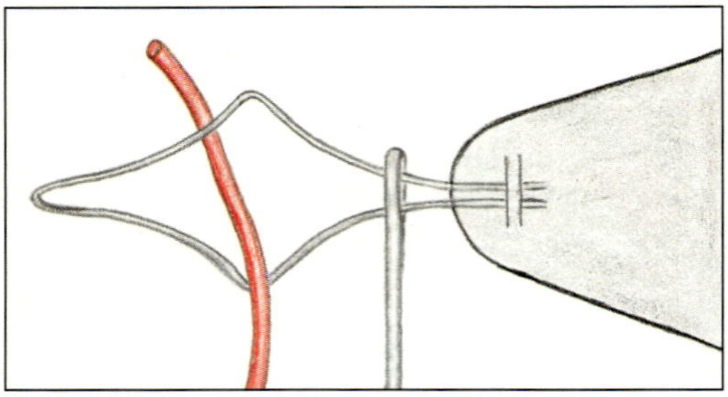

Einfädeln: Einfädler durch das Nadelöhr schieben. Ende des Nähfadens durch die Drahtschlinge führen. Einfädler mit dem Faden wieder zurückziehen.

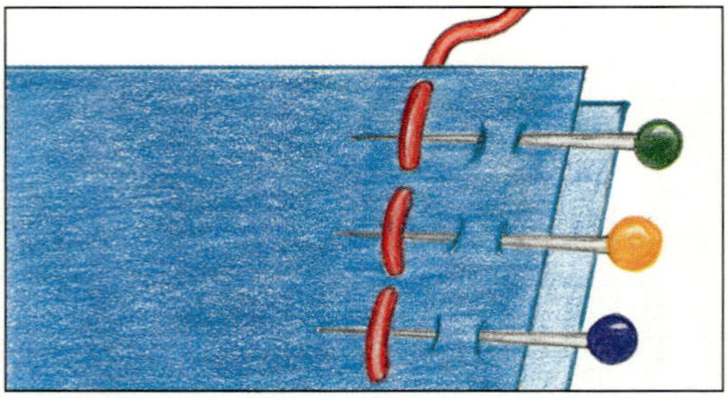

Stecknadeln: Nadeln quer in den Stoff stecken, der Stoff verschiebt sich dann nicht so leicht. Die Nadeln können leichter herausgezogen werden.

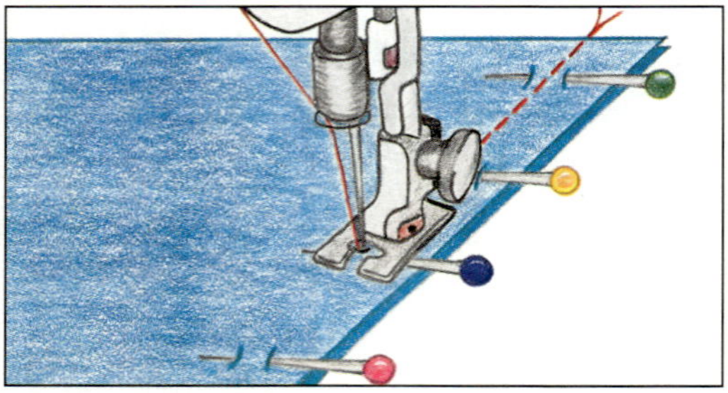

Stecknadeln: Quer gesteckte Nadeln können auch mit der Nähmaschine übernäht werden.

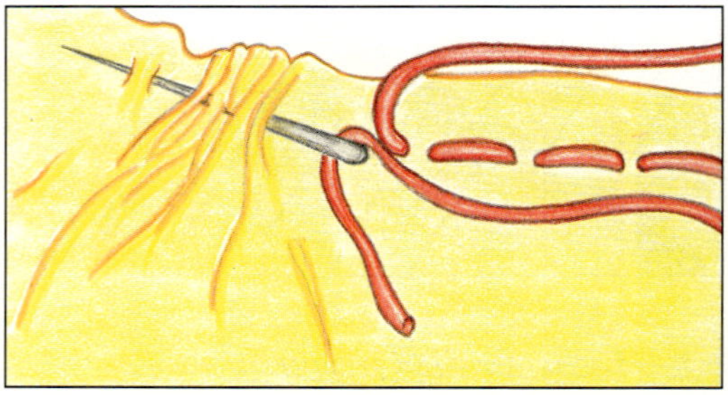

Heften: Knoten am Heftfadenende anbringen. Jeweils etwa in 2 cm Abstand 5 mm Stoff mit der Nadel aufnehmen. Nach mehreren Stichen Faden durchziehen.

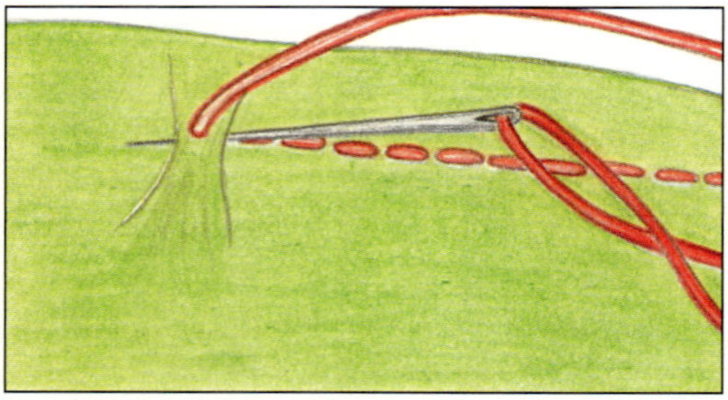

Steppstich oder Rückstich: Etwa 3 mm hinter dem Fadenaustritt mit der Nadel in den Stoff stechen und im gleichen Abstand davor wieder aus dem Stoff herausführen. Für die folgenden Stiche jeweils hinter dem letzten Fadenaustritt in den Stoff stechen und wiederum vor dem Fadenaustritt herausführen.

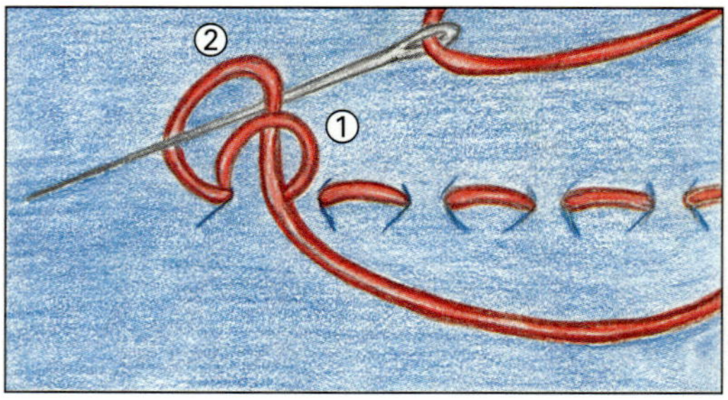

Nahtende sichern: Auf der **linken Stoffseite** mit einem kleinen Rückstich eine Schlinge (1) bilden. Die Nadel durch die Schlinge führen. Mit dem weiteren Faden eine zweite Schlinge (2) bilden, die Nadel durchziehen. Danach den Faden festziehen.

Saumstiche

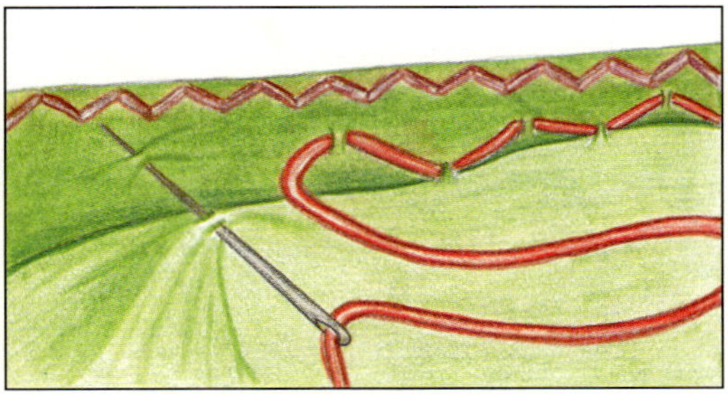

Hohler Saumstich: Nähfaden im Saum sichern. Mit der Nadel 1 bis 2 Fäden des Oberstoffes aufnehmen. Nächster Stich: Mit der Nadel 1 cm weiter links in die Saumzugabe stechen, dann wiederum 1 cm weiter links 1 bis 2 Fäden des Oberstoffes aufnehmen usw. Nähfaden nicht fest anziehen.

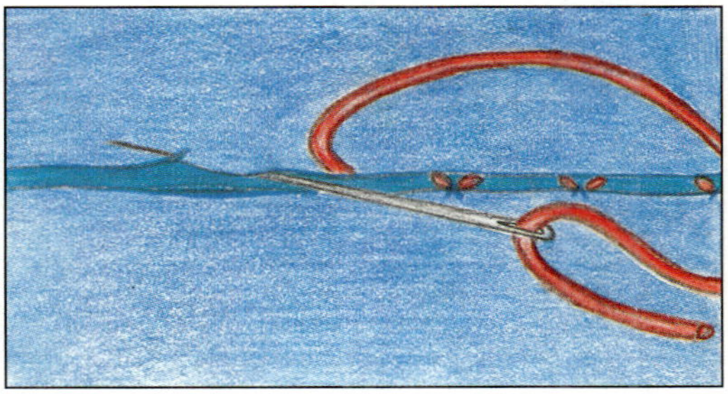

Staffierstich: Faden im Stoffbruch sichern. 1 bis 2 Fäden des Oberstoffs aufnehmen, in den Stoffbruch stechen und die Nadel 1 cm vorschieben, wieder ausstechen. Genau gegenüber im Oberstoff wieder 1 bis 2 Fäden aufnehmen usw. Nähfaden nicht fest anziehen.

Trennen

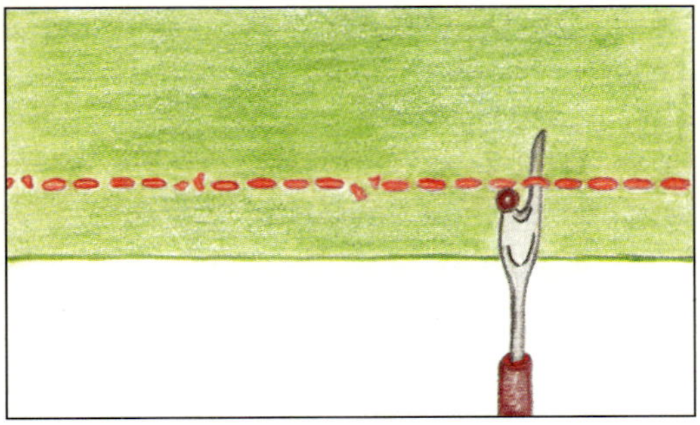

Trennen von offen liegenden Nähten: Auf einer Seite der Naht die Stiche in Abständen von 2 cm durchtrennen.

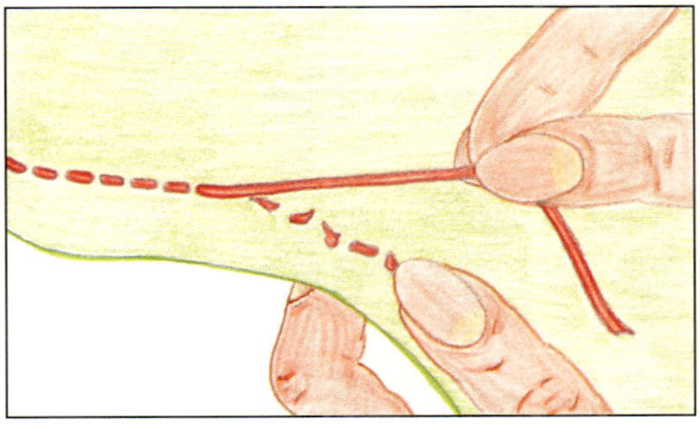

Den Faden auf der anderen Seite der Naht behutsam herausziehen.
Fadenreste entfernen.

Doppelnähte: Stoff leicht spannen. Spitze des Pfeiltrenners unter 1 bis 2 Stiche schieben, vorsichtig durchtrennen.

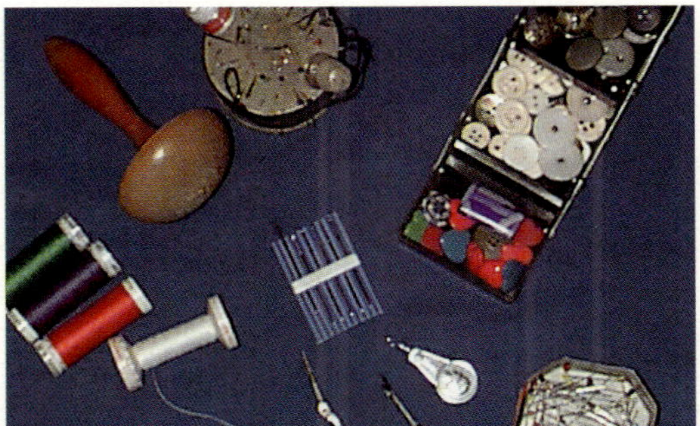

Zubehör für das Handnähen

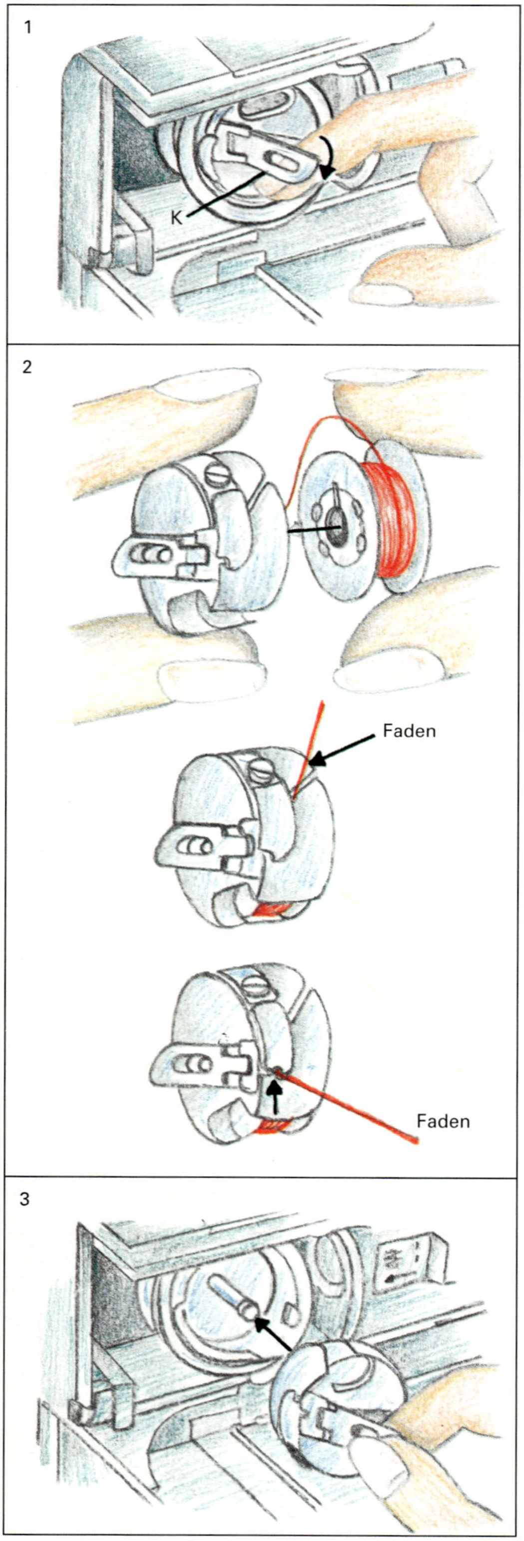

Einfädeln des Unterfadens

6.3 Nähen mit der Maschine

Die Bedienungsteile der Nähmaschine auf der Abbildung, vgl. S. 95, sind mit Nummern gekennzeichnet.

1. *Ordne die Bedienungsteile den Zahlen an der Nähmaschine zu.*
2. *Zeige und erläutere die verschiedenen Bedienungsteile an einer Schulnähmaschine.*
3. *Die Nähmaschine soll eingefädelt werden. Zeige und erläutere den Verlauf des Oberfadens an einer Schulnähmaschine.*

Einfädeln

Die Arbeit mit der Nähmaschine erfordert gründliche Vorarbeiten. Oberfaden und Unterfaden müssen zunächst sorgfältig eingefädelt werden.

Herausnehmen der Spulenkapsel mit der Spule

- ▶ Nadel muss ganz oben sein.
- ▶ Verschlussklappe öffnen.
- ▶ Spulenklappe anheben, Spulenkapsel herausziehen.
- ▶ Klappe loslassen und Spule herausnehmen.

Einlegen der Spule in die Spulenkapsel

- ▶ Volle Spule so einlegen, dass der Faden nach hinten abläuft.
- ▶ Faden durch den Einfädelschlitz ziehen.
- ▶ Faden unter der Feder durchziehen.
- ▶ Spule muss sich im Uhrzeigersinn drehen.
- ▶ Unterfaden soll 6 bis 8 cm aus der Spulenkapsel herausgucken.

Einsetzen der Spulenkapsel mit Spule

- ▶ Nadel muss oben sein.
- ▶ Klappe anheben, Spulenkapsel bis zum Anschlag auf den Stift schieben. Der Ausschnitt muss dabei nach oben zeigen. Solange man die Klappe geöffnet hat, kann die Spule nicht herausfallen.
- ▶ Klappe loslassen. Verschlussklappe schließen.

Heraufholen des Unterfadens

- ▶ Oberfaden mit der linken Hand festhalten.
- ▶ Handrad eine volle Drehung drehen, bis der Fadenhebel wieder in höchster Stellung ist. Die Nadel mit dem Oberfaden holt dabei den Unterfaden hoch.
- ▶ Unterfaden herausziehen, beide Fadenenden nach hinten unter den Nähfuß legen.

Überprüfung der Fadenspannung

Um die Fadenspannung zu überprüfen, wird eine Probenaht auf einem doppelt liegenden Stoffrest ausgeführt. Nun wird die Lage der Verknotung von Oberfaden und Unterfaden überprüft.

- ▶ Die Fadenspannung ist richtig eingestellt, wenn die Verknotung genau zwischen den Stofflagen liegt.

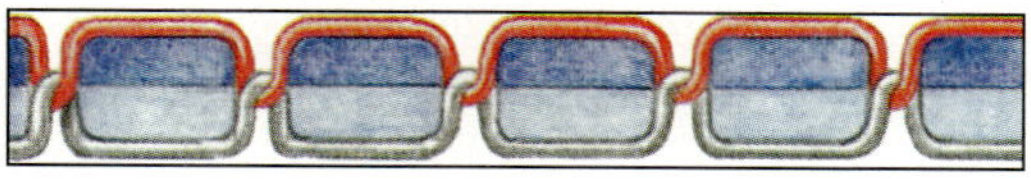

- ▶ Die Oberfadenspannung ist zu locker, wenn die Verknotung auf der Stoffunterseite liegt, sie muss fester gestellt werden.

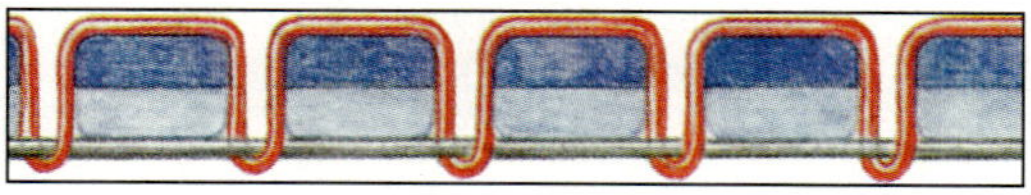

- ▶ Die Oberfadenspannung ist zu fest, wenn die Verknotung auf der Stoffoberseite liegt, sie muss gelockert werden.

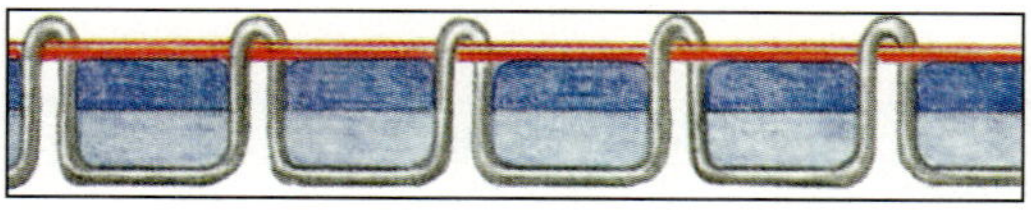

- ▶ Eine gute Fadenspannung ist Voraussetzung für eine einwandfreie Fadenverknotung und für eine saubere und haltbare Naht.
- ▶ Die Fadenspannung muss jeweils auf Art und Dicke des Stoffes abgestimmt werden.

Bedienungsteile

Fadenhebel: Er zieht so viel Faden von der Garnrolle ab, wie für einen Stich benötigt wird. Nach der Stichbildung zieht er den Oberfaden wieder straff.

Oberfadenspannung: Sie sorgt dafür, dass die Verknotung von Oberfaden und Unterfaden genau im Stoff liegt.

Spuler-Vorspannung: Sie sorgt dafür, dass der Unterfaden weder zu locker noch zu fest auf die Spule aufgewickelt wird.

Spuler: Hier wird die Spule zum Aufspulen des Unterfadens aufgesetzt.

Rückwärtstaste: Nach Betätigung dieser Taste näht die Maschine rückwärts.

Nähfuß: Er drückt den Stoff gegen den Transporteur, der Stoff wird dann je nach Einstellung des Transporteurs vorwärts oder rückwärts transportiert.

Einstellscheiben/-tasten: Sie ermöglichen die Stichwahl, z. B. Zickzackstich und die Stichgröße.

Nadelstange mit Nadel: Sie sticht durch den Stoff und bringt den Oberfaden zum Greifer.

Greifer: Er führt den Oberfaden um den Unterfaden herum und verknotet auf diese Weise die beiden Fäden miteinander.

Spule: Auf ihr befindet sich der Unterfaden. Die Spule wird in die Spulenkapsel eingelegt.

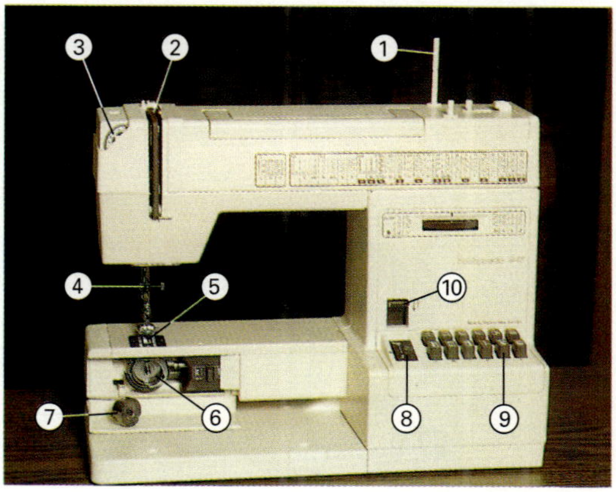

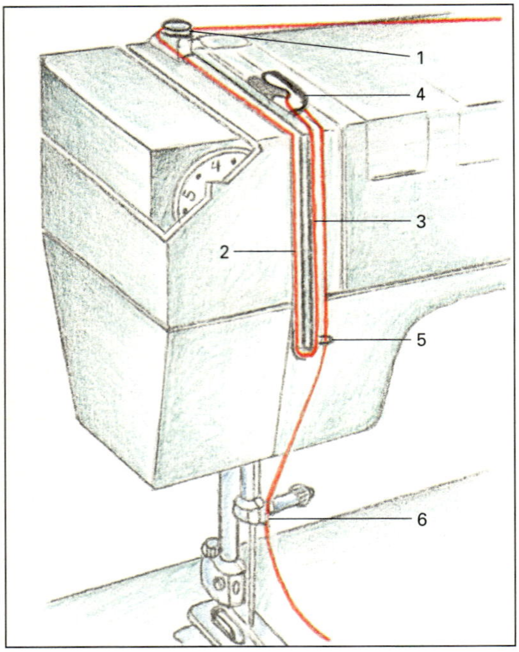

Einfädeln des Oberfadens

Pflege der Nähmaschine

- ▶ Vor der Reinigung der Maschine den Stecker aus der Steckdose ziehen.
- ▶ Die Maschine muss regelmäßig entstaubt werden, da Fadenreste in der Greiferbahn, dicke Staubflocken in der Stichplatte und Greiferbahn schnell zu Nähstörungen führen können.
- ▶ Regelmäßiges Ölen der Maschine ist erforderlich, um einen leichten Lauf zu erhalten. Die Pflegeanleitung des Herstellers beachten. Danach eine Naht auf einem Probelappen nähen, eventuelle Ölreste werden dadurch entfernt.

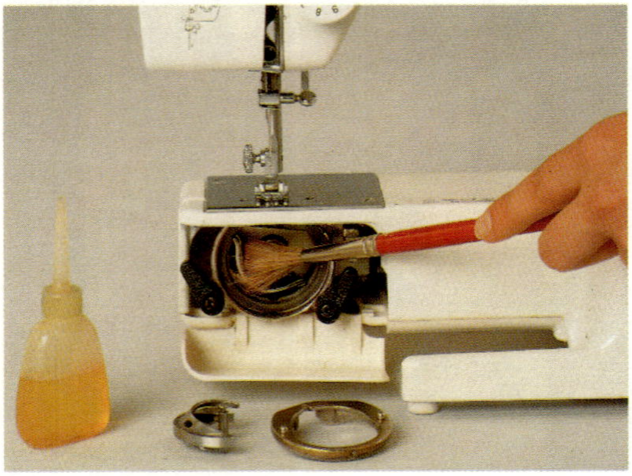

Nähstörungen

Gelegentlich kommt es trotz gründlicher Vorbereitungen zu Störungen während des Nähens. Meist sind diese Störungen ohne große Schwierigkeiten selbst zu beheben.

Mit welchen Maßnahmen können folgende Nähstörungen behoben werden?
a) Oberfaden reißt,
b) Unterfaden reißt,
c) Nadel bricht,
d) die Verknotung von Oberfaden und Unterfaden liegt auf der Unterseite des Stoffs.

Nähstörungen	Mögliche Ursachen	Maßnahmen
Oberfaden reißt	Passt die Nadelstärke zum Garn? Wurde die Nadel falsch eingesetzt? Wurde richtig eingefädelt? Ist die Oberfadenspannung zu fest? Ist die Nadel beschädigt? Befinden sich Fadenreste in der Greiferbahn?	?
Unterfaden reißt	Wurde der Unterfaden richtig eingefädelt? Wurde der Unterfaden gleichmäßig und mit der richtigen Spannung aufgespult? Ist die Unterfadenspannung zu fest?	?
Nadel bricht	Wurde die Nadel falsch eingesetzt? War die Nadel verbogen? Passt die Nadelstärke zu Garn und Stoff? Ist die Oberfadenspannung zu fest?	?
Querfäden im Stoff	Schlägt die Nadel an? Ist die Nadelspitze abgebrochen?	?

Einsatz der Nähmaschine

1. *Zeichne auf ein Stück Papier unterschiedliche Linien:*
   a) gerade,
   b) mit rechtem Winkel,
   c) gebogene.
   Nähe über diese Linien mit oder ohne Faden.
2. *Nähe „füßchenbreit" neben den Linien.*
   Die Linie befindet sich jetzt an der Außenkante des Füßchens.
3. *Erprobe das Gleiche mit Zickzackstich.*
   Die Nadel soll jeweils rechts und links neben dem Strich einstechen.
4. *Erprobe am Ende einer Linie die Rückwärtstaste.*
   Nähe 2 bis 3 Stiche rückwärts und dann wieder vorwärts.

Bei den ersten Nähstichen die beiden Fadenenden – Ober- und Unterfaden – festhalten, damit sie nicht in die Greiferbahn geraten.

Beide Hände führen beim Nähen den Stoff bzw. das Papier über die Arbeitsfläche der Maschine. Die linke Hand liegt links vor dem Nähfüßchen, die rechte Hand kurz dahinter. So kann Stoff oder Papier leichter geführt bzw. gelenkt werden.

Bei einem rechten Winkel die Maschine auf dem Eckpunkt stoppen, die Nadel muss sich im Papier bzw. Stoff befinden. Nähfüßchen mit dem Hebel anheben. Stoff bzw. Papier in die gewünschte Richtung drehen. Nähfüßchen wieder auf den Stoff bzw. das Papier senken und weiter nähen.

Beim Nähen liegen die größeren Stoffteile links von der Nadel, so lässt sich der Stoff leichter führen, er muss nicht durch den engen Raum unter dem Nähmaschinenarm gepresst werden.

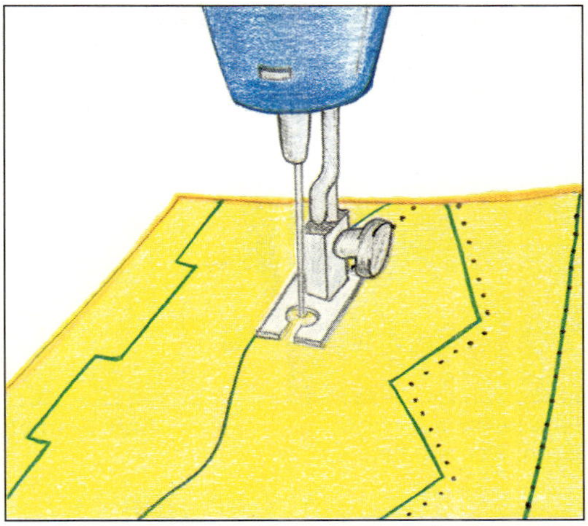

Unterschiedliche Linien auf Papier zeichnen und nachnähen

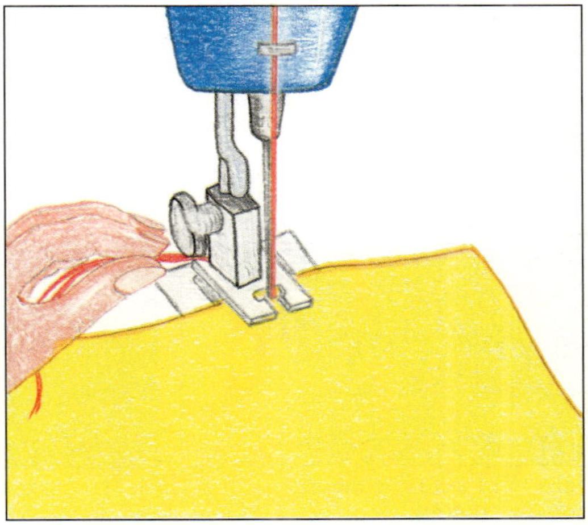

Fadenenden festhalten

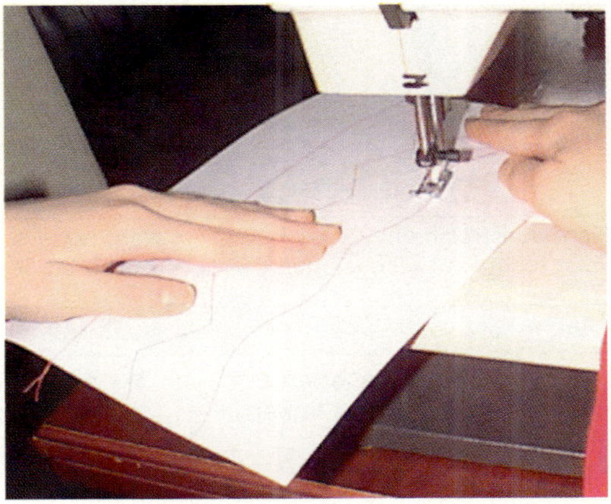

Führen des Stoffes beim Nähen

6.4 Unterschiedliche Nähte

Einfache Naht

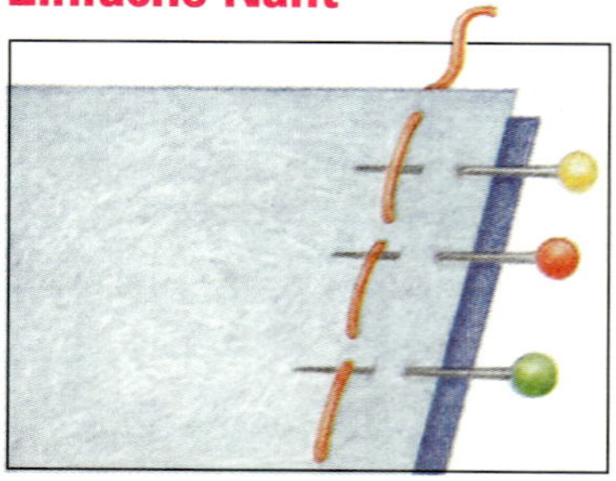

Teile rechts auf rechts legen, stecken, heften.

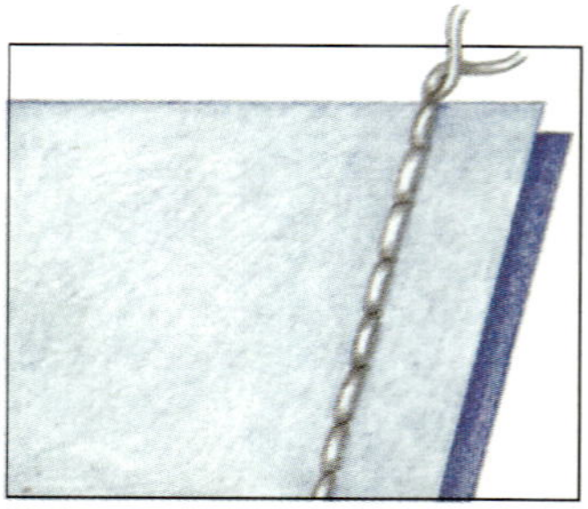

Naht 1 cm breit absteppen.

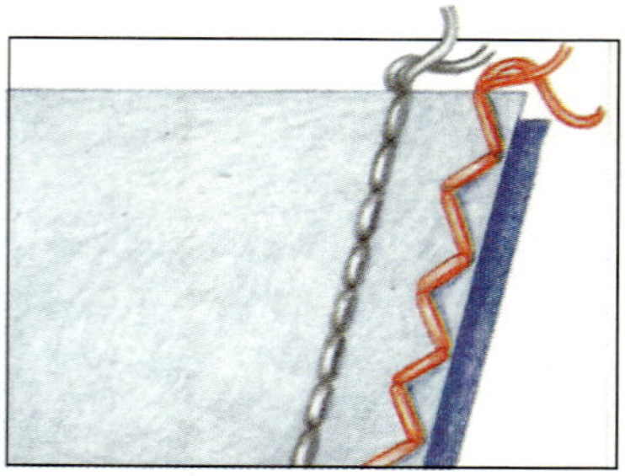

Schnittkanten mit Zickzackstich versäubern. Naht von links ausbügeln.

Vorteile	Nachteile
▶ schnell zu fertigen ▶ Änderungen – enger bzw. weiter – sind leicht und schnell auszuführen ▶ Naht trägt nicht auf	▶ nicht so reißfest wie eine Rechts-Links-Naht ▶ unsauberes Aussehen bzw. Durchscheinen bei dünnen Stoffen

Beispiele

alle normal beanspruchten Nähte, z. B. Seitennähte, Ärmeleinsatznaht bei nicht zu dünnen Stoffen

Rechts-Links-Naht (Doppelnaht)

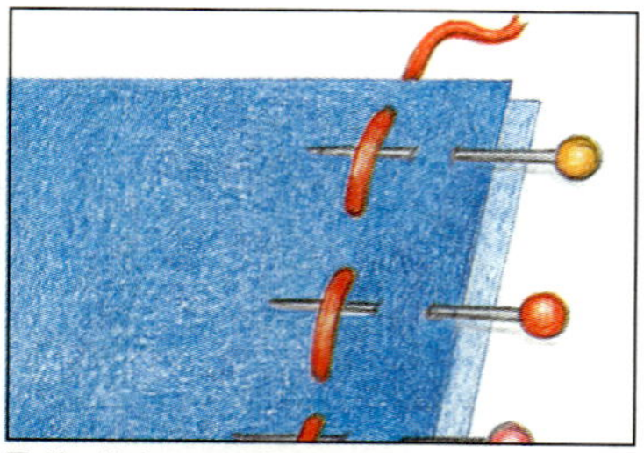

Teile links auf links legen, stecken, heften.

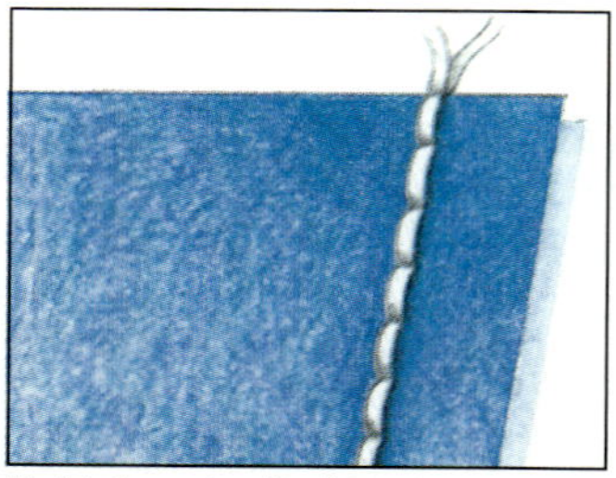

Naht 1 cm breit absteppen.

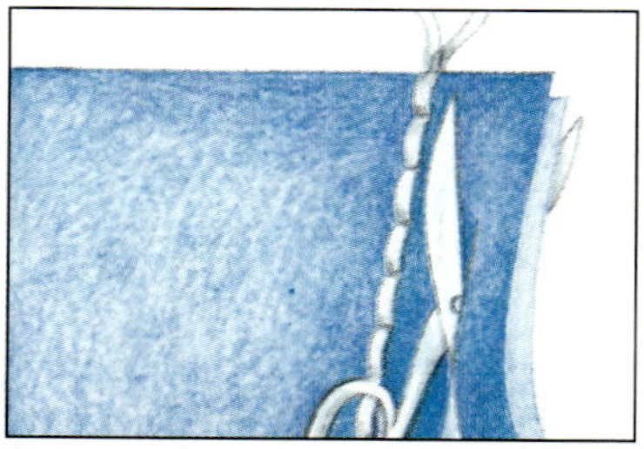

Nahtzugabe auf 0,5 cm Breite abschneiden.

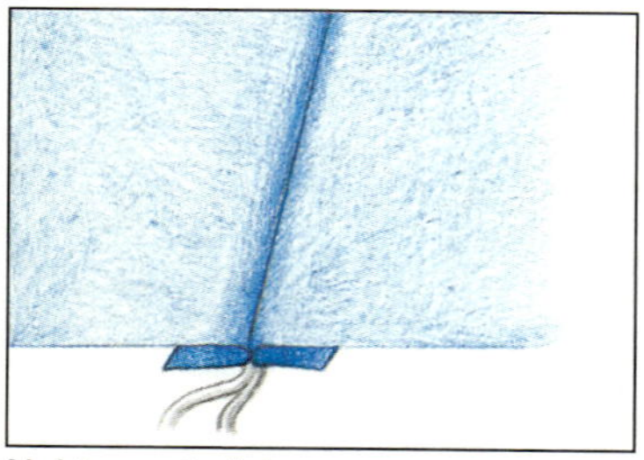

Naht ausstreichen.
Teile rechts auf rechts legen.

Naht heften.
1 cm breit absteppen.

Naht ausbügeln.

Vorteile	Nachteile
▶ Sauberes Aussehen auf der rechten und linken Stoffseite ▶ reißfest durch zweimaliges Nähen	▶ Änderungen sind zeitaufwendiger

Beispiele

Verarbeitung dünner, durchscheinender Stoffe, z.B. Blusen, Abendkleider, Kissen, Wäsche

Flach- und Kappnaht

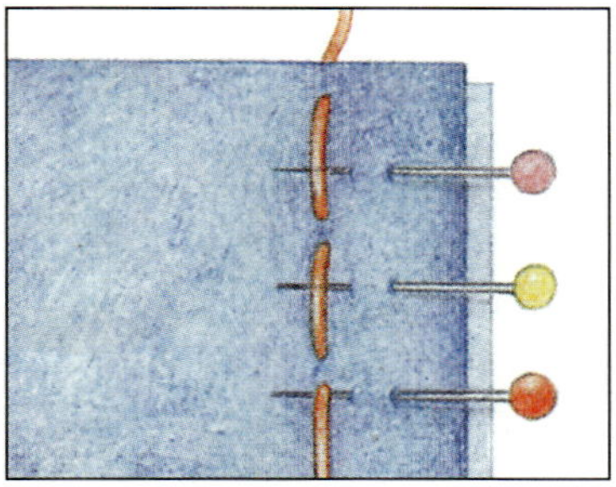

Teile links auf links legen, stecken, heften.

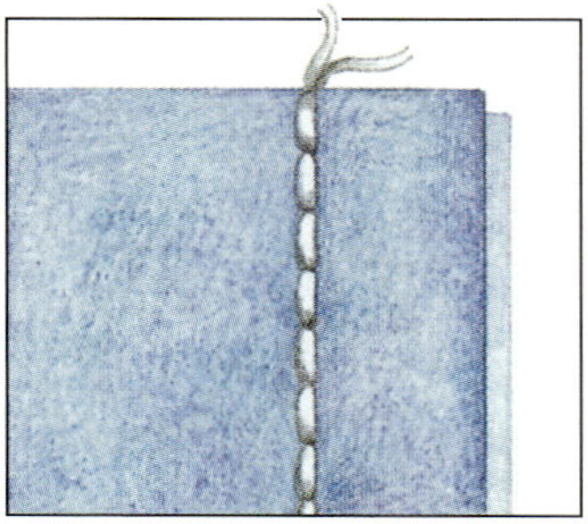

Naht 2 cm breit absteppen.

1,5 cm von der oberen Nahtzugabe abschneiden.

Nahtzugaben auseinander streichen.

Die breitere Nahtzugabe 0,5 cm einschlagen

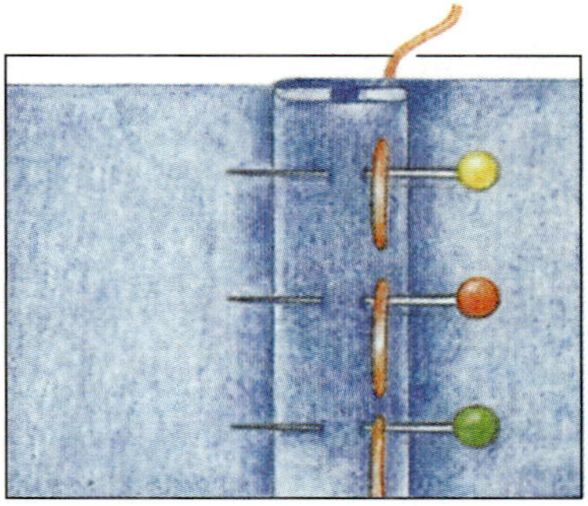

Die eingeschlagene Nahtzugabe über die andere Nahtzugabe legen, feststecken, heften.

Nahtzugabe knappkantig feststeppen.

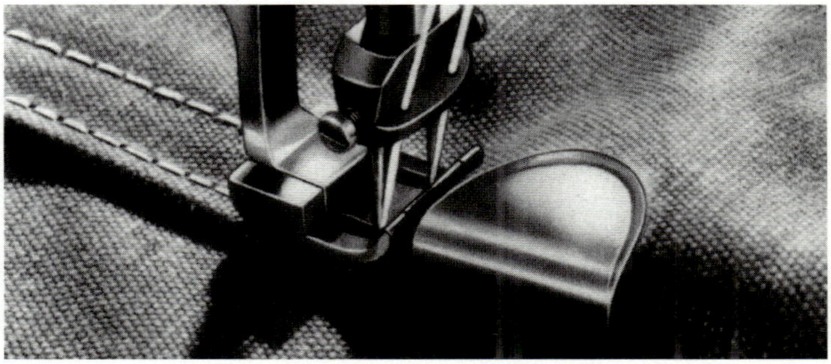

Industrielle Anfertigung der Kappnaht mit 2 Nadeln.

Vorteile	Nachteile
▶ sehr strapazierfähig ▶ flache Naht, trägt daher nicht auf ▶ Schmuckeffekt	▶ Änderungen sind umständlich und zeitaufwendiger

Beispiele
besonders strapazierte Nähte, z.B. bei Jeans; Nähte, die durch mehrfaches Absteppen optisch betont werden sollen

6.5 Kantenverarbeitungen

Saum mit Umschlag

Schnittkante mit Zickzackstich versäubern.

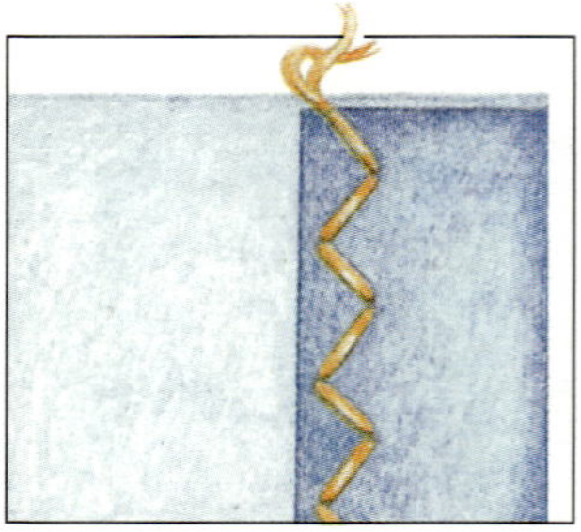

Stoff je nach gewünschter Saumbreite nach links umschlagen, bügeln.

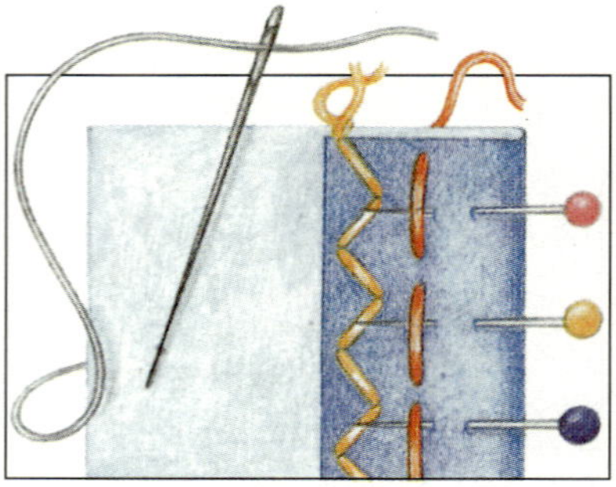

Saum feststecken, heften, mit Maschine steppen oder von Hand nähen.

Vorteile	Nachteile
▶ keine dicken Stofflagen	▶ nicht immer wirkt der Saum sauber verarbeitet

Beispiele
Rocksäume, Hosensäume

Saum mit Einschlag und Umschlag

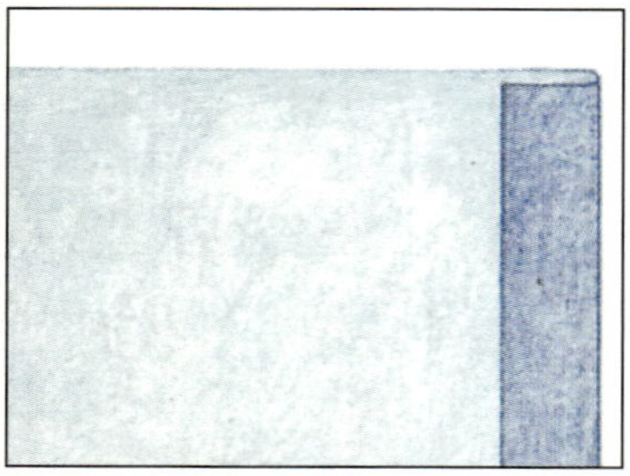

Stoff mit der linken Stoffseite nach oben legen, Rand 1 cm breit einschlagen, bügeln.

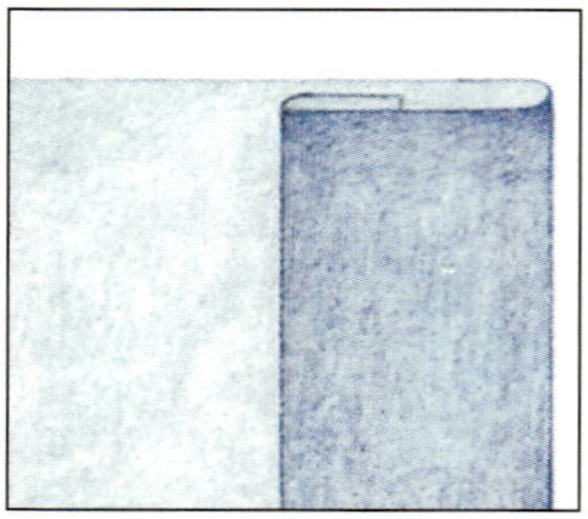

Stoff nochmals – je nach gewünschter Saumbreite – umschlagen, bügeln.

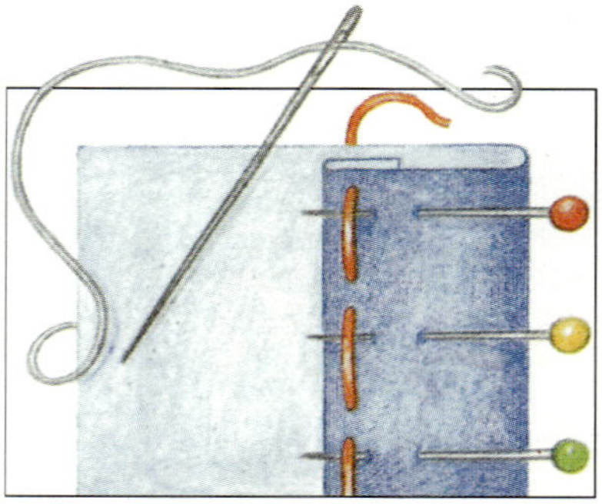

Saum feststecken, heften, mit der Maschine steppen oder von Hand nähen, vgl. S. 93.

Vorteile	Nachteile
▶ besonders saubere Verarbeitung	▶ bei dickeren Stoffen zu voluminös

Beispiele
Säume an Tischdecken, Blusen oder Hemden

Abschlusskanten mit Schrägstreifen, vgl. S.102

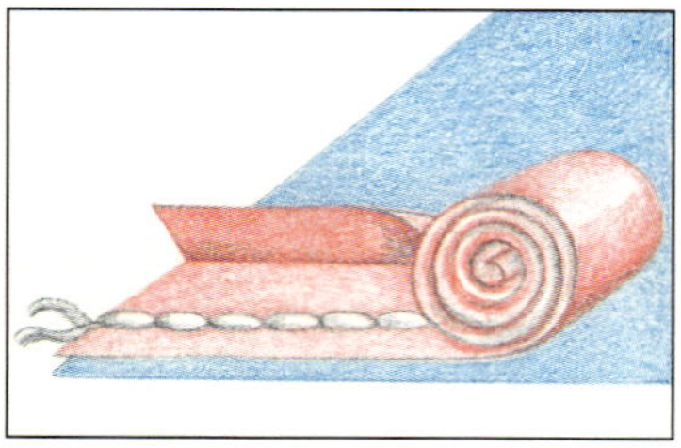

Schrägstreifen rechts auf links an die Schnittkante stecken. Nähfüßchenbreit von der Schnittkante entfernt aufsteppen.

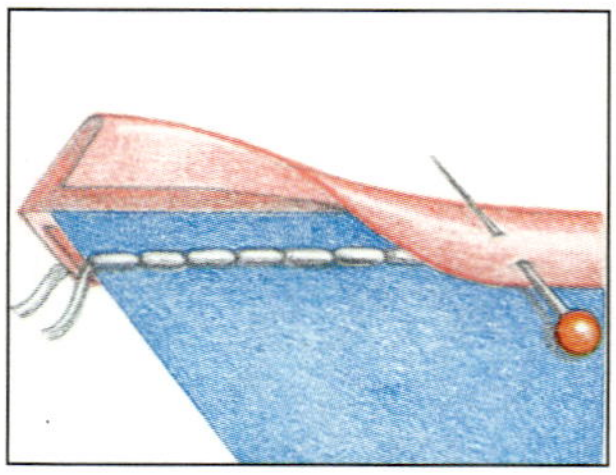

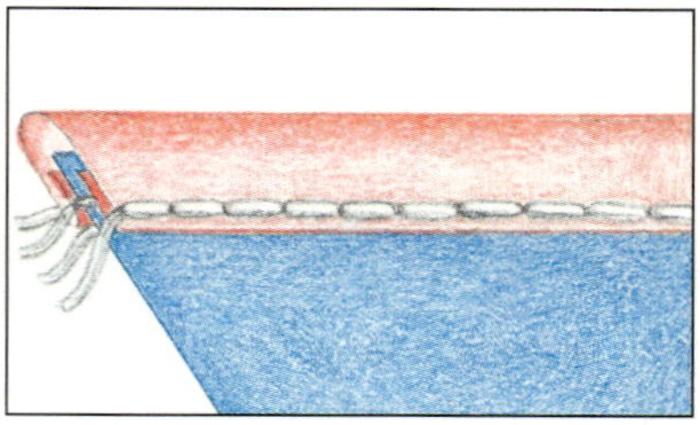

Schrägstreifen nach außen klappen. Naht ausstreichen. Schrägstreifen knapp über der Ansatznaht feststecken, heften, steppen.

Eckenbildung bei Säumen

Fortlaufende Ecken

Gegenläufige Ecken

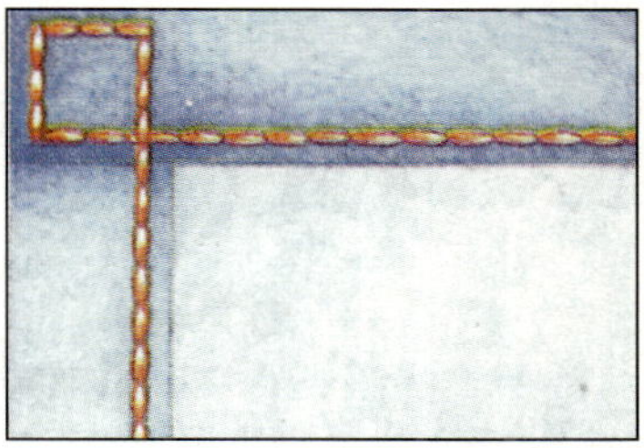

Ecken im Viereck steppen.

- An allen Kanten 1 cm breite Einschläge legen, bügeln.
- An allen Kanten die Umschläge – je nach gewünschter Saumbreite – legen.
- Die Ecken **fortlaufend** oder **gegenläufig** legen, heften.
- Säume von Hand gegennähen oder knappkantig mit der Maschine steppen.

Vorteile	Nachteile
► schnell zu fertigen	► es entstehen sehr dicke Ecken

Beispiele
Tischdecken, Sets

Briefecke

Einschläge und Umschläge an allen Kanten nacheinander kräftig einbügeln und wieder aufklappen.

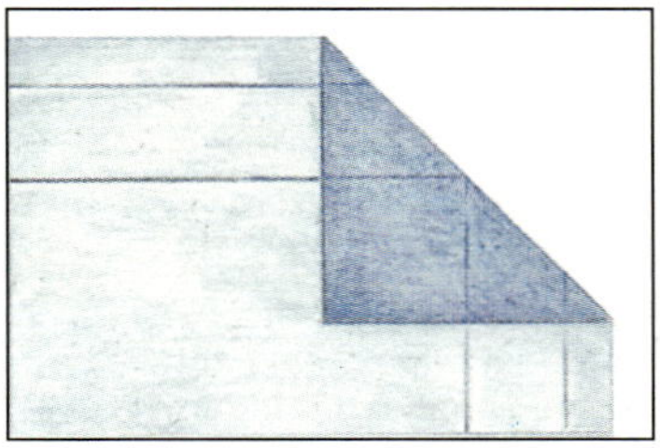

Ecken im Schnittpunkt der Umschläge diagonal einkniffen und wieder auseinander legen.

Seitenkanten rechts auf rechts aufeinander legen. In dem diagonalen Kniff bis zum Einschlag steppen.

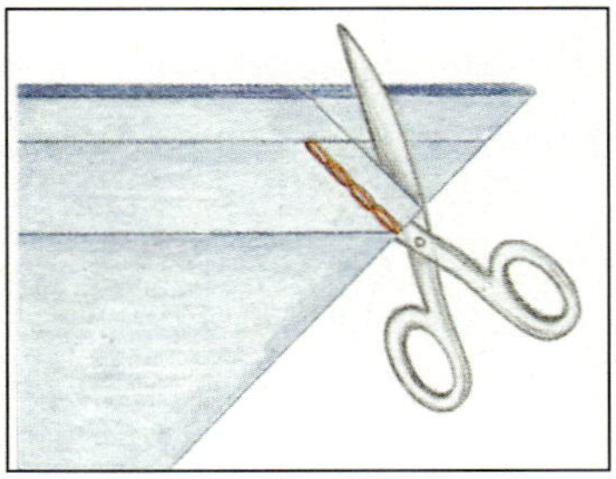

Ecke nahtbreit – 0,5 cm von der Stepplinie entfernt – abschneiden, ausstreichen, umkehren und heften.

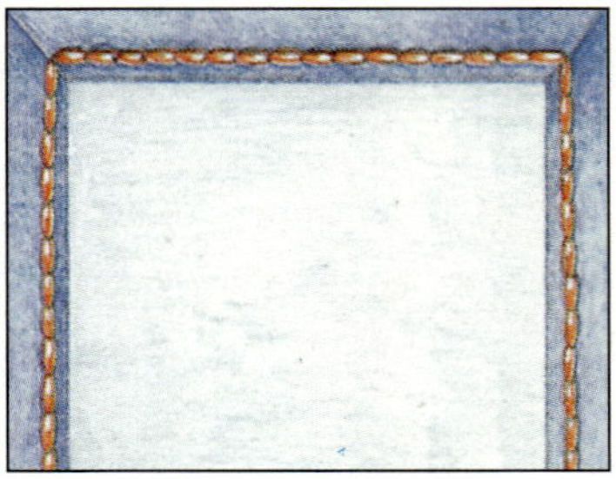

Saum knappkantig gegennähen oder steppen.

Vorteile
► es entstehen flache Ecken

Nachteile
► schwieriger zu fertigen, mehr Zeitaufwand

Schrägstreifen

Stoffecke so umbügeln, dass Kett- und Schussfäden übereinander liegen.

5 cm breite „schräge Streifen" mit Schneiderkreide markieren.

Schrägstreifen zuschneiden.

Schrägstreifen müssen oft verlängert werden:

Schrägstreifen rechts auf rechts aufeinander legen.

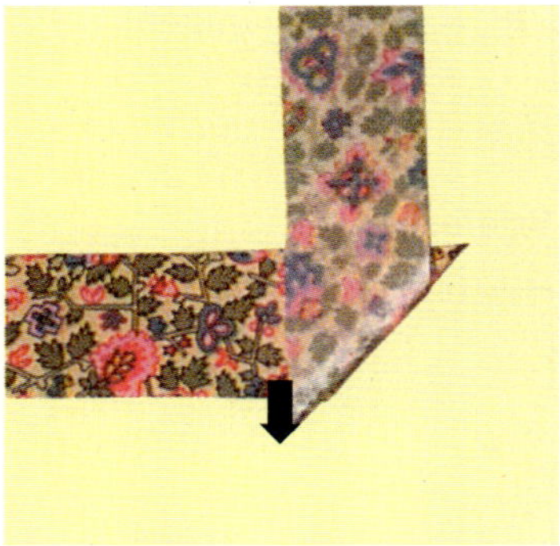

Obere Schnittkante um 1 cm nach unten verschieben.

Schrägstreifen – 1 cm vom Rand – zusammennähen, Nahtenden sichern.

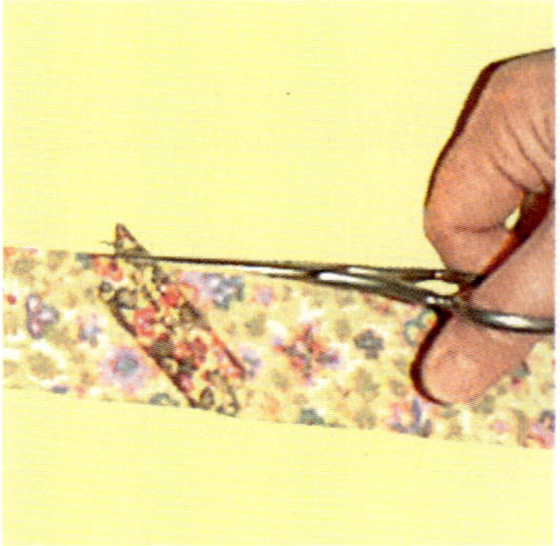

Naht ausstreichen, bügeln.
Ecken abschneiden.

Schrägstreifen können z. B. zum Einfassen von Sets verwendet werden.

Verstürzter Schlitz nach links

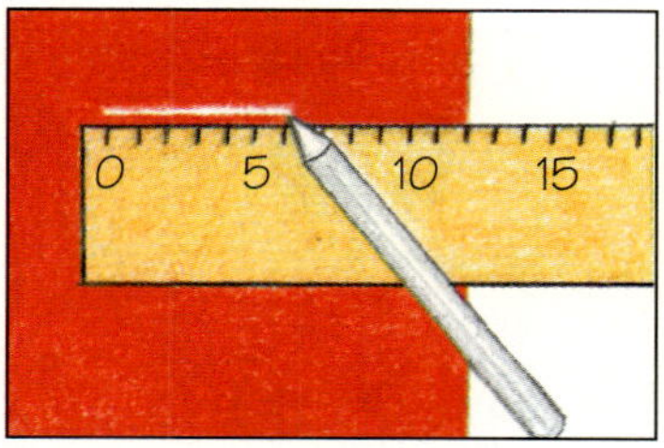

Schlitzlänge auf der rechten Stoffseite markieren.

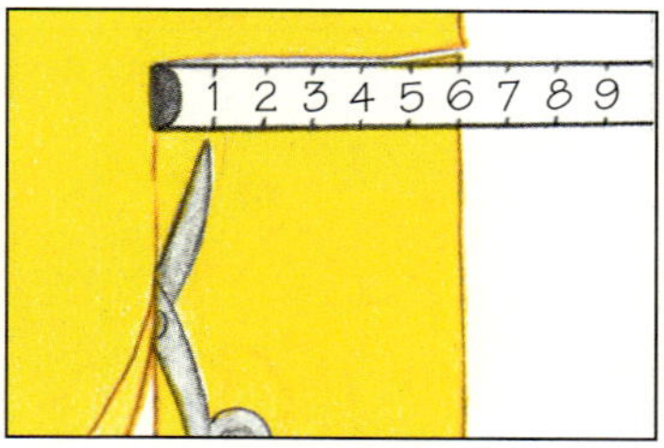

Einen geraden 6 cm breiten Stoffstreifen – 3 cm länger als der fertige Schlitz – zuschneiden.

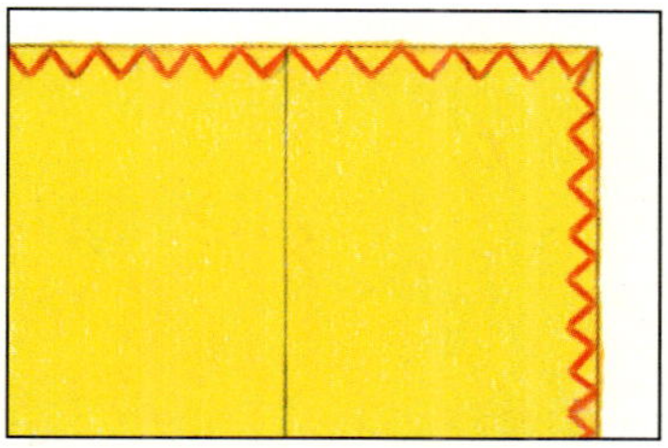

Stoffstück rundherum mit Zickzackstich versäubern. Schlitzlänge markieren.

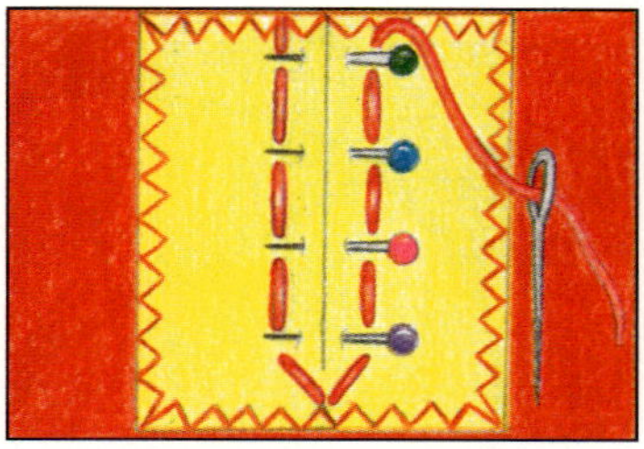

Schlitzbelag rechts auf rechts über die markierte Schlitzlinie legen, feststecken und heften.

Im Abstand von 0,5 cm um die markierte Linie steppen. Spitze rechteckig oder spitz steppen.

Schlitz bis 3 mm vor dem Ende entlang der Markierungslinie einschneiden. Heftfäden entfernen.

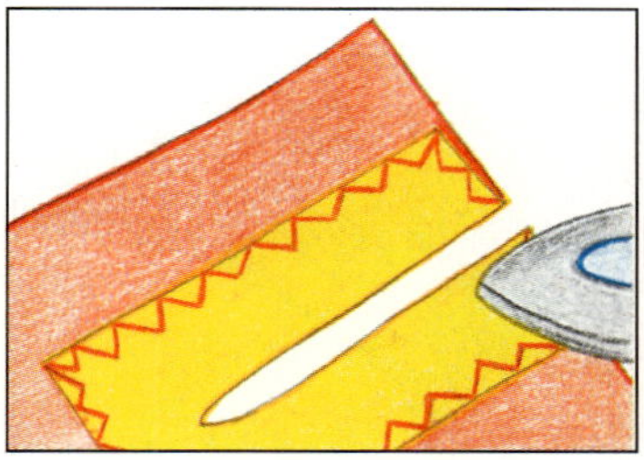

Belag nach links umlegen, Naht ausstreichen, bügeln.

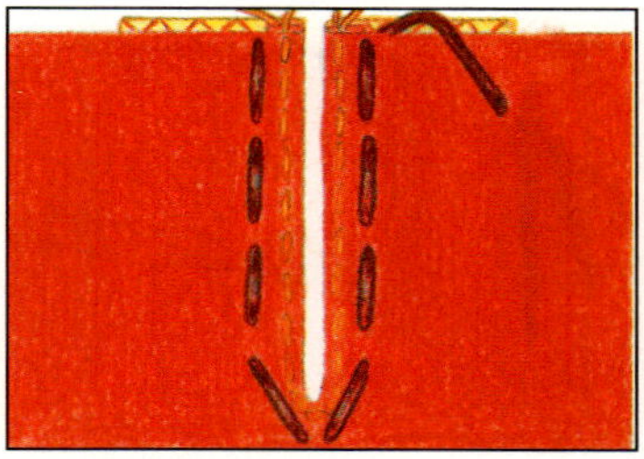

Bruchkante in der gewünschten Breite von rechts absteppen.

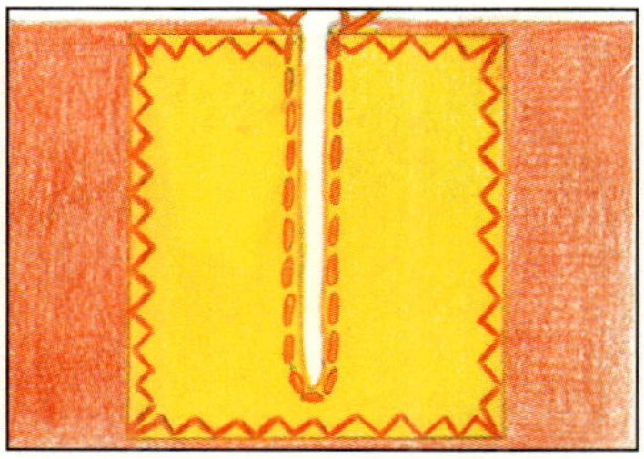

Verstürzter Schlitz von links

Schlitz, verstürzt

Beispiele

- Halsausschnitt, Ärmel bei Blusen
- Oberbekleidung, Kinderkleidung, Heimtextilien

Belag – sichtbar zur rechten Seite gearbeitet

Formblende – z. B. für einen Ausschnitt

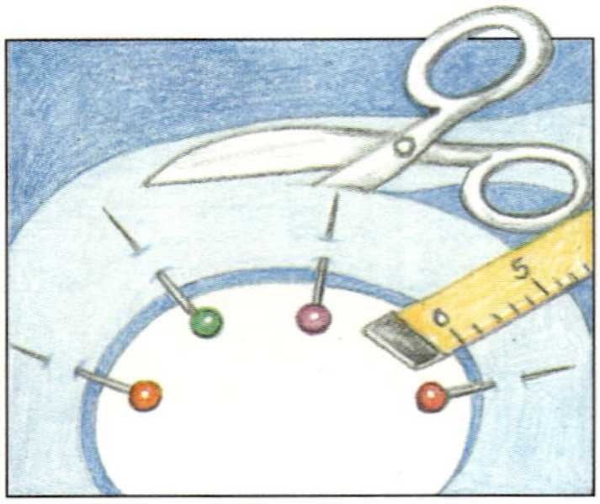

Formblende – 6 cm breit – entsprechend der jeweiligen Kante zuschneiden.

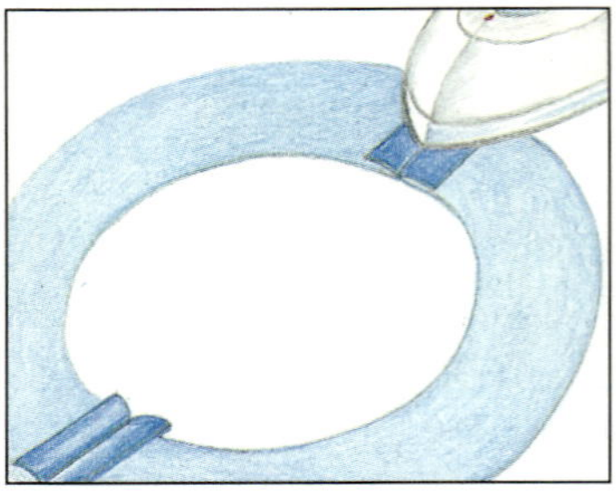

Schulternähte zusammensteppen, ausbügeln.

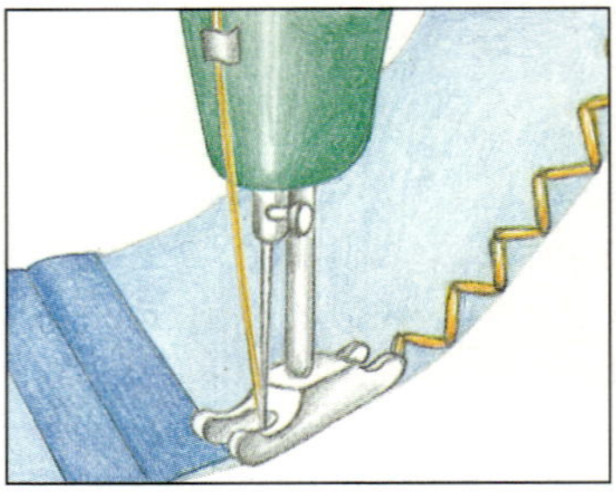

Die Außenkanten des Belages mit Zickzackstichen versäubern oder einschlagen und säumen.

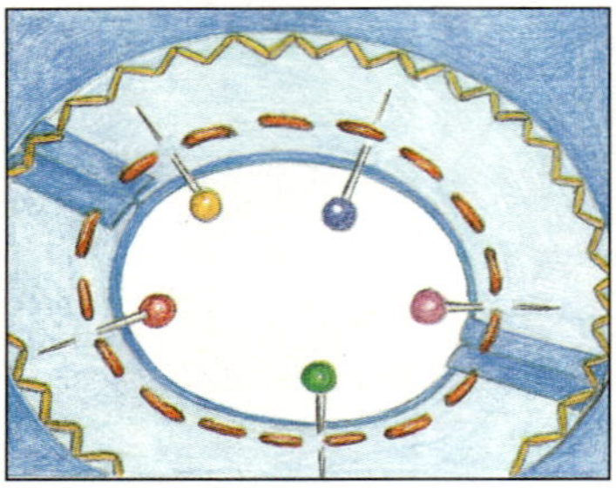

Blende rechts auf rechts auf den Halsausschnitt legen, stecken, heften.

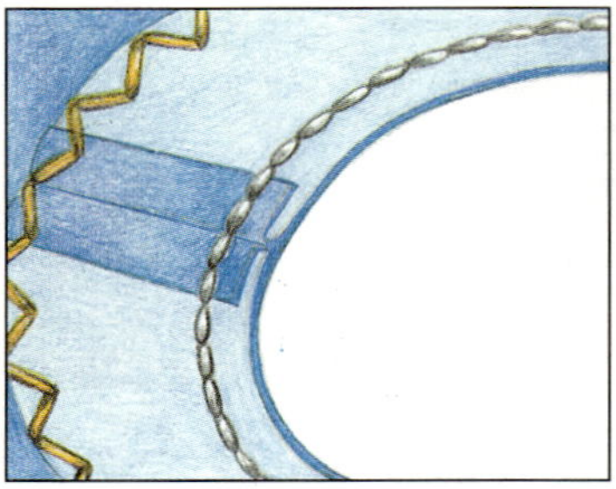

0,5 cm von der Schnittkante entfernt aufsteppen.

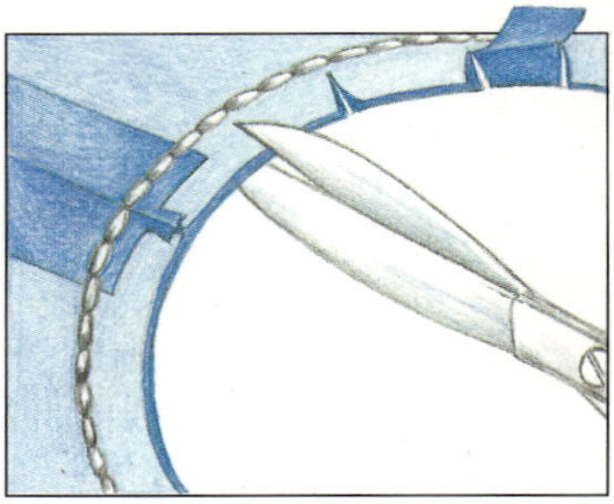

Kleine Einkerbungen herausschneiden, damit sich beim Verstürzen keine „Wellen" bilden.

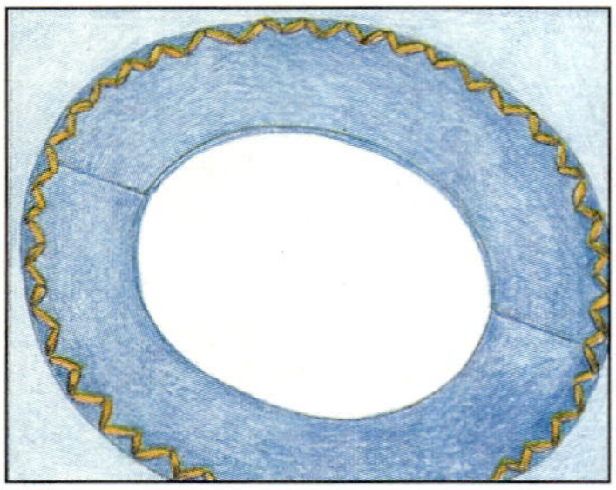

Formblende auf die linke Seite verstürzen.

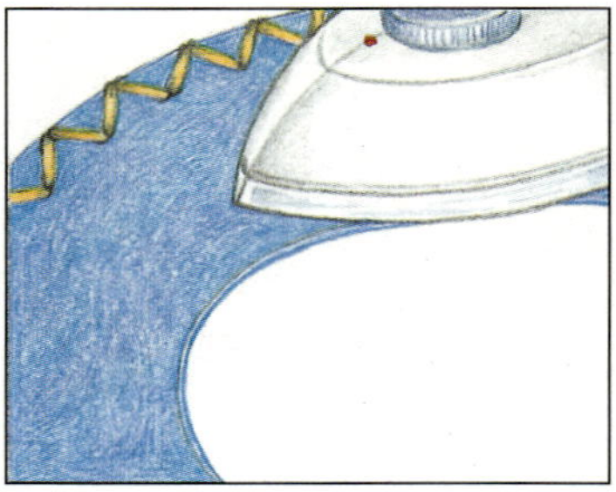

Formblende bügeln und heften.

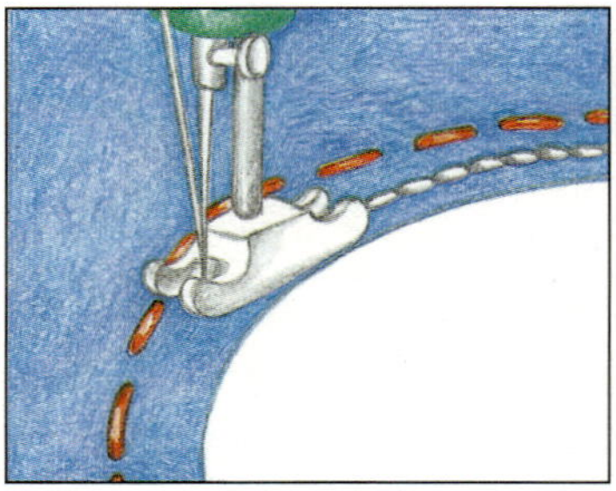

Kante evtl. nochmals an der Nahtzugabe knappkantig steppen.

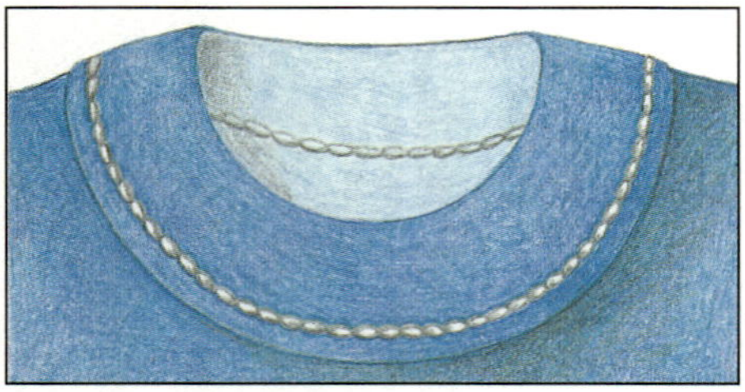

Formblende kann auch sichtbar zur rechten Seite hin gearbeitet werden.

- ▶ Eine Formblende ist ein Stoffbelag, der nach der Form der jeweiligen Kante zugeschnitten wird.
- ▶ Der Fadenlauf der Formblende muss mit dem Schnittteil übereinstimmen.
- ▶ Eine Formblende muss immer glatt aufliegen.
- ▶ Eine Formblende kann als Zierblende oder zur Versäuberung von Außenkanten dienen.

Ausarbeiten von Kanten

Durch Beschneiden und Bügeln wird das Ausarbeiten von Kanten wesentlich erleichtert.

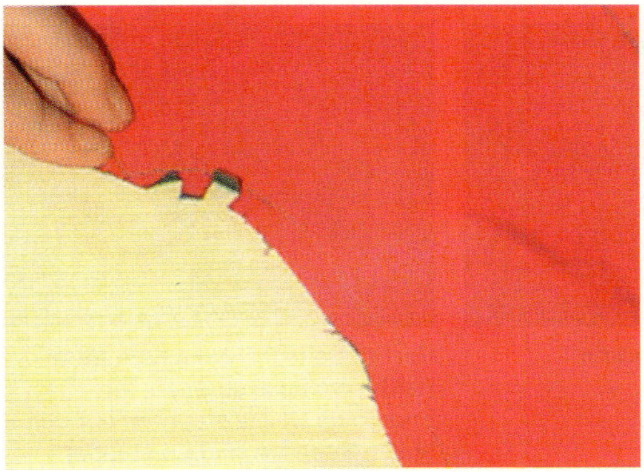

Nach innen gerundete Kanten
Hier wird die Nahtzugabe in kurzen Abständen bis zur Stepplinie eingeschnitten. Wenn man die Kante spannt, soll sie eine gerade Linie bilden. Nahtzugabe dann auseinander bügeln.

Die Nahtzugabe kann sich nun z.B. beim Wenden „dehnen".

Nach außen gerundete Kanten
Hier wird die Nahtzugabe in kurzen Abständen V-förmig bis zur Steppnaht eingeschnitten. Nahtzugabe dann auseinander bügeln.

Die Nahtzugabe kann sich nun beim Wenden zusammenschieben. Wenn die Kante sich noch wellt, müssen weitere Kerben eingeschnitten werden.

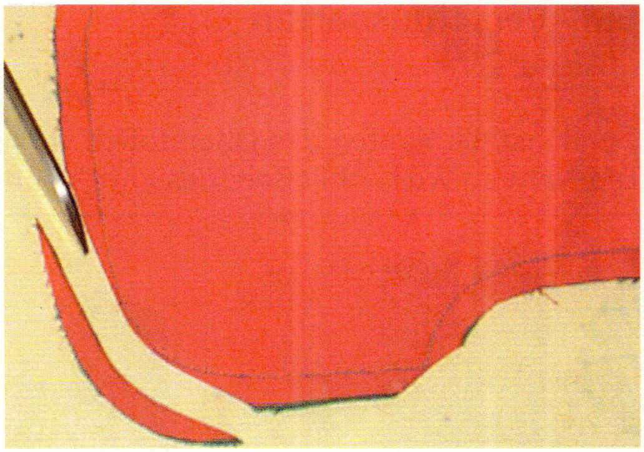

Bei schwächeren Rundungen kann die Nahtzugabe auch nur zurückgeschnitten werden.

Wenden einer inneren Ecke
Hier wird die Ecke bis fast an die Steppnaht eingeschnitten. Der Stoff kann sich nun auseinander schieben.
Rechts die gewendete Ecke.

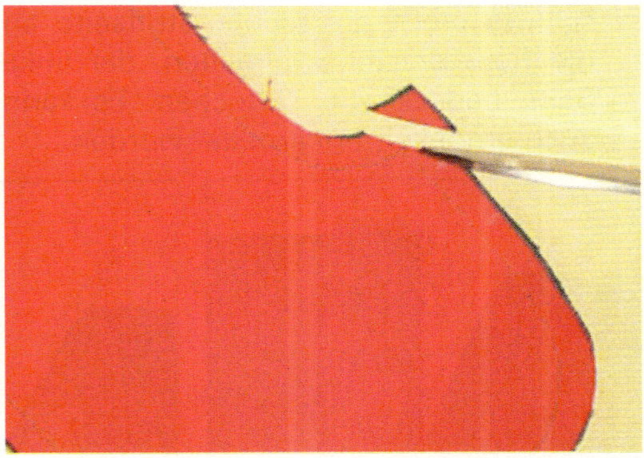

Wenden einer spitzen bzw. äußeren Ecke
Hier wird die Spitze an der Ecke abgeschnitten. Nun kann die Ecke beim Wenden gut herausgearbeitet werden.

6.6 Verschlussarten

Beidseitig verdeckter Reißverschluss

Zunächst die Kanten des Oberstoffes versäubern.
Die Naht so weit schließen, dass nur noch die Lücke für den Reißverschluss bleibt.

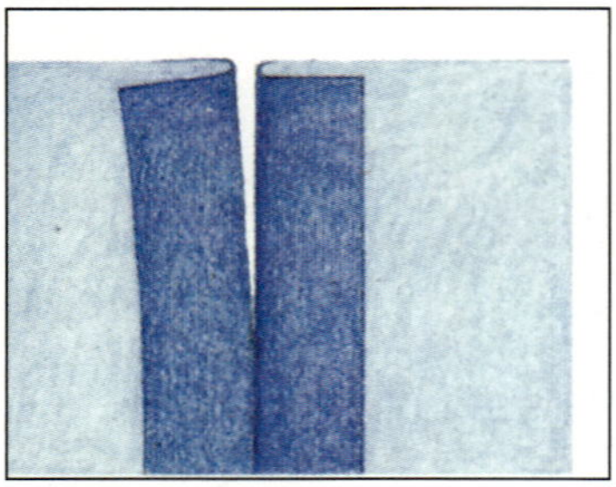

Naht ausbügeln, Kanten nahtbreit umbügeln.

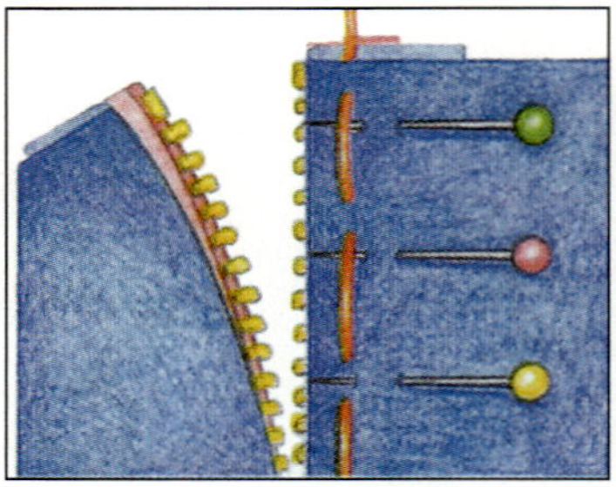

Reißverschluss einstecken, sorgfältig einheften.

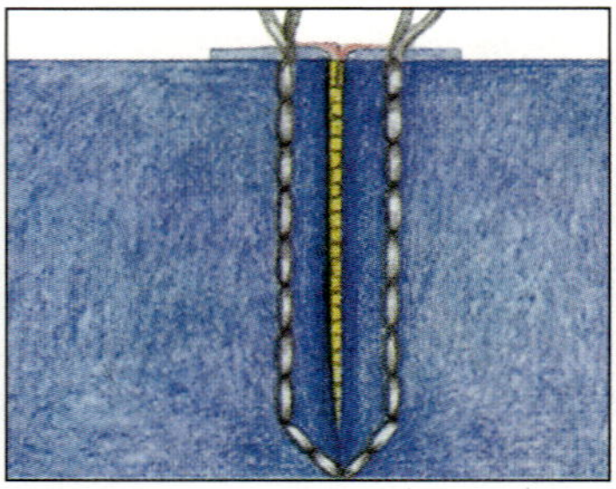

Rechte Seite 0,5 cm neben dem Reißverschluss steppen, am Ende eine Spitze steppen, auf der linken Seite nach oben steppen.

- Der Reißverschluss wird so eingearbeitet, dass beide Stoffseiten gleichmäßig über die Reißverschlusszähnchen gelegt werden.
- Der Reißverschluss kann auch so eingearbeitet werden, dass beide Stoffseiten an die Reißverschlusszähnchen anstoßen. Hierbei sind die Zähnchen bei geschlossenem Reißverschluss sichtbar. Dies kann bei andersfarbigen Reißverschlüssen sehr effektvoll sein.

Beispiele
- Verdeckter Reißverschluss: Hosen, Röcke
- Sichtbarer Reißverschluss: Taschen, Jacken

Einseitig verdeckter Reißverschluss

- Beim einseitig verdeckten Reißverschluss stößt die rechte Stoffseite an die Reißverschlusszähnchen, die linke Seite bedeckt die Zähnchen. Es kann auch umgekehrt gearbeitet werden.

Zunächst wie beim beidseitig verdeckten Reißverschluss arbeiten (Arbeitsschritt 1), danach weiter wie in den Abbildungen mit Erläuterungen unten:

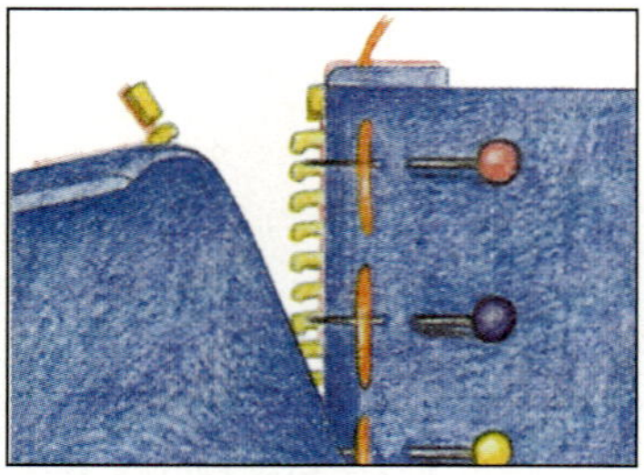

Rechte Reißverschlussseite einstecken, sorgfältig einheften.

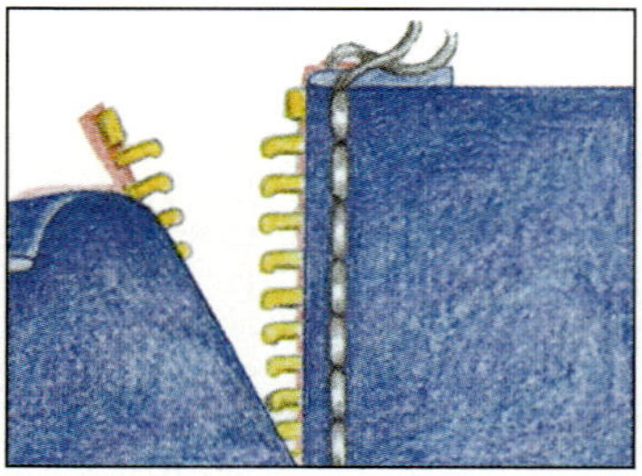

Rechte Stoffseite knappkantig neben dem Reißverschluss feststeppen. Linke Seite stecken, heften.

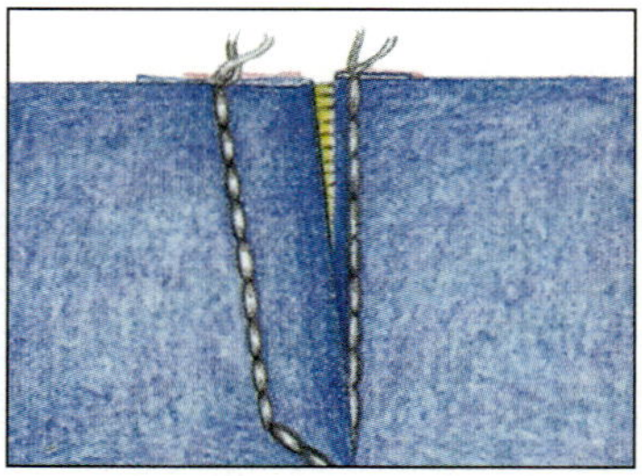

Linke Stoffseite 1 bis 2 cm vom Rand entfernt feststeppen, am Ende spitz oder rechtwinklig zur Mitte steppen.

Stoffgürtel

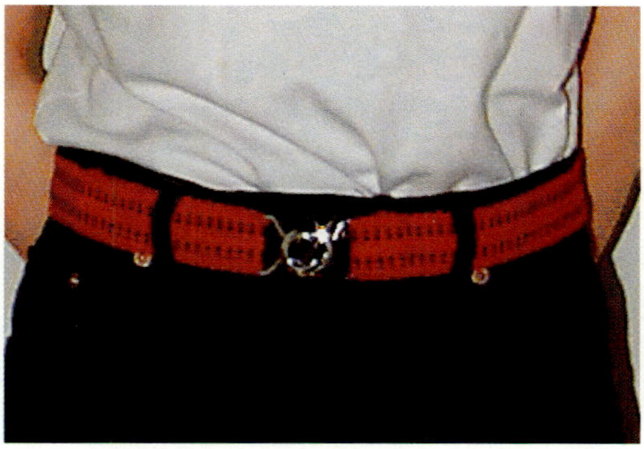

Benötigtes Material:
1 Stück Webborte – 10 cm länger als die Taillen-/Bundweite,
1 Gürtelschnalle, 2 Druckknöpfe

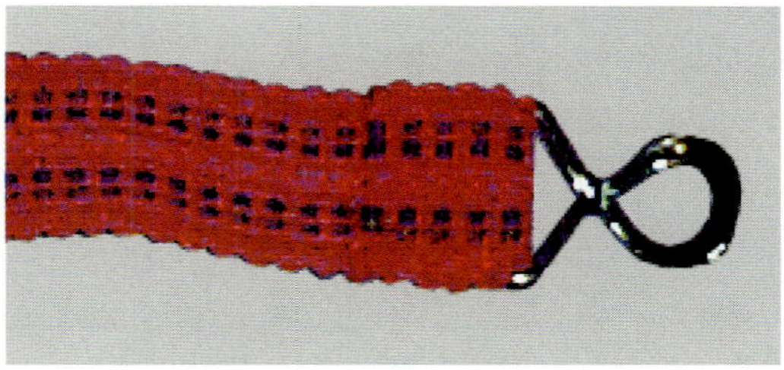

Das eine Ende der Webborte durch die Seitenöffnung der Gürtelschnalle schieben. Stoffende nach innen umschlagen, Saum auf dem Gürtel annähen.

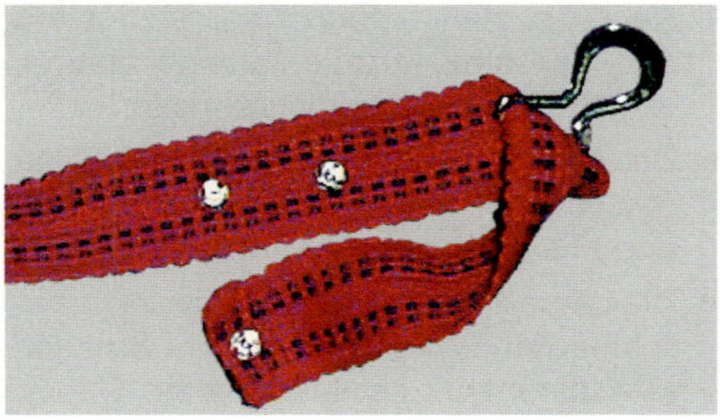

Das andere Ende der Webborte ebenfalls säumen. Auf dem Saum die obere Hälfte eines Druckknopfes annähen.

Entsprechend der Taillen- bzw. Bundweite die Unterteile der Druckknöpfe auf dem Gürtel annähen, die Gürtelweite ist nun verstellbar.

Stoffgürtel mit Einlage

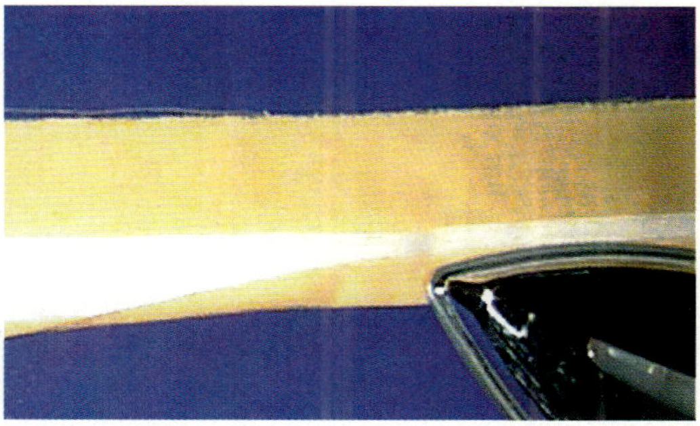

Stoffstück 8 cm breit, Länge entsprechend der Taillen- bzw. Bundweite, zuschneiden. Stoffstück rechts auf rechts zusammenfalten, bügeln.
Gurtband aufbügeln, die untere Stoffkante gleichzeitig festbügeln.

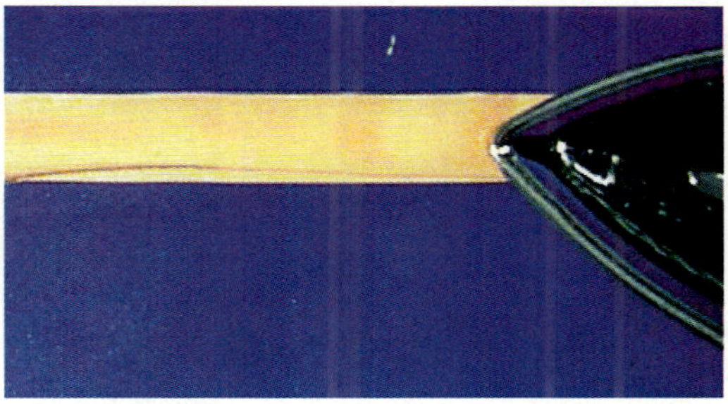

Den oberen Stoffteil herunterklappen, mit einem Einschlag auf das Gurtband bügeln. Stoffkanten rechts und links außen ebenfalls nach innen klappen und umbügeln.

Gürtel rundherum knappkantig absteppen.

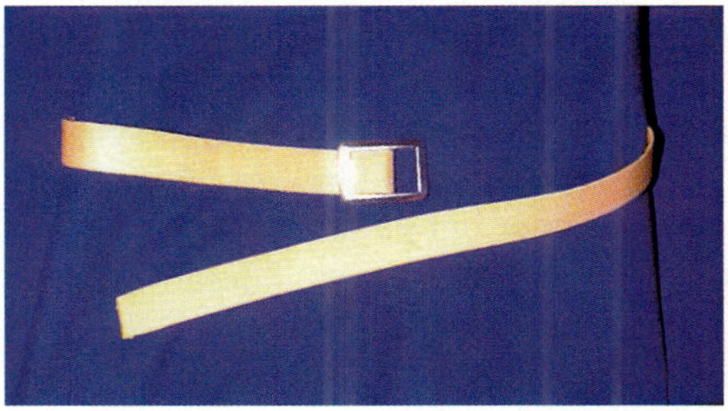

Das eine Ende des Gürtels durch die Gürtelschnalle führen.

Das durchgeschobene Ende des Gürtels hinter der Gürtelschnalle auf dem Gürtel festnähen.

Knopfverschluss

Handknopfloch (geschürztes Knopfloch)

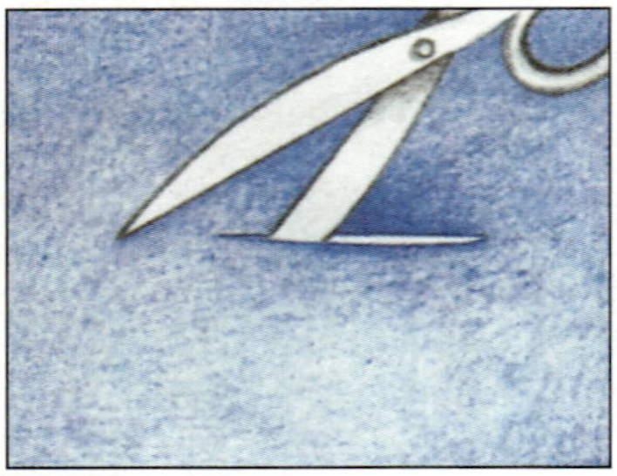

Knopfloch einschneiden.

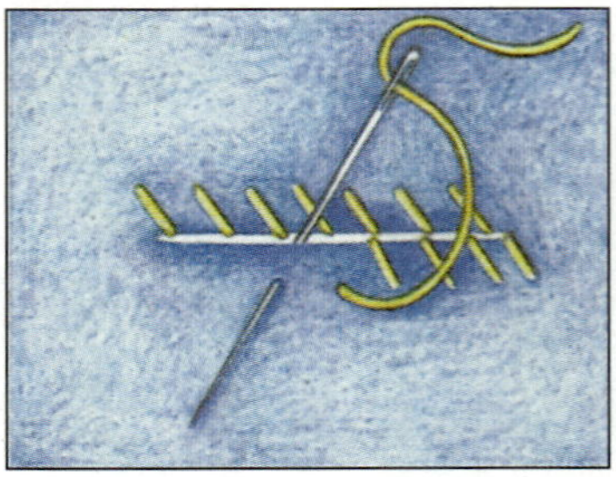

Schnittkante mit kleinen Stichen umnähen, dies verhindert ein Ausfransen.

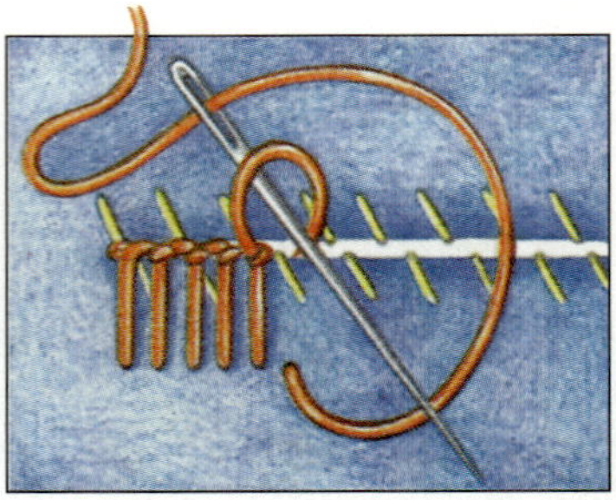

Zum Schürzen von unten durch den Stoff stechen, dann von hinten durch die entstandene Schlinge den Faden ziehen.

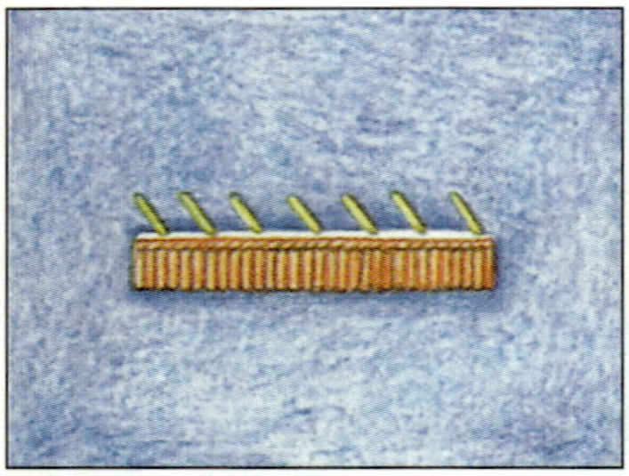

Knopflochstiche dicht aneinander reihen.

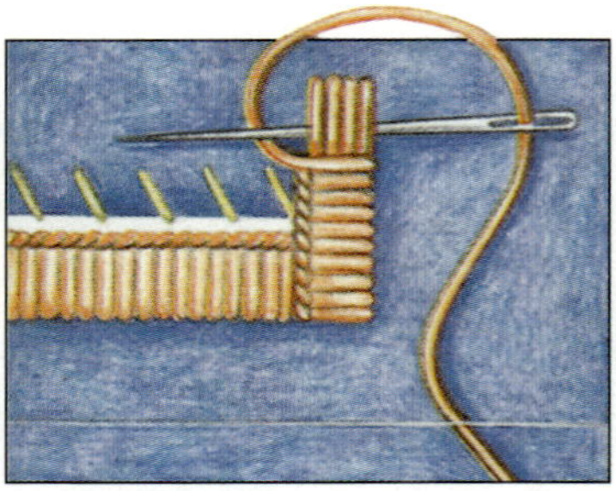

Am Ende Riegel arbeiten: 3 bis 4 Stiche über die ganze Breite spannen und mit Randstichen bedecken.

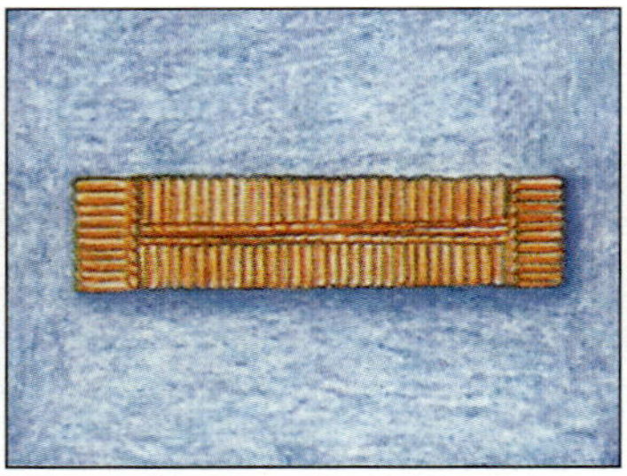

Zweite Seite und Abschlussriegel auf der anderen Seite entsprechend arbeiten.

- ▶ Der Knopf wird auf den Untertritt genäht, das Knopfloch wird in den Übertritt gearbeitet.
- ▶ Zur Verstärkung der Knopfleiste wird der Stoff doppelt gelegt, evtl. wird zusätzlich eine Einlage eingearbeitet.
- ▶ Lage und Größe des Knopfloches – Knopfgröße beachten – mit Schneiderkreide oder Heftgarn markieren.
- ▶ Knopf und Knopfloch müssen in Lage und Größe übereinstimmen.
- ▶ Das Knopfloch kann waagerecht oder senkrecht gearbeitet werden. Der Anfang des Knopfloches liegt aber immer über der Stelle, an der der Knopf angenäht werden soll.
- ▶ Das Knopfloch kann von Hand oder mit der Maschine gefertigt werden.

Maschinenknopfloch

- ▶ Auch das Nähen eines Knopfloches mit der Maschine erfordert einige Übung, es geht jedoch sehr viel schneller.
- ▶ Das Maschinenknopfloch wird zunächst mit engen Zickzackstichen genäht und anschließend aufgeschnitten.
- ▶ Die Arbeitsanleitung für die Nähmaschine dabei genau beachten. Je nach Maschinentyp geschieht das Nähen voll- oder teilweise automatisch. Einige Maschinen sind programmierbar, alle Knopflöcher werden gleichmäßig.

Annähen von Knöpfen

- Nähfaden auf Material des Knopfes und Stoffes abstimmen.
- Bei Knöpfen mit Durchstichlöchern eine Nadel auswählen, die hindurchpasst.
- Nähfaden am Ende doppelt verknoten.
- Besonders bei dicken Stoffen wird ein Stiel zwischen Knopf und Stoff gebildet, so hat die obere „Stofflage des Knopflochs“ ausreichend Platz. Ein Streichholz auf den Knopf legen und darübernähen. Streichholz entfernen, wenn der Knopf befestigt ist. Fäden zwischen Knopf und Stoff umwickeln.

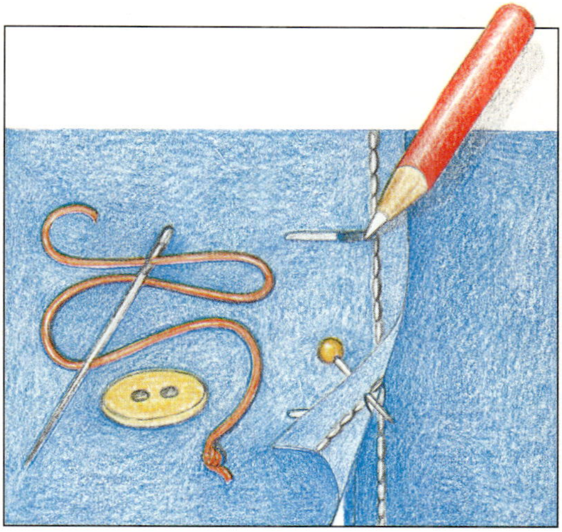

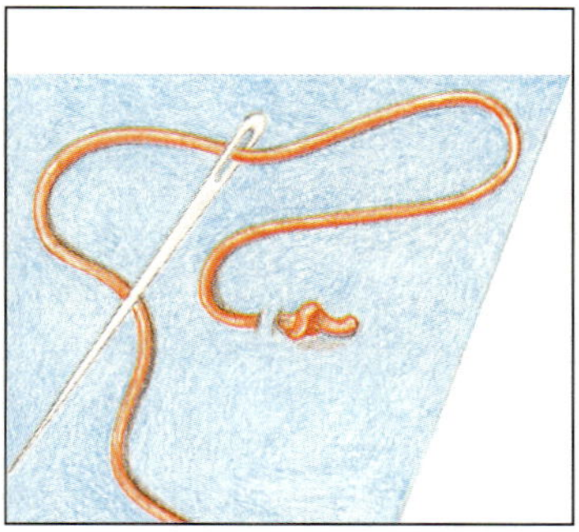

Nähfaden an der Annähstelle befestigen.

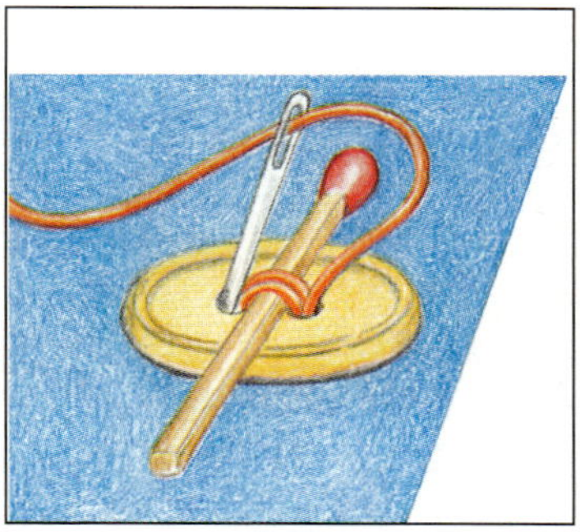

Den Nähfaden vier- bis fünfmal durch die Löcher des Knopfes und den Stoff führen.

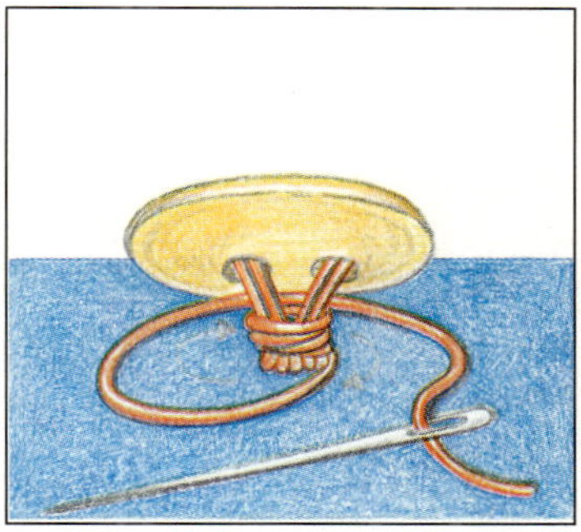

Fäden zwischen Knopf und Stoff mehrmals umwickeln. Faden auf der Rückseite vernähen und abschneiden.

Annähen von Druckknöpfen

Druckknöpfe, Haken und Ösen werden auf doppeltem Stoff, evtl. mit zusätzlicher Einlage, angenäht.

Annähen von Haken/Ösen

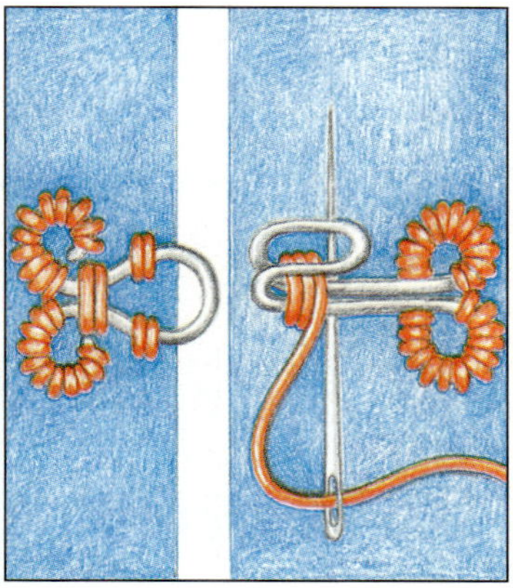

Haken und Ösen auch am oberen Teil durch einige Stiche befestigen.

Einnieten mit Spezialgerät

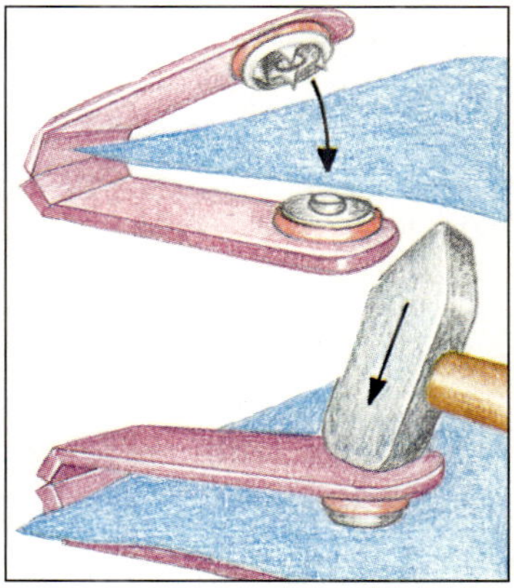

Nähfreie Druckknöpfe können auch mit Spezialgeräten eingenietet werden.

6.7 Stoffweite einhalten

Abnäher

Abnäher einzeichnen.

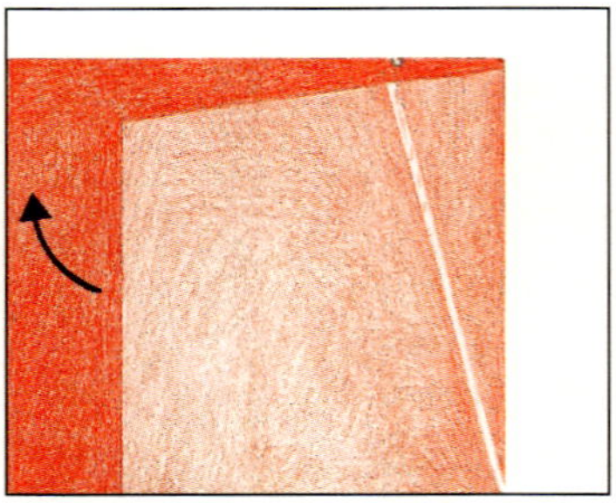

Stoff rechts auf rechts an der Mittellinie zusammenfalten.

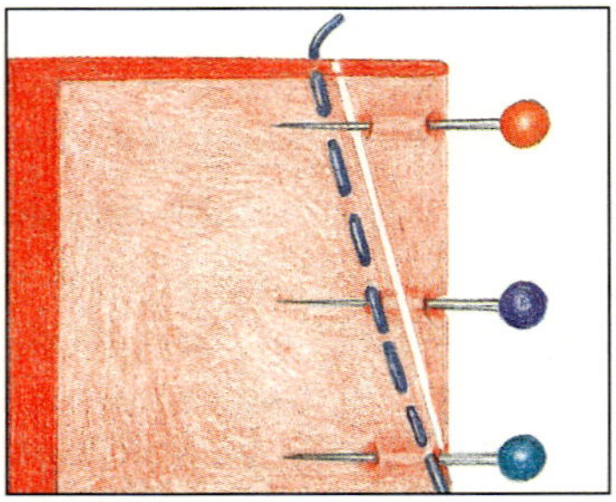

Abnäher bis zur Abnäherspitze stecken und heften.

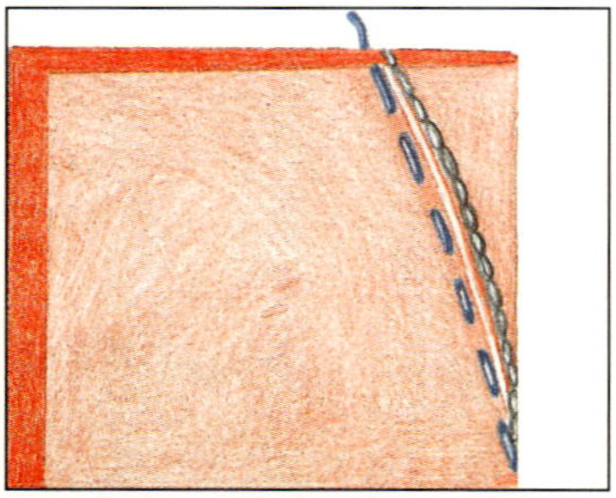

Abnäher in einem leichten Bogen nähen.

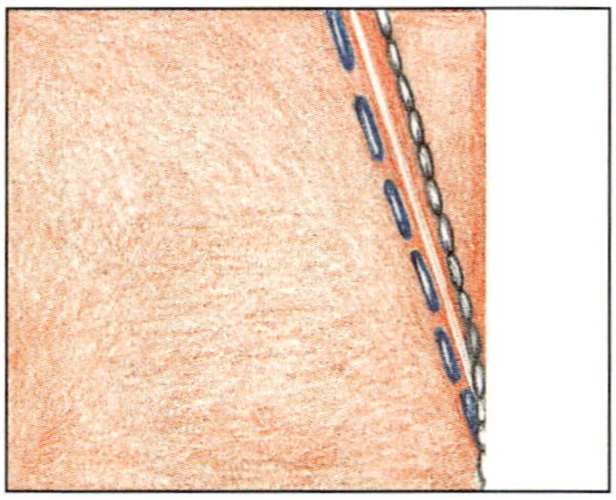

Die letzten 2 cm des Abnähers genau in der Bruchkante auslaufen lassen.

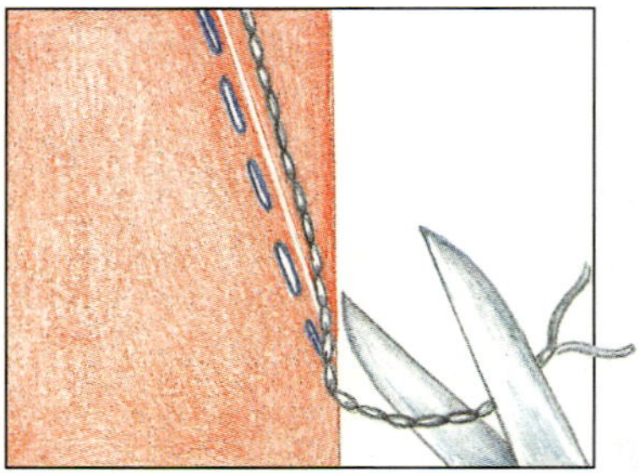

2 cm über den Stoffrand hinausnähen.
Fäden dann abschneiden.

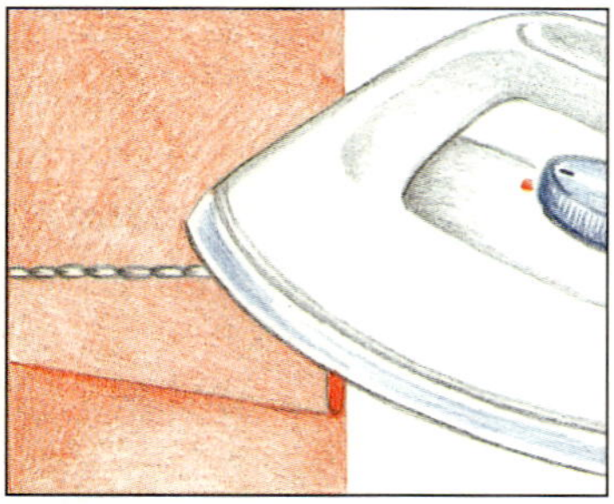

Abnäher zur Seite bügeln.

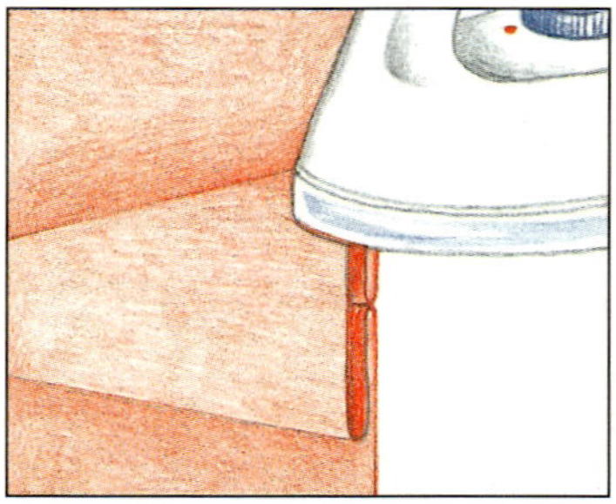

Breite Abnäher auseinander bügeln.

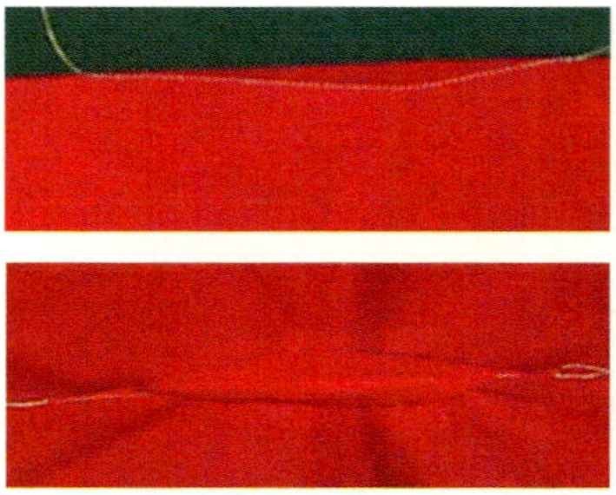

Doppelt zugespitzter Abnäher, genäht, aufgeschnitten.

- ▶ Durch Abnäher wird ein Kleidungsstück den Formen des Körpers angepasst. Der Stoff wird immer auf der linken Seite abgenäht.
- ▶ Breite Abnäher auseinander bügeln. Schmale Abnäher zur Seite bügeln.
- ▶ Doppelt zugespitzte Abnäher werden aufgeschnitten.

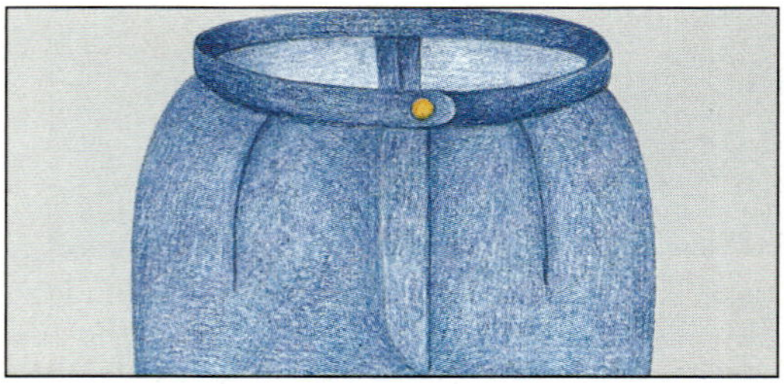

Kleidungsstück mit Abnäher

Kräuseln

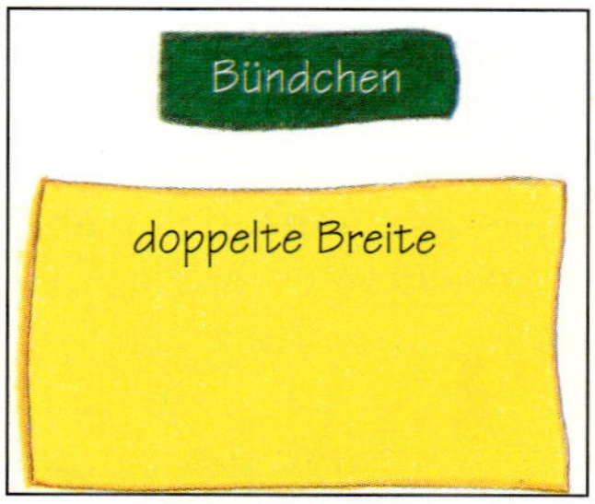

Stoff zuschneiden. Darauf achten, dass genügend Stoff für die Kräuselung zugeschnitten wird.

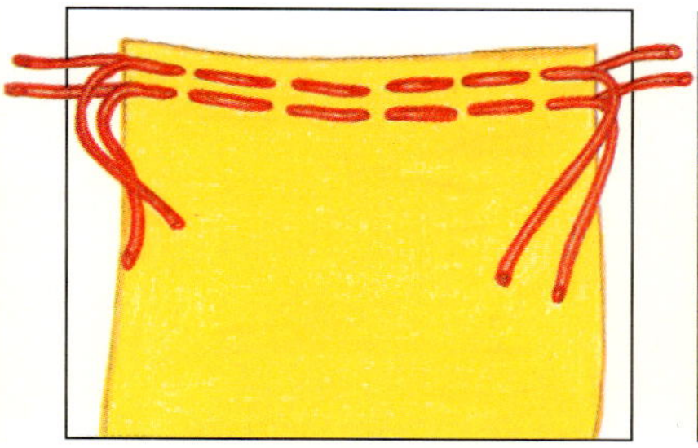

An der Kante zweimal mit der Stichlänge 4 in füßchenbreitem Abstand mit der Maschine entlangsteppen.

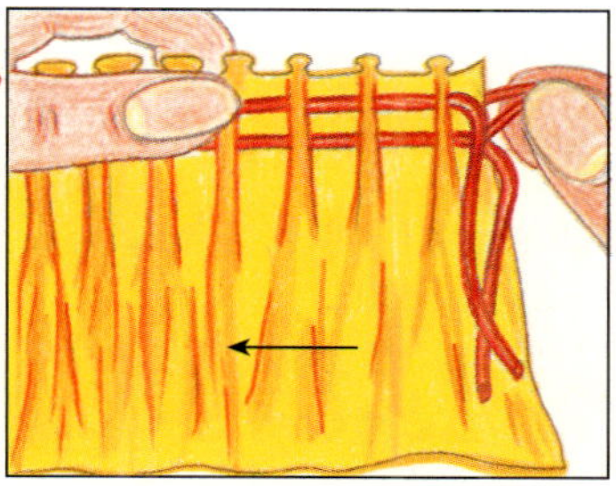

Stoff vorsichtig und gleichmäßig auf die gewünschte Stoffbreite zusammenschieben.

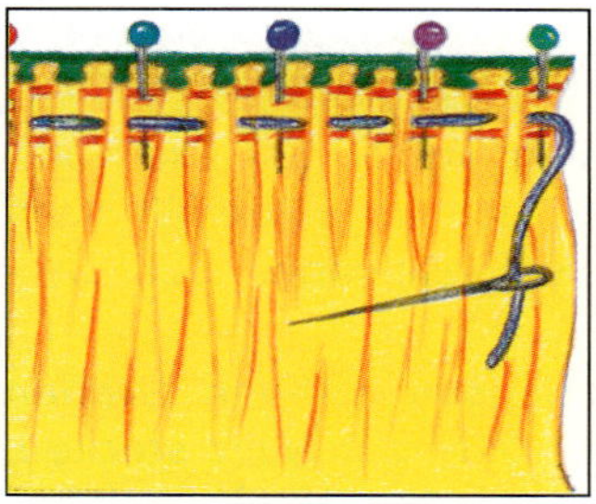

Stoff, z. B. auf das Bündchen, rechts auf rechts feststecken, festheften.

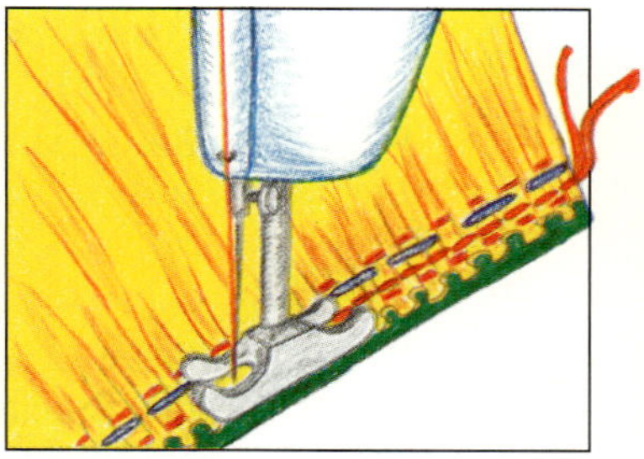

Stoffstücke auf der linken Seite des gekräuselten Stoffes zusammensteppen.

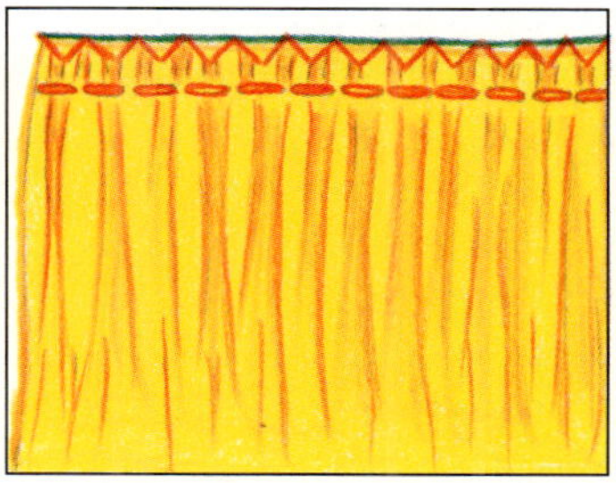

Reihfäden entfernen, Nahtränder versäubern.

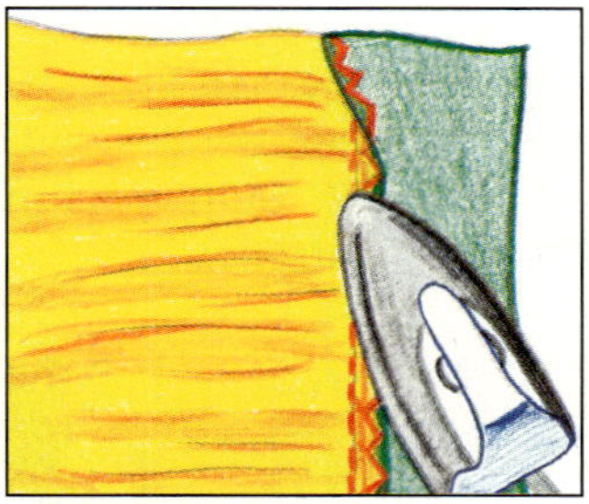

Nahtränder nach oben bügeln.

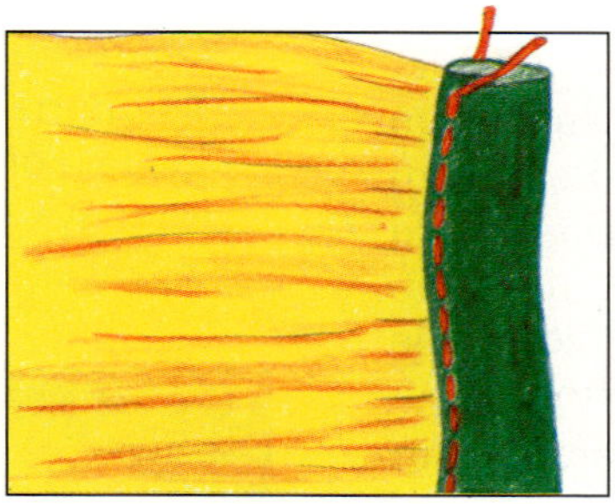

Bündchen von rechts knappkantig absteppen.

Fertiges Bündchen

- ► Beim Kräuseln verkürzt sich ein Stoff durch Zusammenziehen. Zwei oder mehrere Stichlinien mit einer Stichlänge von mindestens 3 mm steppen.
- ► Es kann auch durch eine eingelegte Kordel oder ein Gummiband gekräuselt werden. Die Kordel oder das Gummiband wird durch einen Saum gezogen und angezogen, bis die gewünschte Kräuselung erreicht ist.

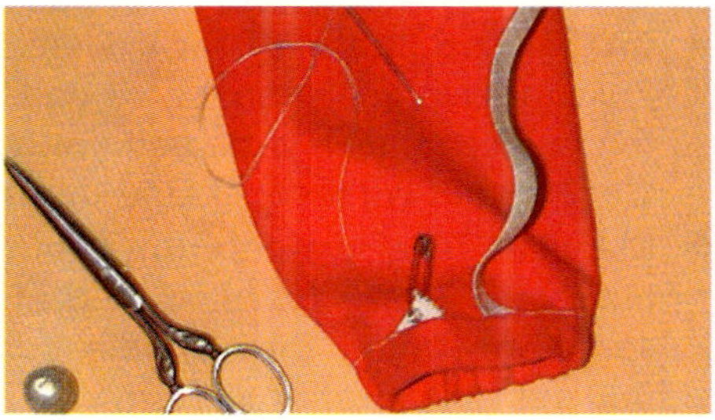

Kräuselung mit Gummizug

6.8 Schneidern praktischer Gegenstände

Schnittauflage und Nähen

Welche Grundtechniken werden für das Nähen
a) eines Beutels,
b) einer Schürze benötigt?

- Vor dem Einkauf die benötigte Stoffmenge ermitteln. Sie ist abhängig von der jeweiligen Stoffbreite. Stoffe liegen 90 cm, 120 cm, 140 cm usw. breit.
- Stoff vor der Verarbeitung waschen, so kann er später nicht mehr einlaufen.
- Um festzustellen, wie viel Stoff für den Gegenstand gebraucht wird, werden die Schnittteile zunächst – z. B. auf Packpapier unterschiedlicher Breite – aufgelegt. So kann der geringste Stoffbedarf ermittelt werden.

Auflegen von Schnittteilen:

- Fadenlauf beachten, Schnittteile fadengerade auflegen. Der Fadenlauf muss gleich sein, d. h., Schnittteile müssen in gleicher Richtung aufgelegt werden. Der Kettfaden ist reißfester als der Schussfaden. Der Stoff hat außerdem durch den Lichteinfall in Kettfadenrichtung und Schussfadenrichtung ein unterschiedliches Aussehen. Bei falscher Auflage können sich die Teile auch unterschiedlich verformen.
- Webkanten – gewebte Stoffkanten – für Säume nutzen. Webkanten müssen nicht versäubert werden. Gegenstände sind leichter zu arbeiten, durch die geringere Nahtzugabe wird Stoff gespart.
- Muster, z. B. **Karo** und **Streifen**, beim Zuschneiden beachten. Karos und Streifen müssen gleich verlaufen. Der textile Gegenstand wirkt sonst sehr unruhig.
- Manche Teile werden im Stoffbruch aufgelegt. Dazu wird der Stoff zusammengefaltet. Die Faltlinie bezeichnet man als Stoffbruch, sie darf nicht aufgeschnitten werden.
- Teile, die zweimal benötigt werden, auf doppeltem Stoff zuschneiden.
- Beim Zuschneiden müssen **Nahtzugaben** berücksichtigt werden. Nahtzugaben evtl. mit Schneiderkreide markieren. Durch das Abnähen der Nähte erhalten die Schnittteile später ihr gewünschtes ursprüngliches Maß.
- Die Breite der Nahtzugabe richtet sich nach der Art der Naht und des Stoffes sowie dem Verwendungszweck.
- **Einfache Naht**, vgl. S. 98, 1 bis 2 cm Nahtzugabe.
- **Rechts-Links-Naht**, vgl. S. 98, 2 cm Nahtzugabe.
- **Flach-/Kappnaht**, vgl. S. 99, 2 cm Nahtzugabe.
- **Saum/Umschlag**, vgl. S. 100. Die Nahtzugabe richtet sich im Einzelfall nach der Breite des Einschlages und Umschlages.
- **Beim Zusammenstecken von Stoffen die Stecknadel quer zur Naht stecken.** Nähte können so leichter geheftet bzw. mit der Maschine gesteppt werden, vgl. S. 92.
- **Beim Heften jeweils nur wenig Stoff aufnehmen.** Der Heftstich ist auf der Oberseite länger als auf der Unterseite. Knapp neben der Nählinie heften. Heftfäden können so leichter wieder entfernt werden, vgl. S. 92. Bügeln kann teilweise das Heften ersetzen.

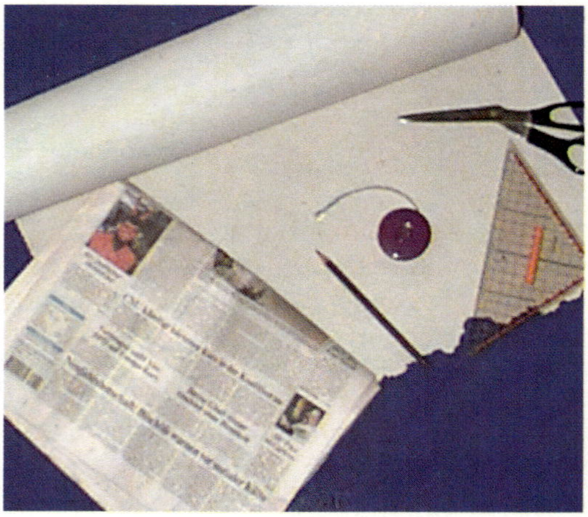

Materialien für die Erprobung der Schnittauflage

Kissenbezug mit Hotelverschluss

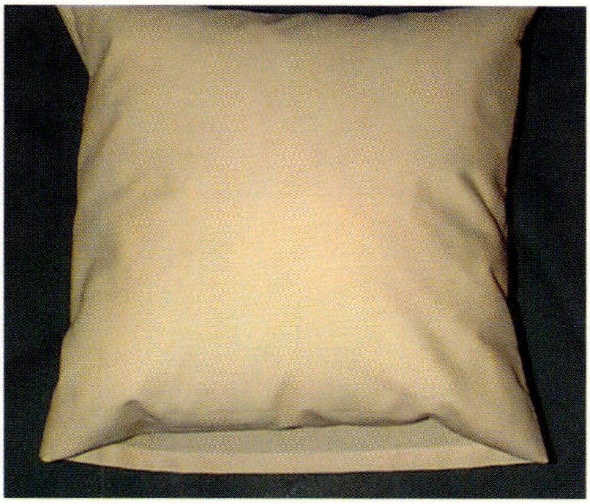

Ermittlung des Stoffbedarfs

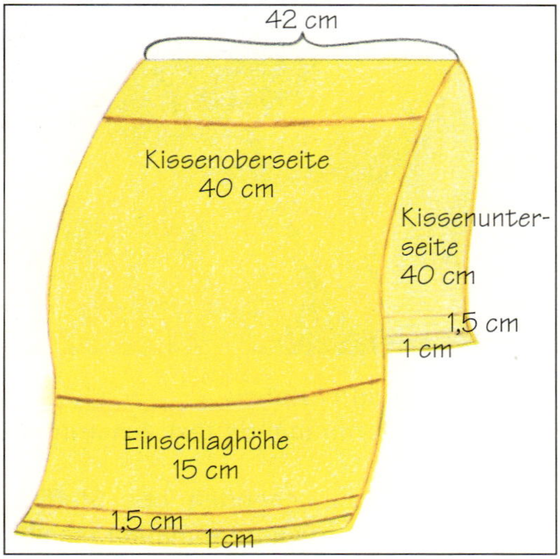

Ein Kissenbezug mit Hotelverschluss soll für ein kleines Kissen (40 × 40 cm) angefertigt werden.

Benötigte Stoffbreite: 42 cm – beinhaltet rechts und links je 1 cm Nahtzugabe.

Benötigte Stofflänge: Kissenoberseite und Kissenunterseite je 40 cm. Einschlaghöhe 15 cm. Saumbreite oben und unten je 1,5 cm, Einschlag jeweils 1 cm. Es wird also insgesamt eine Stofflänge von 1 m benötigt.

Saum auf beiden Seiten des Kissenbezuges bügeln, stecken, heften, mit der Maschine knappkantig absteppen, vgl. S. 100.

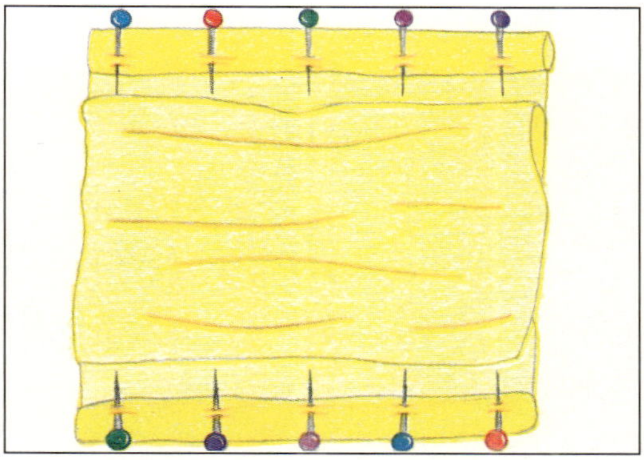

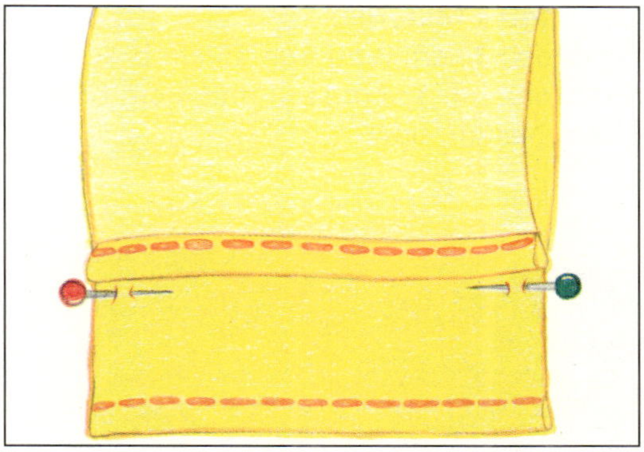

Die Einschlaghöhe – 15 cm – abmessen und mit Stecknadeln markieren. Kissenbezugsstoff rechts auf rechts bis zu der Markierung umklappen.

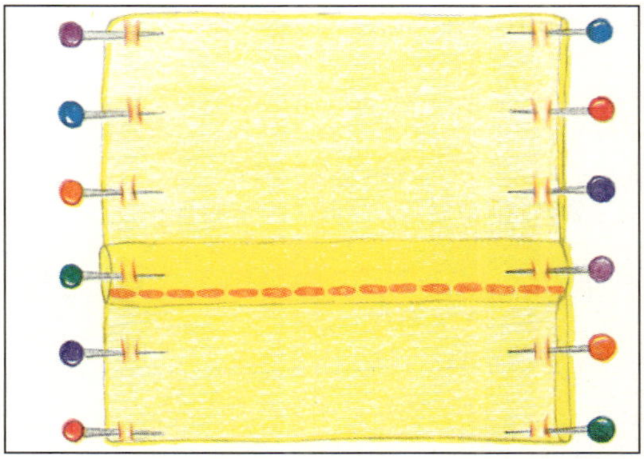

Einschlag darüber klappen. Stoffkanten feststecken, evtl. heften. Beide Seitennähte mit der Maschine schließen. Die Nahtzugaben rechts und links – 1 cm – mit Zickzackstich versäubern.
Kissenbezug wenden. Stoffecken mit einer Schere vorsichtig herausdrücken.
Kissenbezug bügeln.

Haarband

Benötigtes Material:
Stoffrest: 30 cm lang und 15 cm breit,
Gummiband: 15 cm lang und 1 cm breit,
Garn, Nadeln usw.

Die rechte Seite des Stoffes ist hier z.B. die bedruckte Seite.

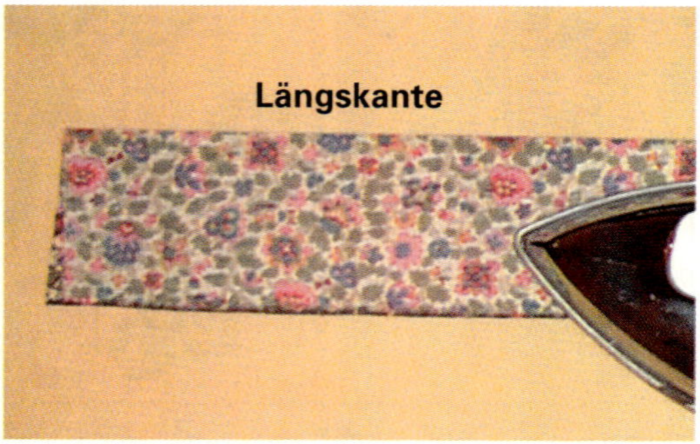

Die Außenkanten an den Seiten des Stoffes 1 cm nach links umbügeln. Stoffstück mit der rechten Seite nach oben hinlegen, die Längsseiten aufeinander klappen, sodass die bunte Seite nicht mehr zu sehen ist. Stoffstück bügeln. Die beiden Stoffhälften liegen nun gerade übereinander.

Naht an der Längskante schließen. Die umgebügelten Stoffenden an den beiden Seiten dabei mit festnähen.
Schlauch nach rechts wenden.

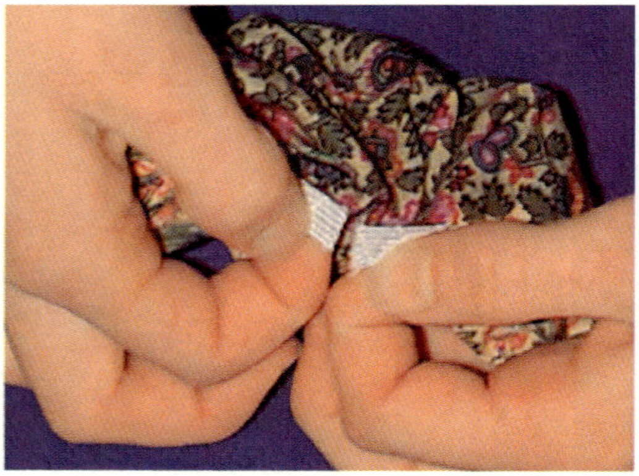

Gummiband durchziehen.
Enden des Gummibands fest zusammennähen.
Die beiden Schlauchenden mit Staffierstich, vgl. S. 93, zusammennähen, schließen.
Stoff zurechtzupfen.

Nun probiere den Haarschmuck aus.

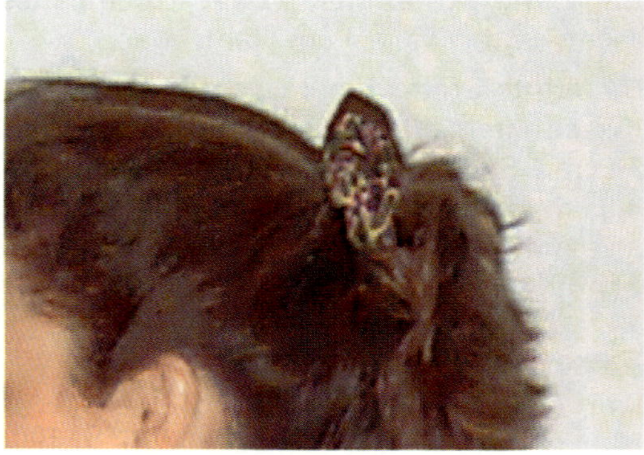

Federtasche

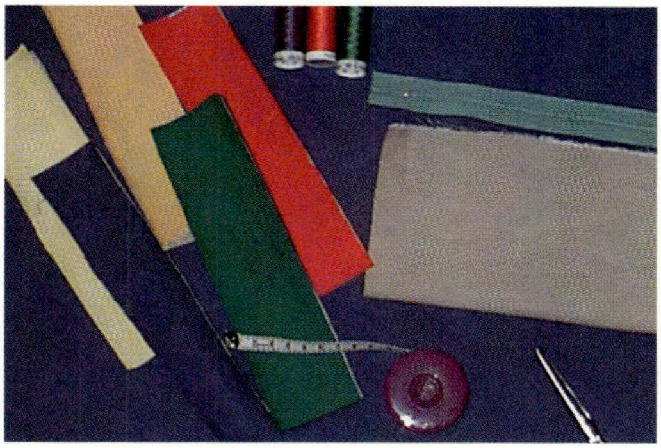

Benötigtes Material:
Stoffstück: 22 × 22 cm,
Reißverschluss 20 cm,
auf doppelseitiges Haftvlies aufgebügelte Stoffstücke für Applikationen,
Garn, Maßband usw.

Applikationen ausschneiden und auf den Stoff bügeln. Konturen der Stifte mit Stofffarben zeichnen. Ränder der Stifte – Applikationen – mit der Nähmaschine befestigen.

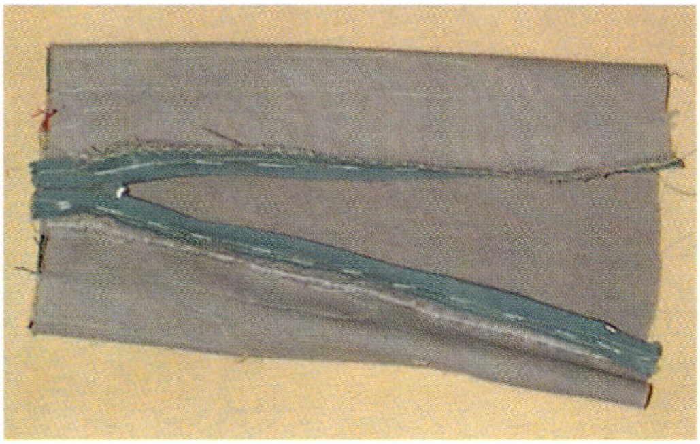

Reißverschluss einnähen, versäubern.

Federtasche von links bügeln, die Stofffarben der Konturen werden so gleichzeitig fixiert. Applikationen vgl. S. 219.

Seitennähte stecken, heften, mit der Maschine steppen. Tasche wenden, Ecken mit einer Schere herausdrücken.

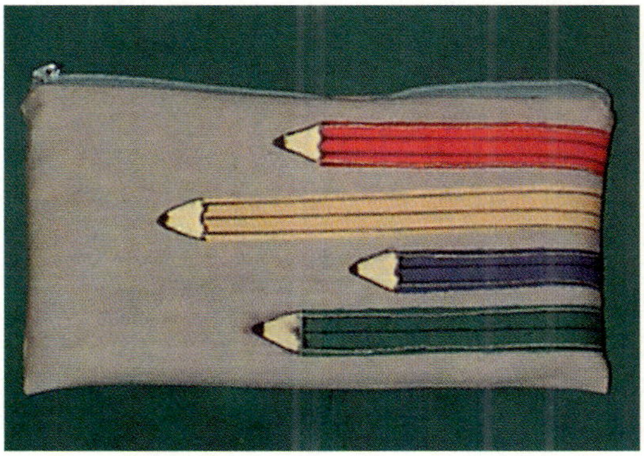

Fertige Federtasche

Beutel – mit Stofffarben bemalt

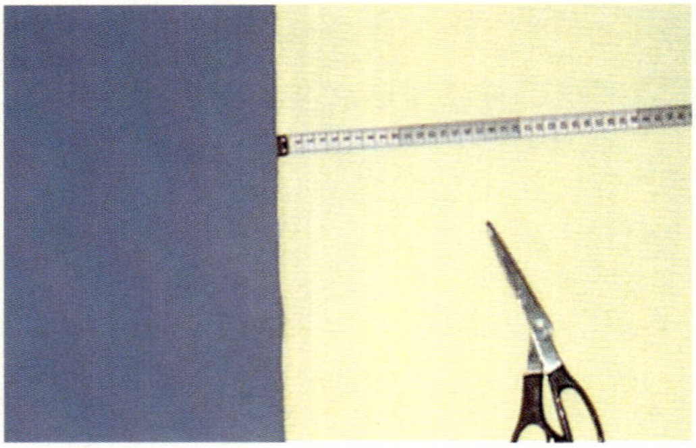

Zunächst zwei Stoffstücke – Oberstoff und Futterstoff – von 90 cm Länge und 37 cm Breite zuschneiden. Außerdem wird eine Kordel benötigt.

Der Oberstoff kann nun evtl. zunächst mit Stofffarbe bemalt werden, vgl. S. 172 f.

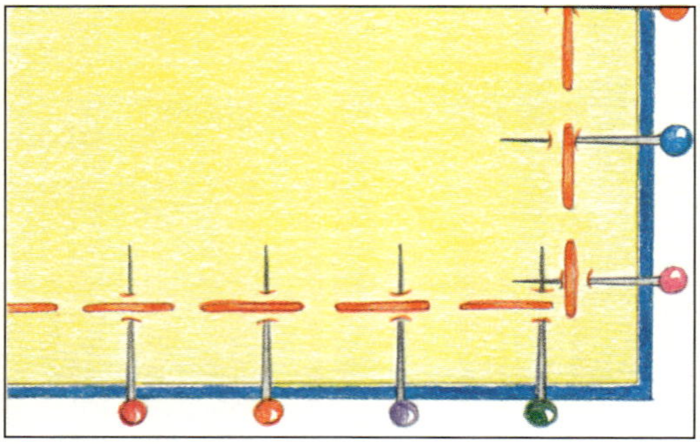

Beide Stoffstücke rechts auf rechts legen, rundherum zusammenstecken, heften.

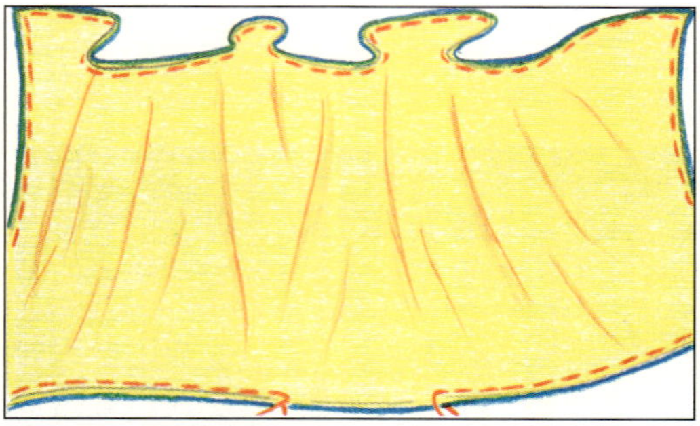

In der Mitte auf einer Seite beginnen: rundherum – 1 cm vom Rand entfernt – mit der Maschine steppen.

Eine etwa **10 cm große Öffnung** auf der einen Seite lassen. Heftfäden entfernen.

Beutel durch die Nahtöffnung auf der Seite verstürzen, d. h. auf die rechte Seite wenden.

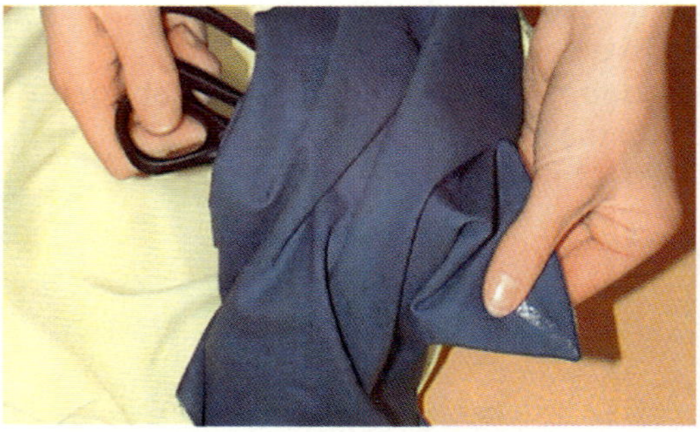

Ecken durch die Öffnung von innen mit der Spitze einer Schere herausdrücken. Evtl. mit einer Stecknadel von außen nachhelfen.

Nähte mit dem Fingernagel ausstreichen, ausbügeln.

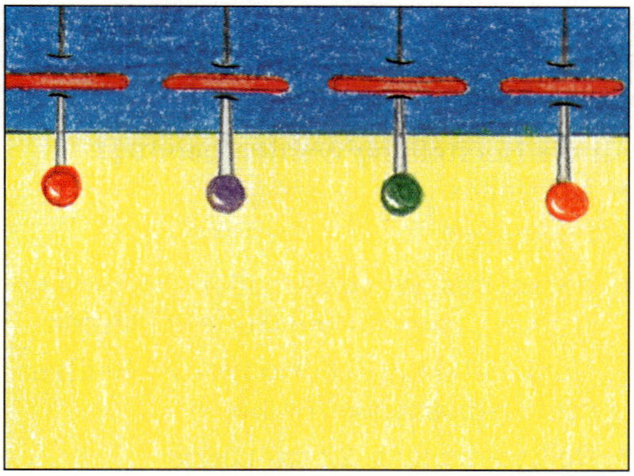

Obere Kanten nach außen 3 cm breit umschlagen, umbügeln,
feststecken, heften.

Seitennähte bis 1 cm vor dem oberen Umschlag mit der Maschine steppen, hierbei wird gleichzeitig die Öffnung an der einen Seite geschlossen. Nahtenden gut sichern.
Heftfäden entfernen.

Umgeschlagene Kanten feststeppen. Nahtenden jeweils durch Rückwärtsnähen – etwa 1 cm – sichern.
Heftfäden entfernen.

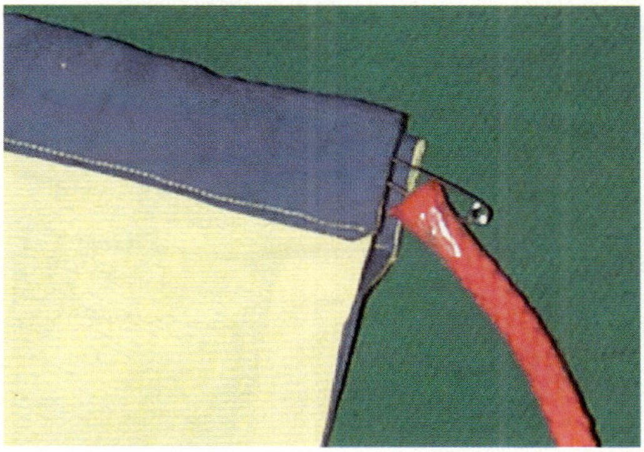

An einem Kordelende eine Sicherheitsnadel befestigen. Kordel mithilfe der Sicherheitsnadel zweimal durch den Umschlag schieben. Kordelenden verknoten oder zusammennähen.

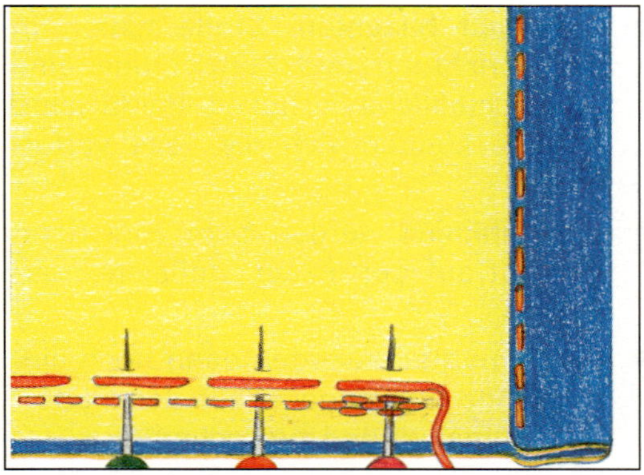

Seitennähte stecken und heften.

Fertiger Beutel, Malen, vgl. S. 172

Gürteltasche aus alten Jeans

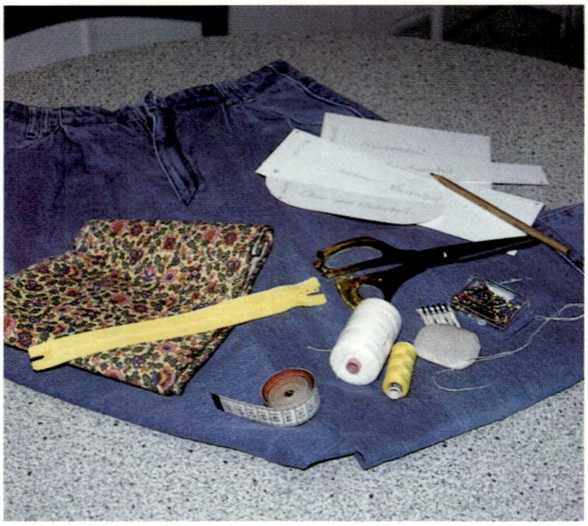

Für die Gürteltasche benötigtes Material

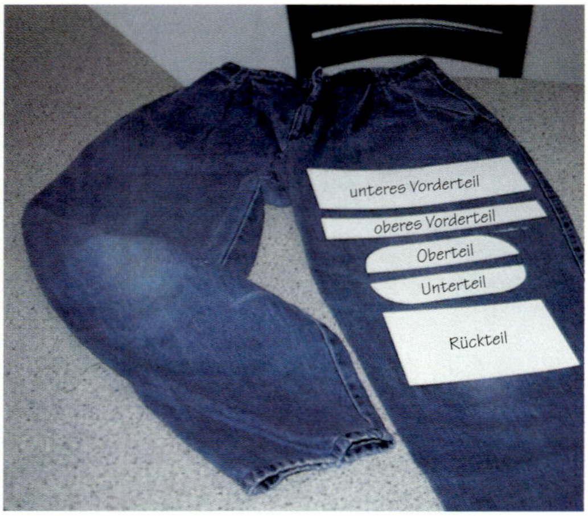

Schnittteile auf der Jeans

Zugeschnittene Stoffteile

Aus alten Jeans soll eine Gürteltasche – ohne Gürtelbänder – mit Schlaufen für einen Gürtel genäht werden.

Für die Herstellung werden benötigt:

- ▶ alte Jeans
- ▶ Futterstoff
- ▶ passendes Webband oder die Schlaufen der Jeans für die Gürtelschlaufen
- ▶ Nähfaden in gleicher oder zum Reißverschluss passender Farbe
- ▶ Reißverschluss, 22 cm Länge
- ▶ Stecknadeln, Nähnadel, Heftgarn, Schere, Schneiderkreide, Zentimetermaß
- ▶ Nähmaschine, Jeansnadel
- ▶ Schnitt für die Gürteltasche

Schnitterstellung

Zeichnet die Schnittteile der Gürteltasche (vgl. Foto) auf Papier. Die hier angegebenen Maße enthalten an allen Kanten 1 cm Nahtzugabe:

- ▶ **Unteres Vorderteil:** Rechteck – 27 cm breit und 10,5 cm hoch
- ▶ **Oberes Vorderteil:** Rechteck – 27 cm breit und 6 cm hoch
- ▶ **Ober- und Unterteil:** untere, breite Kante 19 cm, Höhe 7 cm, obere Kante 12 cm, Seiten gebogen
- ▶ **Rückteil:** Rechteck – 19 cm breit und 14 cm hoch

Zuschneiden

- ▶ Die fünf Schnittteile der Gürteltasche auf möglichst gut erhaltene Stellen der Jeans auflegen.
- ▶ **Fadenlauf beachten.** Stoffe haben in Schussrichtung und Kettrichtung eine unterschiedliche Festigkeit. Bei falscher Auflage können sich die Teile verformen.
- ▶ **Die Nählinien** werden 1 cm vom Rand entfernt auf der linken Stoffseite markiert.
- ▶ Die Schnittteile werden dann noch einmal ohne Nahtzugabe auf den Futterstoff aufgelegt und zugeschnitten.
- ▶ Alle Schnittteile werden rundherum mit **Zickzack versäubert.**

Nähen der Gürteltasche

1. Einnähen des Reißverschlusses:
Der Reißverschluss wird sichtbar zwischen dem oberen und dem unteren Vorderteil eingeheftet und dann mit der Maschine eingenäht.

2. Annähen von Ober- und Unterteil an das Rückteil:
Ober- und Unterteil werden mit den geraden Kanten an die obere und untere Kante des Rückteils geheftet und danach mit der Maschine angenäht.

3. Annähen von Ober- und Unterteil an die Vorderteile:
Die gebogenen Seiten des Ober- und Unterteils werden nun an das obere und untere Vorderteil angeheftet. Hierfür zunächst die jeweilige Mitte aller Teile markieren. Die Stoffteile dann von der Mitte her aneinander heften, damit sie sich nicht verziehen.

4. Annähen der Schlaufen:
Drei Schlaufen von den Jeans abtrennen und auf dem Rückteil gleichmäßig verteilt für den Gürtel aufnähen. Falls die Jeans keine Schlaufen haben, kann Webband verwendet werden. Bei Webband die Enden versäubern, umklappen und aufsteppen.

5. **Seitennähte der Gürteltasche schließen**

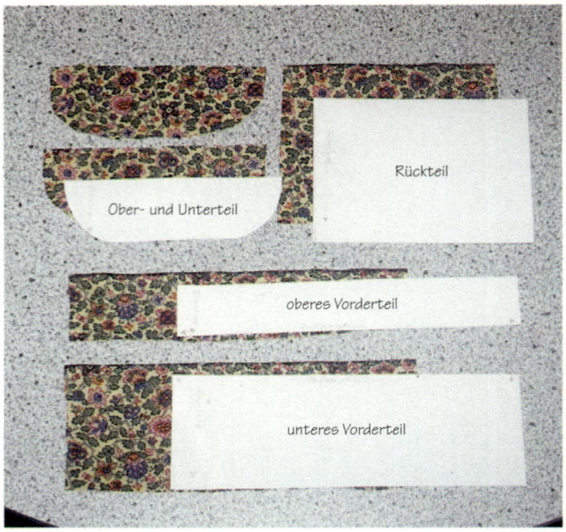

6. **Zugeschnittener Futterstoff**

7. **Taschenfutter zusammennähen,** vgl. Nähschritte der Gürteltasche 2, 3 und 5. Die Futtertasche dann umgekehrt in die Gürteltasche stecken und mit Saumstichen an der Reißverschlusskante befestigen.

8. **Einen Gürtel durch die Schlaufen ziehen. Die Gürteltasche ist nun fertig.**

Entsprechend kann eine größere Gürteltasche aus größeren Schnittteilen gefertigt werden.

1. *Sammelt Ideen für weitere Gegenstände aus „alten Jeans".*
2. *Stellt einen Kostenvergleich an: Gürteltasche*
   a) selbst genäht, b) gekauft.
3. *Entwickelt Ideen für die weitere Gestaltung der Gürteltasche.*

Projekt: Wir eröffnen unsere Schneiderei, z. B. für einen Basar

Vorbereitungsphase
Wir überlegen:
Wo wollen wir unseren Basar eröffnen?

Wen wollen wir dazu einladen?
Wo wollen wir werben?

Welche Arbeiten könnten wir anbieten?
Wo können wir uns Arbeitsanleitungen/Anregungen beschaffen?

Planungsphase
Wir sammeln Arbeitsanleitungen für einfache textile Werkstücke.

Wir ermitteln notwendige Arbeitstechniken, Kosten und Zeitaufwand für die Arbeiten. Kennen wir die Arbeitstechniken? Sind die Kosten so, dass wir die Sachen später auch verkaufen können?

Wir einigen uns auf das endgültige Warenangebot und die Arbeitsverteilung.

Durchführungsphase
Unsere Planung wird umgesetzt.

Unsere Schneiderei wird eröffnet, jeder übernimmt seine gewählte Aufgabe und führt diese durch.

Spielregel: Wer seine eigene Aufgabe erledigt hat, sieht sich um, ob er anderen Mitschülern helfen kann.

Kontrollphase
Wir berichten über unsere Eindrücke während der Planungsphase und der Durchführungsphase – Erstellung und Verkauf.

Wir überlegen:
Was hat uns an unserem Basar, unserer Arbeitsweise bei der Herstellung und beim Verkauf gefallen?

Was müssen wir verbessern?

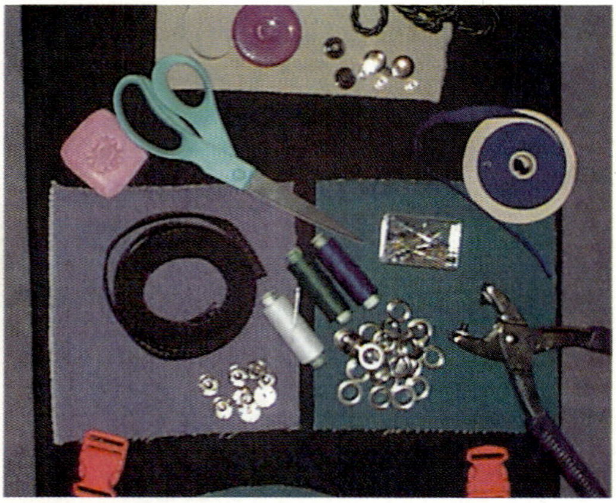

Benötigtes Material

Nähen eines Rucksacks

Benötigtes Material:
Rück- und Vorderteil des Rucksacks: Stoffstück 1 Meter breit und 55 cm hoch.

Boden: ein ovales Stoffstück: 38 cm breit und 22 cm hoch.

Klappe – Verschluss: Stoffstück 22 cm breit und 29 cm hoch.

Rechteck: 18 cm breit und 6 cm hoch zum Verstärken der Trägeransatzpunkte.

Taschen: zwei Stoffstücke: 18 × 18 cm.

Außerdem: 12 Ösen, 2 nähfreie Druckknöpfe zum Festnieten der Träger, 1 Druckknopf zum Schließen der Rucksackklappe, 1,50 m Kordel;
2,50 m Trägerband, 2 Schnallen, Schlaufe zum Aufhängen;
Vlies zum Verstärken, evtl. Futterstoff, Stoff und Haftvlies für Applikationen;

Nähgarn usw.

Alternative – Rucksack mit rechteckigem Boden:
Rückteil: 34 cm breit und 64 cm hoch.

Vorderteil: 64 cm breit und 49 cm hoch.

Der Boden des Rucksacks wird hier mit dem Rückteil zugeschnitten.
Restliches Material siehe oben.

Arbeitsschritte:
Stoffteile zuschneiden, vgl. Stoffauflage in den entsprechenden Abbildungen.

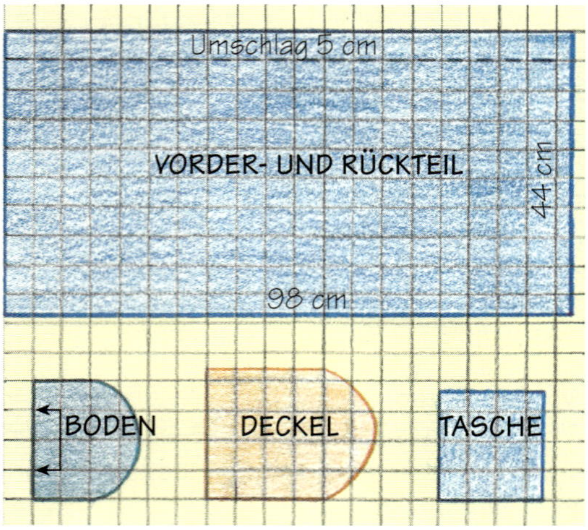

Schnittauflage – Rucksack, runder Boden

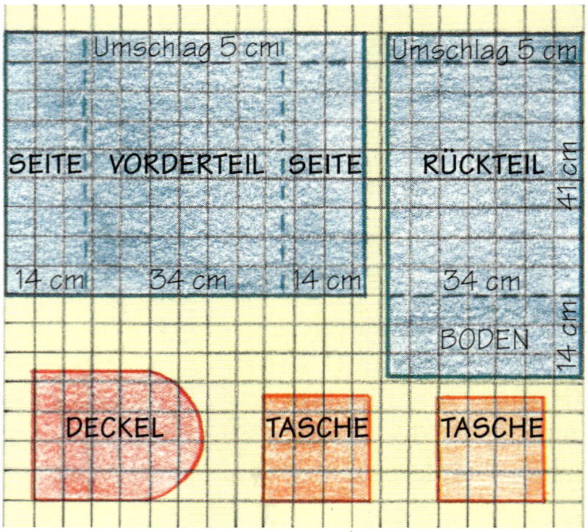

Schnittauflage – Rucksack, rechteckiger Boden

Untere Trägerbänder mit Schnallen: Zweimal 26 cm Trägerband abschneiden. Jeweils ein Ende des Trägerbandes 3 cm durch die unteren Schnallenteile führen und mit Zickzackstich festnähen.

Befestigung des Bodens: Stoff für Vorder- und Rückteil des Rucksacks rundherum – links auf links – am Boden festheften. An der Stelle der späteren Seitennaht soll der Stoff auf jeder Seite 1,5 cm überstehen. Gelingt dies nicht – falls größere Rundungen geschnitten wurden –, so muss der Boden etwas verkleinert werden.

Rechts und links außen auf der Rückseite des Rucksacks die unteren Trägerbänder mit Schnallen zwischen Boden und Rückteil einheften, sodass etwa 15 cm der Trägerbänder in den Rucksack – am Boden – hineinreichen.

Boden am Rucksack links auf links feststeppen. Enden der Trägerbänder auf dem Boden festheften und feststeppen, hierdurch erhalten die Trägerbänder mehr Festigkeit. Bodennaht versäubern.

Seitennaht des Rucksacks mit einer Kappnaht, vgl. S. 99, schließen.

Boden nochmals von rechts auf rechts am Rucksack feststeppen, hierdurch erhält der Boden mehr Festigkeit.

Oberer Umschlag – Ösen: Obere Stoffkante des Rucksacks mit Zickzackstich versäubern. Obere Stoffkante etwa 1 cm breit – links auf links – nach innen umsteppen. Umschlag dann nochmals 4 cm breit nach innen umsteppen.

12 Punkte für die Ösen – mit jeweils 8 cm Abstand – in der Mitte des Umschlags mit Stecknadeln markieren.

Ösen mit einer entsprechenden Zange oder mit einem Hammer einnieten. Auf eine geeignete Unterlage beim Einnieten achten.

Bei dickerem Stoff muss für die Ösen zunächst eine winzige Öffnung in den Stoff gebohrt werden, da die Ösen sonst den Stoff nicht durchdringen können.

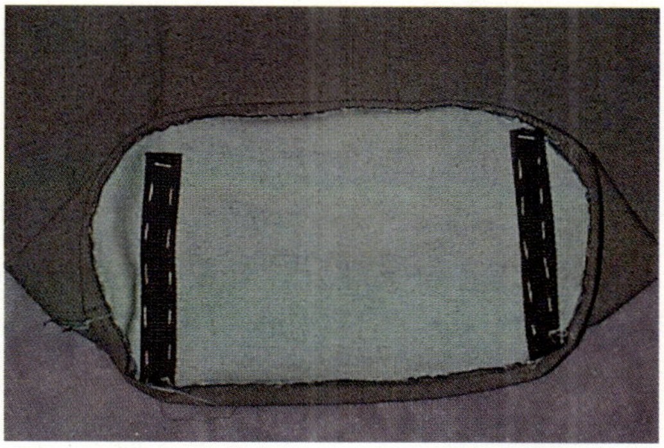

Boden von innen

Boden von außen

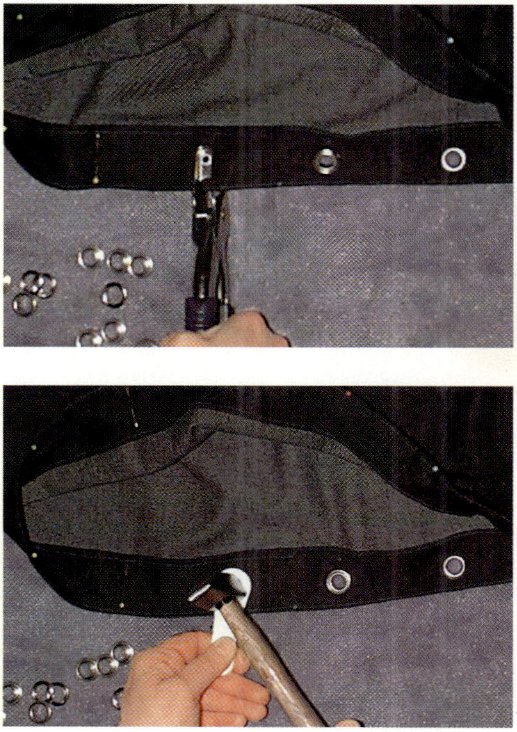

Einnieten der Ösen mit Zange oder Hammer

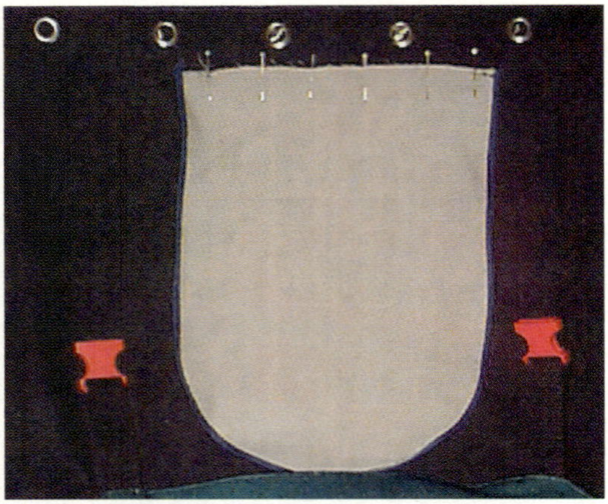

Befestigung der versäuberten Deckelklappe

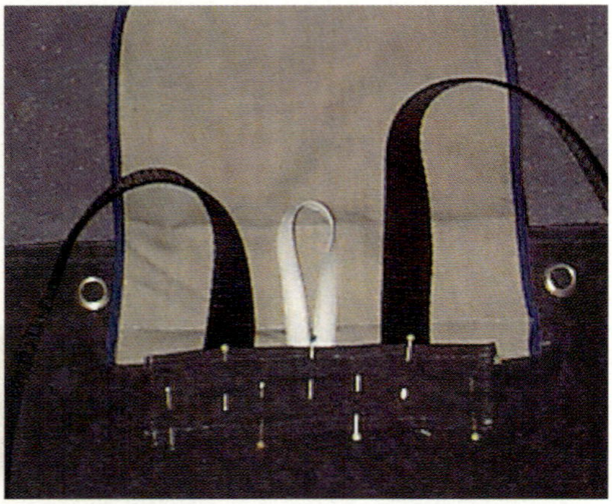

Befestigen und Verdecken der Trägerenden und der Schlaufenenden durch ein aufgesteptes Stoffstück

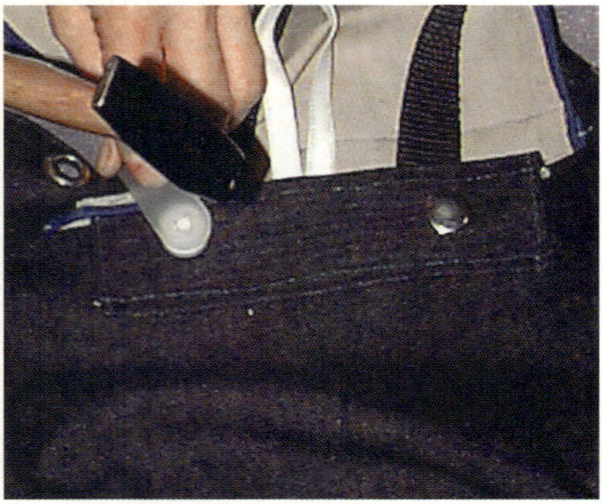

Festnieten der Trägerenden

Deckelklappe des Rucksacks: Oberes Ende des Stoffstücks für die Deckelklappe so beschneiden, dass ein Bogen entsteht.

Deckelklappe an den Seiten und oben mit Schrägband einfassen, vgl. S. 100, 102.

Deckelklappe auf der Mitte der Rückseite des Rucksacks 2 cm unterhalb der Ösen rechts auf rechts festheften und feststeppen. Deckelklappe umschlagen und nochmals feststeppen, der innen überstehende Stoffrand soll hierdurch verdeckt und geschützt werden.

Zwei Trägerbänder von je 75 cm – bzw. der benötigten – Länge zuschneiden.

Trägerbänder durch die oberen Schnallenteile ziehen. Die durchgezogenen Trägerenden mit Zickzackstich versäubern.

Schlaufe zum Aufhängen: Ein zusammengenähtes Schrägbandstück von etwa 20 cm Länge oder ein anderes festes Band zuschneiden und evtl. nähen.

Das Stoffstück zur Verstärkung und zum Verdecken der Ansatzstellen von Trägern und Schlaufe zuschneiden. Stoffkanten knappkantig nach links umsteppen.

Das Stoffstück unterhalb der Deckelklappe festheften, die Enden der Träger und der Schlaufe liegen unter dem Stoffstück. Das Stoffstück reicht etwa 2 cm über die Träger hinaus.

Stoffstück mit den darunter liegenden Trägern und der Schlaufe knappkantig feststeppen.

Die Träger können nun auch noch mit nähfreien Knöpfen festgenietet werden. Die Träger erhalten so mehr Festigkeit.

Zum Verschließen der Deckelklappe kann ein Druckknopf angenäht oder eingenietet werden.

Damit der Druckknopf nicht so schnell ausreißt, sollte die entsprechende Stelle entweder von links mit Vlieseline oder mit einem extra aufgenähten Stoffstück verstärkt werden.

Verschönerungen des Rucksacks:

Aufgesetzte Taschen: Auf den Rucksack können gleichfarbige oder unterschiedlich farbige Taschen aufgesteppt werden. Die Taschen können evtl. auch durch eine Klappe verschlossen werden.

Applikationen: Das Aussehen des Rucksacks kann durch Applikationen persönlicher gestaltet werden.

Hier wurde eine Applikation auf dem Rucksackdeckel aufgebügelt und aufgesteppt. Dadurch verstärkt man gleichzeitig den Stoff für das Anbringen eines Druckknopfes.

Füttern des Rucksacks: Den Rucksack kann man auch noch von innen füttern. Dafür werden Rückteil, Vorderteil und Boden des Rucksacks etwas kleiner zugeschnitten, vgl. Gürteltasche, S. 120. Die Teile werden nun so zusammengenäht, dass die rechte Stoffseite nach innen in den Rucksack zeigt. Das Futter wird im Umschlag mit festgenietet.

Auf dem Futter – innen im Rucksack – kann auch noch eine Tasche aufgesetzt werden. Hier kann man z. B. Geld sicherer aufbewahren.

Kordel zum Zusammenziehen: Nun muss nur noch die Kordel zum Zusammenziehen des Rucksacks durch die Ösen gezogen werden – und los geht es, z. B. zum Sport, mit dem neuen, ganz persönlichen Rucksack.

Alternative – Weihnachtsrucksack
Rucksackteile, vgl. S. 122, aus rotem Stoff zuschneiden.

Als Deckelklappe eine fertige Nikolausmütze verwenden oder die Deckelklappe ebenfalls aus rotem Stoff zuschneiden und später eine weiße Troddel annähen.

Dieser Rucksack kann auch in kleinerem Format angefertigt werden.

Rück- und Vorderteil: Höhe 25 cm, Breite 52 cm.

Boden: ein ovales Stoffstück: 19 cm breit und 10 cm hoch.

Klappe: 11 cm breit und 20 cm lang.

Aufgesetzte Taschen

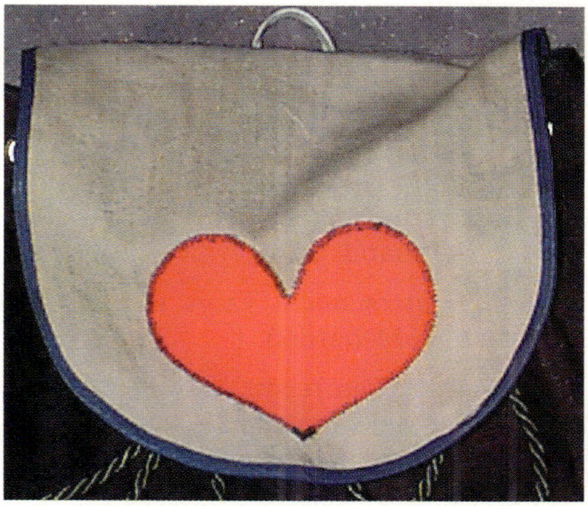

Veränderung des Rucksacks durch Applikationen

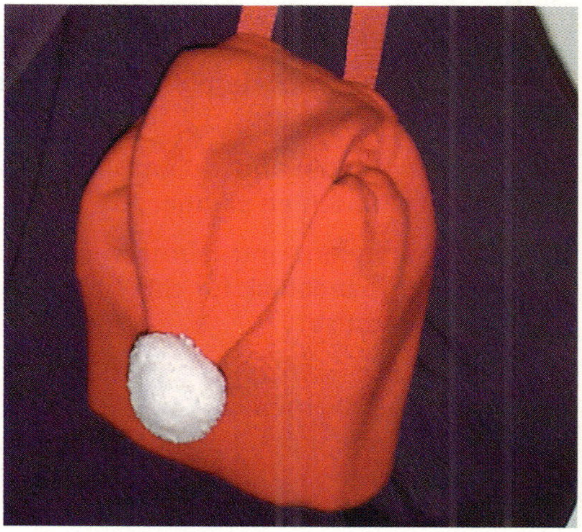

Weihnachtsrucksack

6.9 Bekleidung

Schusterschürze

Benötigtes Material:
Ein Geschirrtuch 68 x 48 cm,
1,60 m Nahtband, Garn.

Eine Schusterschürze kann schnell und einfach genäht werden.

Die **oberen Ecken** rechts und links jeweils 14 cm nach links umklappen, stecken, heften und feststeppen.

Auf der linken Stoffseite rechts und links 10 cm unter den umgeklappten Ecken ein 50 cm langes Stück Nahtband – als **Bindeband** – feststecken und feststeppen.

Nahtband nach rechts umklappen und nochmals im Rechteck darüber nähen und so das Band befestigen.

Nahtband – Bindeband – am äußeren Ende mit der Maschine säumen.

Schürze umbinden und abmessen, wie lang das Nahtbandstück für das Band um den Hals sein muss.

Nahtband auf der linken Stoffseite rechts und links neben den umgeschlagenen Ecken feststecken, darauf achten, dass das Nahtband nicht verdreht ist. Nahtband feststeppen. Nahtband nach rechts umschlagen und nochmals feststeppen.

Eine Schusterschürze kann auch aus einem entsprechend großen Stoffstück und Nahtband selbst gefertigt werden.

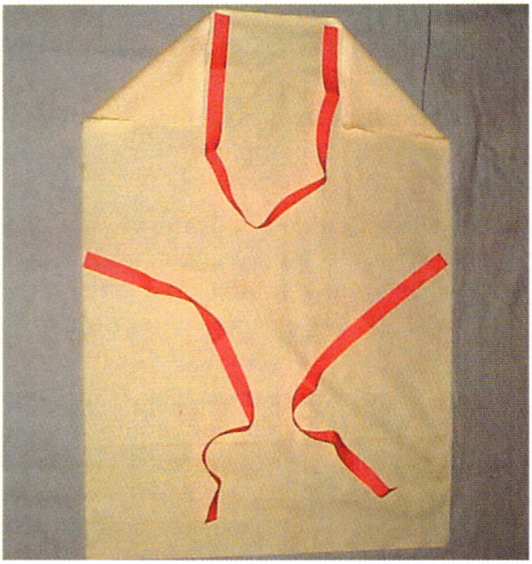

Für den oberen Rand der Schürze die Webkante auswählen.

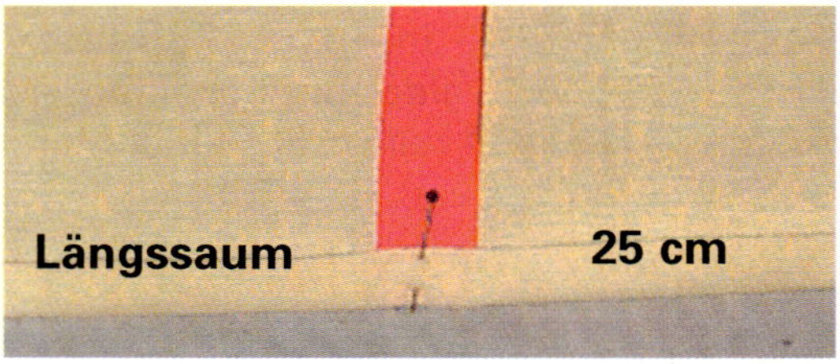

Längsseiten säumen – Saumbreite 1 cm. Stoff für Einschlag und Umschlag jeweils umbügeln, Saum feststecken.

25 cm vom oberen Rand abmessen. Nahtband – 50 cm Länge – in den Saum schieben, feststecken.

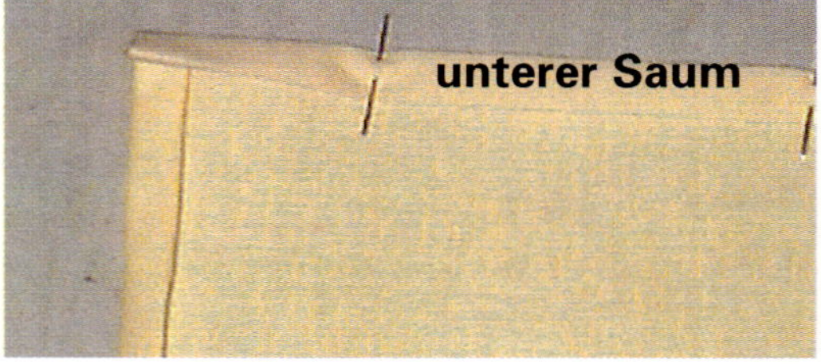

Den unteren Saum entsprechend umbügeln und feststecken.

Den oberen Stoffrand – die Webkante – ebenfalls umbügeln und feststecken.

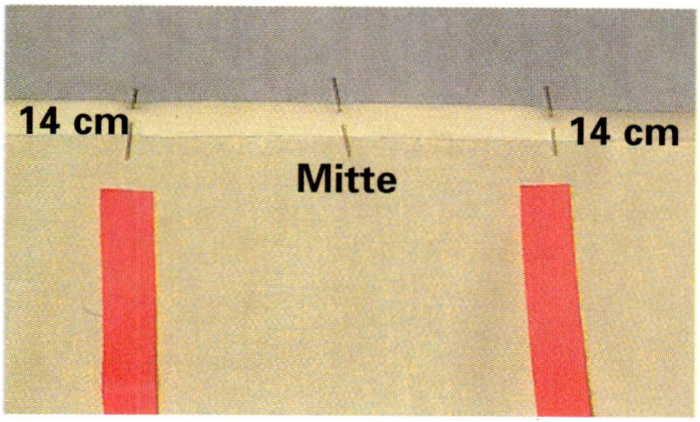

Am oberen Stoffrand die Stoffmitte markieren. Außerdem jeweils vom Rand 14 cm abmessen und markieren. Benötigte Länge des „Halsbandes" ermitteln.

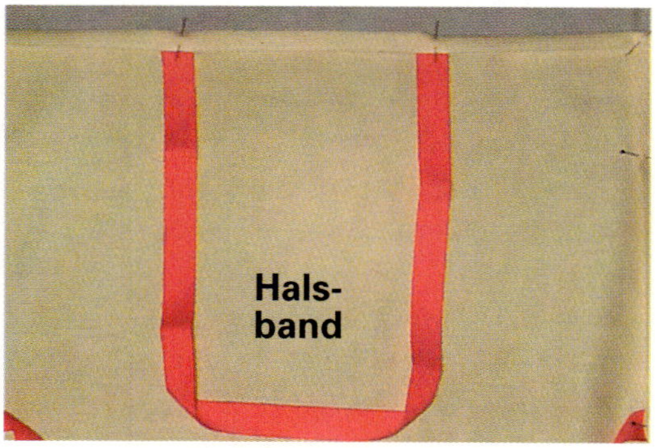

Das „Halsband" so hinlegen wie abgebildet, so ist es nicht verdreht.

Das Halsband an den markierten Stellen unter den Saum schieben, feststecken.

Die Säume rundherum heften und mit der Maschine knappkantig feststeppen.
Nähen der Ecken, vgl. S. 101.

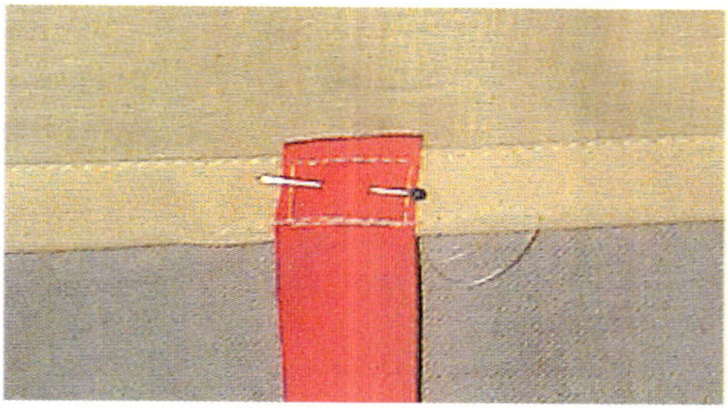

Alle vier Nahtbänder nach außen klappen und im Rechteck feststeppen.
Nahtbandenden säumen.

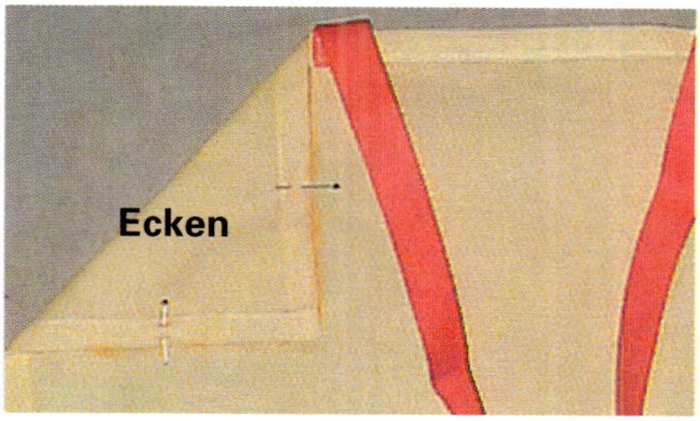

Stoffecken bis zum Halsband im rechten Winkel nach links umschlagen, bügeln. Ecke feststecken, heften und steppen. Nahtenden sichern.

Nun beginnt der schönste Teil der Arbeit, die Schürze wird mit Stofffarben oder Applikationen persönlich gestaltet.

Arbeiten mit Fertigschnitten

Fertigschnitte

Fertigschnitte findet man in den Stoffabteilungen der Kaufhäuser und als Schnittmusterbogen in Zeitschriften.

Oft finden sich auf diesen Packungen oder in den Zeitschriften Hinweise auf den Schwierigkeitsgrad der Herstellung. Generell gilt: Je weniger Schnittteile abgebildet sind, umso leichter ist es.

Fertigschnitte werden als Mehrgrößenschnitte angeboten, z. B. Größe 34 bis 44.

Enthaltene Informationen

- Stoffverbrauch und Schnittauflagepläne bei verschiedenen Stoffbreiten,
- Vorschläge für geeignete Materialien,
- Angaben über benötigtes Zubehör: Reißverschluss, Knöpfe usw.,
- eine ausführliche Nähanleitung mit Text und Zeichnungen,
- Erklärung aller Schnittmusterzeichen, vgl. S. 130.

Informationen in der Schnittmustertüte Weste

Stoffbedarf:
Stoffbreite 140 cm – je 60 cm für Oberstoff und Futterstoff.

Schnittteile:
Vorderteil 2× zuschneiden,
Rückteil 1× zuschneiden.

Unsere Schnitte werden als Mehrgrößenschnitte angeboten.

Unser Schnitt ist für eine Körpergröße von 168 cm berechnet.

Suche die benötigte **Schnittgröße** für die Weste nach der Oberweite aus der Maßtabelle heraus.

Schneide vom Schnittbogen Vorderteil und Rückteil der Weste in der richtigen Größe aus.

Ändere, wenn nötig, den Papierschnitt um die Zentimeter, um die die ermittelten Maße von der Maßtabelle abweichen.

Zuschneiden: Die Zuschneidepläne auf dem Schnittmusterbogen zeigen die Anordnung der Schnittteile auf dem Stoff, vgl. S. 131.

Weitere Tipps ebenfalls dort.

Welche Größe passt mir?

Für die richtige Schnittgröße werden zunächst die eigenen Maße ermittelt.

Wichtig: Es darf keine dicke Kleidung getragen werden und das Maßband darf sich nicht dehnen. Zu zweit geht es leichter.

Schreibe deine Maße auf und vergleiche sie mit den Angaben in der Maßtabelle.

Wichtige Maße

Oberweite – Brustumfang: Die Oberweite wird unter den Armen hindurch über die breiteste Stelle des Rückens und die stärkste der Brust gemessen.

Taillenweite – Bundumfang: Meist rutscht das Maßband automatisch an die schmalste Stelle.

Hüftweite – Gesäßumfang: Gemessen werden die Hüften an der stärksten Stelle, 20 bis 25 cm unterhalb der Taille.

Seitenlänge: Dies ist ein wichtiges Maß für Hosen. Gemessen wird seitlich von der Taillenlinie bis zum Boden.

Die Taillenweite entspricht der Größe 36, die Hüftweite aber fast der Größe 40. Für welche Größe muss man sich entscheiden?

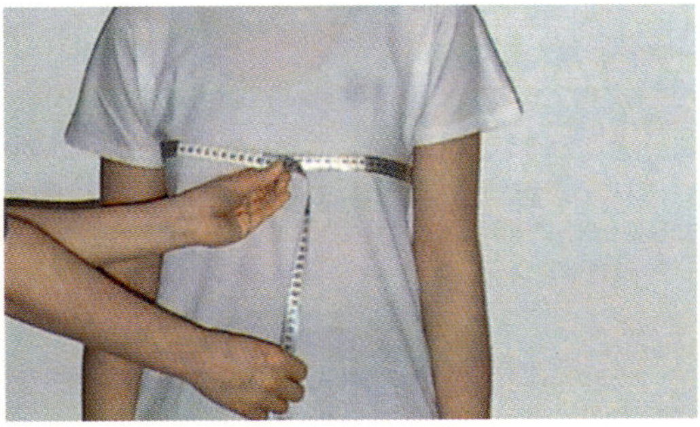

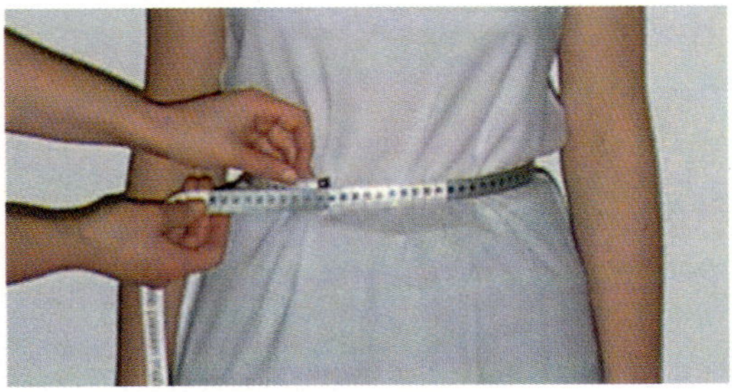

Maßnehmen – Oberweite und Taillenweite

Herren – Normalgröße				
Körpergröße	Oberweite	Bundweite	Hüftweite	Größe
170	88	83	92	44
173	92	78	96	46
176	96	82	100	48
178	100	90	104	50
180	104	94	108	52
182	108	98	112	54
184	112	104	116	56

Damen – Körpergröße 168 cm				
Oberweite	Taillenweite	Hüftweite	Seitenlänge	Größe
76	62	83	103,5	32
80	62	87	103,5	34
84	66	91	103,5	36
88	70	94	104,0	38
92	74	98	104,0	40
96	78	102	104,0	42
100	82	105	104,5	44
104	86	109	105,0	46
110	92	114	105,5	48
116	98	120	106,0	50

Körpermaße in cm

Übertragen von Schnittmusterteilen

Fertigschnitte werden als Mehrgrößenschnitte angeboten. Die für euch richtige Schnittgröße habt ihr inzwischen sicher herausgefunden.

Schnittmusterteile werden nun z. B. mit einem Kopierrädchen auf Packpapier ausgeradelt – übertragen. Durch das Ausradeln werden die Umrisse durch die „Radzähnchen" in das Papier durchgedrückt.

Schnittteile können auch mit einem Stift auf Seidenpapier oder mit Kopierfolie übertragen werden.

Die Schnittteile werden danach ausgeschnitten.

Auf den Schnittmusterbögen in Modezeitungen sind immer mehrere Schnitte übereinander eingezeichnet. Durch ein Markieren des gewünschten Schnittteils ist dieses leichter zu erkennen und so später leichter zu übertragen.

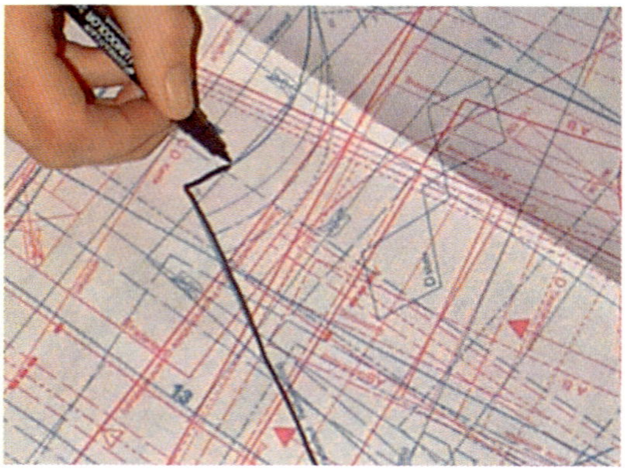

Schnittzeichen

Auf den Schnittteilen sind viele Zeichen zu finden. Welche Bedeutung haben sie?

Fadenlaufzeichen: Eine kräftige durchgezogene Linie mit Pfeil am Ende. Der Fadenlauf gibt an, wie das Schnittteil auf den Stoff aufgelegt wird. Der Fadenlaufpfeil muss parallel zur Webkante liegen.

Stoffbruchzeichen: Eine lange Klammer mit Pfeilen nach unten an beiden Enden. Der Stoff muss hierbei doppelt liegen. Die Kante des Schnittteils bzw. das Stoffbruchzeichen liegt genau an dem Bruch des gefalteten Stoffs. Aufgeklappt ist das Stoffstück dann doppelt so groß.

Passzeichen: Dreiecke, Punkte oder Quadrate mit unterschiedlichen Nummern. Die Zahlen geben an, welche Teile zusammengenäht werden. Passzeichen mit gleicher Nummer müssen beim Zusammennähen aufeinander treffen.

Einreihzeichen: Zwei Sterne, zwischen denen der Stoff mit großen Stichen gesteppt und gekräuselt wird, vgl. S. 111.

Einhaltzeichen: Zwei Punkte, zwischen denen der Stoff mit großen Stichen gesteppt wird. Unterfäden leicht anziehen. Es sollen keine Kräusel entstehen, der Stoff wird lediglich an ein kleineres Stoffteil angepasst.

Zeichen für Schlitzende: Zwei Punkte dicht nebeneinander. Der Stoff wird bis zu diesen Punkten zusammengenäht, dann beginnt der Schlitz.

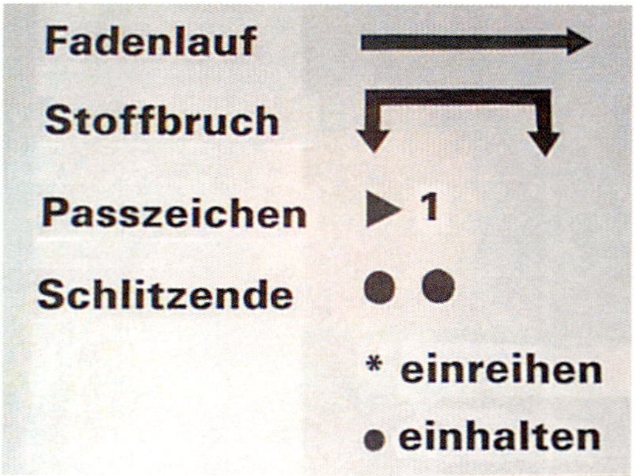

Schnitt für die Weste

Ein Karo entspricht 5 cm.

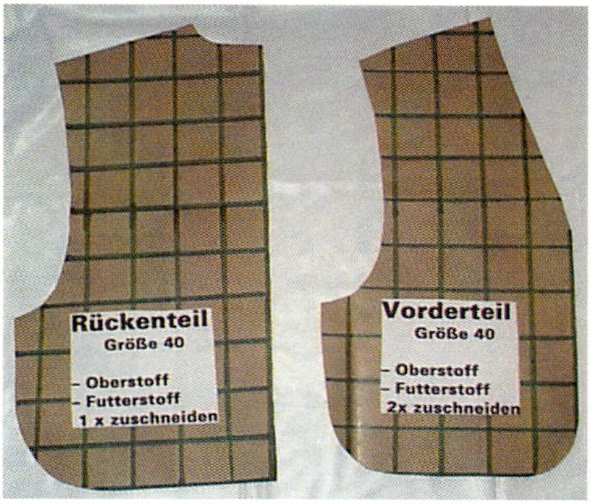

Es werden jeweils 60 cm Baumwollstoff – Stoffbreite 140 cm – für den Oberstoff und für den Futterstoff der Weste benötigt. Außerdem benötigen wir passendes Nähgarn.

Beim Einkaufen sollte man sich erkundigen, ob der Stoff waschbar ist, so kann man später viel Geld sparen. Außerdem muss erfragt werden, ob der Stoff gegen Einlaufen vorbehandelt ist, andernfalls sollte man ihn vor der weiteren Verarbeitung waschen. Der Stoff wird 30 bis 60 Minuten in heißem Wasser eingeweicht, dann vorsichtig ausgedrückt und getrocknet.

Schnittauflage

In dem Anleitungsbogen des Schnittmusters sind Schnittpläne abgedruckt. Stoffbruch und Fadenlauf sind hier ebenfalls angegeben.

Der Stoff muss nun so gefaltet werden, wie es aus dem Zuschneideplan zu ersehen ist. Bei der Weste liegt der Stoff jeweils in der ganzen Fläche doppelt. Die rechte Stoffseite liegt dabei innen.

Bei Stoffen mit Musterrichtung usw. muss die Richtung bei der Schnittauflage beachtet werden, damit die Musterung später an den Passzeichen übereinstimmt.

Nun werden die Schnittteile möglichst stoffsparend – genau nach Plan – auf den Stoff gelegt.

Sind alle Schnittteile richtig angeordnet, werden sie auf dem Stoff festgesteckt.

Nahtzugaben und Passzeichen werden mit Schneiderkreide auf dem Stoff gekennzeichnet. Nahtzugaben bei der Weste: an den Schulternähten 2 cm, sonst 1 cm.

Nun wird zugeschnitten. Die Schere muss dabei immer Kontakt zum Tisch haben. Niemals in der Luft zuschneiden.

Die Schnittteile für das Futter der Weste werden genauso aufgelegt und zugeschnitten.

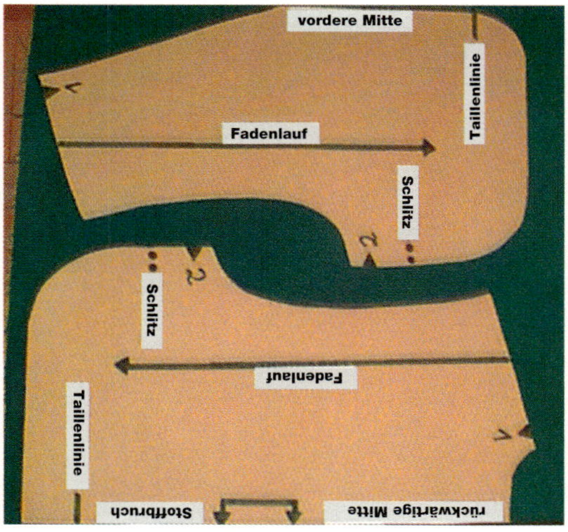

Zuschneideplan, einfarbiger Stoff

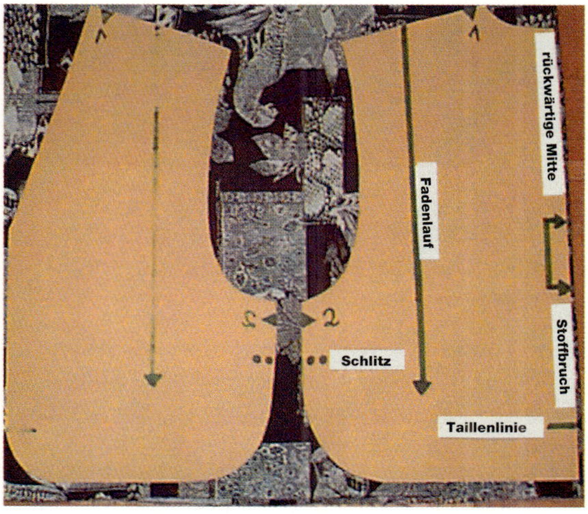

Zuschneideplan, gemusterter Stoff

Nähen der Weste

Auf dem Foto sind die zugeschnittenen Stoffteile des Oberstoffs zu sehen. Hier wurde die Weste in einer sehr viel kleineren Größe genäht, damit die Einzelheiten, z. B. Nähte, auf den Fotos besser zu erkennen sind.

Vorderteile und Rückenteil rechts auf rechts an den Schulternähten stecken und heften, dabei auf die entsprechenden Passzeichen und die Nahtzugabe von 2 cm achten. Nähte danach mit der Maschine steppen.

Nahtzugaben zuerst von links auseinander bügeln. Danach die Nahtzugaben nochmals von rechts bügeln.

Der Futterstoff wird nun genauso verarbeitet, d.h. auch hier werden die Schulternähte geschlossen und gebügelt. Der Futterstoff ist hier rot.

Die Weste wird so gearbeitet, dass sie von beiden Seiten getragen werden kann.

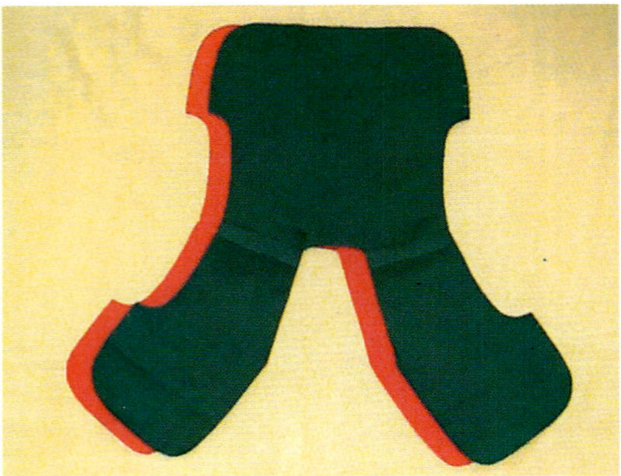

Hier sind Oberstoff und Futterstoff mit geschlossenen Schulternähten zu sehen.

Oberstoff und Futterstoff nun rechts auf rechts aufeinander stecken und heften. Die Schulternähte sollen übereinander liegen.

Oberstoff und Futterstoff zusammensteppen. An der rückwärtigen unteren Naht eine ca. 20 cm breite Öffnung zum Wenden lassen, vgl. Beutel S. 116.

Einschneiden und Zurückschneiden der Nahtzugaben

Damit die Weste nach dem Wenden an den Rundungen und Ecken nicht sperrt oder sich wellt, müssen die Nahtzugaben teilweise eingeschnitten oder zurückgeschnitten werden, vgl. auch S. 115.

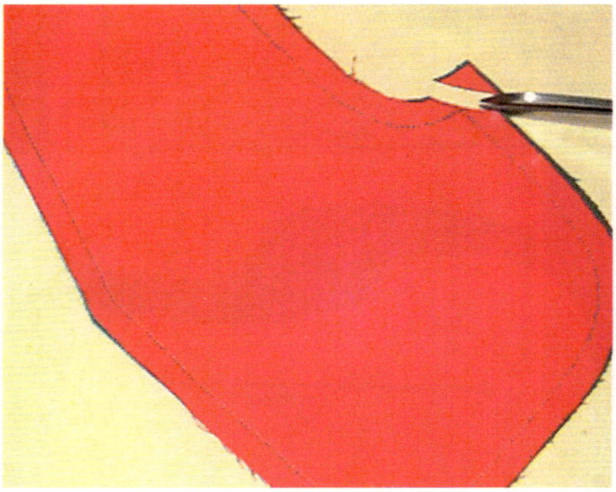

Ecken an den Armöffnungen bis dicht an die Nahtspitze zurückschneiden.

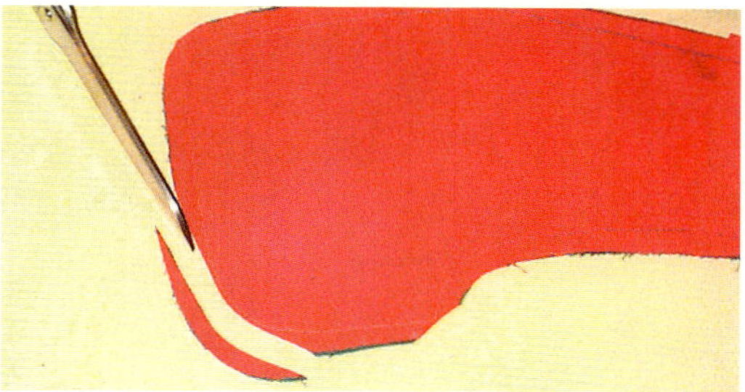

Nahtzugaben an den vier äußeren Rundungen zurückschneiden.

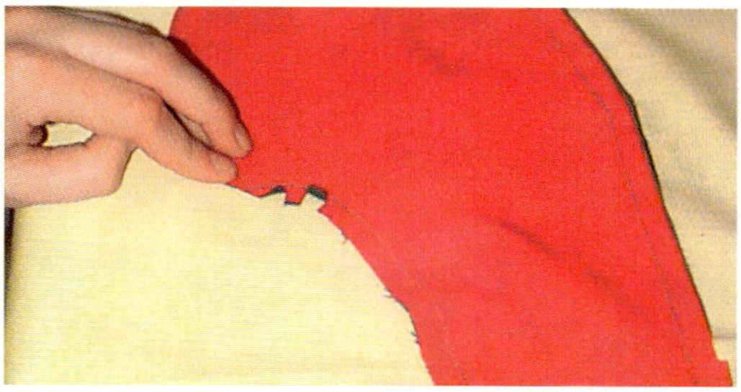

Nahtzugaben in den Armrundungen einschneiden.

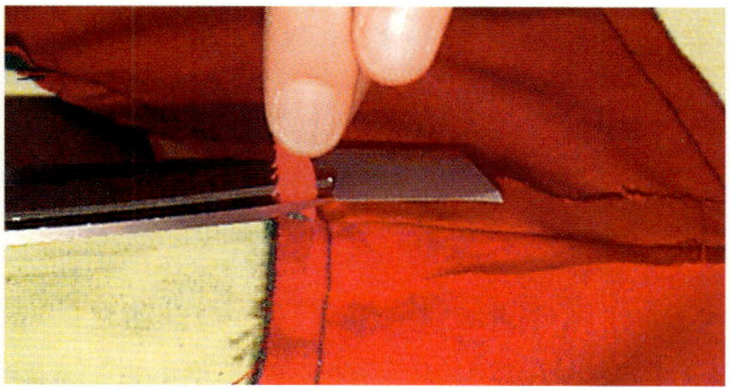

Nahtzugaben außen an den Schulternähten zurückschneiden.

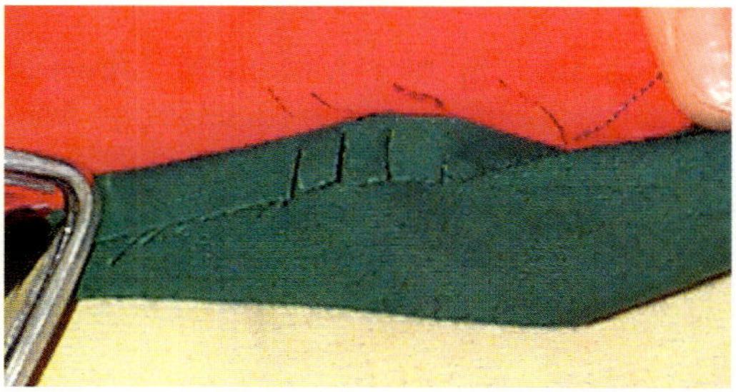

Nahtzugaben so gut es geht von links – evtl. mithilfe eines Ärmelbretts – ausbügeln.

Weste wenden. Die Ecken und auch die Kanten mit einer geschlossenen Schere vorsichtig herausdrücken.

Die Weste auf der Futterseite bügeln. Der Oberstoff soll dabei minimal hervorblitzen. Auf diese Weise ist der Futterstoff später nicht auf der Oberseite zu sehen.

Die Öffnung an der rückwärtigen unteren Naht mit Staffierstich schließen.

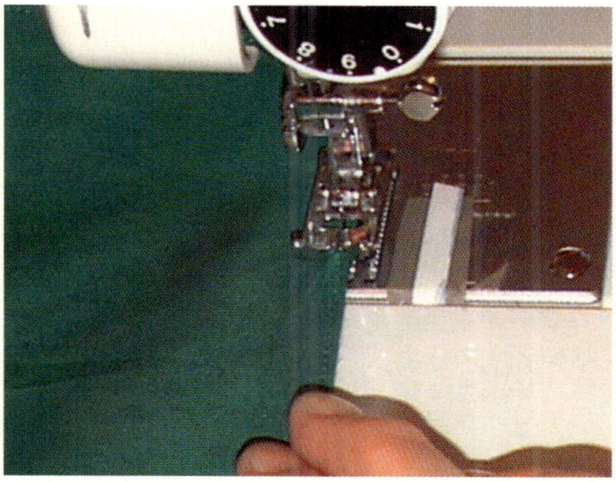

Alle Kanten knappkantig auf dem Oberstoff absteppen.

Nun noch die Seitennähte gegeneinander – nicht übereinander – nähen.

Hose mit angeschnittenen Taschen

Benötigtes Material:
2 m Baumwoll- oder Viskosestoff (1,15 m breit oder mehr, je nach der jeweiligen Seitenlänge),
3 cm breites Gummiband (3 cm länger als die Taillen- oder Bundweite),
Nähgarn usw.

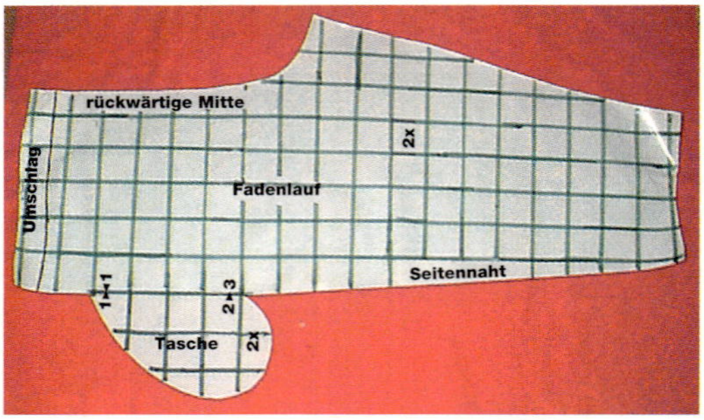

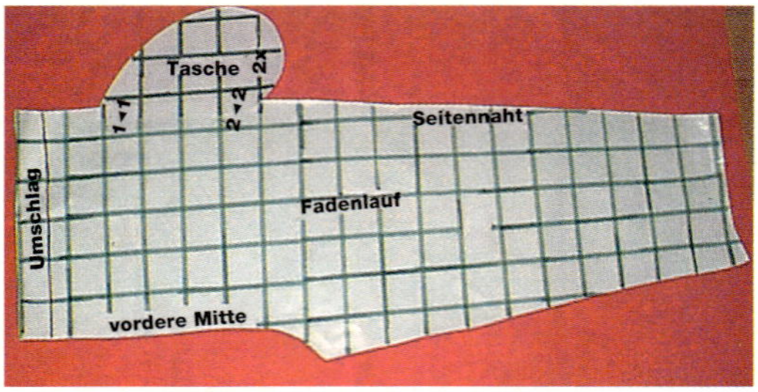

Schnittvorlage für die Hose
1 Karo entspricht 5 cm.
Auf ein Stück Packpapier oder einen Tapetenrest 5 cm große Quadrate zeichnen. Schnitt auf das Packpapier übertragen.

Die persönliche Seitenlänge ermitteln und die Beinlänge im Hosenschnitt evtl. korrigieren.

Die Beinlänge kann auch für Shorts oder Bermudashorts gekürzt werden.

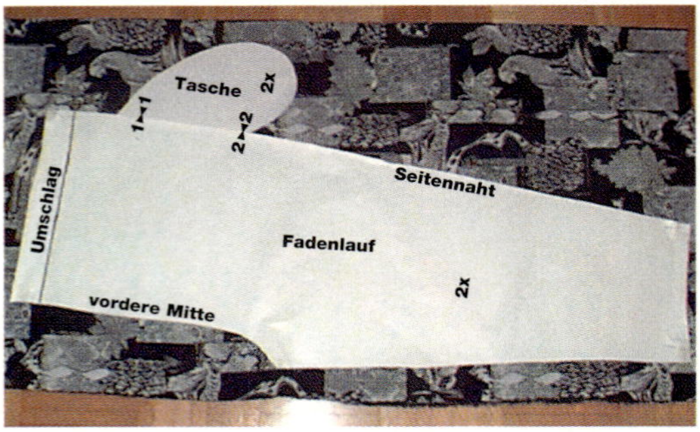

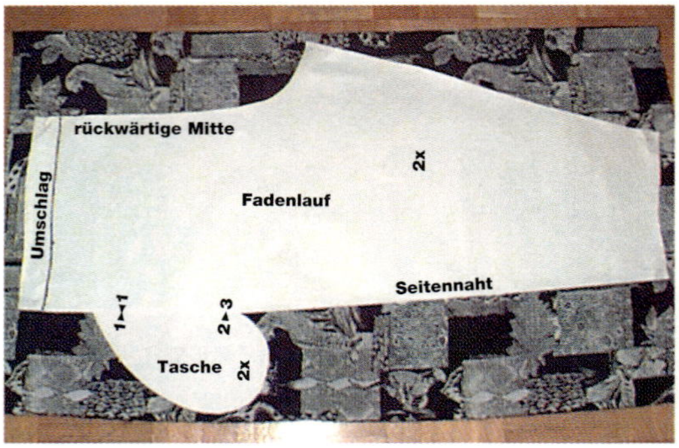

Schnittauflage für eine Hose mit angeschnittenen Taschen

Der Stoff liegt jeweils doppelt, die rechte Stoffseite nach außen.

Der Stoffbruch befindet sich jeweils an der vorderen bzw. rückwärtigen Mitte.

An allen Kanten muss 1 cm Nahtzugabe zugegeben werden.

Hose zuschneiden, zwei Vorderteile und zwei Rückenteile, jeweils mit Tasche.

Beide Seitennähte: Je ein Vorderteil und ein Rückenteil werden rechts auf rechts zusammengesteckt und geheftet.

Vordere und hintere Mittelnaht: Jeweils die vordere Mitte und die rückwärtige Mitte werden – rechts auf rechts – aufeinander gesteckt und geheftet.

Die beiden inneren Beinnähte stecken und heften.

Die erste Anprobe wird vorgenommen.

Im Moment erscheint die Hose recht weit, sie wird später durch einen Gummizug im Bund zusammengehalten.

Seitennähte mit der Maschine steppen, dabei immer an der Kante der Seitennaht, auch bei der Tasche, außen entlang nähen. Nahtenden jeweils sichern. In einem Arbeitsgang werden so die Seitennähte und die Taschenbeutel zusammengenäht, es entstehen innen liegende Taschenbeutel.

Vordere und hintere Mittelnaht – Schrittnähte mit der Maschine steppen.

Innere Beinnaht an beiden Hosenbeinen in einer Naht steppen, am einen Beinende beginnen und am anderen Beinende aufhören. Nähte mit Zickzackstich versäubern.

Saumdurchzug in der Taille/im Bund
Oben an der Hose wird ein Saum mit Einschlag und Umschlag gearbeitet, vgl. S. 100. Zunächst 1 cm Stoff für den Einschlag nach links – innen – umbügeln. Dann nochmals 4 cm Stoff für den Umschlag nach innen umbügeln. Die Saumbreite beträgt nun 4 cm.

Saum von links stecken und heften. Saum steppen, eine 10 cm große Öffnung für das Durchziehen des Gummibandes lassen.

3 cm breites Gummiband in der Länge der Taillen-/Bundweite – plus 3 cm – abmessen. Gummiband mithilfe einer Sicherheitsnadel durch den Saum ziehen.

Gummibandenden etwa 3 cm übereinander legen, mit der Hand oder der Maschine fest zusammennähen.

Die noch vorhandene Öffnung im Saum mit der Maschine schließen.

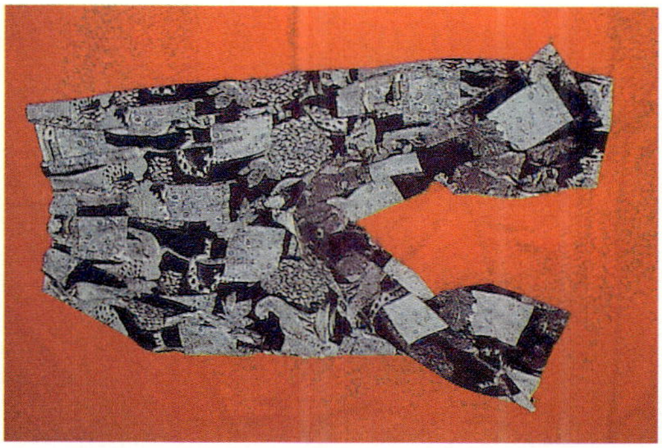

Der Gummizug ist nun fertig, vgl. Foto.

Es erfolgt die zweite Anprobe, bei der die Beinlänge in der richtigen Länge abgesteckt wird.

An den unteren Hosenbeinen müssen nun noch die Säume – mit Umschlag und Einschlag – gearbeitet werden.

Schnittänderungen

Bei größeren Abweichungen, z. B. der Hüft- oder Oberweite, muss der Schnitt korrigiert werden.

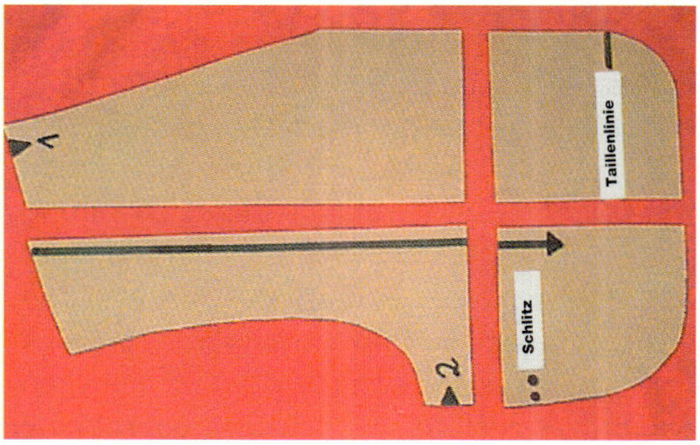

Verlängern und Erweitern

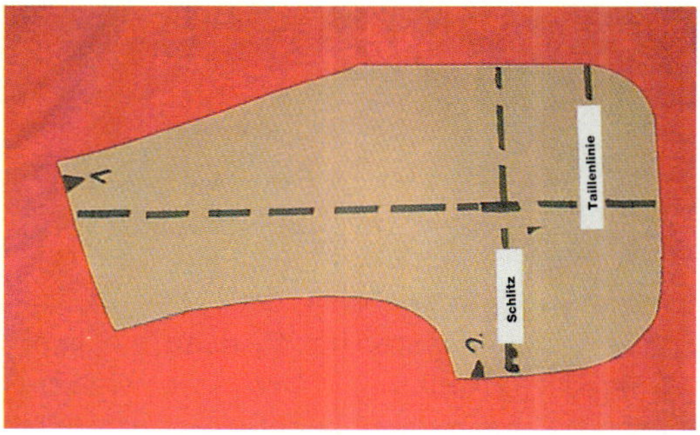

Verkürzen und Engermachen, die auseinander geschnittenen Teile werden übereinander geschoben

7 Traditionelle Techniken – hochaktuell

7.1 Maschenwaren

Stricken ist kreativ. Stricken macht Spaß. Stricken beruhigt die Nerven. Man muss es erlebt haben, wie friedlich und beruhigend es sein kann – gerade im Getriebe der heutigen Zeit –, hin und wieder eine stille Stunde zu finden, in der man seine Strickarbeit vornehmen kann.

Während die Arbeit allmählich wächst und die Maschen sich reihen und ordnen, lässt sich über so manches nachsinnen. Auch die Gedanken ordnen sich, man wird ruhig und fröhlich dabei. Während z.B. ein Pullover entsteht, sind unsere Gedanken bei der Person, der wir den Gegenstand schenken wollen. Es hat schon etwas auf sich mit dem „Einstricken der guten Wünsche"! Selbst gearbeitete Kleidungsstücke haben ihre Geschichte und sind persönlicher als gekaufte. Was würden sie alles erzählen, wenn sie reden könnten.

Also gleich loslegen und mit dem Stricken beginnen. Und wenn der lange Strumpf für die Schule so gar nicht wachsen wollte, legten so manche Jugendliche ihre Handarbeit über Nacht auf das „Mistbeet". Gute Geister haben dann ein paar Reihen hinzugefügt. Und die weitere Arbeit – nach dem nächtlichen Erfolg – machte dann umso mehr Spaß.

Wie war es damals?

Alte Gräberfunde bezeugen, dass bereits im 5. Jahrhundert gehäkelt wurde. Die Häkeltechnik entstand wohl aus der Schlingenbildung, die bei der Herstellung von Netzen angewandt wurde.

Häkeln diente früher meist dem Befestigen und Schmücken von Stoffkanten. Das Häkeln ganzer Kleidungsstücke verbreitete sich erst in diesem Jahrhundert.

Wahrscheinlich ist das Stricken im späten Mittelalter in Spanien erfunden worden. Auf einem Marienbild um 1400 strickt Maria mit vier hölzernen Nadeln. Heinrich VIII. trug gestrickte seidene Strümpfe – also aus ganz feinem Material –, die in Spanien oder Italien gefertigt wurden.

Stricker war damals ein Männerhandwerk. Im 16. Jahrhundert entstand in Paris die angesehene Gilde der Strumpfstricker.

Stricker war ein Lehrberuf mit dreijähriger Lehrzeit, bis zur Meisterprüfung arbeiteten die Gesellen dann nochmals drei Jahre bei anderen Meistern – möglichst im Ausland –, um auch deren „Geheimnisse" kennen zu lernen.

Im 19. Jahrhundert gestrickte Patchworkdecke

Freundschaftsband gestrickt

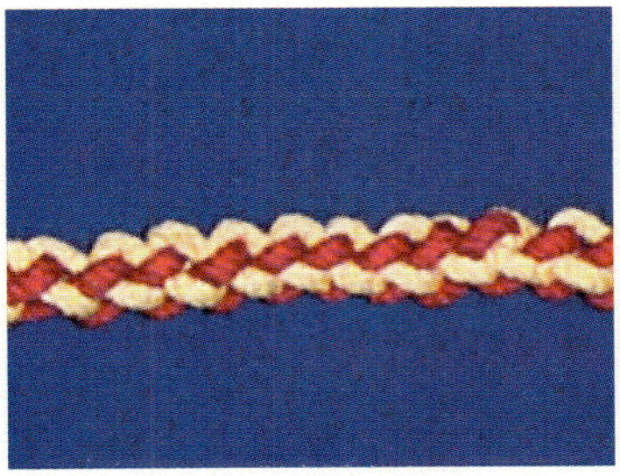

Fertiges Band:
mit zwei Fäden.

Einen Knoten formen.

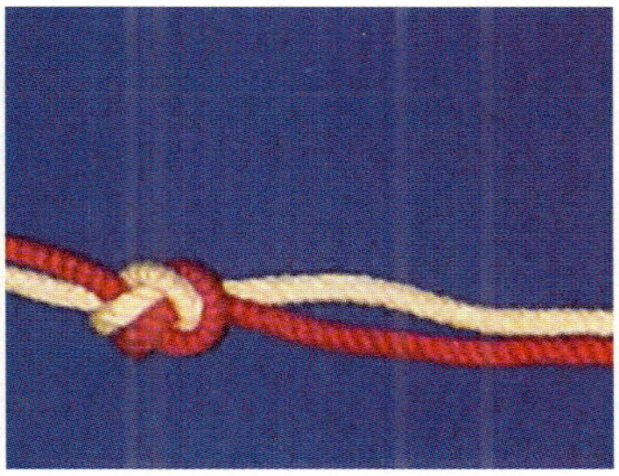

Knoten festziehen.

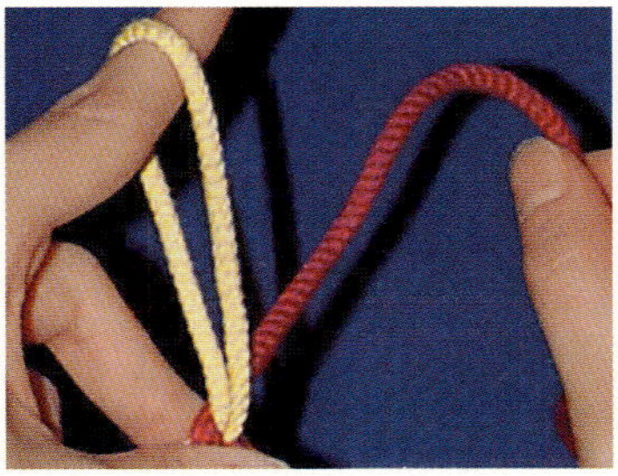

Knoten festhalten,
mit dem einen Faden
eine Schlinge formen.

Anderen Faden – wie
beim Stricken – durch
die Schlinge führen.

Faden als Schlinge –
Masche – durchziehen.

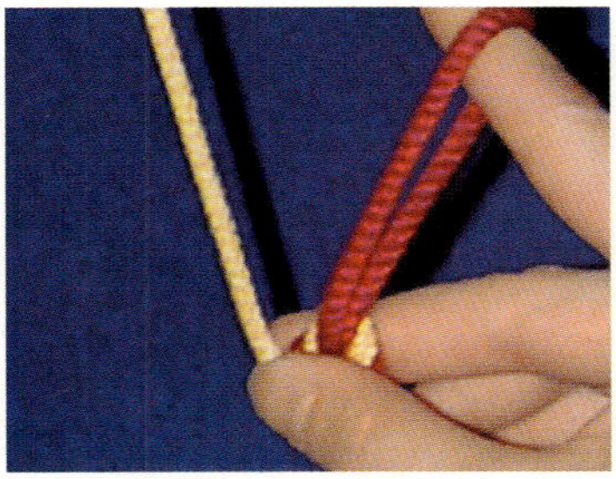

Den Faden, der vorher die
Masche gebildet hatte,
festziehen.

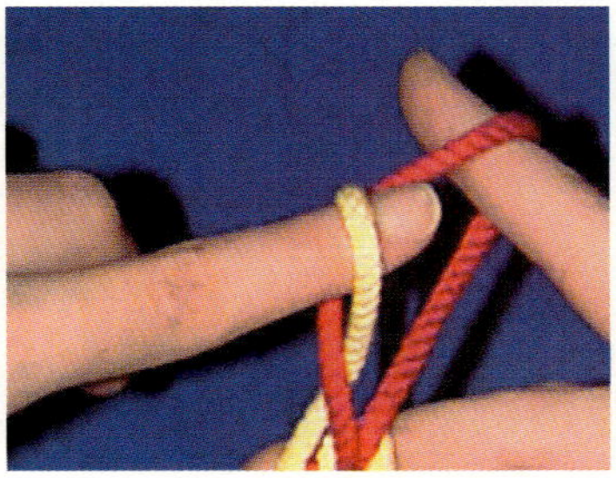

Den anderen Faden durch
die Schlinge holen.

Faden als Schlinge
durchziehen.

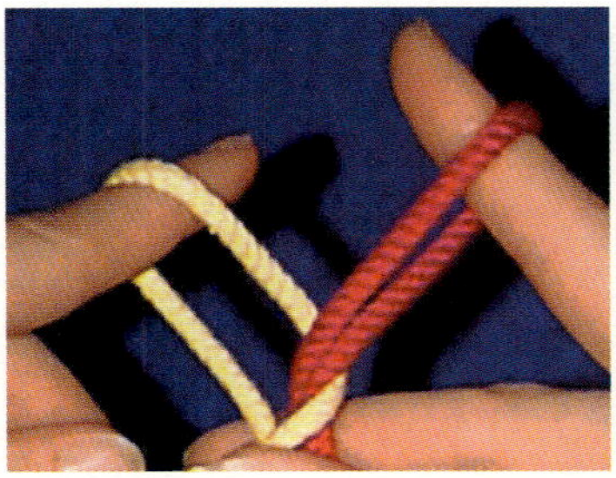

Abwechselnd durch den linken oder rechten Faden
Schlingen – Maschen – bilden.

Bandende: Fadenende
durchziehen, die andere
Schlinge festziehen.

Stricken – Grundlagen

Ohne Stricknadeln geht gar nichts.

Bambus- und Holzstricknadeln haben den Vorteil, dass auch Allergiker damit stricken können, da sie nickelfrei sind.

Stricknadelstärke nach den Angaben auf der Banderole des Garns auswählen.

Maschenraffer sind große Sicherheitsnadeln, auf ihnen können Maschen stillgelegt werden, vgl. S. 142.

Kreuzanschlag
Faden doppelt nehmen – etwa 20 cm länger als das fertige Strickteil. Mit dem Fadenende um den Damen eine Schlinge bilden. Den anderen Fadenteil über den Zeigefinger führen.

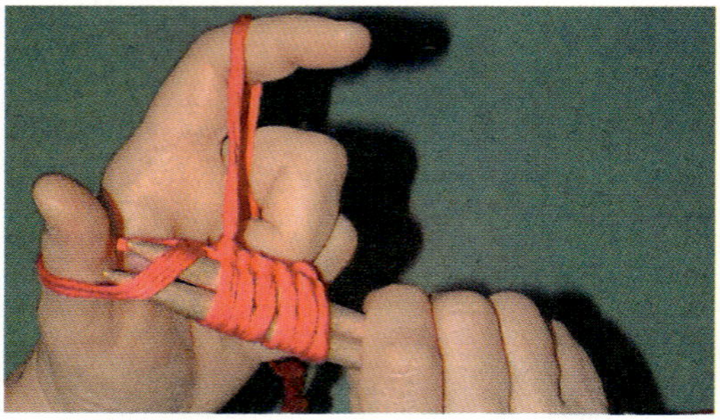

Mit beiden Stricknadeln von unten in die Daumenschlinge stechen.

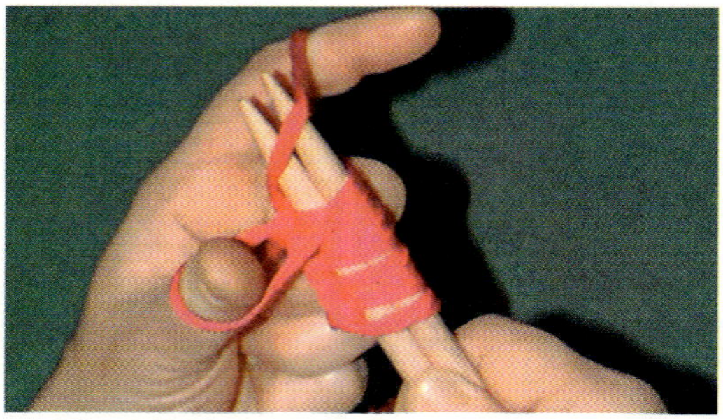

Mit den Stricknadeln den Faden vom Zeigefinger holen und durch die Daumenschlinge ziehen. Faden vom Daumen rutschen lassen. Schlinge fest anziehen. Daumenschlinge bilden usw.

Sind genügend Maschen aufgenommen, eine Stricknadel herausziehen. Erste Masche abheben und rechts zurückstricken.

Maschen aufstricken
Mit der Stricknadel in die letzte Masche einstechen. Faden holen und hindurchziehen. Schlinge auf die linke Stricknadel heben und anziehen.

Wieder eine Schlinge durch die neu entstandene Masche ziehen und auf die linke Stricknadel heben usw.

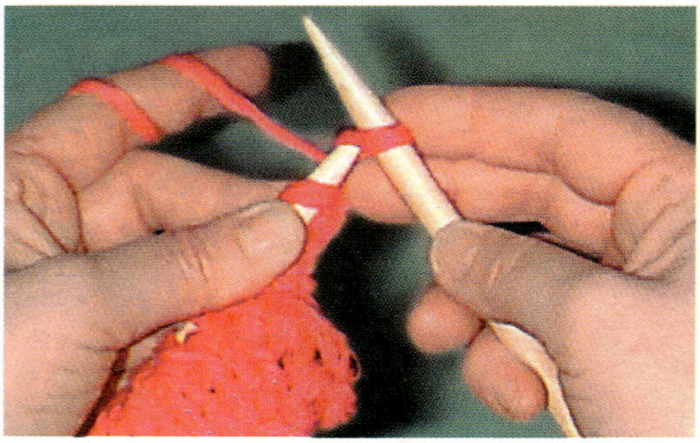

Maschenprobe
Jeder von uns strickt unterschiedlich, der eine fester, der andere lockerer, der eine benötigt also mehr und der andere weniger Maschen für die gleiche Breite. Also: Vor dem Stricken, z. B. eines Pullovers, eine Maschenprobe – mindestens 10 x 10 cm – anfertigen.

Maschenprobe stimmt mit den Angaben auf der Banderole überein: Es kann mit dem Stricken begonnen werden.

Angaben stimmen nicht überein:
Zu wenig Maschen, es wurde zu fest gestrickt, größere Nadelstärke benutzen.
Zu viel Maschen, es wurde zu locker gestrickt, kleinere Nadelstärke verwenden.

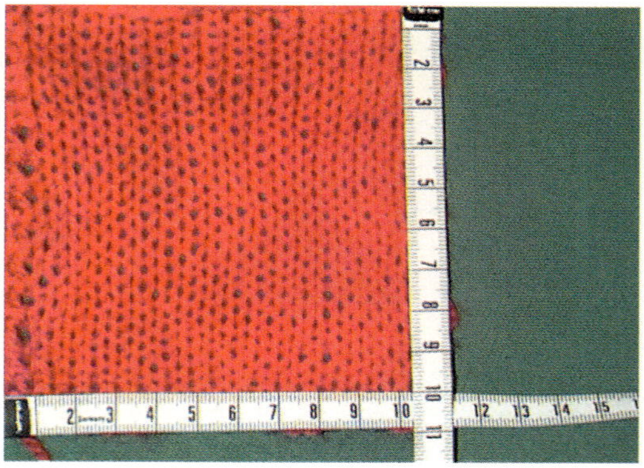

Rechte Maschen
In die erste Masche einer rechten Reihe einstechen. Masche auf die rechte Nadel nehmen. Die nächsten Maschen werden rechts gestrickt. Diese Beschreibung gilt für Rechtshänder.

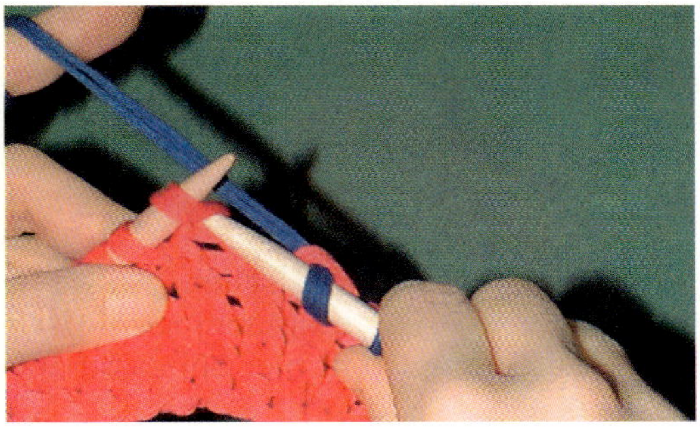

In die Masche von vorn nach hinten einstechen.

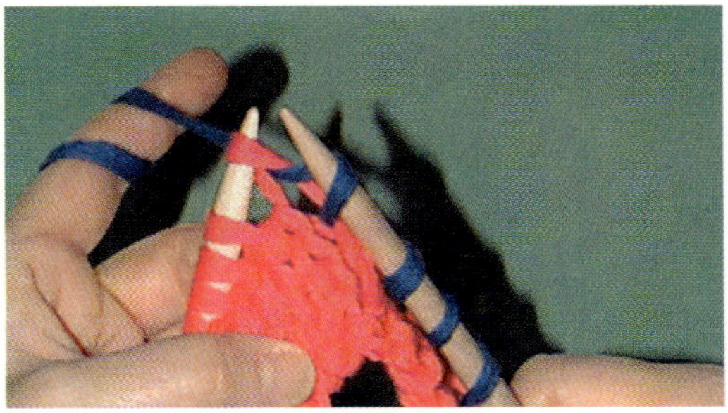

Faden mit der rechten Nadel nach vorn durchziehen. Masche von der linken Nadel gleiten lassen, Faden leicht anziehen.

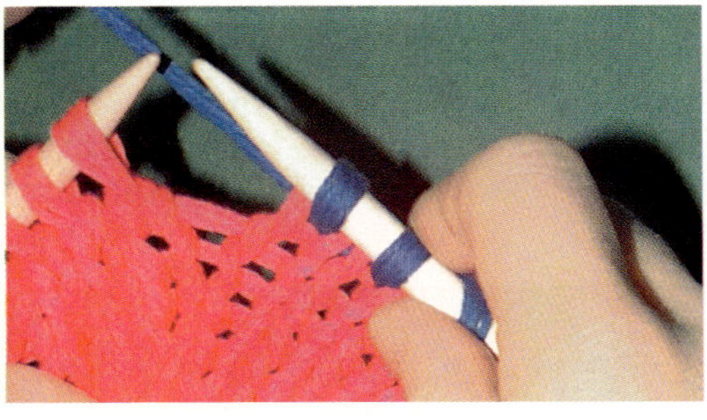

Die Schlingen auf der rechten Nadel bilden rechte Maschen.

Kraus rechts: Hin- und Rückreihen mit rechten Maschen stricken.
Glatt rechts: Hinreihen mit rechten, Rückreihen mit linken Maschen stricken.

Linke Maschen
In die erste Masche einer rechten Reihe einstechen. Masche auf die rechte Nadel nehmen. Die erste Masche jeweils fest anziehen. Die nächsten Maschen werden links gestrickt.

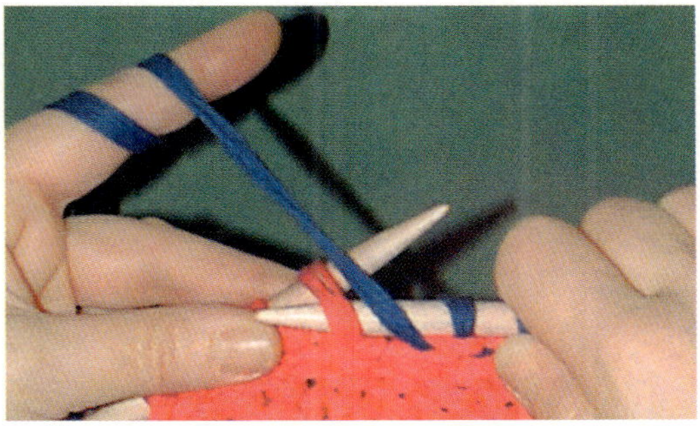

Mit der rechten Nadel von rechts nach links in die nächste Masche einstechen.

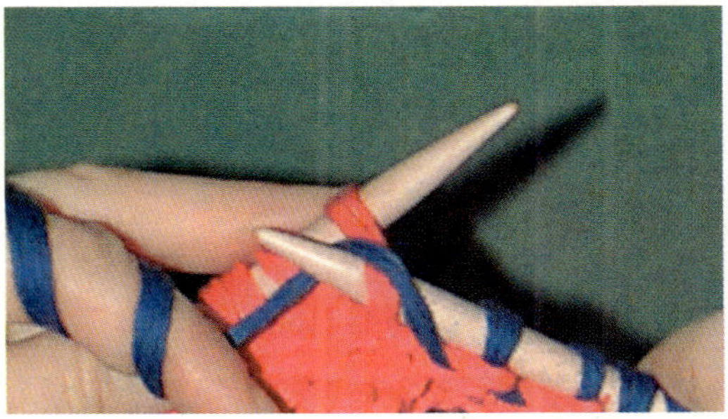

Faden nach unten – vorbei an der nächsten Masche – um die Stricknadel legen.

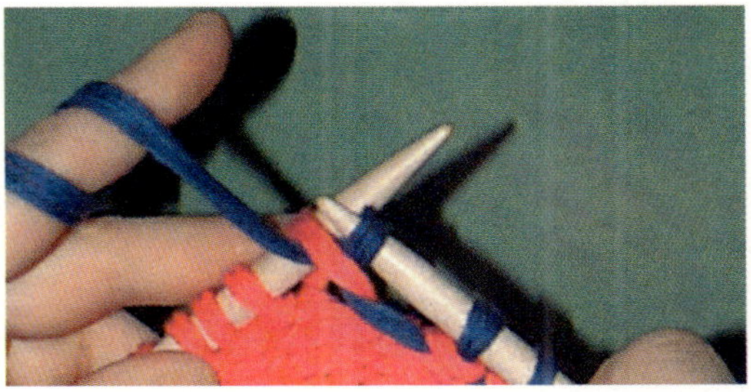

Faden durch die Masche ziehen. Masche von der linken Nadel gleiten lassen, den Faden dabei leicht anziehen. Die entstandene Schlinge bildet eine linke Masche.

Glatt links: In den Hinreihen linke Maschen und in den Rückreihen rechte Maschen stricken.

Maschen rechts verschränkt zusammenstricken

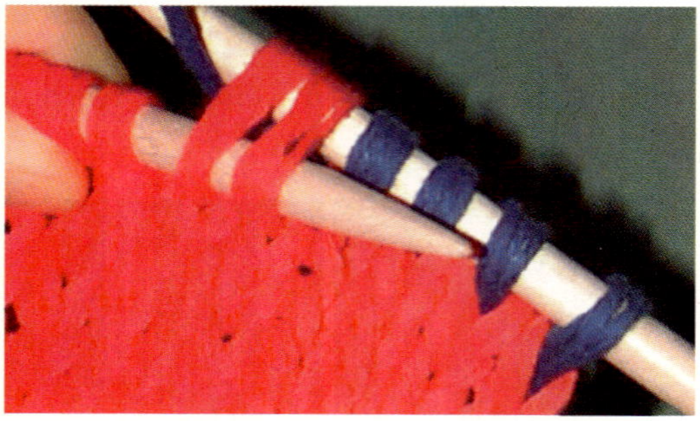

Rechte Stricknadel durch die nächsten beiden Maschen führen.

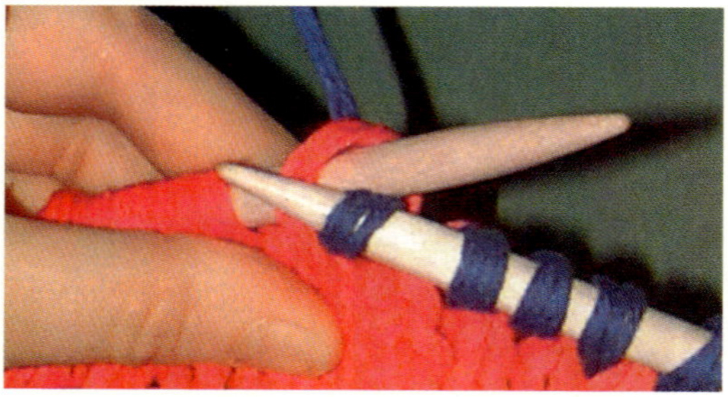

Faden – wie beim Rechtsstricken – durch beide Maschen ziehen. Maschen von der linken Nadel gleiten lassen.

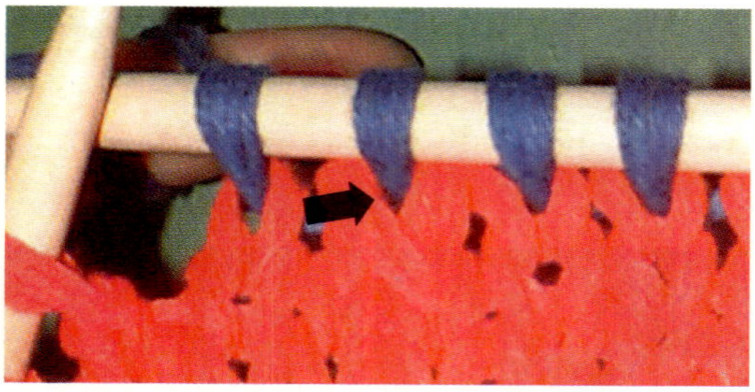

Maschen können auch entsprechend **links zusammengestrickt** werden.

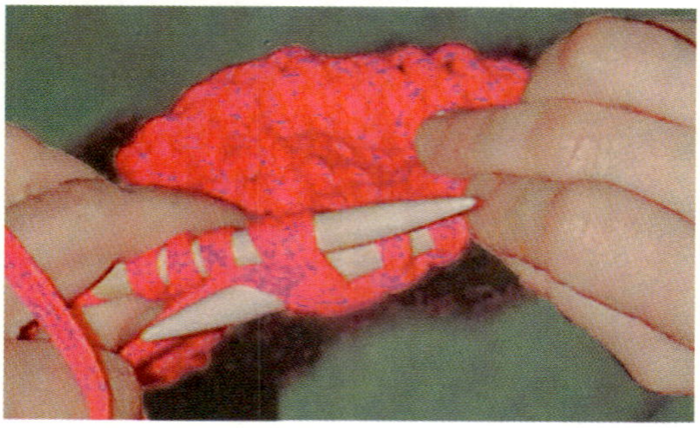

Maschen rechts zunehmen

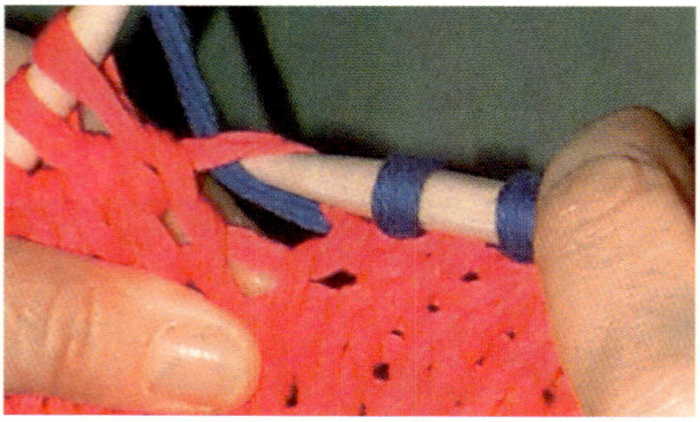

Mit der Stricknadel zwischen zwei Maschen den Querfaden aufnehmen. Rechts abstricken. Es entsteht hier ein sichtbares kleines Loch.

Wird die Masche verschränkt „verdreht" abgestrickt, so entsteht kein Loch.

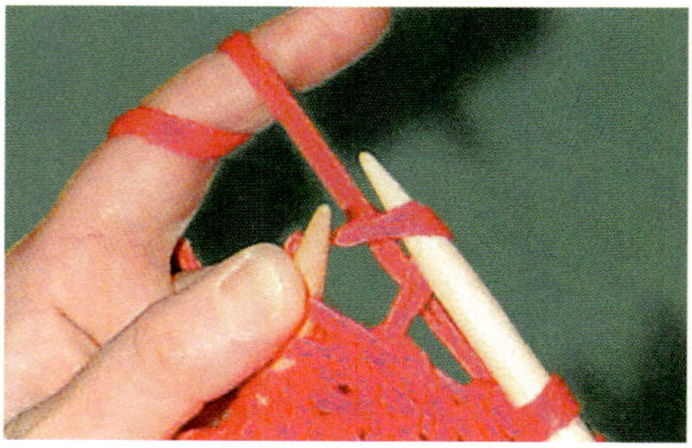

Nähte mit Matratzenstich

Für das Nähen wird eine Nadel ohne Spitze benötigt. Neben den Randmaschen jeweils von oben nach unten zunächst in das eine, dann in das andere Teil einstechen. Es werden immer zwei Querfäden versetzt aufgenommen. Faden nicht zu fest anziehen, damit die Naht elastisch bleibt.

Abketten durch Überziehen

Bei rechtsgrundigen Mustern die Randmasche und die folgende Masche rechts stricken. Die Randmasche mit der linken Nadel aufnehmen.

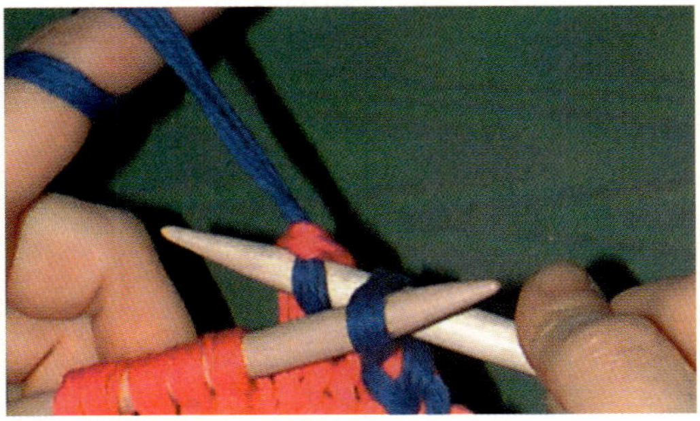

Randmasche über die zweite gestrickte Masche ziehen. Dann immer eine Masche stricken und die vorherige Masche darüber ziehen.

Bei glatt links Gestricktem werden die Maschen links gestrickt und dann übergezogen.

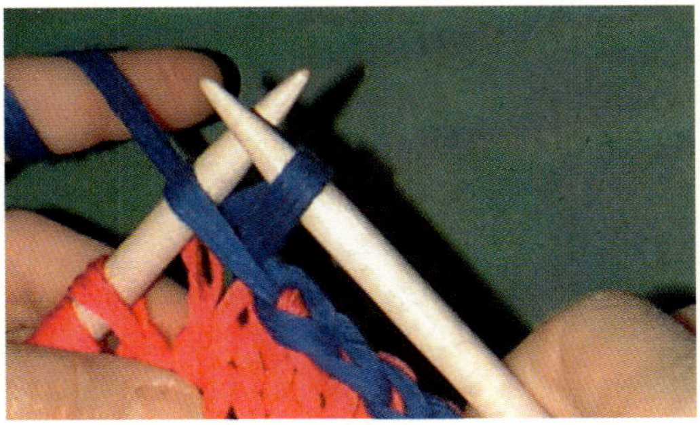

Diesen Vorgang fortsetzen, bis alle Maschen abgekettet sind. Faden dann abschneiden und durch die letzte Masche ziehen.

Ist der Abkettrand zu locker oder ungleichmäßig, so kann dieser Fehler nachträglich behoben werden:

Wenn eine Hinreihe abgekettet wurde, wendet man die Arbeit. Nun wird von links nach rechts gearbeitet. Zunächst das vordere Maschenglied der zweiten Masche anziehen und dann das hintere, es folgt die nächste Masche usw. Der überschüssige Faden wird am Ende mit vernäht. Die Abkettmaschen liegen nun gleichmäßig auf der Oberkante.

Es kann auch mit einer Häkelnadel abgekettet werden. Es wird jeweils eine Masche zusätzlich auf die Häkelnadel genommen, beide Maschen werden dann wie Kettmaschen abgehäkelt.

Maschenproben: kraus rechts und glatt rechts

Socken selbst gestrickt

Ferse

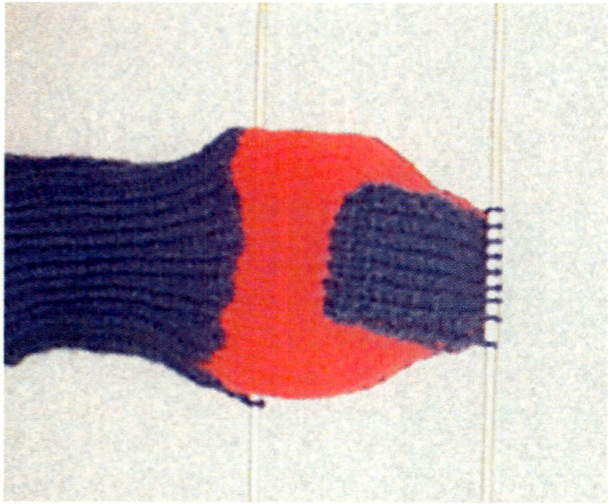

Käppchen

Verbindung von Ferse und Spann

Bein

Ca. 60 Maschen anschlagen. Maschen auf vier Nadeln verteilen.

Das Bein 2 rechts, 2 links oder mit einem anderen Muster stricken.

Ferse

Die Hälfte der Maschen auf einer Stricknadel oder auf einer großen Sicherheitsnadel „stilllegen".

Die andere Hälfte der Maschen auf einer Nadel hochstricken. Hin mit Rechtsmaschen, zurück mit Linksmaschen. Das Fersenteil wird 1 bis 2 cm weniger hoch gestrickt, als es breit ist.

Käppchen

Die Maschen des Fersenteils werden in drei Teile geteilt.

Die ersten beiden Drittel rechts abstricken, die folgenden beiden Maschen rechts verschränkt zusammenstricken, hier entsteht eine Lücke.

Die Arbeit wenden. Die erste Masche links abheben, weiter das zweite (mittlere) Drittel links zurückstricken. Zwei Maschen links zusammenstricken.

Die Arbeit wenden. Die erste Masche abheben. Das Drittel rechts stricken. Die Masche vor der Lücke und die Masche hinter der Lücke zusammenstricken.

Die Arbeit wenden. Die erste Masche links abheben, links bis zu der anderen Lücke zurückstricken. Die Masche vor der Lücke und die Masche hinter der Lücke zusammenstricken.

So geht es weiter, bis die Maschen der beiden äußeren Drittel vollständig zusammengestrickt wurden. Die Ferse mit Käppchen ist nun fertig.

Verbindung von Ferse und Spann

Die Maschen des Käppchens auf zwei Nadeln verteilen.

An beiden Seiten längs der Ferse die Randmaschen aufnehmen. An der Verbindungsstelle zum Spann eine zusätzliche Masche aufnehmen, dadurch sieht der Übergang zwischen Ferse und Spann besser aus.

Keilabnehmen
Zunächst zwei Runden rechts stricken. Dann beginnt das Keilabnehmen.

Die zweite und dritte Masche vor dem Spannteil und die zweite und dritte Masche nach dem Spannteil zusammenstricken. Jeweils beide Maschen auf die Nadel nehmen und zusammenstricken.

Zwei Runden stricken.
Wiederum die zweite und dritte Masche vor und nach dem Spannteil zusammenstricken.

Diesen Vorgang so lange wiederholen, bis wieder die gleiche Maschenzahl wie vor der Ferse erreicht ist.

Nun wird so lange rechts weiter gestrickt, bis der Strumpf die nötige Länge erreicht hat und mit dem Abnehmen für die Spitze begonnen werden kann. Länge zwischen Ferse und Spitzenbeginn bei Schuhgröße 38 bis 41 beträgt ca. 14 cm.

Spitze
Maschen auf vier Nadeln verteilen.

In jeder Abnehmerunde wird die drittletzte Masche auf jeder Nadel mit der folgenden Masche zusammengestrickt.

Nach der ersten und zweiten Abnehmerunde je drei Reihen rechts stricken, ohne abzunehmen.

Nach der dritten bis sechsten Abnehmerunde je zwei Reihen rechts stricken, ohne abzunehmen.

Nach der siebten bis elften Abnehmerunde je eine Reihe rechts stricken, ohne abzunehmen.

Nun nimmt man in jeder Runde ab, bis nur noch acht Maschen übrig sind.

Die restlichen acht Maschen mit Nadel und Faden zusammennähen, Fadenende auf der Rückseite vernähen.

1. *Suche nach Strickmustern, die für Strümpfe verwendet werden können.*
2. *Beschreibe die Erstellung einer Maschenprobe.*

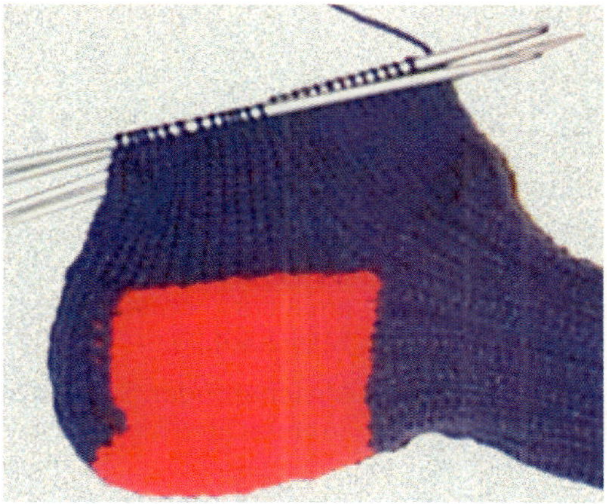
Keilabnehmen

Spitze

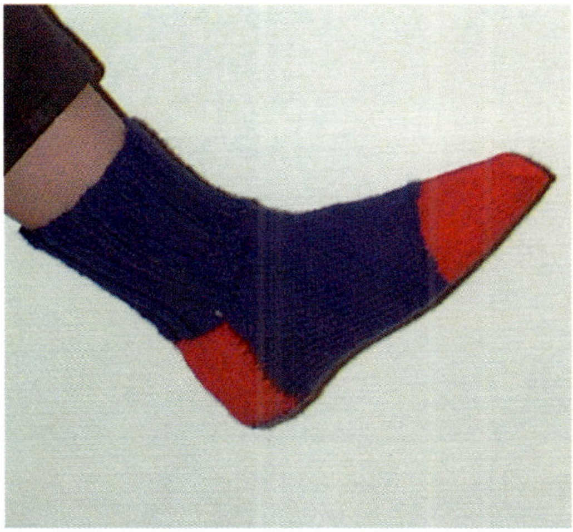
Fertiger Strumpf

Häkeln

Zum Häkeln eine Nadel mittlerer Stärke – Nr. 3 – verwenden. Auf der Banderole des Garns befinden sich im Übrigen Angaben zur benötigten Nadelstärke.

Je nachdem, ob man in den vorderen oder hinteren Maschenbogen oder in die ganze Masche einsticht, entsteht ein unterschiedliches Maschenbild.

Auch durch feste Maschen oder Stäbchen kann man ein unterschiedliches Maschenbild erzeugen.

Anfangsschlinge und Luftmaschenreihe

Zunächst eine Anfangsschlinge bilden.

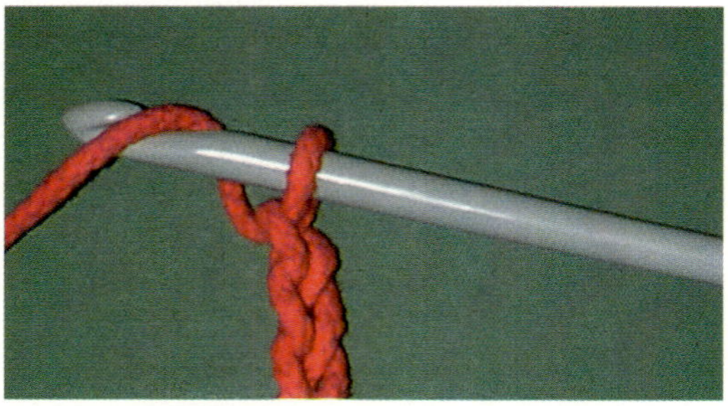

Den Faden holen und durch die Anfangsschlinge ziehen, es entsteht eine Luftmaschenreihe.

Feste Maschen

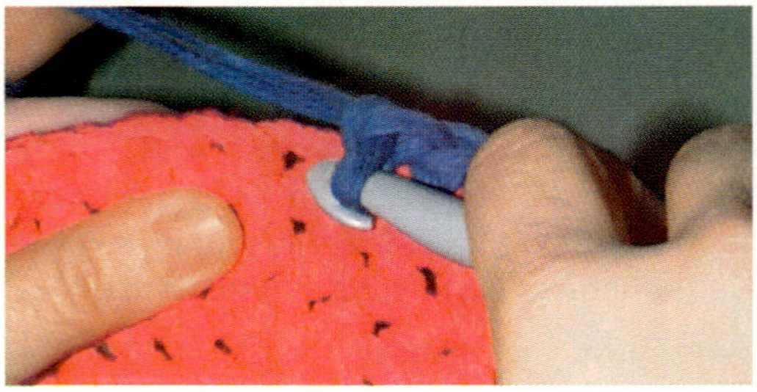

Zu Beginn der Reihe eine Luftmasche häkeln. Danach in die folgende Luftmasche bzw. Masche einstechen.

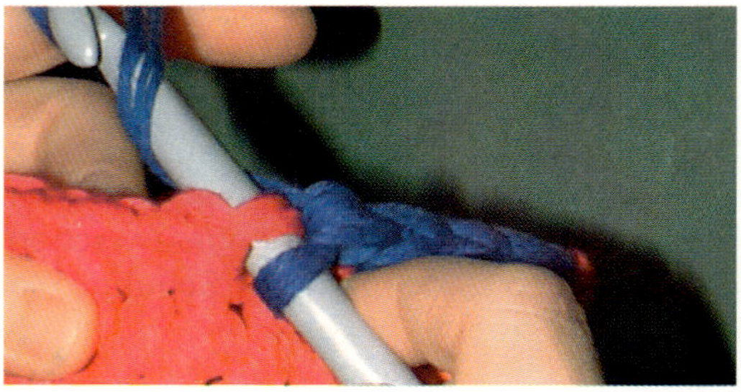

Faden holen und durch die Masche ziehen, es befinden sich nun zwei Schlingen auf der Häkelnadel.

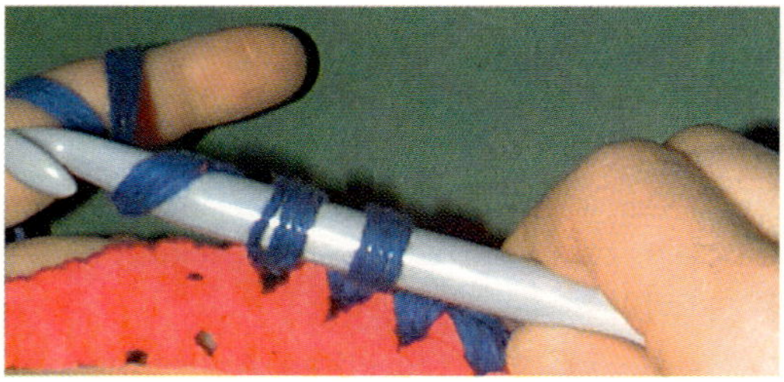

Faden wieder mit der Häkelnadel holen.

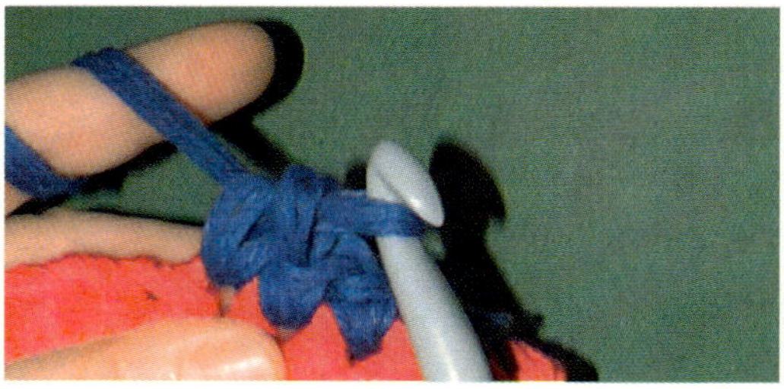

Faden durch beide Maschen auf der Häkelnadel ziehen. In die nächste Masche einstechen usw.

Rundhäkeln

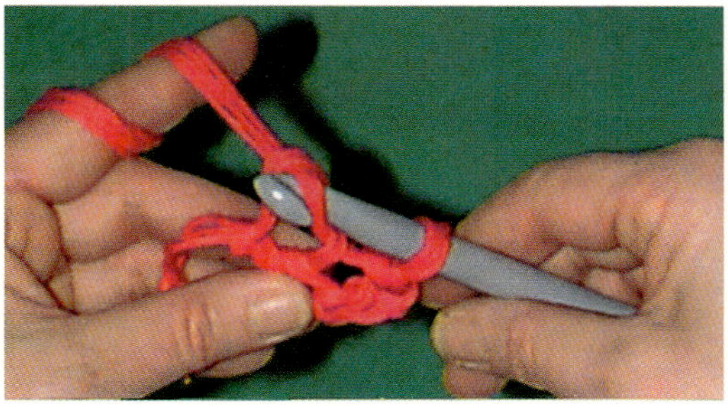

Rundhäkeln – Anfang: Mit 5 Luftmaschen oder weniger, je nach Stärke des Garns, beginnen. Danach wird der Luftmaschenkreis durch eine Kettmasche mit der ersten und letzten Masche geschlossen.

Vermindern der Maschenzahl: Jeweils eine Masche wird – entweder am Rand oder auch in der Mitte der Reihe – übersprungen, beim Einstechen übergangen.

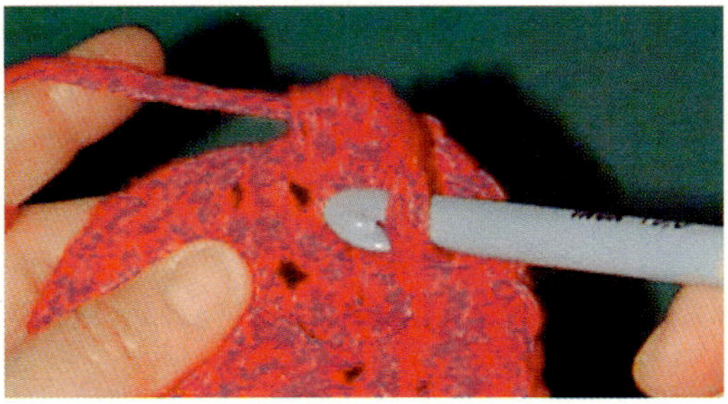

Verdoppeln der Maschenzahl: In der 1., 2. und 3. Runde wird die Maschenzahl jeweils verdoppelt. Das Verdoppeln geschieht durch zweimaliges Einstechen in dieselbe Masche. Danach drei Reihen nicht zunehmen, dann jeweils so viel zunehmen, dass die Arbeit „flach" bleibt, also etwa jede achte Masche.

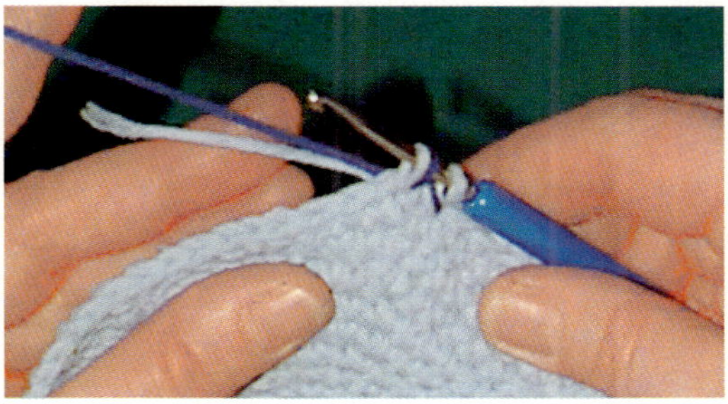

Ansetzen eines neuen Fadens: Alten und neuen Faden etwa handbreit übereinander legen. 2 bis 3 Maschen mit doppeltem Faden häkeln, alten Faden dann hängen lassen und später abschneiden. Der „Fadenwechsel" sollte möglichst am Rand geschehen, da er dort weniger auffällt.

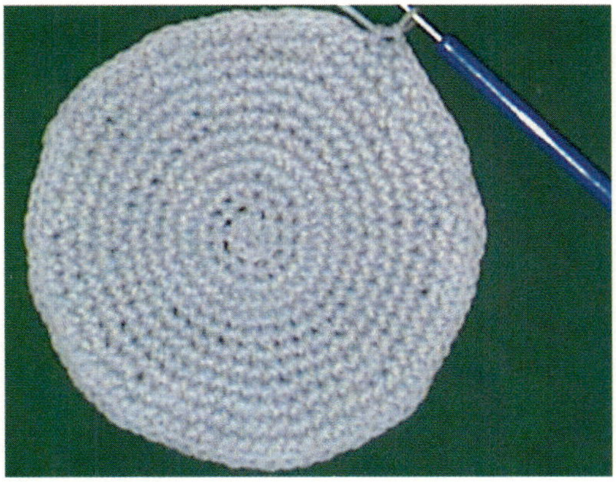

Rundgehäkelt

Maschenprobe ist auch beim Häkeln hilfreich

Stäbchen

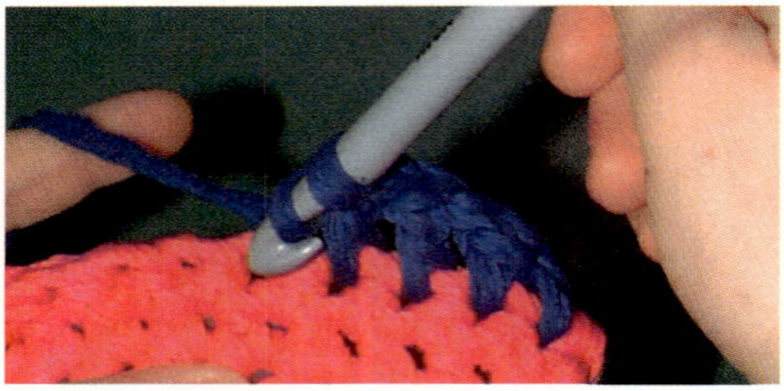

Zu Beginn der Reihe drei Luftmaschen häkeln. Danach Faden einmal um die Häkelnadel schlingen und in die folgende Luftmasche bzw. Masche einstechen.

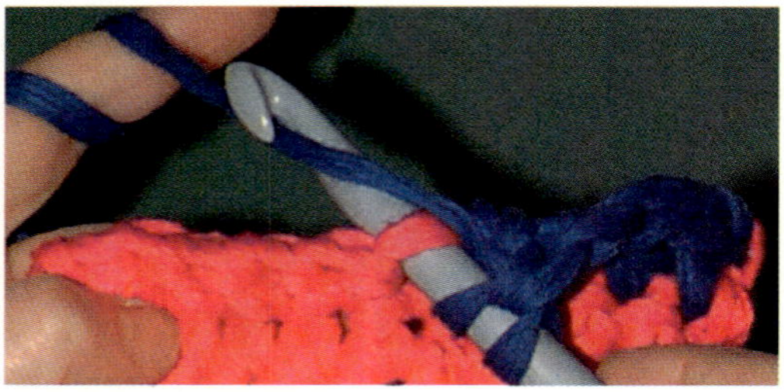

Faden holen.

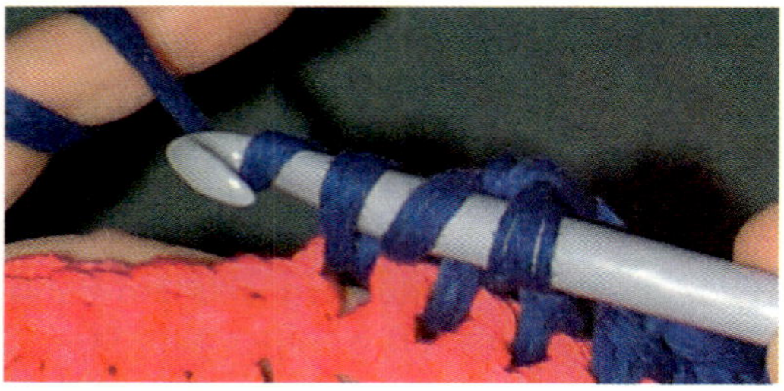

Faden durch die ersten beiden Maschen auf der Häkelnadel ziehen.

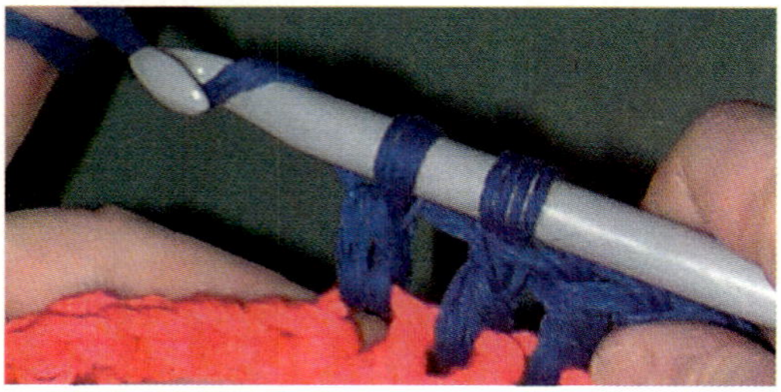

Faden um die Häkelnadel schlingen, durch beide Maschen auf der Häkelnadel ziehen. In die nächste Masche einstechen usw.

Arbeitsschritte für eine Filethäkelei

- Muster auf kariertem Papier entwerfen.
- **Luftmaschenreihe:** Für jedes Kästchen 3 Luftmaschen anschlagen, dazu kommt noch eine Luftmasche für das Abschlussstäbchen.
- Für jedes leere Kästchen **am Anfang einer Reihe** rechnet man 5 Luftmaschen, es folgt 1 Stäbchen, dabei werden 2 Maschen der vorangegangenen Reihe überschlagen.
- Für jedes ausgefüllte Kästchen **am Anfang einer Reihe** rechnet man 3 Luftmaschen, es folgen 3 Stäbchen.
- Für jedes folgende leere Kästchen rechnet man 2 Luftmaschen und 1 Stäbchen, es werden 2 Maschen der vorangegangenen Reihe übersprungen.
- Für jedes folgende ausgefüllte Kästchen rechnet man 3 Stäbchen.
- Vor Beginn der Arbeit eine Maschenprobe anfertigen. So kann festgestellt werden, welche Größe die fertige Filethäkelei später haben wird.
- Mit einer stärkeren Häkelnadel (Stärke 3) und entsprechendem Baumwollgarn kann zunächst leichter gearbeitet werden.
- Nach der Fertigstellung muss die Filethäkelei zunächst gespannt und anschließend gedämpft werden.

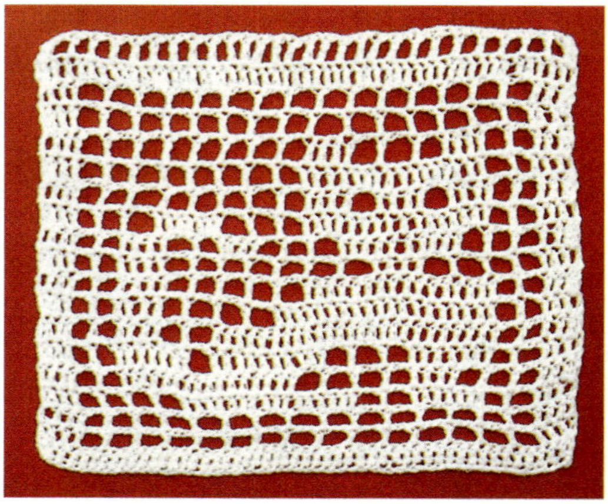

Filethäkelei nach Arbeitsanleitung

1. *In einer Zeitschrift ist folgende Arbeitsanleitung zu finden. Lies die Arbeitsanleitung: Welche Materialien werden benötigt? Erstelle einen Arbeitsplan.*
2. *Sammle weitere Arbeitsanleitungen für*
   a) Filethäkeleien,
   b) sonstige Häkelarbeiten.

Modell 7

Dreieck für Set

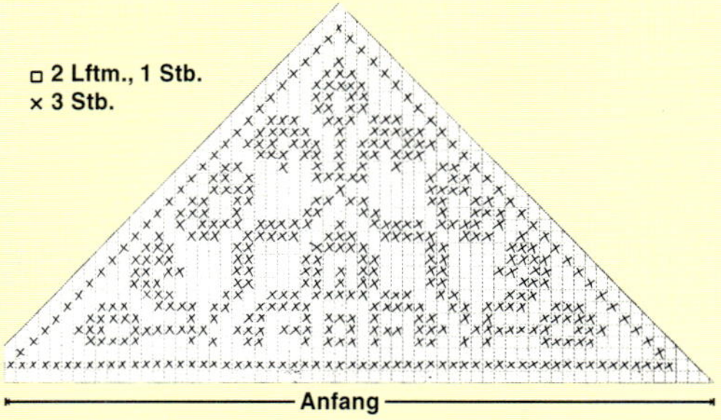

Set mit gehäkelten Ecken

Material: 50 g weißes Baumwollgarn (Lauflänge 400m/50g) sowie 1 Häkelnadel Nr. 1,25 und ein fertiges weißes Set.

Grundmuster: Lftm – Luftmasche – und Stb – Stäbchen – siehe auch Schemazeichnung.

Anleitung: Für eine Ecke 184 Lftm anschlagen und nach der Schemazeichnung arbeiten. Dabei wird jede R – Reihe – mit 2 Lftm statt eines Stb begonnen. Am Ende der 2. R muss mit Km – Kettmaschen – bis zu der Stelle zurückgegangen werden, wo die 3. R beginnt. In allen folgenden Reihen genauso verfahren, bis die Spitze erreicht ist.

Eine zweite Ecke genauso arbeiten.

Die fertigen Teile spannen und kräftig dämpfen.

Die Ecken 1 cm von den äußeren Kanten auf das fertige Set heften (siehe Foto) und rundherum mit dichten Zickzackstichen knappkantig aufsteppen.

Den Stoff unter den Häkelecken vorsichtig herausschneiden.

Wichtigste Maschenarten beim Häkeln und übliche Abkürzungen:
Lftm – Luftmasche
Stb – Stäbchen
Km – Kettmasche
Dstb – Doppelstäbchen

7.2 Sticken

Sticktuch vor 100 Jahren

Bildstickerei

Eckenbildung

Früher lernten Schüler an einem Sticktuch verschiedene Ziersticke, das Sticken von Buchstaben und Zahlen usw. Oft arbeiteten sie ein ganzes Jahr an diesem Sticktuch, manche wurden trotzdem nicht fertig und waren froh, wenn das Jahr vorüber war.

Sticken kann jedoch auch Spaß machen. Sets, Tischbänder, Kissen, aber auch Kleidungsstücke, Tücher, Jeans usw. können durch Sticken gestaltet werden.

Grundsätzliche Überlegungen

- ► Einen Stoff mit einer Leinwandbindung verwenden, hier sind die Fäden gut zählbar. Kett- und Schussfäden sollen gleich dick sein.
- ► Stickvorlagen verwenden oder Stickmuster auf kariertem Papier entwerfen.
- ► Stickereien können unterschiedlich angeordnet werden:
  Betonung der Ränder, Ecken, Mitte, freie Gestaltung der Fläche, lockere Anordnung von Einzelmotiven.
- ► Zierstiche, vgl. S. 150 f. Zierstiche können zu Linien, Flächen und Bildmustern zusammengefügt werden.

  Linienbildende Zierstiche: z.B. Rückstich, Stielstich, Hohlsaumstich.

  Flächenbildende Zierstiche: z.B. Plattstich, Kreuzstich, Hexenstich.
- ► Für Bildstickereien Gegenstände in einfachen Formen zeichnen. Linien und Flächen mit verschiedenen Zierstichen füllen.
- ► Durch verschiedenfarbiges Stickgarn – auch unterschiedlicher Stärke – und verschiedene Zierstiche können unterschiedliche Effekte erzielt werden.
- ► Für die Eckenbildung bei Bordüren einen randlosen Spiegel diagonal auf die Bordüre stellen. Im Spiegel ist die rechtwinklige Ecke zu sehen. Muster entsprechend nachzeichnen.

Bordüre für Handtücher

Benötigtes Material:
Frotteehandtuch, ein Stück Bordüre, 2 cm länger als das Handtuch breit ist – meist 45 cm –, Stickgarn und eine Sticknadel mit einer stumpfen Spitze.

Bestickt wird die Bordüre hier mit Kreuzstichen und Rückstichen, vgl. S. 150 f. Als Motive eignen sich Gegenstände, Tiere oder Buchstaben, z. B. ein Name.

Ermittlung der Fläche, die bestickt wird:
Zunächst die endgültige Breite und Höhe des Bereichs ermitteln, der bestickt werden soll. Welche Fläche soll auf der Bordüre bestickt werden?

Beispiel: Eine Bordüre – Höhe 5 cm – kann z. B. mit 15 Kreuzstichreihen übereinander bestickt werden, das sind 3 cm. Oben und unten bleibt jeweils 1 cm frei. Entsprechend kann die Breite ermittelt werden.

Entwerfen eines Motivs – Musters:
Zunächst das Motiv auf einem Stück Papier entwerfen.

Danach auf kariertem Papier ein Feld, z. B. mit 15 Karos in der Höhe, umranden.

Das Motiv wird nun in die Karos im markierten Feld übertragen. Jedes ausgefüllte Karo bedeutet einen Kreuzstich, jeder Strich einen Rückstich. Unterschiedliche Farben werden in den Karos bereits mit Farben gekennzeichnet.

Durch eine Betonung der Außenränder werden die Motive ausdrucksvoller. Hier werden z. B. bei dem Schmetterling lediglich die Außenränder gestickt, innen bleiben die Flächen leer.

Befestigung der Bordüre:
Nach dem Sticken die Bordüre von links bügeln, die Stickerei wird so nach rechts herausgedrückt. Bordüre dann auf dem Handtuch mit Stecknadeln feststecken. Die Enden der Bordüre dabei nach innen umschlagen. Bordüre festheften und danach mit der Maschine oder mit der Hand festnähen. Das Geschenk ist fertig.

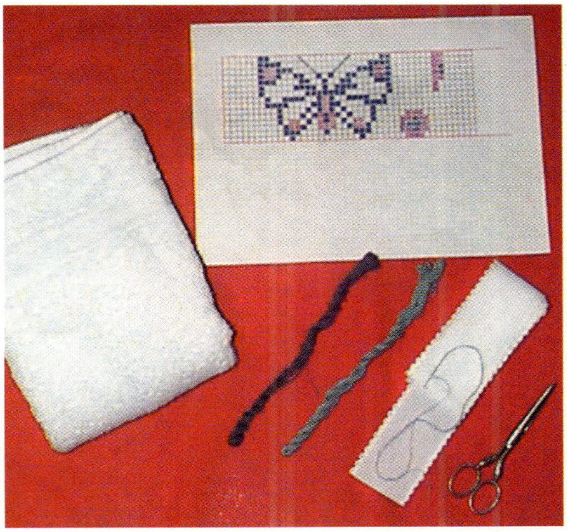

Benötigtes Material

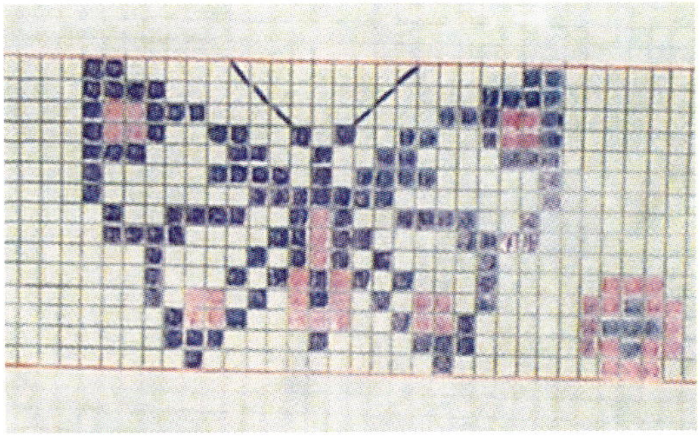

Musterzeichnung

Fertige Handtücher

Verschiedene Zierstiche

Rückstich

Stielstich

Randstich

Spannstich

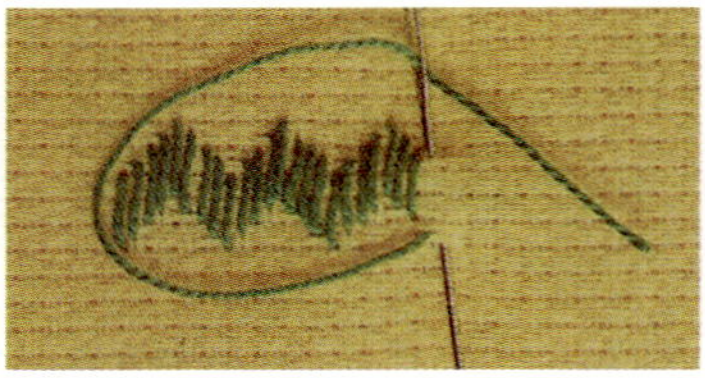
Plattstich

Kettenstich

Zickzackstich

Kreuzstich I

Kreuzstich II

Hexenstich I

Hexenstich II

Kästchenstich

Zweigstich

Fischgrätenstich

Hohlsaumstich

► Die unterschiedliche Arbeitsrichtung beachten.

Erläuterungen zu einigen Stichen

Rückstich: Man arbeitet von rechts nach links. Zwei Fäden hinter dem letzten Ausstich mit der Nadel einstechen, unter dem Stoff durchführen und im gleichen Abstand davor wieder herausführen.

Stielstich: Man arbeitet von links nach rechts. Zwei Fäden vor dem letzten Einstich einstechen, Nadel unter dem Stoff durchführen und zwei Fäden vor dem letzten Einstich wieder herausführen. Der Faden verläuft jeweils einen halben Stich über dem letzten Stich.

Randstich: Man arbeitet von links nach rechts. Mit der Nadel links von oben in den Stoff einstechen. Den Faden unter der Nadel durchziehen, er bildet eine Schlinge, Faden durchziehen.

Dieser Stich eignet sich auch zum Versäubern von Stoffkanten bzw. von Knopflöchern, hierbei wird allerdings von unten her in den Stoff eingestochen, der Faden bildet oben eine Schlinge um die Nadel, vgl. S. 108.

Spannstich: Vom Mittelpunkt jeweils gleich lange Stiche in gleichen Abständen sticken.

Plattstich: Man arbeitet von links nach rechts. Oben dicht neben dem letzten Einstich einstechen und die Nadel unten dicht neben dem letzten Ausstich wieder herausführen. Der Stoff wird durch den Stich bedeckt. Einstich und Ausstich richten sich also nach der Fläche, die bedeckt werden soll.

Kettenstich: Man arbeitet von rechts nach links. Zwei Fäden aufnehmen, den Faden um die Nadelspitze legen. Beim nächsten Stich in die erste Schlinge einstechen und wiederum einige Fäden aufnehmen usw.

Zickzackstich: Man arbeitet von rechts nach links. Ausstich an der unteren Linie. Einstich erfolgt zwei Fäden hinter dem letzten Ausstich an der oberen Linie, vier Kettfäden aufnehmen. Nächster Einstich erfolgt an der unteren Linie, am letzten Einstich, vier Kettfäden aufnehmen usw.

Kreuzstich: Die eine Kreuzstichhälfte arbeitet man mit senkrechten Stichen von links nach rechts. Die zweite Kreuzstichhälfte arbeitet man mit senkrechten Stichen von rechts nach links.

Hexenstich I: Man arbeitet von links nach rechts. An der oberen Linie etwas weiter rechts einen Rückstich bis zum nächsten Einstich ausführen, der Faden bleibt dabei unterhalb der Nadel. Dann an der unteren Linie etwas weiter rechts einen Rückstich bis zum letzten Einstich ausführen, der Faden bleibt dabei oberhalb der Nadel usw.

Hexenstich II: Der Stich kann auch weiter auseinander durchgeführt werden. Zwischen dem Ausstich und dem letzten Einstich bleiben zwei oder mehr Fäden liegen.

Kästchenstich: Man arbeitet von rechts nach links. **1. Stich:** Mit der Nadel rechts oben einstechen und links unten ausstechen. **2. Stich:** Einen geraden Stich nach oben sticken, die Nadel schräg nach unten unter dem Stoff durchführen. **3. Stich:** Einen geraden Stich nach rechts zurücksticken, die Nadel schräg nach oben unter dem Stoff durchführen. Es beginnt wieder mit dem 1. Stich usw. Auf der Stoffrückseite sind Kreuzstiche zu sehen.

Zweigstich: Man arbeitet von links nach rechts. Der Ausstich erfolgt rechts unten. **1. Stich:** Einstich vier Schussfäden weiter oben, Ausstich in der Mitte – zwei Kettfäden weiter rechts, der Faden liegt dabei unter der Nadel. **2. Stich:** Es wird ein gerader Stich über zwei Kettfäden nach rechts ausgeführt. **3. Stich:** Es wird ein schräger/diagonaler Stich nach links oben durchgeführt. Es geht weiter mit dem 1. Stich usw. Der **Fischgrätenstich** wird entsprechend gearbeitet.

Hohlsaumstich: Man arbeitet von links nach rechts. Zwei oder mehr Schussfäden aus dem Stoff entfernen. Die Nadel unter zwei oder drei Kettfäden hindurchführen. Nun unter einem oder mehreren Schussfäden hindurchführen. Es wird also jeweils eine Schlinge um die Kettfäden gebildet, die diese zusammenzieht.

7.3 Weben und Flechten

Ein gewebtes Bild

Benötigtes Material:

1 Kartondeckel,
Bindfaden oder Zwirn
als Kettfaden,
farbige Wollreste,
1 Stoffnadel,
1 Schere

Benötigtes Material

An beiden Längsseiten des Kartons gleich viel Kerben einschneiden.

Spannen des Kettfadens

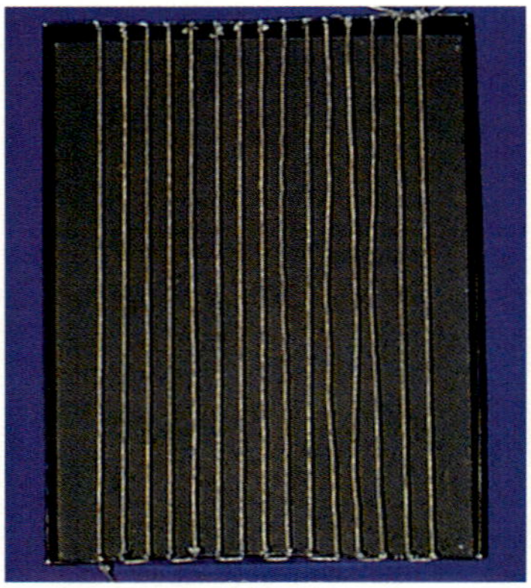

Kettfaden mit einem Knoten am Rand sichern, Kettfaden vom einen Ende zum anderen spannen.

Grundtechniken

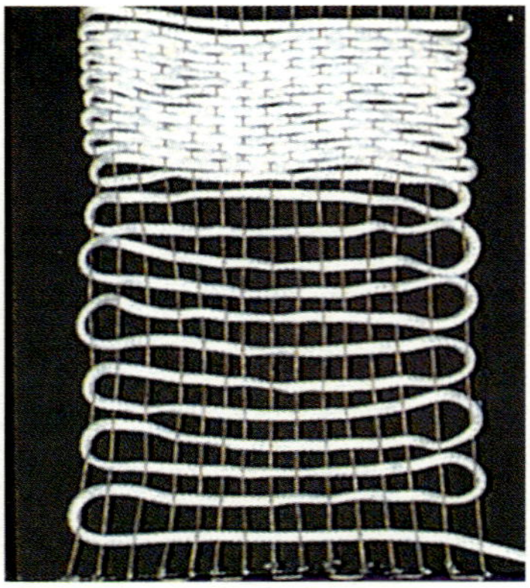

Leinwandbindung: Schussfaden jeweils über einen Kettfaden, dann unter einen Kettfaden usw. führen.

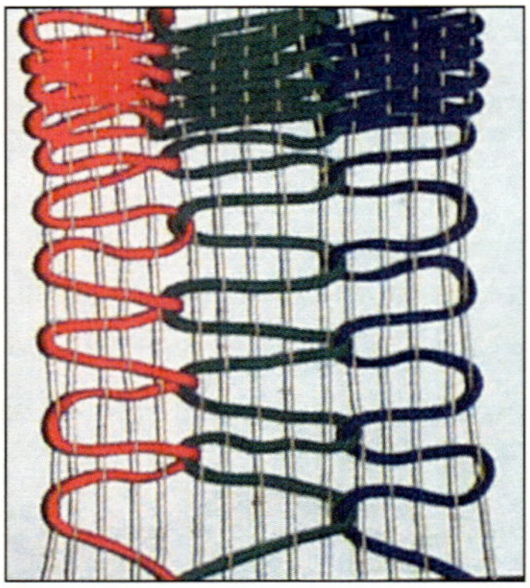

Verbund weben: Die verschiedenen Schussfäden kreuzen sich jeweils.

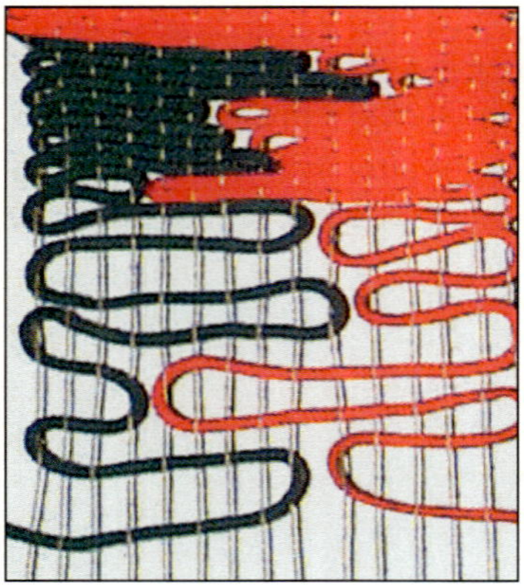

Farbübergänge

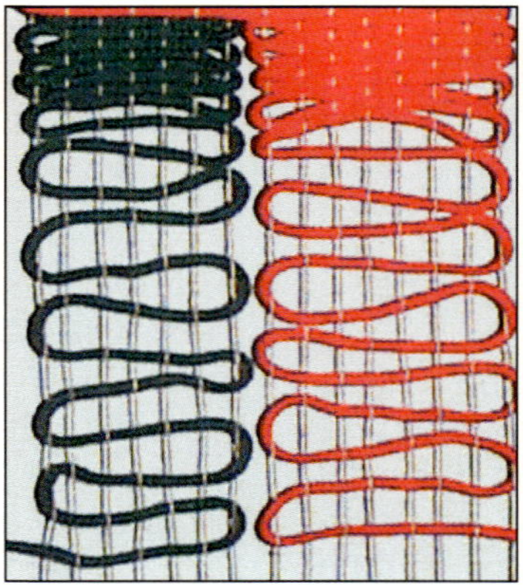

Schlitz- oder Kelimweberei

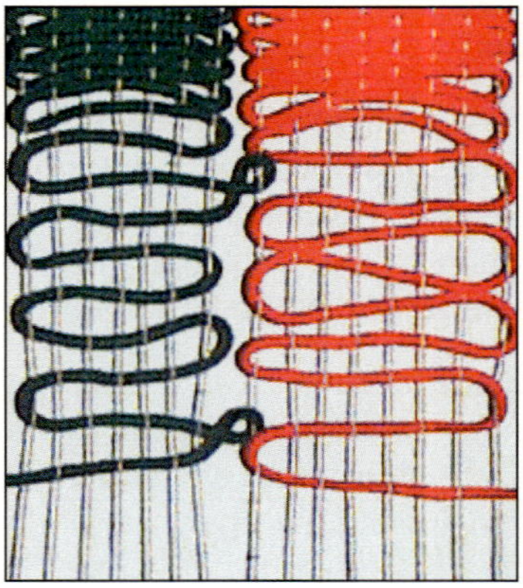

Verbindungen in bestimmten Abständen

Farbtupfer

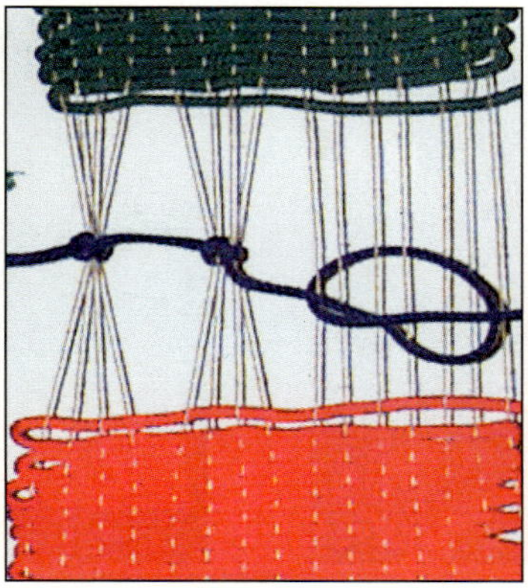
Kettfäden mit einer Schlinge gerafft.

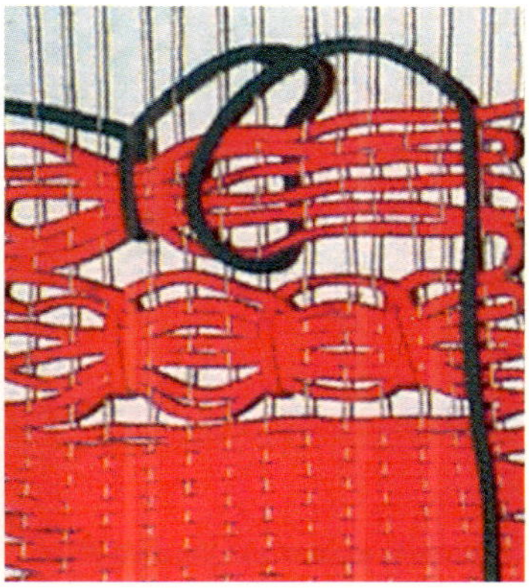
Schussfäden mit einer Schlinge gerafft.

Bildweben oder Bildwirken ist eine andere Art, ein Bild zu malen.

Zunächst wird ein Entwurf auf einem Blatt Papier von einer Landschaft, einem Gegenstand oder einem abstrakten Muster, z.B. geometrische Formen, gefertigt. Zur Ideenfindung bieten sich Postkarten und Fotos an. Für das Weben eignen sich besonders Formen mit größeren Flächen und klaren Umrissen.

Das gewebte Bild sollte man mit einem festen Rand durch einfaches Hin- und Herweben – Leinwandbindung – beginnen. Danach kann das Bild durch „freies Weben", Farbtupfer, Schlitzweben usw. lebendig gestaltet werden. Nach der Auswahl des Motivs sollte überlegt werden, durch welche Webtechniken, vgl. Fotos, die Ideen am besten umgesetzt werden können.

Als Webrahmen kann ein Schulwebrahmen oder ein einfacher Webrahmen – aus einem Kartondeckel gefertigt – dienen.

Zum Weben eignen sich alle Wollreste mit unterschiedlicher Struktur und Farben. Der Entwurf wird nun zunächst farblich gestaltet, bevor mit dem Weben begonnen wird.

Es muss darauf geachtet werden, dass der Schussfaden nicht zu fest angezogen wird, damit keine „Taille" entsteht.

Bild aus dem Rahmen lösen. Kettfäden verknoten.

Mit Perlen weben

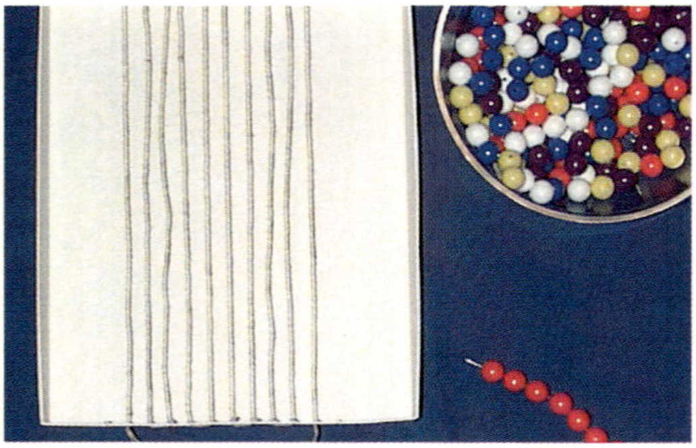

Benötigt wird ein Perlwebrahmen, dieser kann auch aus einem Kartondeckel oder Bilderrahmen gefertigt werden.

Der Webrahmen wird zuerst mit einem Kettfaden bespannt. Der Abstand zwischen den Kettfäden muss der Perlenbreite entsprechen. Als Kettfaden eignet sich ein dünner Perlonfaden oder ein spezieller Seidenfaden für das Aufziehen von Perlen.

Wenn das Armband 9 Perlen breit sein soll, benötigt man 10 Kettfäden, immer einen Kettfaden mehr als Perlen.

Als Schussfaden einen 1 bis 2 m langen Perlonfaden oder Ähnliches in eine sehr feine Nadel einfädeln.

Den Schussfaden an dem ersten Kettfaden oder am Rahmen links unten befestigen.

Die erste Perlenreihe aufziehen. Die Perlenkette unter den Kettfäden durchführen. Mit der freien Hand die Perlen zwischen die Kettfäden drücken. Rechts und links außen befindet sich jeweils ein Kettfaden.

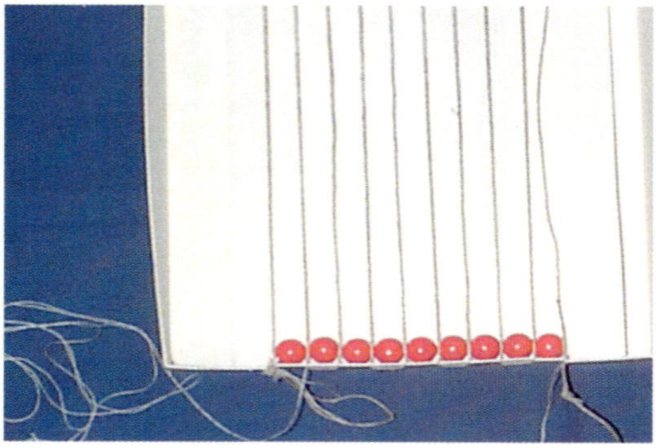

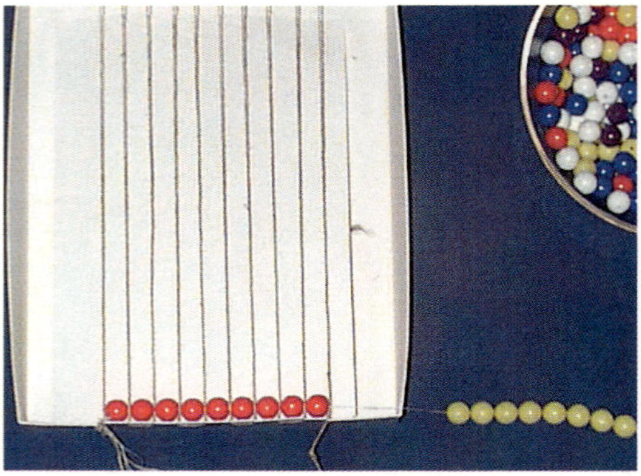

Nun die Nadel mit dem Schussfaden von links jeweils über die Kettfäden durch die Perlen der ersten Reihe zurückführen. Jetzt erst den Faden anziehen und die Perlen loslassen.

Zweite Reihe: Die gleiche Perlenzahl auf den Schussfaden aufziehen, auf die gleiche Weise wie die erste Reihe festweben.

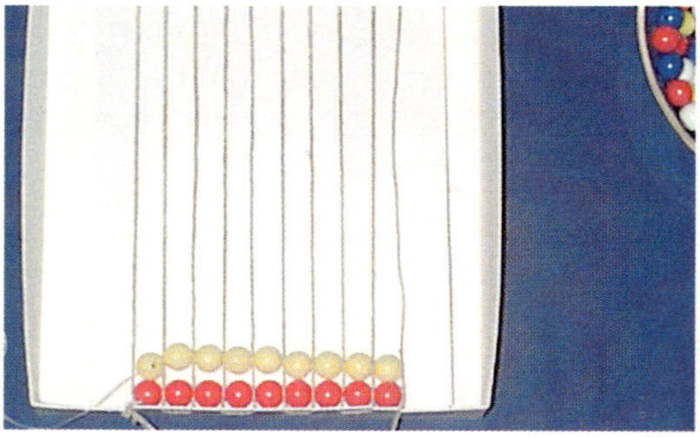

Wenn der Schussfaden zu Ende geht, ein neues Stück anknoten. Knoten und Fadenenden möglichst in den Perlen verbergen.

50 bis 60 Perlenreihen ergeben ein Armband.

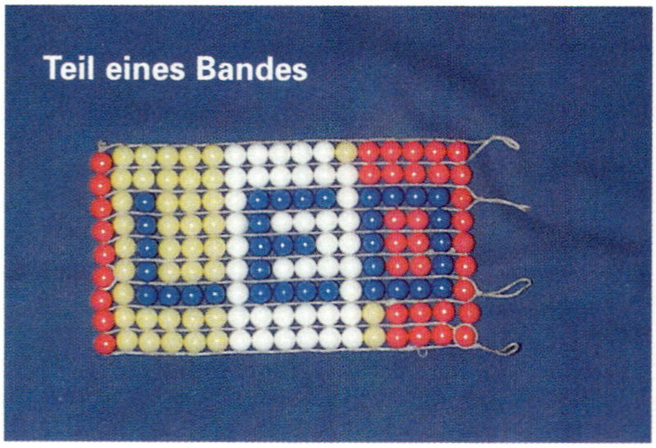

Teil eines Bandes

Wickeltechnik – Freundschaftsband

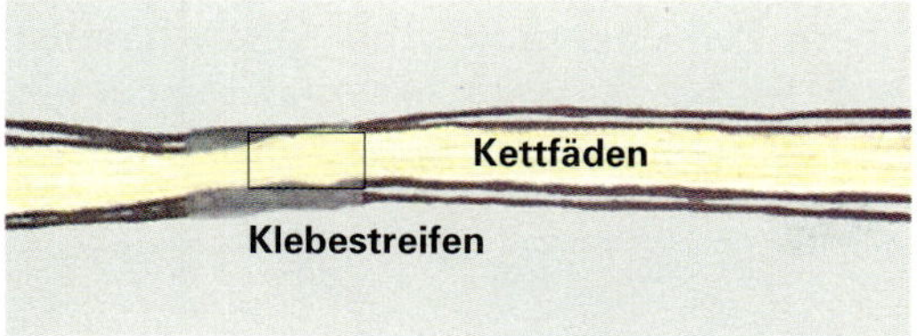

Einen Plastikstreifen – 10 bis 15 cm lang und 1 cm breit, z. B. von einer Folie für den Tageslichtprojektor, abschneiden. Der Plastikstreifen soll um das Handgelenk passen.

Kettfäden: Auf dem Plastikstreifen neun Perlgarn- oder Sticktwistfäden anordnen und mit einem Klebestreifen festkleben. Die Länge der Fäden beträgt ca. 25 cm: Bandlänge plus 5 cm an jedem Ende zum Befestigen. **Farbe** der Fäden richtet sich nach dem jeweiligen Motiv.

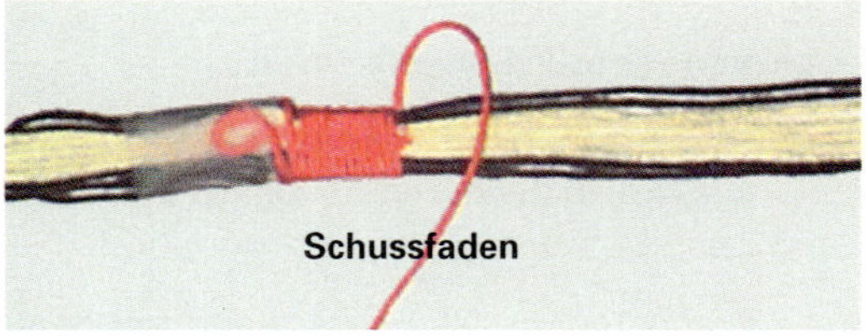

Schussfaden – Wickelfaden soll etwa 3 m lang sein. Schussfaden zu einem Knäuel aufwickeln. Schussfaden so unter einem Klebestreifen befestigen, dass der Anfang mit umwickelt wird.
Schussfäden nun zunächst etwa 20-mal ohne Muster umwickeln.

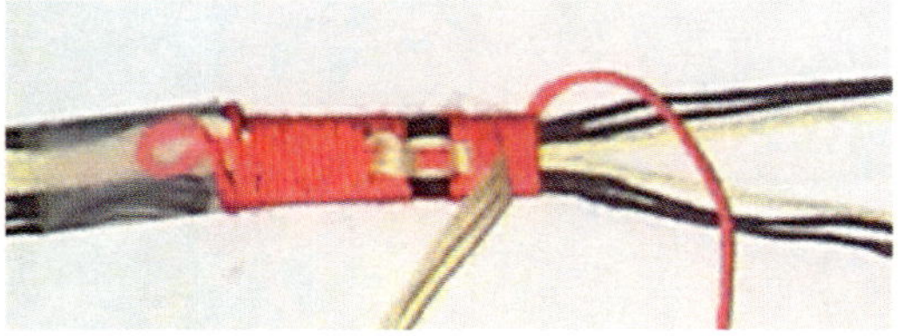

Muster: Die Kettfäden werden hochgehoben, sodass der Schussfaden darunter durchläuft, bzw. liegen gelassen, dass sie von dem Schussfaden bedeckt werden. Eine stumpfe Sticknadel hilft beim Anheben und Ordnen der Fäden.

Flechttechnik – Freundschaftsband

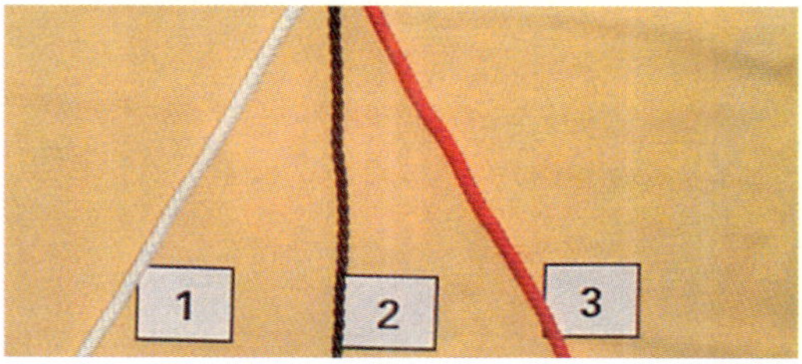

Ausgangslage der Stränge.

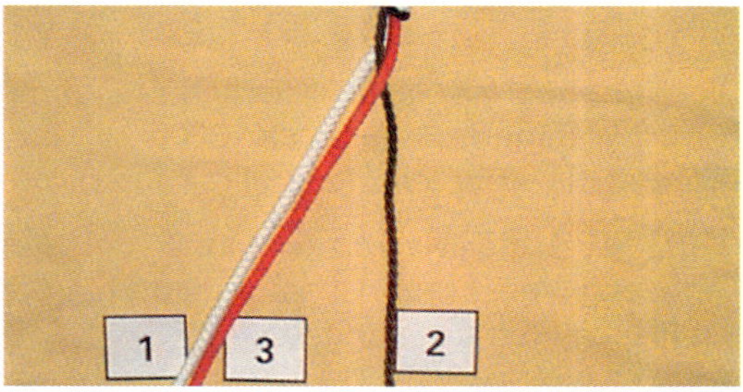

Strang 3 innen an Strang 1 legen.

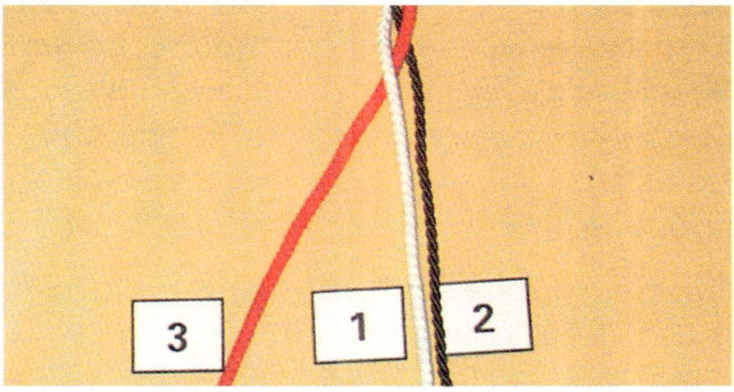

Strang 1 innen an Strang 2 legen.

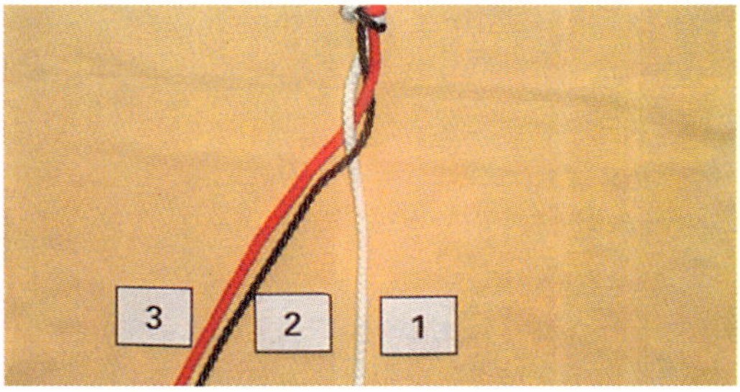

Strang 2 innen an Strang 3 legen usw.

7.4 Knüpfen

Freundschaftsbänder

Die Knüpftechnik lässt sich Jahrtausende zurückverfolgen. Bereits ca. 3000 v. Chr. kannten die Ägypter kunstvolle Knoten.

Heute wird die Makrameetechnik bei der Fertigung von Freundschaftsbändern und Schlüsselanhängern angewandt.

Freundschaftsbänder können natürlich auch mithilfe anderer Techniken gefertigt werden, z. B. Wickeltechnik, Flechten oder Perlweberei. Der Fantasie sind dabei keine Grenzen gesetzt. Meist sind diese bunten Bänder ein Zeichen der Zusammengehörigkeit, sie werden getragen, bis sie abfallen. Dann geht vielleicht ein Wunsch in Erfüllung.

Für die Knüpftechnik wird **Stickgarn oder feines Häkelgarn** verwendet.

Die Fäden befestigt man mit einer Sicherheitsnadel auf einem Kissen oder oberhalb des Knies an den eigenen Jeans.

Ein Taschenkamm hält die Fäden beim Knüpfen der ersten Reihe in der richtigen Reihenfolge.

Für das Knüpfen eines Bandes benötigt man ca. 8 Fäden – je 2,40 m lang.

Fäden doppelt nehmen. Fäden verknoten, etwa 5 cm der Fäden sollen über dem Knoten stehen bleiben. Der Knoten soll später wieder gelöst werden.

Die Fäden mithilfe eines Taschenkamms sortieren, jeder Faden liegt getrennt in einem Zwischenraum. Die Fäden hängen jetzt sauber sortiert herunter. Nach ein paar Reihen wird der Kamm entfernt.

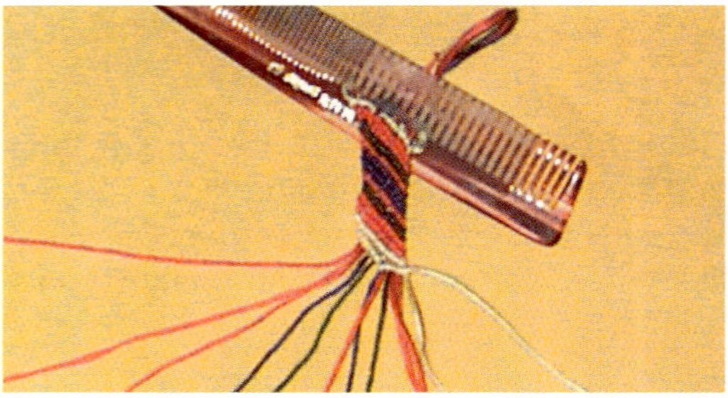

Für das Knüpfen stehen insgesamt vier verschiedene Knoten zur Verfügung:

- **rechts geknüpfter Knoten**, vgl. S. 158,
- **links geknüpfter Knoten**, vgl. S.158,
- **Rechts-links-Wechselknoten**,
  z. B. am Rand, wenn die Richtung der Rippen umgekehrt werden soll,
- **Links-rechts-Wechselknoten**.

Es wird zunächst mit einem schrägen Anfang von links nach rechts gearbeitet. Ein Band besteht aus 40 bis 55 Knüpfreihen.

Am einfachsten ist das Schrägband mit dem Rechtsknoten zu arbeiten, vgl. S. 158.

Aus den Anfangs- und Endfäden der Bänder werden am besten Zöpfe geflochten. Die Zöpfeenden werden mit Knoten befestigt, die Fäden gleichmäßig abgeschnitten. Mit den „Zöpfen“ wird nun das Freundschaftsband um das Handgelenk gebunden.

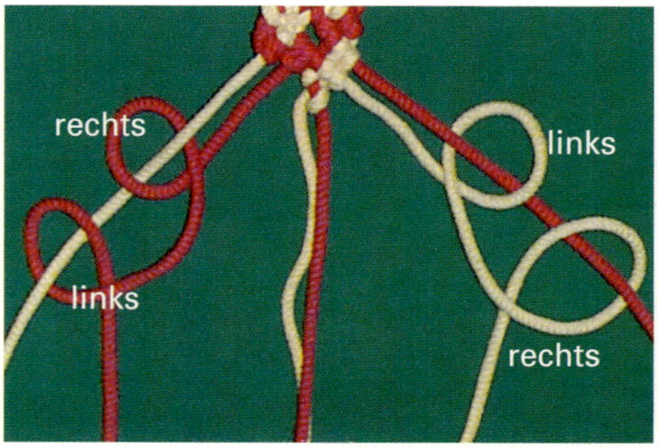

Rechts-links-Wechselknoten Links-rechts-Wechselknoten

Freundschaftsband – Flachknoten, Makrameetechnik

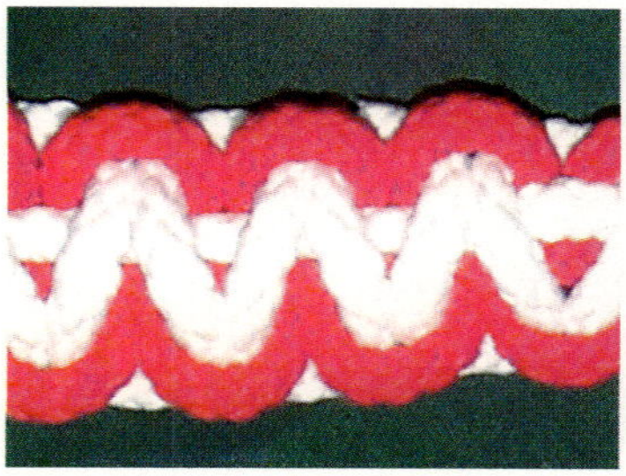

Fertiges Band:
Zunächst zwei Bänder umklappen, der kürzere Teil soll um das Handgelenk passen, plus 3 cm zum Verknoten.

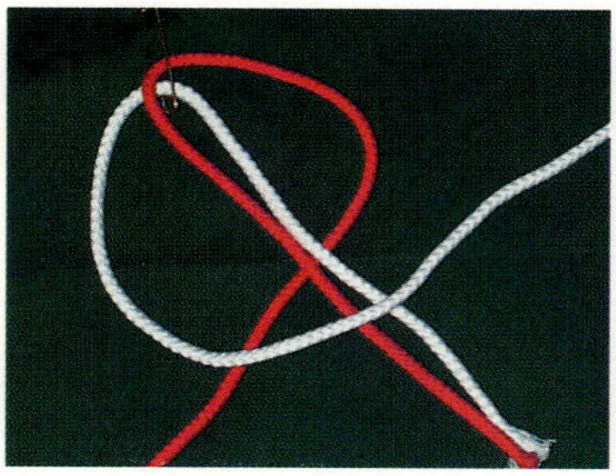

Schritt 1: Linkes längeres Band über die beiden Bänder führen, die um das Handgelenk passen, rechtes Band darunter hindurchführen.

Schritt 2: Das linke Band **nach unten** durch die rechte Schlaufe ziehen.

Schritt 3: Rechtes Band **nach oben** durch die linke Schlaufe ziehen.

Schritt 4: Knoten fest anziehen.

Schritt 5: Rechtes Band über die beiden Bänder führen, das linke Band darunter hindurchführen.

Schritt 6: Rechtes Band **nach unten** durch die linke Schlaufe führen.

Schritt 7: Linkes Band **nach oben** durch die rechte Schlaufe führen.

Schritt 8: Knoten fest anziehen.

Schritt 9:
Es geht weiter mit den Schritten 1 bis 4.

Schritt 10:
Es geht weiter mit den Schritten 5 bis 8.

Es folgt wiederum der Schritt 1 usw.

Freundschaftsband – Grundknoten

Durch rechte und linke Knoten entstehen verschiedene Muster.

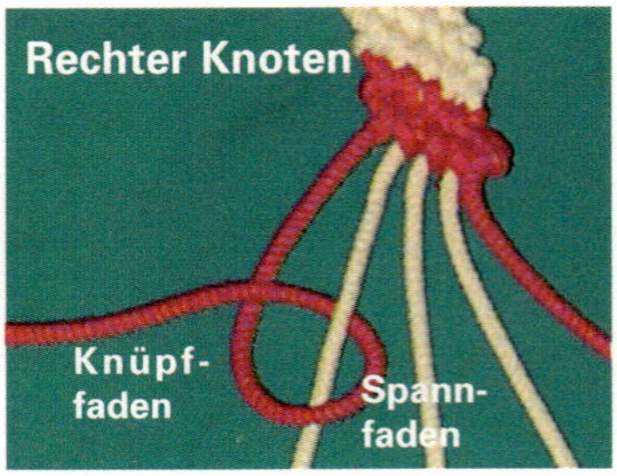

Knüpffaden nach **rechts über** den Spannfaden führen, herumschlingen.

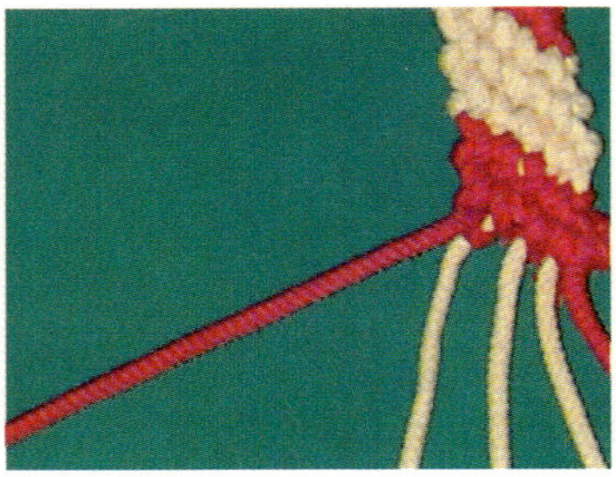

Knoten anziehen. Knüpffaden nach links zurücklegen.

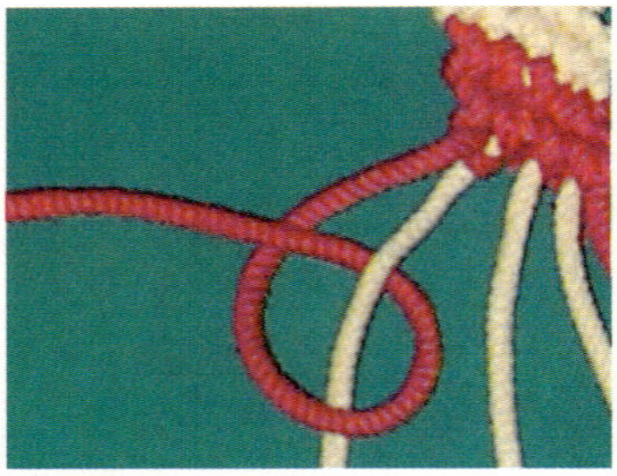

Knüpffaden nach **rechts über** den Spannfaden führen, herumschlingen.

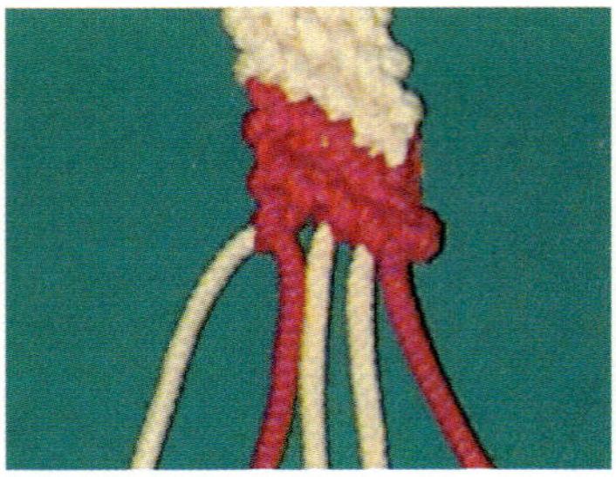

Zweiten Knoten festziehen. Spannfaden liegt nun links außen.

Mit dem Knüpffaden zwei Knoten um den nächsten Spannfaden schlingen usw.

Die neue Reihe beginnt wieder mit dem Knüpffaden links außen.

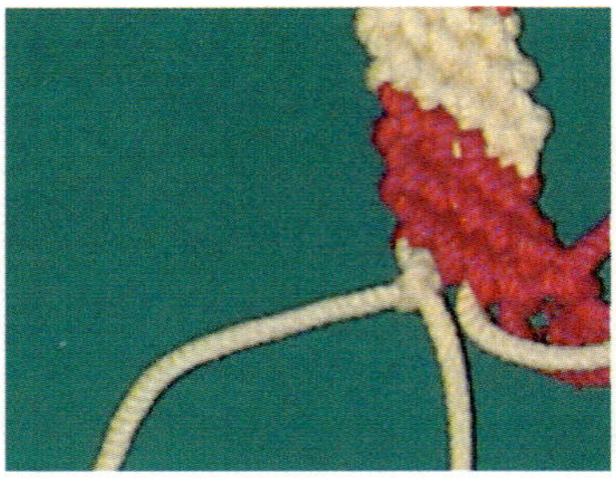

Zweiten Knoten festziehen, er erscheint in der Farbe des Knüpffadens.

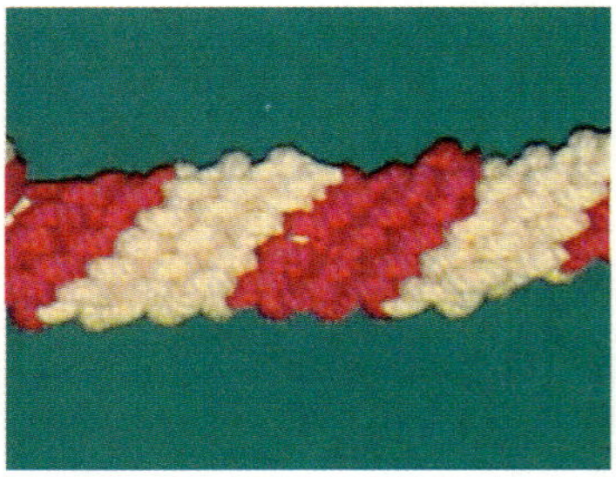

So lange fortsetzen, bis die gewünschte Länge erreicht ist.

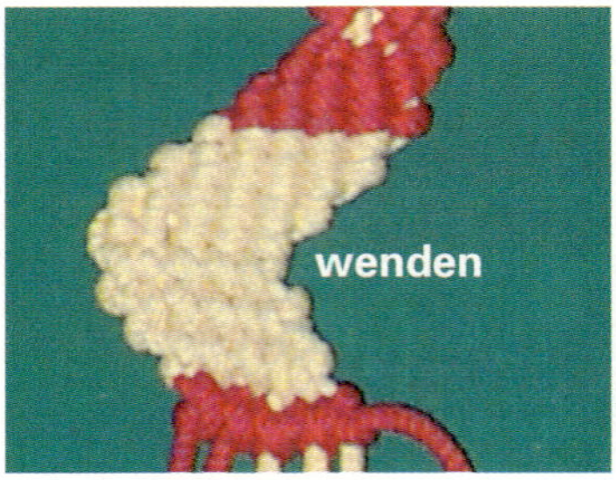

Formmuster entstehen durch Wenden des Bandes.

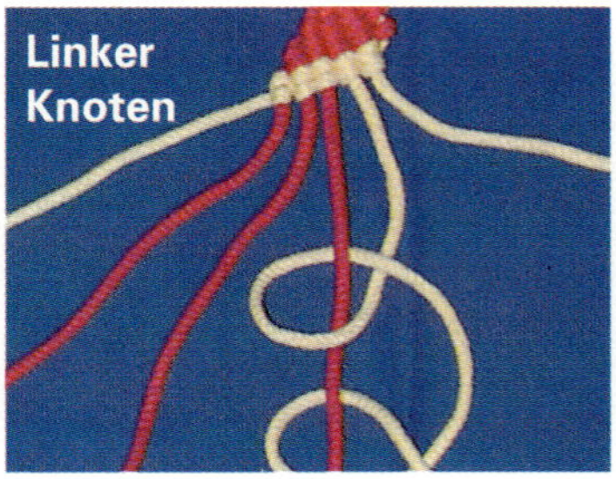

Nach links arbeiten: Zwei Knoten – Faden jeweils nach links **über** den Spannfaden führen, herumschlingen, festziehen.

Schlüsselanhänger – Mönchsschnur

Fertiger Schlüsselanhänger

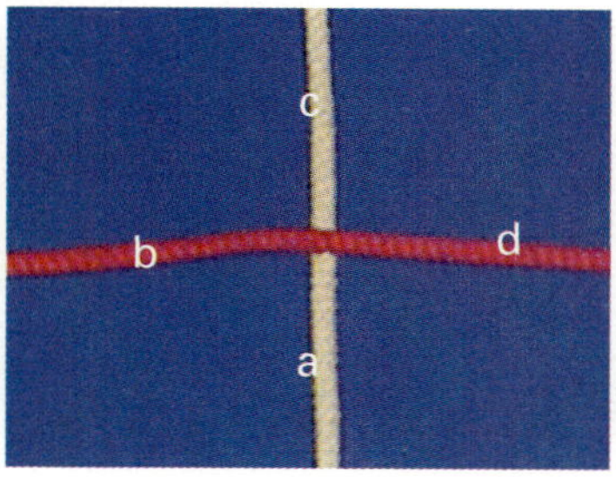

Zwei dicke Seilstücke gekreuzt hinlegen.

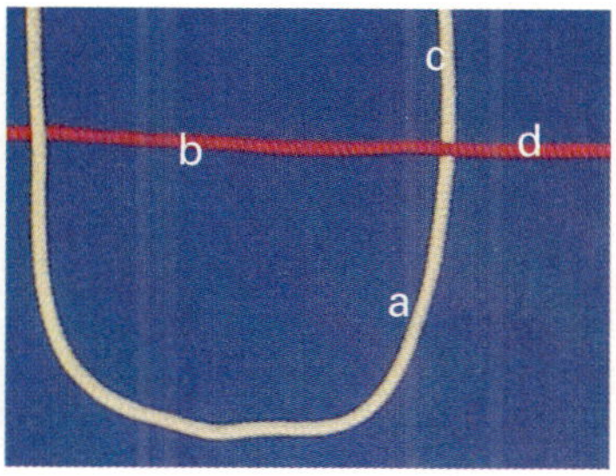

Schritt 1: Faden a über Faden b legen.

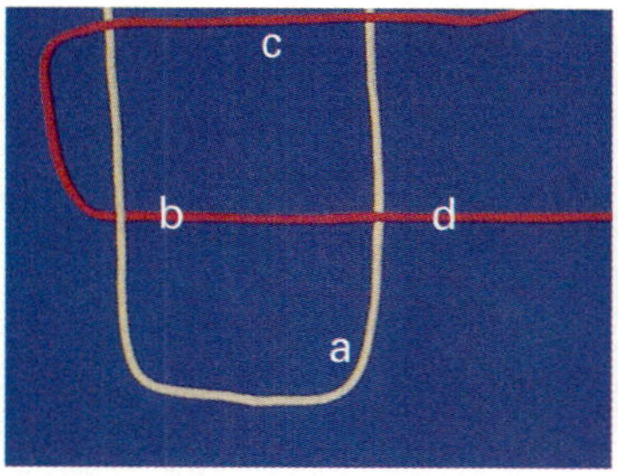

Schritt 2: Faden b über Faden a und c legen.

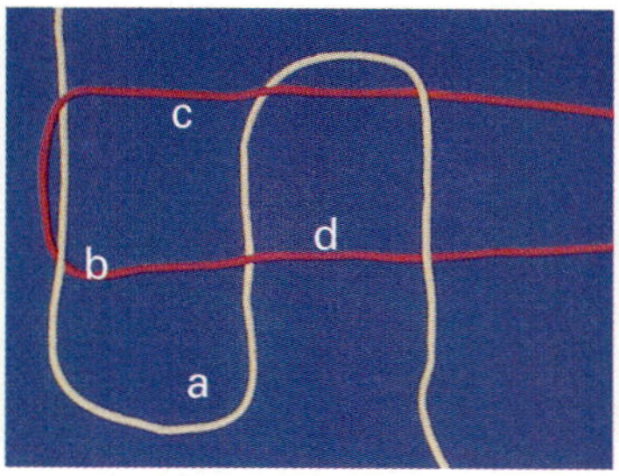

Schritt 3: Faden c über Faden b und d legen.

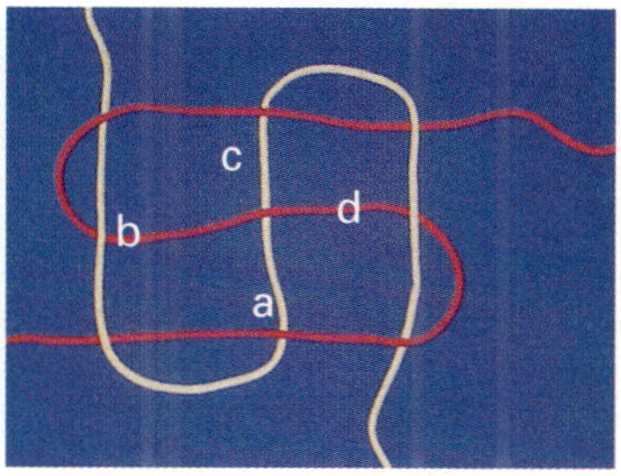

Schritt 4: Faden d über Faden a legen und unter Faden a durchführen.

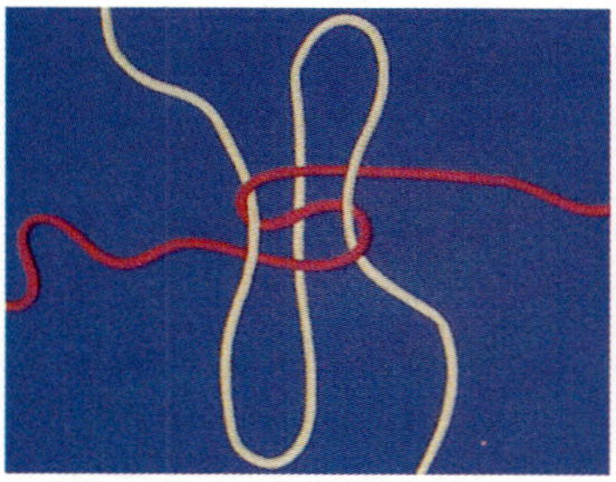

Schritt 5: Fäden b und d anziehen.

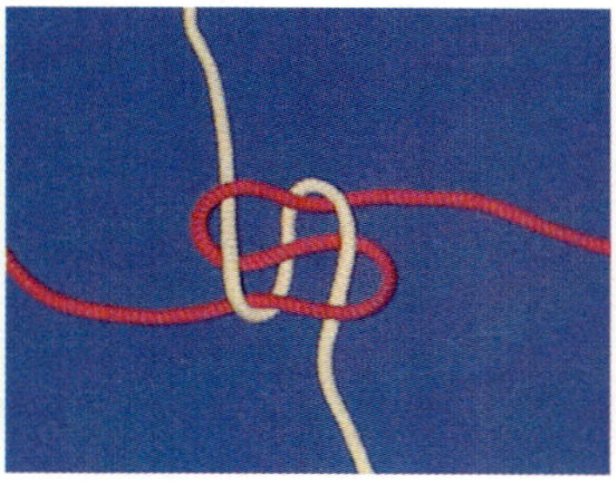

Schritt 6: Fäden a und c anziehen.

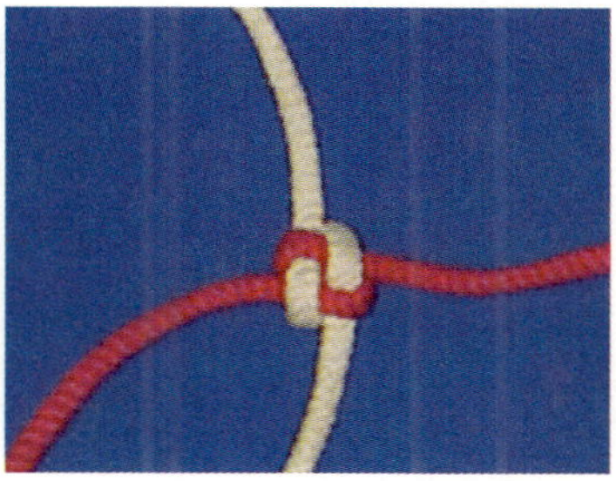

Schritt 7: Alle Fäden so anziehen, dass eine „gewebte Fläche“ entsteht.

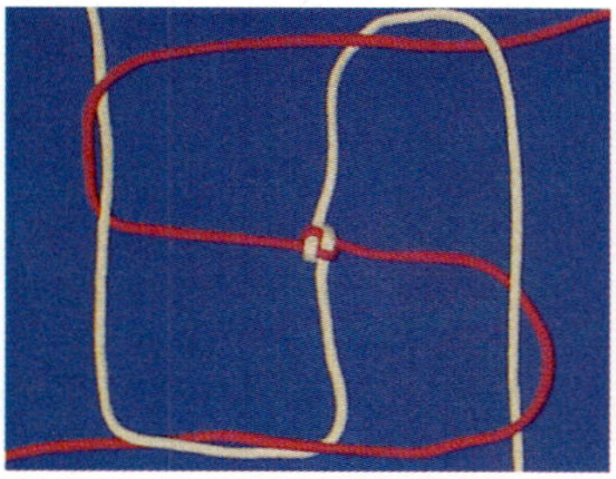

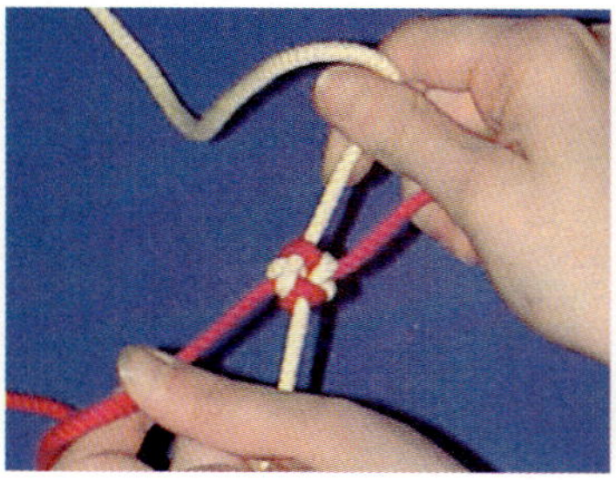

Wiederum Schritte 1 bis 7 durchführen, bis die gewünschte Bandlänge erreicht ist.

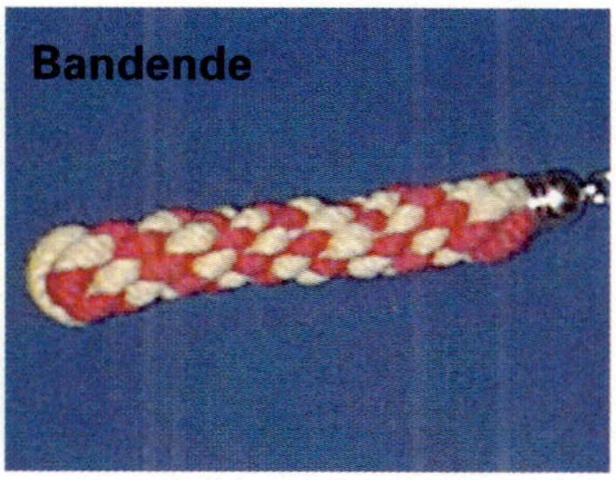

Fäden abschneiden, in einer Anhängerfassung festkleben.

7.5 Filzen

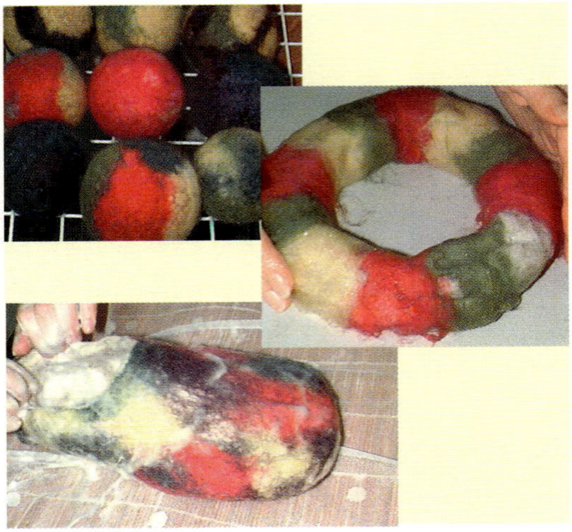

Wie ist es möglich, dass Wolle filzt?

Wollfasern haben eine Schuppenschicht – wie Tannenzapfen –, die sich bei Feuchtigkeit und Wärme öffnet. Unter Bewegung und Druck verhaken – verschlingen – sich die Wollfasern mit den benachbarten Fasern. Die Wolle zieht sich mehr und mehr zusammen, ein Filz entsteht.

Die Neigung zum Filzen kann man erhöhen, indem man zwei Wollschichten in unterschiedlicher Faserrichtung übereinander legt, die Fasern kreuzen sich und verhaken sich leichter.

Durch Seife – Seifenlauge – wird der Filzvorgang erleichtert.

Wollfasern verhaken sich wie diese Tannenzapfen

Wie war es damals?

In einer alten Erzählung heißt es: „Die armen Schafe in der Arche Noah bekamen nicht viel zu essen. Sie standen auf engem Raum dicht gedrängt zusammen. Sie begannen ihre Wolle zu verlieren, die Wolle lag unter ihnen auf dem Boden. Sie urinierten auf die Wolle und trampelten darauf herum. Und was geschah? Als die Schafe die Arche verlassen hatten, hinterließen sie einen gefilzten Teppich."

Filz bedeutet „gestampfte Masse". Forscher glauben, dass Filz eine der frühesten Textilformen ist.

Es ist anzunehmen, dass die Technik des Filzens in Asien erfunden wurde. In Gräbern aus der Zeit 600 v. Chr. fand man wertvolle Filzgegenstände: Wandbehänge, Socken und Strümpfe, Mäntel, Satteldecken usw. Je nach Verwendungszweck waren die oft reich verzierten Filze unterschiedlich dick.

Die Geschichte, die von Asiens wilden Reitern erzählt, ist wahrscheinlicher für die Erfindung des Filzens. Die Reiter legten Wolle unter das Gesäß, um das Scheuern auf dem Pferderücken zu lindern. Und was passierte? Die Reiter entdeckten, dass Filz entstanden war.

Durch diese Erzählung wird deutlich: Für das Filzen benötigt man Wolle, Feuchtigkeit, Wärme und Bearbeitung.

In Rom und in der Antike wurden Filzmützen als ein Symbol der Freiheit angesehen. Sklaven, die man freiließ, wurde der Kopf rasiert. Nun durften sie eine Filzmütze tragen.

In der Französischen Revolution wurden die Filzmützen – mit nach vorn gebogener Spitze – wiederum zum Freiheitssymbol.

Auch heute noch ist das Filzen bei den Hutmachern beliebt. Ohne Nähte können sie mithilfe dieser Technik beliebige, modische Hutformen erstellen.

Memory: Zum Thema Filzen

1. *Erstellt ein Memoryspiel zum Thema Filzen oder zu einem anderen Thema, das ihr im Unterricht vereinbart.*
   Fertigt dafür zusammengehörige Kartenpaare.
   Z. B. ist auf der einen Karte eine eingerollte Matte, die mit beiden Händen auf dem Tisch hin und her bewegt wird, auf der dazugehörigen zweiten Karte steht das Wort **Walken.**
2. *Und nun geht es ans Spielen. Die Karten werden auf dem Tisch ausgelegt. Wer weiß, wo die zusammengehörigen Karten liegen, darf sie aufnehmen und zur Seite legen.*

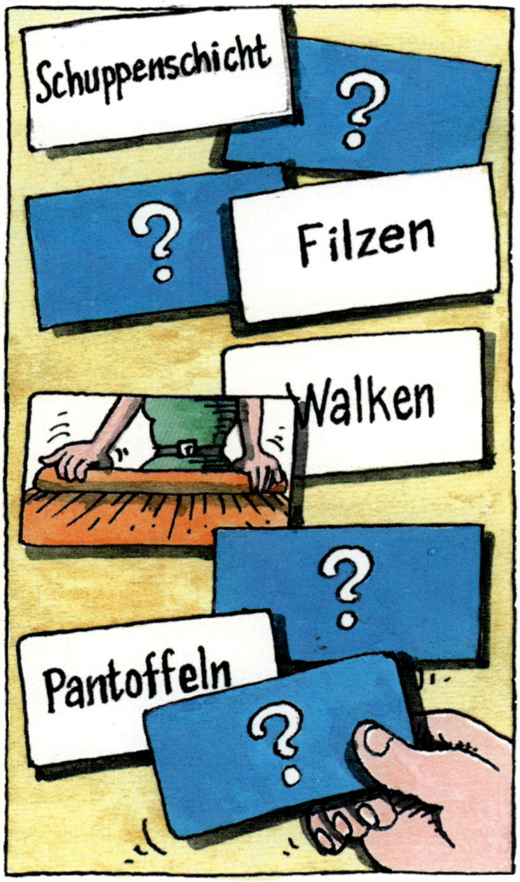

Schmuck aus Filz

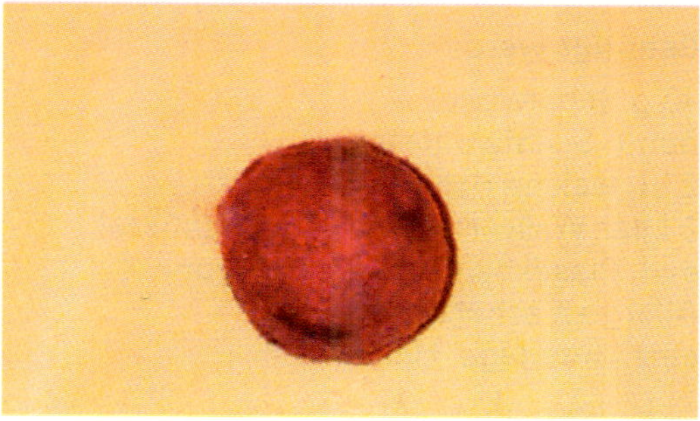

Aus 10 bis 20 g feiner Lammwolle – unterschiedliche Farben – einen harten Ball filzen, walken, vgl. S. 164 f. Feine Lammwolle ist verträglicher auf der Haut.

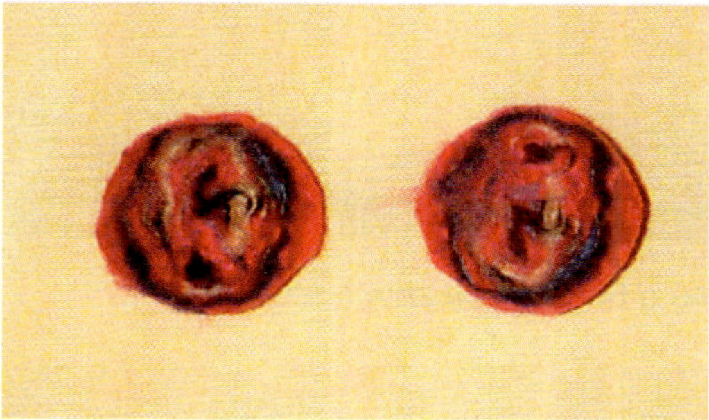

Filzball aufschneiden.
Welchen Schmuck kann man daraus herstellen?

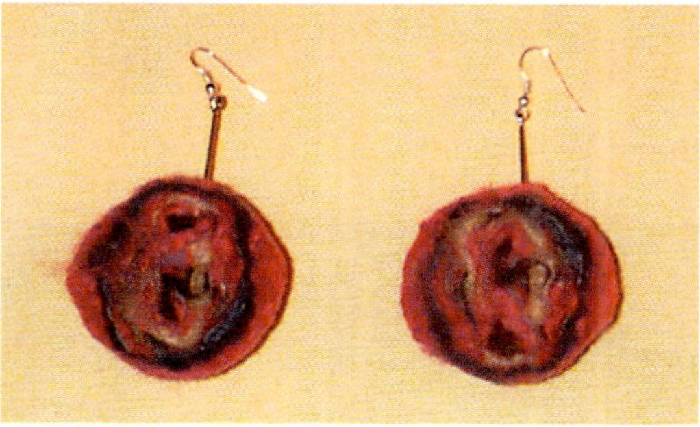

Aus dem Ball können auch andere Teile herausgeschnitten werden, z. B. Keile.

Die Silberhänger gibt es in Bastelgeschäften oder bei Juwelieren zu kaufen.

Scheiben des Balls können mit einem Lederband um den Hals getragen werden.

Bunte Filzbälle

Benötigt werden:

40 g Schafwolle,
bunte Schafwollfasern,
2 EL weiche Schmierseife,
2 Liter Wasser – 50 °C, eine Schüssel,
evtl. Plastikhandschuhe, die vor Allergien schützen,
eine Unterlage, Handtücher

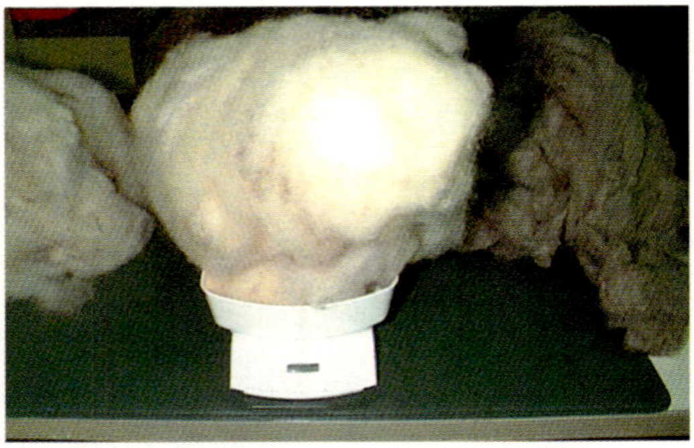

40 g Schafwolle abwiegen.

Bunte Wollfasern aussuchen.

2 EL Schmierseife in 2 l Wasser, ca. 50 °C, geben.

Schmierseife mit einem Schneebesen in dem heißen Wasser lösen.

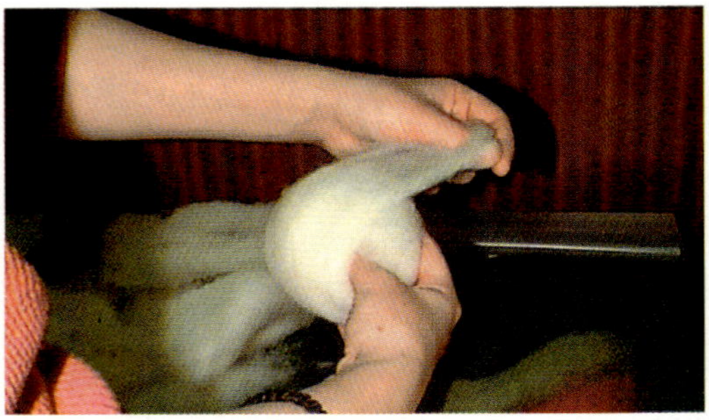

Wollfaserbüschel mit trockenen Händen zu einer festen Kugel aufwickeln.

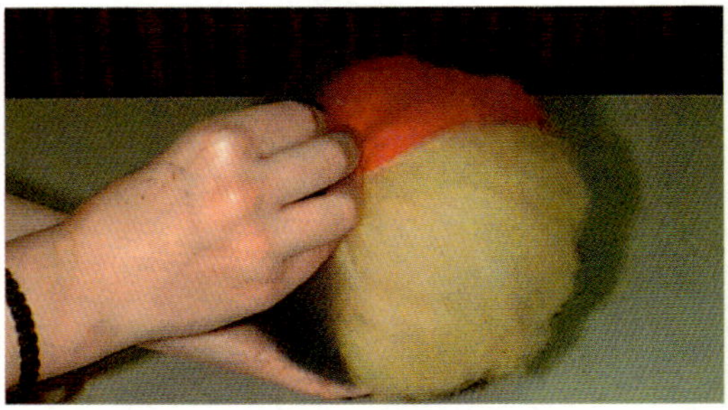

Ball mit bunten Wollfasern bedecken.

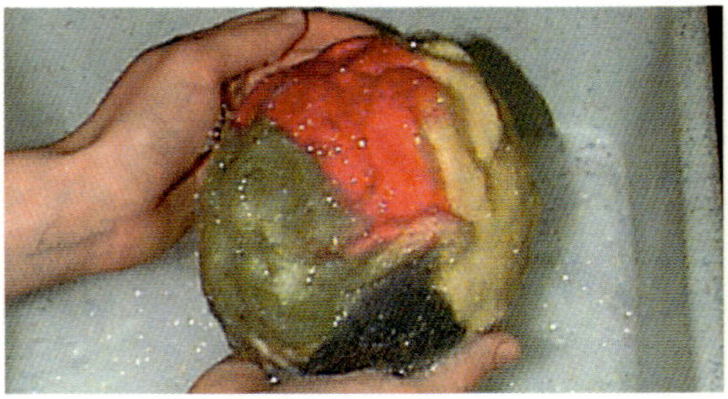

Filzball vorsichtig auf den Händen in das warme Seifenwasser tauchen, aufpassen, dass die Wollfasern nicht abfallen.

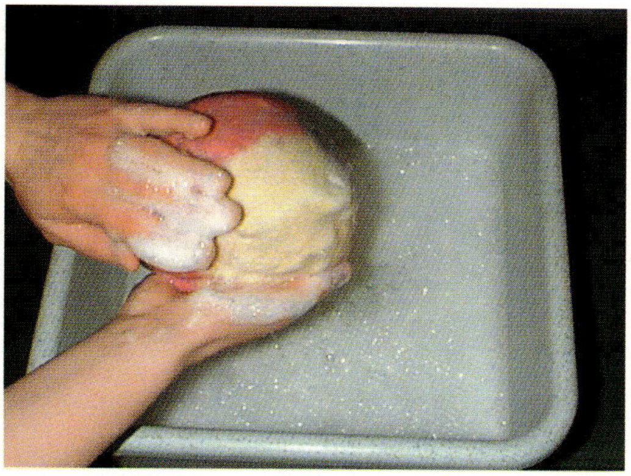

Den nassen Ball zwischen den Handflächen rollen bzw. heiße Seifenlauge darüber streichen.

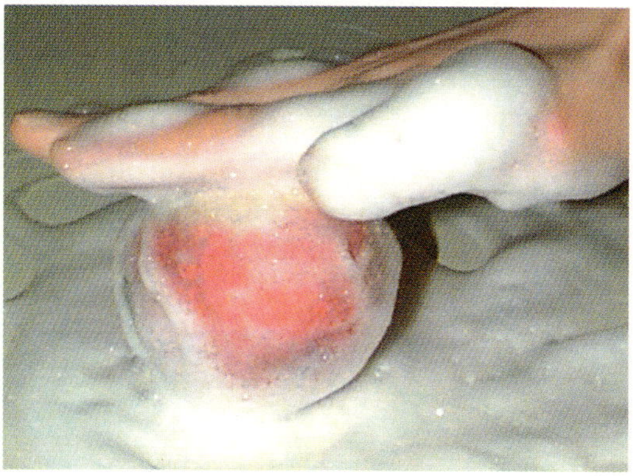

Nach etwa 20 Minuten, wenn die Fasern greifen, den Druck verstärken, den Ball auf der Tischfläche rollen. Ball walken.

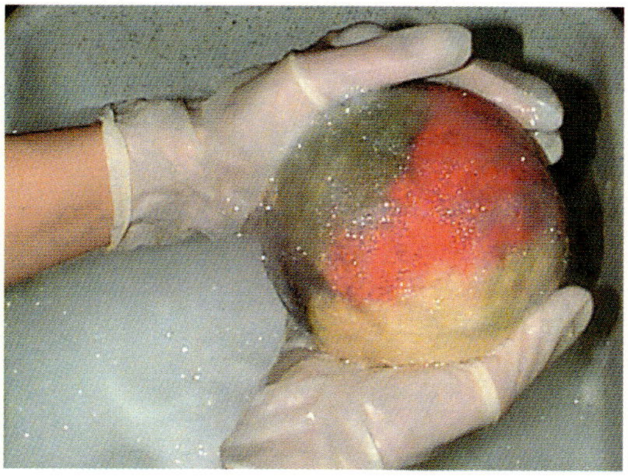

Es kann auch mit Plastikhandschuhen gearbeitet werden, damit die Hände nicht so stark aufweichen, auch als Allergieschutz.

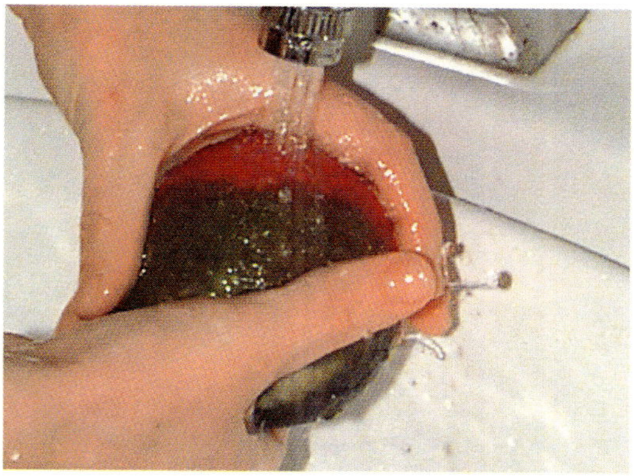

Fertigen Filzball unter fließendem Wasser kalt ausspülen, um die restliche Seifenlauge zu entfernen.

Filzbälle 2 bis 3 Tage zum Trocknen legen.

Überraschungsbälle: In der Mitte des Filzballs können auch kleine Schellen oder Steinchen eingefilzt werden.

Filzpantoffeln

Zwei Folienstücke in der entsprechenden Schuhgröße ausschneiden.

50 g Wollfasern wie Schindeln – 4 cm über den Folienrand hinaus – über die Folienstücke legen, erste Reihe längs, zweite Reihe quer.

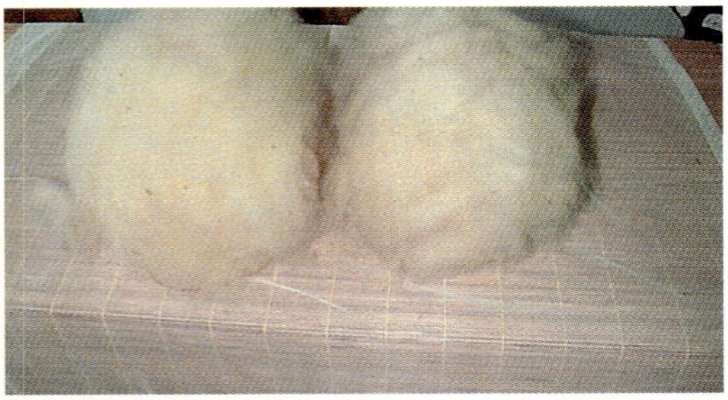

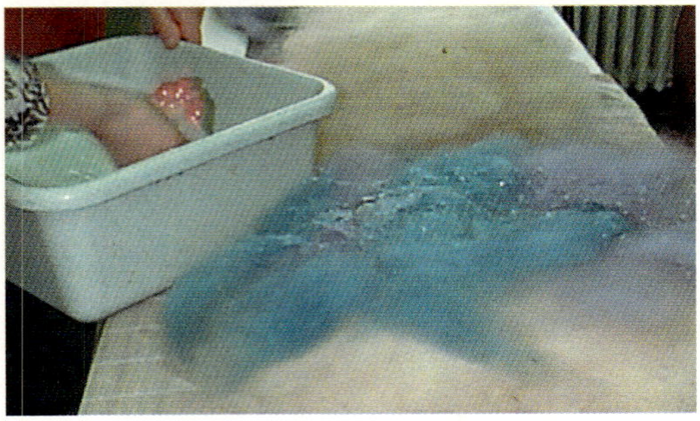

Obenauf bunte Wollfasern legen. Wollfasern von der Mitte her mit warmer Seifenlauge tränken, die Wollfasern dürfen nicht im Wasser „schwimmen“. Fläche und Ränder mit den Händen vorsichtig verfilzen. Halten die Fasern zusammen, Filzstück wenden. Die andere Seite genauso bearbeiten.

Walken

Filzpantoffel auf eine alte Gardine und eine Strandmatte oder ein Rollo aus dünnen Bambusstäben legen.

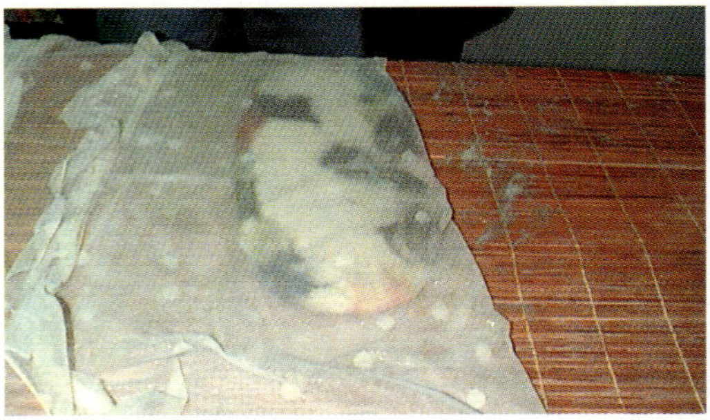

Gardine über den Pantoffel schlagen.

Matte über Pantoffel und Gardine legen.

Matte aufwickeln.

Matte mit leichtem Druck hin und her bewegen. Die Hände bewegen sich dabei von der Mitte nach außen. Matte wieder ausrollen. Filzpantoffel in einer anderen Richtung auflegen. Vorgang wiederholen, bis der Pantoffel verfilzt ist.

Schnittvorlage für die Fußöffnung auf den Pantoffel legen.

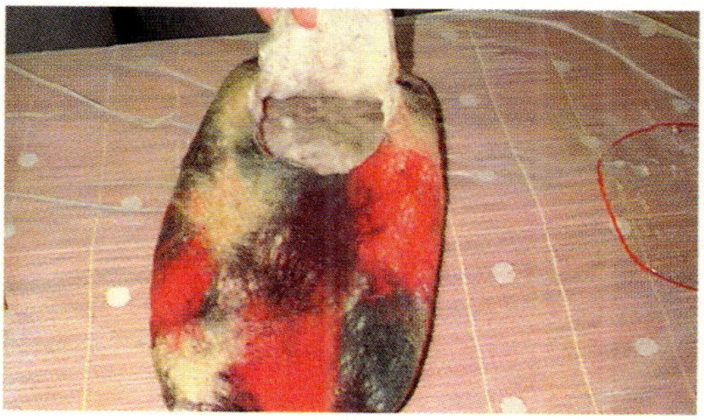

Öffnung für den Fuß in die obere Filzplatte schneiden.

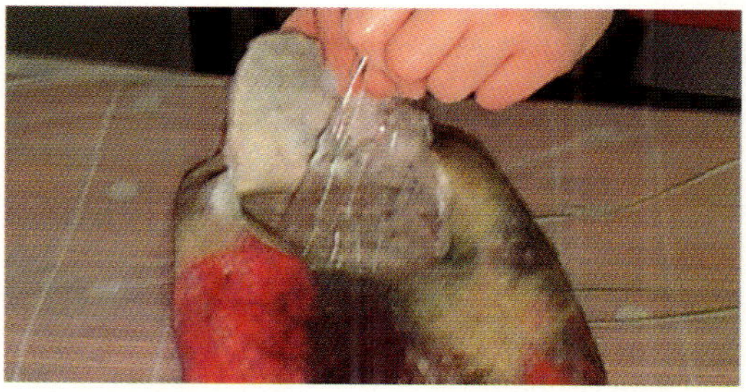

Folienstück herausziehen. Beide Filzplatten voneinander lösen.

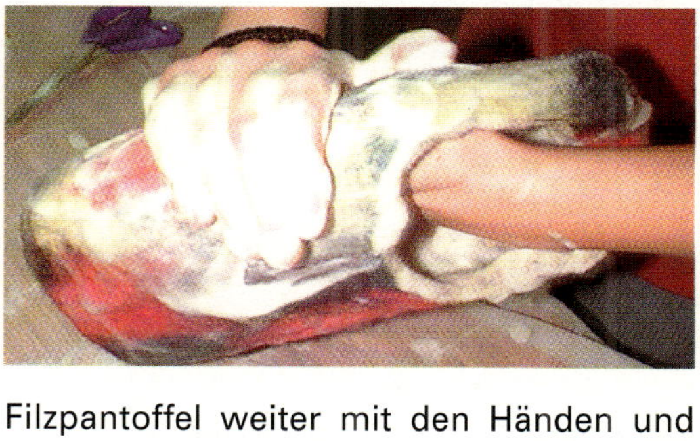

Filzpantoffel weiter mit den Händen und reichlich heißer Seifenlauge verfilzen, bis er die richtige Größe hat.
Pantoffel ausspülen, trocknen lassen.

8 Gestaltungstechniken

8.1 Patchwork

1. *Erprobt und entwerft mehrere Flächenaufteilungen für einzelne Musterblöcke (ca. 30 × 30 cm)*
   a) mit einer Grundform,
   b) mit zwei Grundformen.
   Als Material eignen sich einfarbiges Tonpapier und klein gemustertes Geschenkpapier.

a) eine Grundform

b) zwei Grundformen

2. *Erprobt verschiedene Möglichkeiten des Log-Cabin-Blockmusters, vgl. S. 169. Geht von einem Quadrat in der Mitte aus. Schneidet dafür viele gleich breite farbige Papierstreifen zu, die sich in beliebiger Länge anordnen lassen.*

Log Cabin

3. *Bringt abgelegte Kleidungsstücke mit, die ihr nicht mehr benötigt. Wählt geeignete Stoffe für Patchwork aus.*
4. *Erkundet, welche Gegenstände aus Patchwork hergestellt werden können, z. B. Taschen, Topflappen, Decken, Wandbehang. Entscheidet, was ihr anfertigen wollt.*

Patchwork bedeutet übersetzt aus dem Englischen „Flickwerk". Viele kleine, scheinbar wertlose Stoffstücke in verschiedenen Farben und Mustern können zu neuen Flächen, z. B. Decken und Taschen, zusammengesetzt werden. Dafür eignen sich gewebte Stoffstücke mit gleichen Materialeigenschaften.

Verschiedene geometrische Grundformen, z. B. Quadrate, Rechtecke und Dreiecke, sind Gestaltungselemente.

Eine Restekiste mit gebrauchten Stoff- und alten Kleidungsstücken ist eine ideale Fundgrube beim Zusammenstellen.

Quilts entstehen aus Patchworkflächen. „To quilt" bedeutet steppen, durchnähen. Wärmende Bettdecken, Wandbehänge usw. werden aus drei Lagen gearbeitet:
- einer dekorativen Oberseite, das eigentliche Patchwork,
- einer zwischengefügten Stofflage oder Vliesfüllung,
- einer Rückseite.

Durch das Quilten werden die drei Stofflagen zusammengehalten.

Wie war es damals?

Patchwork hat in England und auch in vielen anderen Ländern eine lange Tradition, wertvolle Patchworkarbeiten befinden sich in vielen Museen.

Im 18. Jahrhundert, als viele Europäer Amerika besiedelten, erlebte diese Technik einen neuen Höhepunkt. Damals war jeder Stoffrest kostbar. Die Siedlerfrauen setzten viele kleine Stoffstücke, die sie aus abgelegter Kleidung herausschnitten, zu neuen Flächen beliebiger Größe zusammen. Aus einfachen geometrischen Grundformen entstanden farbenfrohe, gemusterte, wärmende Bettdecken.

Viele Frauen trafen sich zu Quilting-Parties und fertigten hier gemeinsam ihre Patchworkarbeiten an. Dabei entstanden außer Bettdecken auch Erinnerungs- und Freundschaftsdecken und Wandteppiche.

Dabei entwickelten sich im Laufe der Zeit viele unterschiedliche Patchworkmuster.

Hinweise zum Zuschneiden

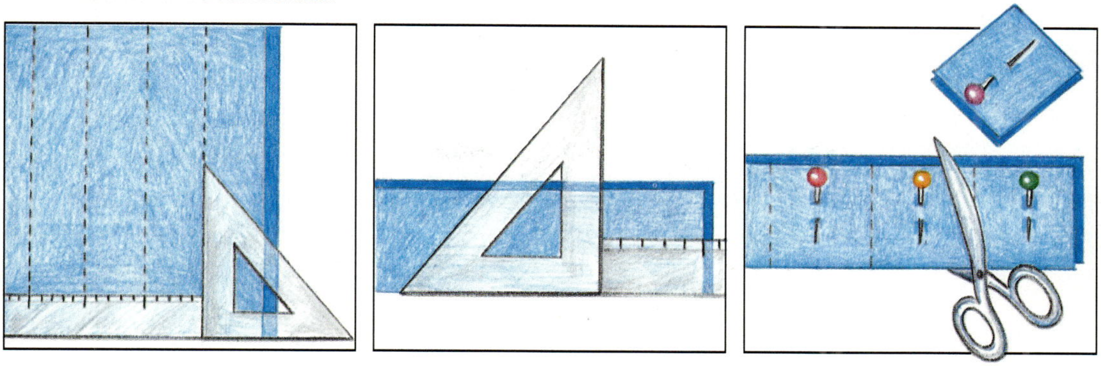

Mithilfe einer Pappschablone, bei der die Nahtzugabe (Nähfußbreite 0,75 cm) mit bemessen wird, werden zunächst Streifen, dann Quadrate zugeschnitten. Alle Stoffteile müssen genau und fadengerade zugeschnitten werden.

Herstellung von Streifen

Je zwei Patchteile kantengleich rechts auf rechts legen, stecken und nähfüßchenbreit zusammensteppen.

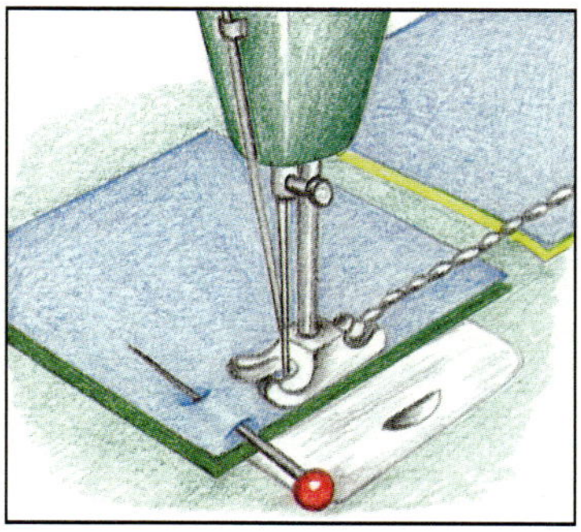

Die nächsten beiden Patchteile genauso zusammenfügen usw.

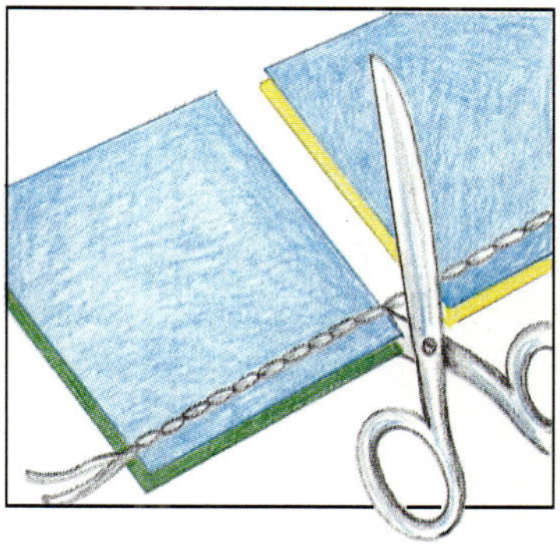

Die Fäden zwischen den einzelnen Teilen durchschneiden.

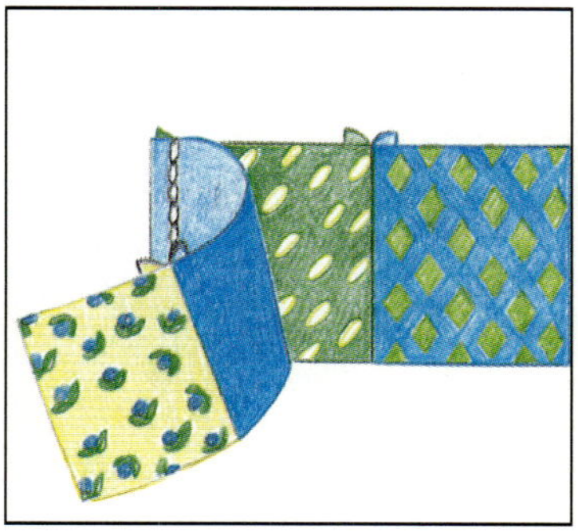

Beim Anstecken neuer Patchteile darauf achten, dass tatsächlich die rechten Seiten aufeinander liegen.

Streifen herstellen und alle Nahtzugaben ausbügeln.

Aneinanderfügen von Streifen

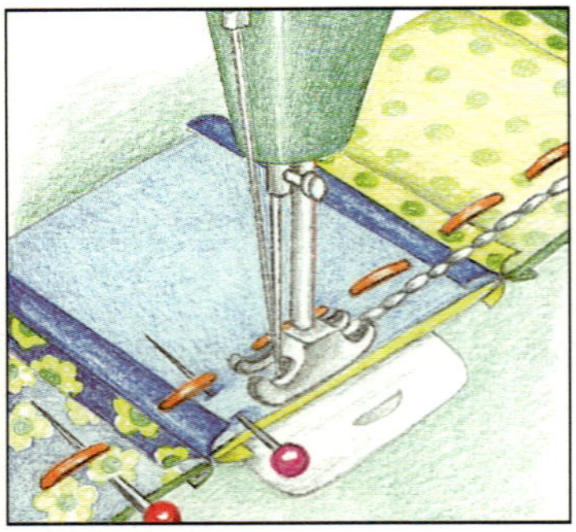

Zwei Streifen aneinander stecken, heften und steppen. Heften ist hier ratsam, da sich sonst die Ansatzpunkte leicht verschieben.

Abwechselnd rechts und links je einen neuen Streifen ansetzen. Die Fläche wird gleichmäßig größer und verzieht sich nicht so leicht.

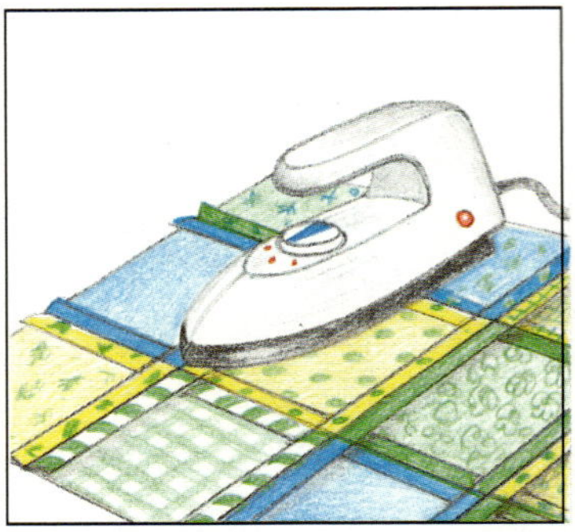

Nochmals alle Nähte ausbügeln.

Versäubern – Quilten – Abfüttern der Patchworkarbeit

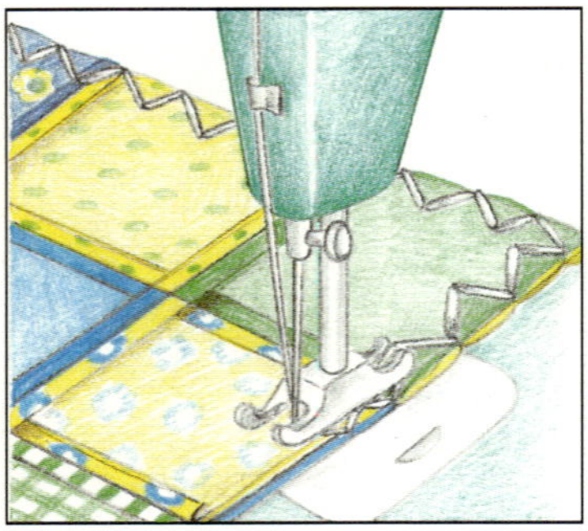

Bei Kissen genügt eine Zickzackversäuberung.

Bei Decken usw. Rückseite und evtl. Vlies bzw. Stofflage mit Nahtzugabe zuschneiden.

Patchworkarbeit auf die Rückseite, evtl. mit Stofflage oder Vliesfüllung, aufheften.

Quilten: Die Nahtrillen werden beginnend von der Mitte aus durchgesteppt. Die Stofflagen werden hierdurch zusammengehalten.

Quilten kann auch durch andere Steppmuster erfolgen. Vlies bzw. Stofflage entsprechend zurückschneiden.

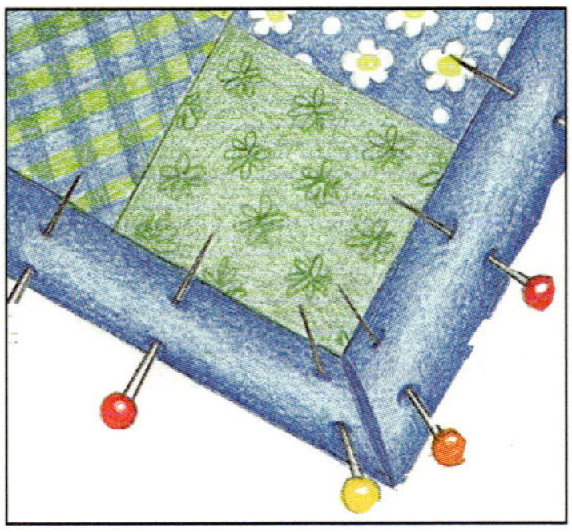

Soll die „Rückseite“ auf der Oberseite zu sehen sein, Nahtzugabe nach rechts umklappen, heften, steppen.

Log Cabin

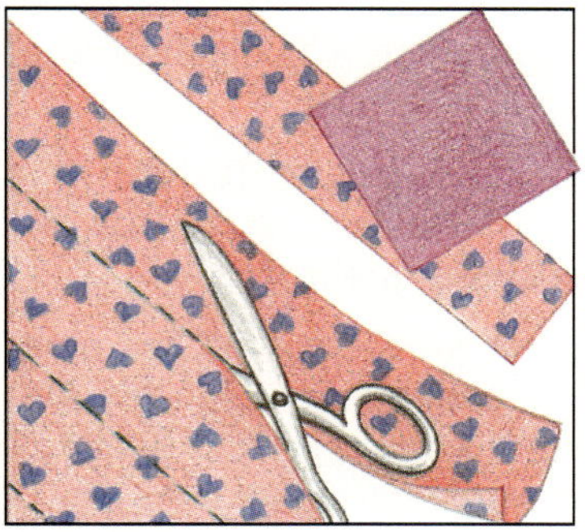

Stoffstreifen und Mittelstück zuschneiden.

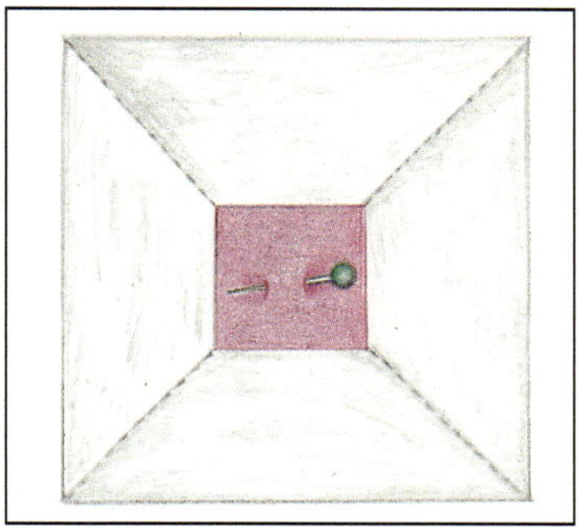

Mittelstück auf ein Stoffstück aufnähen.

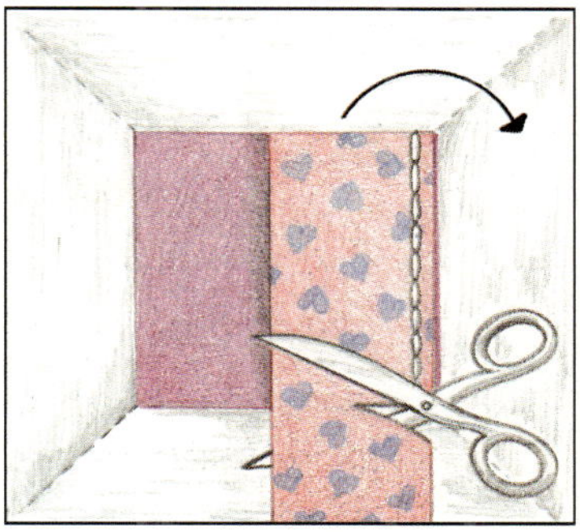

Streifen rechts auf rechts festnähen, richtige Länge abschneiden und nach außen klappen, stecken, evtl. heften.

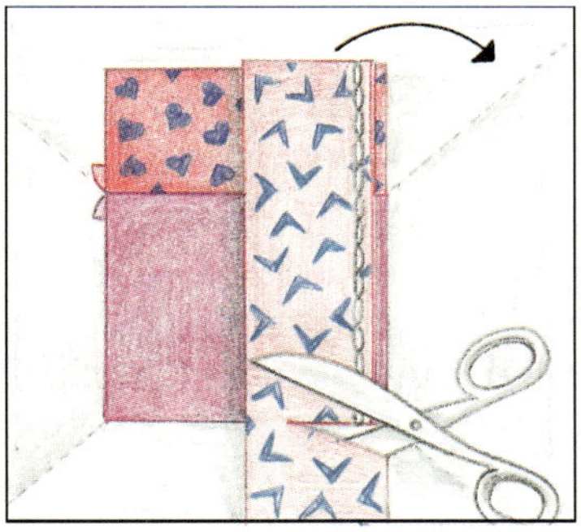

Zweiten Streifen usw. genauso hinzufügen, bis ein Musterblock entstanden ist.

Die Kanten des Musterblockes mit Zickzackstich versäubern.

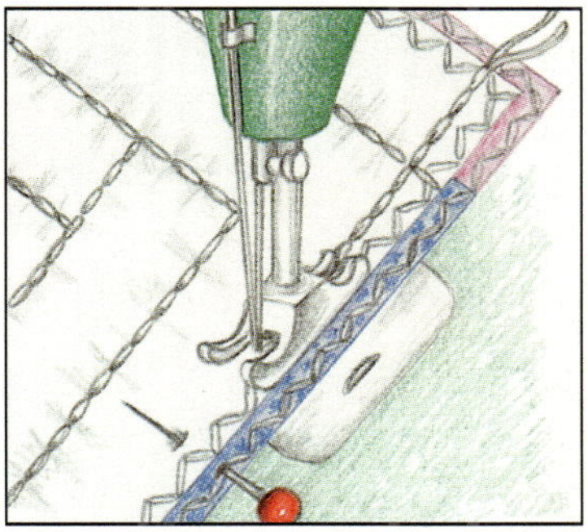

Einzelne Musterblöcke evtl. zu größeren Flächen zusammenfügen.

Verschiedene Gegenstände aus Patchwork

8.2 Gestalten mit Farbe

Abbindtechnik

1. *In welchen Farbtönen erscheint die Musterung auf einem T-Shirt? Zunächst ein gelbes Farbbad, nach dem Abbinden ein blaues Farbbad.*
2. *Ein Tuch wird rot und gelb gefärbt.*
   a) Stelle eine Materialliste zusammen.
   b) Überlege den Arbeitsablauf.

Linien – Stoff wie eine Ziehharmonika falten

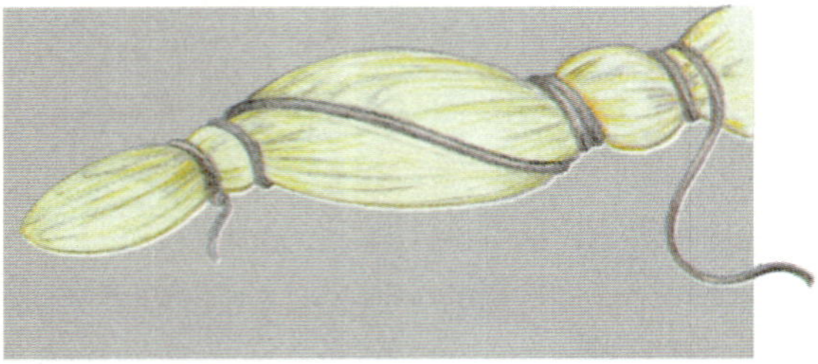

Kreise – Stoff zu einem Stoffzipfel zusammenfalten

Durch die Abbindtechnik können farbige Musterungen auf weißen bzw. naturfarbenen T-Shirts oder anderen Textilien erzeugt werden.

- ▶ Für diese Technik sollten Textilien aus Baumwolle verwendet werden, da sie die Farbe besser aufnehmen.
- ▶ Beim Abbinden wird der Stoff mit einer Schnur straff abgebunden. An den eingeschnürten Stellen nimmt der Stoff keine oder nur wenig Farbe auf.
- ▶ Der Stoff darf nicht zu dicht nebeneinander abgebunden werden, da sonst keine Musterung entsteht.
- ▶ Je nach der Art des Abbindens entstehen unterschiedliche Muster.

  Linien: Stoff wird wie eine Ziehharmonika zusammengelegt, dann wird er mit einer Schnur quer abgebunden.

  Kreise: Der Stoff wird zu einem Stoffzipfel zusammengefaltet, dann wird er mit einer Schnur quer abgebunden. Hierbei muss beachtet werden, dass der Stoff im äußeren Kreisrand gleichmäßig an der Oberfläche liegt, sonst entsteht kein Kreis.
- ▶ Textilien können vor der Abbindtechnik zunächst einheitlich eingefärbt werden. Danach können durch Abbinden und Einfärben mit dunkleren Farben Musterungen erzielt werden.

  Beispiel: Zunächst wird ein T-Shirt gelb gefärbt. Nach dem Abbinden wird das T-Shirt nochmals in ein blaues Farbbad gelegt.
- ▶ Farbbad bzw. Farbbäder nach Gebrauchsanweisung herstellen.
- ▶ Zum Färben werden die Textilien in ein Farbbad gelegt. Je nach der gewünschten Farbstärke verbleiben die Gegenstände kürzere oder längere Zeit im Farbbad. Je länger die Farbe einwirken kann, desto dunkler wird der Farbton.
- ▶ Gegenstand nach dem Lösen der Schnüre gründlich ausspülen, um überflüssige Farbreste zu entfernen.

Schablonendruck

Julian und Anne haben im letzten Sommerschlussverkauf preiswert einfarbige T-Shirts gekauft.
Wie können Julian und Anne die T-Shirts farbig gestalten?
Berücksichtigt dabei auch die Kosten.

Durch Färben und unterschiedliche Druckverfahren können Kleidungsstücke und andere Textilien, Taschen, Kissen usw. individuell gestaltet werden.

Der Schablonendruck, auch Schablonieren genannt, eignet sich für verschiedene Muster. Schon ein aufgedrucktes Sportpiktogramm kann ein T-Shirt aufwerten.

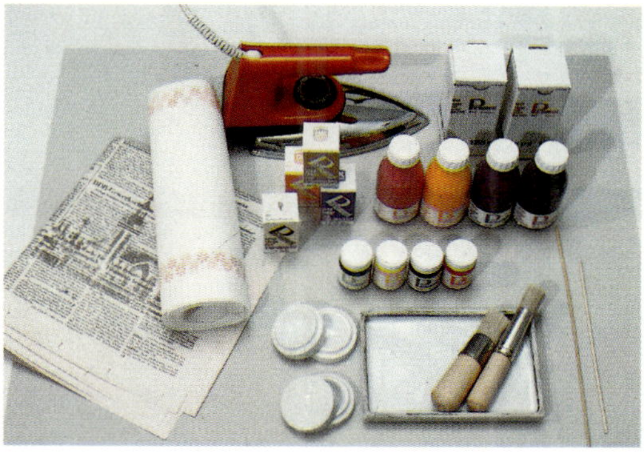

Fertigstellen der Schablone

Als Schablonenmaterial eignen sich Schreibpapier, Tonpapier, für gröbere Arbeiten und häufiges Drucken Moosgummi.

Motive zunächst auf Papier entwerfen und dann auf das Schablonenmaterial übertragen. Es eignen sich einfache geometrische Formen wie Dreiecke, Quadrate oder Kreise, aber auch komplizierte Figuren.

Schablonen je nach Motiv mit einer Bastelschere, einem Kurvenmesser oder einer Nagelschere zuschneiden.

Druckvorgang

Baumwolle, Viskose und Seide eignen sich aufgrund der hohen Saugfähigkeit sehr gut.

Textilien vorher waschen, die löslichen Ausrüstungsmittel werden so entfernt. Bügeln ist für ein besseres Druckergebnis zu empfehlen.

Als Unterlage dient unbedrucktes Zeitungspapier. Die Schablone wird mit Klebestreifen flach auf den Stoff geklebt oder mit der Hand festgehalten. Zum Drucken mit einem kurzen, dicken Borstenpinsel Stoffmalfarbe aufnehmen und durch die Schablone auf den Stoff tupfen, nicht streichen.

Schablone anschließend vorsichtig abheben, damit sie nicht auf dem Stoff anklebt. Schablone nach dem Drucken kurz auf ein Stück Küchenkrepp legen, um die restliche Farbe zu entfernen.

Zum Schluss – durch Bügeln von links – die Farben fixieren.

Das Auftragen der Farbe kann auch mit einer Zahnbürste durch ein Sieb erfolgen. Dabei wird alles, was nicht bespritzt werden soll, gut abgedeckt.

Malen mit Stofffarben

Der Beutel, vgl. S. 126 f., wird mit Stofffarben bemalt.

Arbeitsplatz für das Stoffmalen

Mischen von Farben

Das Bild ist fast fertig

Stofffarben in Gläsern: Man benötigt nicht mehr als vier bis fünf Farben, alle anderen Farben kann man sich selber mischen. Die drei **Grundfarben Blau, Gelb** und **Rot** sollte man auf jeden Fall auswählen, außerdem Schwarz. Konturen können evtl. leichter mit Stiften gezeichnet werden.

Stoffe: Baumwolle, Viskose oder Seide eignen sich für das Bemalen. Der Stoff muss gewaschen werden, damit er keine löslichen Ausrüstungsmittel enthält. Die Farben haften dann besser.

Zunächst einen Entwurf für das Bild auf einem Stück Papier skizzieren.

Arbeitsplatz: Als Unterlage dient Pappe oder ein Kunststoff-Küchenset.

Außerdem werden ein Pinsel, ein Stoffrest zum Reinigen des Pinsels und zwei Gläser mit Wasser – eines zum Auswaschen des Pinsels und eines für das Mischen der Farben – benötigt.

Der Farbton der gemischten Farben sollte zunächst auf einem kleinen Stoffrest ausprobiert werden. Ist es der gewünschte Farbton? Der Farbton ändert sich, je nachdem in welchem Verhältnis die Farben gemischt werden.

Nun kann es losgehen, der Beutel wird nach dem Entwurf bemalt. Auf jeden Fall mit den hellen Farben beginnen.

Motivideen: Lieblingsspeise, unsere Stadt, am Meer, im Zoo, das bin ich, Bilder aus einer Geschichte – einem Märchen, Werbeanzeigen oder ???

T-Shirts und andere Kleidungsstücke, Kissen, Sets, weiße Einkaufstaschen, Lesezeichen usw. können ebenfalls durch Bemalen eine persönliche Note erhalten. Diese Gegenstände werden zuvor selbst genäht.

Nachbehandlung: Der bemalte Stoff muss nach dem Trocknen durch Hitze – Bügeln von links – fixiert werden. Die Farbe verbindet sich durch die Hitze „waschecht" mit dem Stoff. Dabei sollte das Bügelbrett durch eine Unterlage vor den Farben geschützt werden.

T-Shirt – mit Stofffarben bemalt

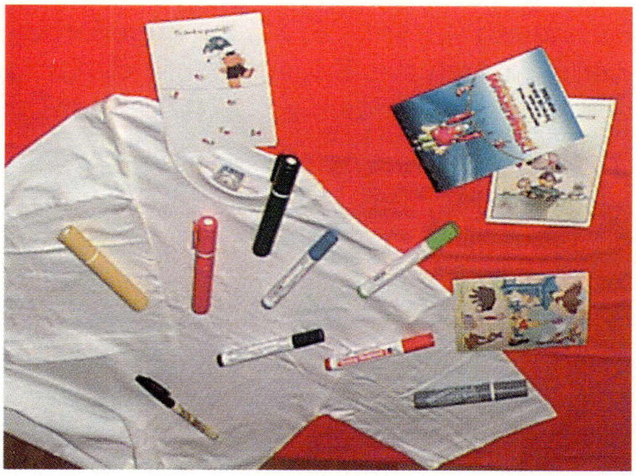

Benötigtes Material:
ein weißes T-Shirt,
Stoffmalstifte,
Pappe als Unterlage,
Vorlagen bzw. eigene Entwürfe

Zunächst mit einem schwarzen Stift die Konturen zeichnen.

Danach mit dem Ausmalen der Flächen beginnen. Zunächst die helleren Farben verwenden.

Das Hauptmotiv ist fertig. Jetzt wird das T-Shirt weiter verschönert.

Ein paar Worte machen das ganze Bild noch lebendiger. T-Shirt von links bügeln.

Das persönliche T-Shirt ist fertig.

Seidenmalerei

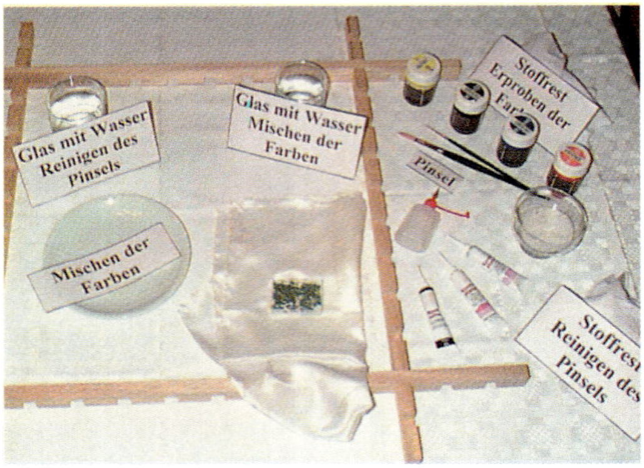

Für die Seidenmalerei werden benötigt:
Holzrahmen: Man kann ihn fertig kaufen oder selbst aus vier Holzleisten anfertigen. **Spannnadeln** oder Reißzwecken benötigt man zum Aufspannen der Seide.

Mit **Pongé-Seide** werden die besten Ergebnisse erzielt, sie ist preisgünstig. Fertige Tücher, Schals usw. können auch bemalt werden. Seide vor dem Bemalen waschen.

Aufspannen der Seide: Rahmen zunächst auf die richtige Größe einstellen. Die Seide an einer Ecke auf dem Rahmen befestigen, es folgen die anderen Ecken. Nun die Seide mit weiteren Spannnadeln oder Reißzwecken – jeweils in handbreitem Abstand – dazwischen befestigen. Die Seide muss straff gespannt sein, damit sie später nicht „durchhängt“ und die feuchte Arbeitsplatte berührt.

Farben: Bügelfarben eignen sich besonders, da die Verarbeitung einfacher ist. Farbauswahl, vgl. S. 172. Bügelfarben werden durch das Bügeln fixiert, d. h. mit dem Stoff verbunden, vgl. S. 172 unten.

Gutta- oder Konturenmittel: Diese Trennmittel verhindern, dass die Farben ineinander laufen. Konturenmittel gibt es farblos und farbig. Zum Zeichnen feiner Linien farbige Konturenmittel in Tuben – mit einer Metallspitze – verwenden. **Waschen:** Farblose Konturenmittel lösen sich beim Waschen, es entstehen weiße Linien. Farbige Konturenmittel werden beim Bügeln von links fixiert, sie werden beim Waschen nicht gelöst.

Pinsel: 1 dicker Pinsel, Größe 8 bis 10, oder Schwamm, und 1 dünner Pinsel, Größe 2, sind die Grundausstattung. Es werden auch zwei Gläser mit Wasser, ein Stoffrest zum Erproben der Farben und einer zum Reinigen des Pinsels benötigt.

Salztechnik: Grobe Salzkörner auf die aufgetragene feuchte Farbe streuen. Das Bild darf aber nicht zu nass sein. Das Salz entzieht der Farbe die Feuchtigkeit, hierdurch entsteht ein heller Rand um das Salzkorn. Besonders bei dunklen Farben kann man diese Veränderung gut beobachten. Ist das Bild zu nass, „ertrinkt“ das Salzkorn, es passiert nicht viel. Der richtige Zeitpunkt muss also erprobt werden. Nach dem Fixieren wird das überschüssige Salz vorsichtig ausgewaschen.

Aufspannen der Seide

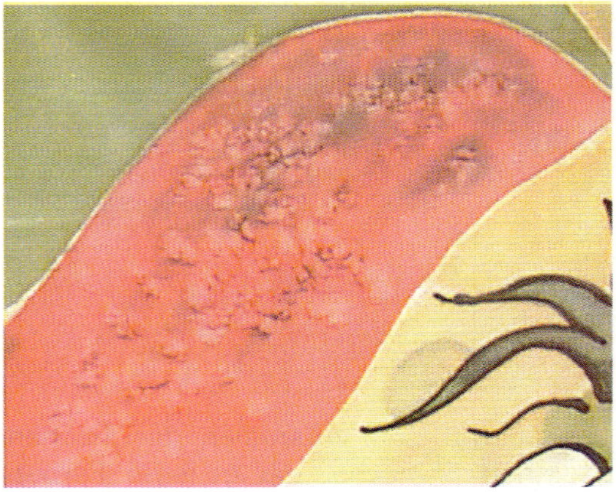

Salztechnik

Das erste Bild – Farben mischen

Benötigtes Material: Seide, Seidenmalfarben Gelb, Rot und Blau und ein Pinsel

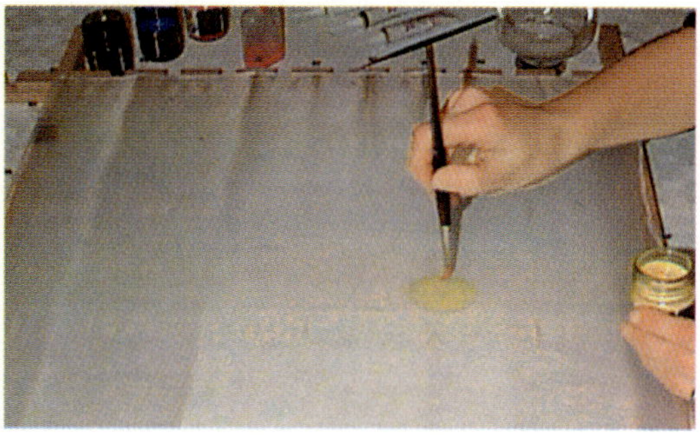

Zunächst mit den hellen Farben beginnen.

Es folgen danach dunklere Farben. Der Pinsel muss zwischendurch immer wieder gereinigt werden.

Durch Mischen werden aus den drei Grundfarben – Gelb, Rot und Blau – viele neue Farben erzeugt. Hier wurde z.B. aus viel Gelb und wenig Blau Grün hergestellt.

Beim Auftragen der Farben kann beobachtet werden, dass die Farben, solange sie feucht sind, ineinander verlaufen. Sind die Ränder dagegen getrocknet, entstehen klare Abgrenzungen.
Das Ineinanderlaufen der Farben bezeichnet man auch als **Aquarelltechnik**.

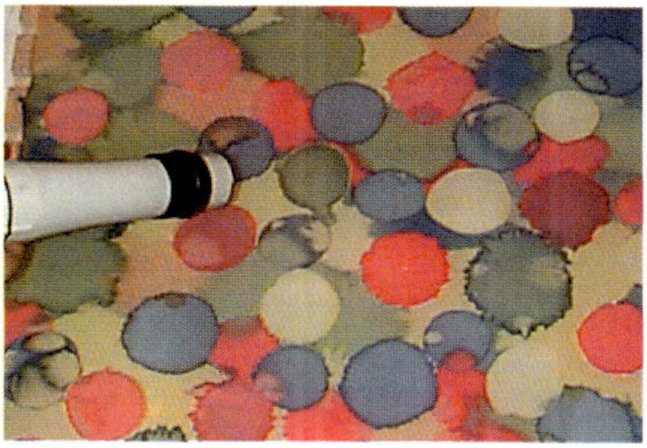

Aufgetragene Farben können zwischendurch auch mit dem Föhn getrocknet werden, damit sie nicht ineinander verlaufen.

Das trockene Seidentuch wird gebügelt, hierdurch werden die Farben fixiert, d.h. mit dem Stoff verbunden.

Das dreidimensionale Bild – Wir arbeiten mit Konturmittel

Benötigtes Material: Seide, Seidenmalfarben, Konturmittel und Salz

Zunächst einen Entwurf zeichnen und diesen unter die aufgespannte Seide legen.

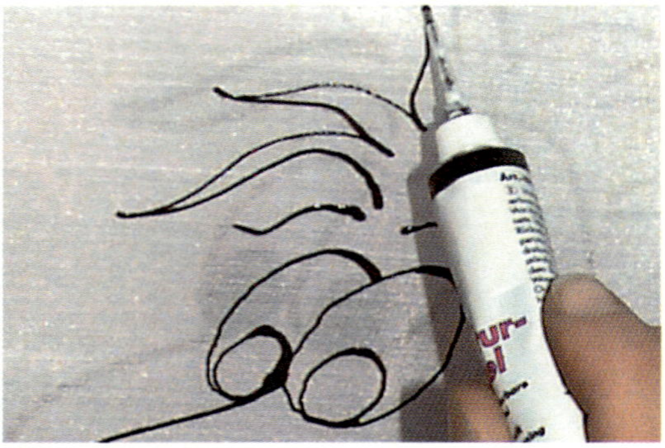

Der Entwurf wird mit Konturenmittel – Konturenstiften – auf Seide übertragen. Nur wenn das Konturenmittel eine Fläche völlig abschließt, können die Farben nicht ineinander verlaufen, vgl. S. 177.

Die Flächen – zwischen den Konturmittelrändern – werden danach mit Seidenmalfarben ausgefüllt.

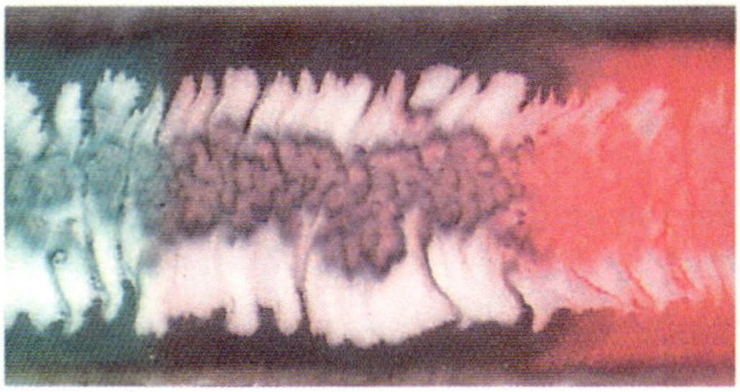

Die Landschaft erscheint sehr viel lebendiger, wenn nun grobkörniges Salz auf die noch feuchte Farbe gestreut wird. Das Salz bleibt auf dem Bild, bis es getrocknet ist. Danach kann das Salz abgehoben bzw. Salzreste können ausgewaschen werden.

Bei anderen Bildern können durch das Salz auch eine tosende Meeresbrandung, ein interessanter Laubwald oder ein Feuerwerk entstehen.

Probiere die Salztechnik doch einmal auf verschiedenen Farben und auch in unterschiedlichen Formen, z.B. Kreisen, Linien aus. Beobachte, was passiert.

Das **Salz** hat seine Wirkung getan, den Farben wurde Wasser entzogen – Muster sind entstanden.

Was ist hier passiert?

Das Konturenmittel wurde nicht ausreichend aufgetragen, die Farben sind verlaufen. Dies kann natürlich auch beabsichtigt sein, wenn man keine scharfen Übergänge haben möchte.

Außerdem ist auf diesem Bild die Wirkung des Salzes deutlich zu erkennen.

Jetzt werden Farben und Konturenmittel durch Bügeln – Hitze – 2 bis 3 Minuten lang von links fixiert.

Die Seide kann nun bei 30 °C in der Waschmaschine gewaschen werden, ohne dass sich die Farben lösen. Farblose Konturenmittel lösen sich beim Waschen auf, weiße Linien erscheinen auf dem Tuch.

Das fertige Bild kann mit doppelseitigem Klebeband auf eine Styroporplatte aufgeklebt werden. Danach kann man das Bild weiter gestalten. Hier wurde z.B. ein Drachenschwanz aus Bindfaden und Geschenkpapier befestigt.

Überlege, welche Gegenstände ebenfalls angebracht werden könnten.

Wickel- oder Knautschtechnik

Benötigtes Material: Haarband aus Seide und Seidenmalfarben

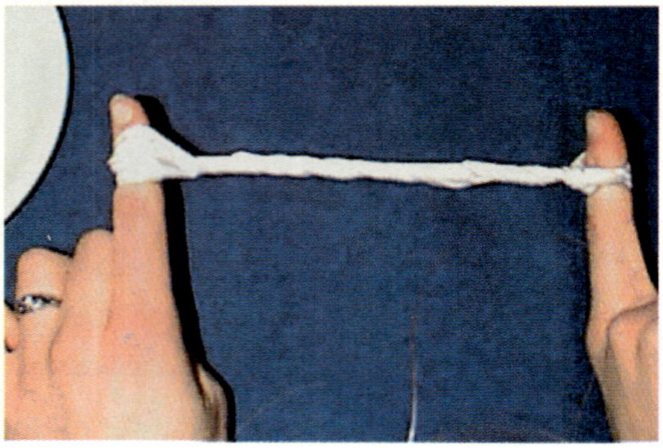

Bei der Wickeltechnik wird der Seidenstoff zunächst evtl. fächerförmig gefaltet und danach ganz fest aufgedreht.

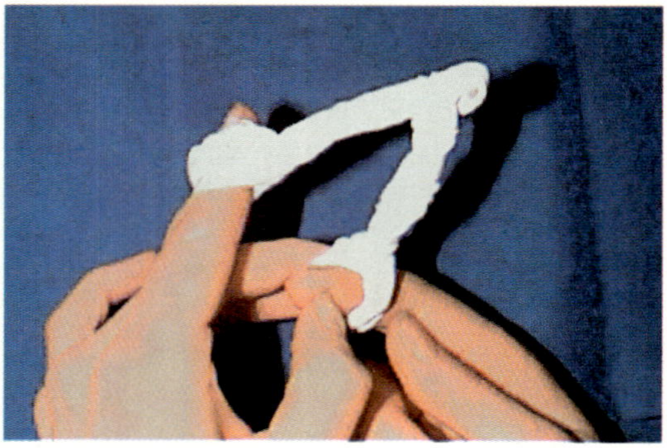

Der Stoff muss so lange gedreht werden, bis er sich von alleine zusammenwickelt.

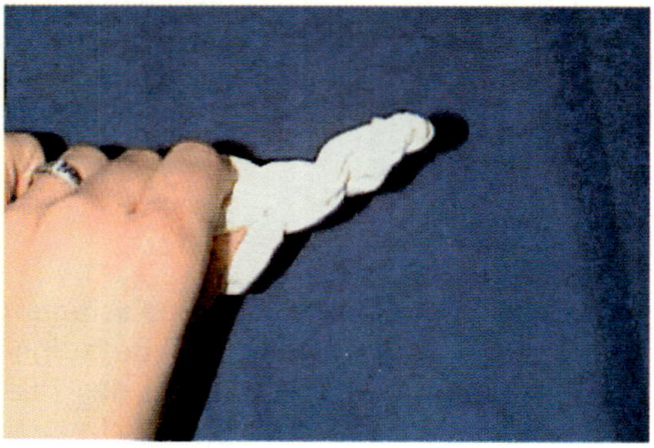

Die Stoffenden werden nun zusammengefasst und mit Nähgarn oder Zwirn zusammengebunden. Diesen festen Strang legt man auf eine Plastikunterlage.

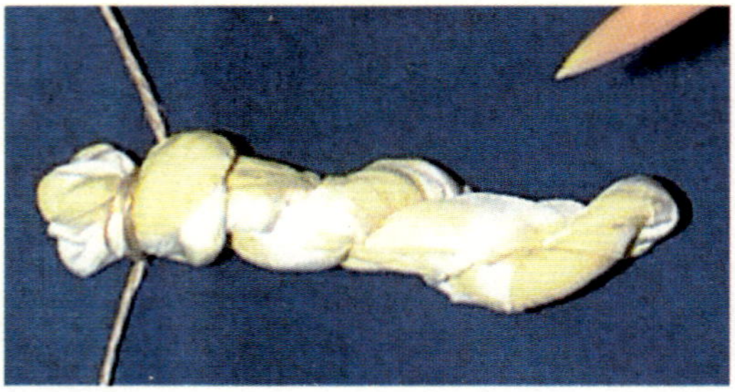

Wieder mit hellen Farben beginnen, viel Farbe ungleichmäßig auf Seide tropfen.

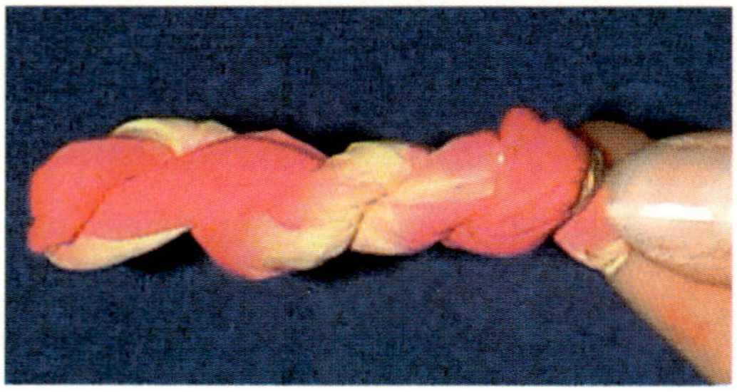

Der Strang muss vollständig mit Farbe durchtränkt sein.

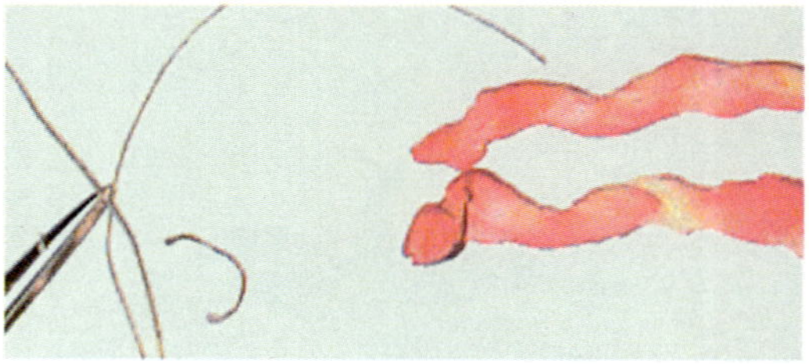

Strang nach dem Trocknen öffnen und auseinander rollen. Weiße Stellen können nun nachgebessert werden.
Farben fixieren.

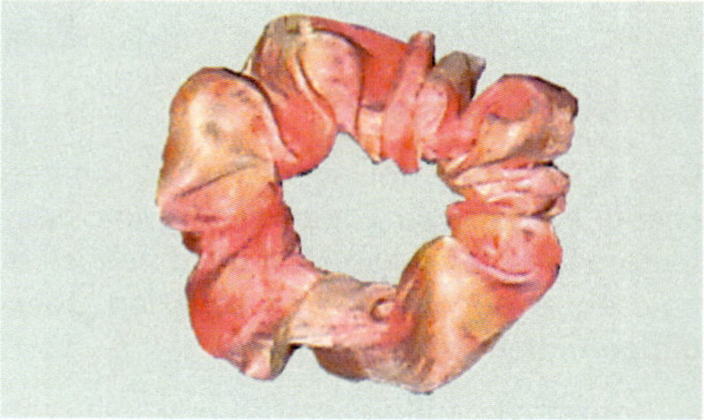

Fertiges Haarband

Batiken

1. *Zeichne ein Muster für ein Batiktuch. Wähle dafür die Farben Weiß, Gelb, Rot und Grün.*
2. *Erstelle einen Arbeitsplan. Welche Farbbäder werden benötigt?*

   Welche Stellen müssen jeweils mit Wachs abgedeckt werden, damit die richtigen Farben/Muster entstehen?

- ▶ Zunächst muss ein Muster – Farben und Formen – für die zu erstellende Batik auf einem Stück Papier entworfen werden.
- ▶ Baumwollstoffe ohne Appretur oder reine Seide mit Heftzwecken auf Holzleisten oder einen alten Bilderrahmen oder eine Schublade spannen.
- ▶ Die Reihenfolge der Farbbäder überlegen. Es muss mit dem hellsten Farbbad, z.B. Gelb, begonnen werden.
- ▶ Die benötigten Farbbäder werden dann nach Gebrauchsanweisung hergestellt. Beim Einfärben muss das Farbbad kalt sein, damit das Wachs nicht gelöst wird.
- ▶ Heißes Wachs wird mit einem Borstenpinsel oder einem Wachskännchen auf den Stoff aufgebracht. Die nun abgedeckten Flächen und Linien nehmen keine Farbe auf, sie ergeben später das gewünschte Muster.
- ▶ Durch Stauchen oder Knittern des Stoffes entstehen Brüche im Wachs, durch diese bilden sich im Farbbad die für eine Batik typischen fein verästelten Farblinien.
- ▶ Der Stoff muss nach jedem Farbbad gründlich ausgespült werden, damit das nächste Farbbad nicht durch Farbreste verändert wird.
- ▶ Stoff anschließend jeweils trocknen lassen, nicht wringen.
- ▶ Danach die zweite Wachsschicht auf den getrockneten Stoff auftragen.
- ▶ Im zweiten Farbbad, z.B. Rot, behalten die nun abgedeckten Stellen die Farbe des ersten Farbbades, z.B. Gelb. Die vor dem ersten Farbbad abgedeckten Stellen bleiben weiterhin z.B. weiß. An den nicht abgedeckten Stellen entsteht eine Mischfarbe, hier Orange.
- ▶ Durch ein drittes und viertes Abdecken anderer Stellen mit Wachs und Färben mit weiteren Farbbädern kann die Wirkung – Farbigkeit – der Muster gesteigert werden.
- ▶ Nach dem letzten Farbbad – und wiederum Spülen und Trocknen – werden die gesamten Wachsschichten ausgebügelt. Auf das Bügelbrett legt man eine dicke Lage Zeitungspapier und weißes Küchenpapier oder unbedrucktes Zeitungspapier und die Batik. Die Batik wird dann mit weißem Küchenpapier oder unbedrucktem Zeichenpapier und Zeitungspapier abgedeckt und heiß ausgebügelt. Es wird so lange gebügelt und das Papier gewechselt, bis auf dem Papier kein Wachs mehr zu sehen ist. Die Batik – der Stoff – bleibt etwas steif.
- ▶ Beim Batiken und beim „Abbinden" Handschuhe tragen.

9 Gegenstände für Kinder planen und gestalten

Krabbeldecke

Stoffball, Bilderbuch

1. *Sammelt Vorschläge für Gegenstände/Spielzeug für Kinder, die ihr selbst herstellen könnt.*

2. *Überlegt:*
   - *Wie alt ist das Kind, für das der Gegenstand gefertigt werden soll?*
   - *Welche Anforderungen werden an das Kind gestellt?*
   - *Welche Fähigkeiten und Interessen werden gefördert?*
   - *Welche Materialien benötigt man?*
   - *Wie viel wird es kosten?*
   - *Können gebrauchte oder ausgediente Textilien und Stoffreste verwendet werden?*
   - *Wie kann der Gegenstand individuell gestaltet werden?*
   - *usw.*

3. *Wählt einen Gegenstand/ein Spielzeug für ein Kind aus und stellt ihn/es her.*

   Auf den nächsten Seiten findet ihr Arbeitspläne für verschiedene Gestaltungsideen.

Stofftiere

Marionette

9.1 Stofftier

Zunächst Entwürfe für verschiedene Tiere zeichnen und überlegen, wie diese ausgestaltet werden können.

Material für den Stofffrosch: Schnitt, grüner oder andersfarbiger Stoff, Schafwolle zum Ausstopfen, zwei Perlen für die Augen, Garn, Schneiderkreide usw.

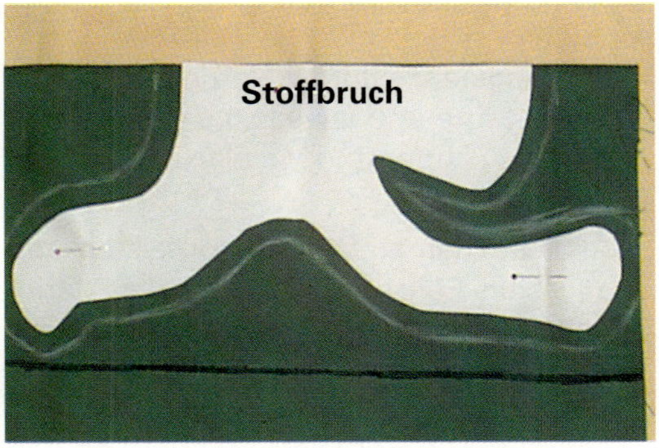

Schnitt im Stoffbruch auflegen. 1 cm Nahtzugabe mit Schneiderkreide einzeichnen. Teil zweimal zuschneiden. Der Stoffbruch darf nicht aufgeschnitten werden.

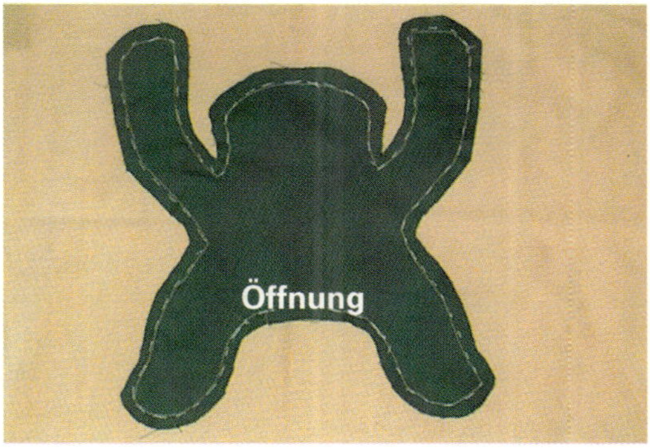

Stoffteile übereinander legen, stecken, heften, steppen. Eine Öffnung für das Verstürzen lassen. Nahtzugaben besonders in den Ecken auf 0,5 cm zurückschneiden.

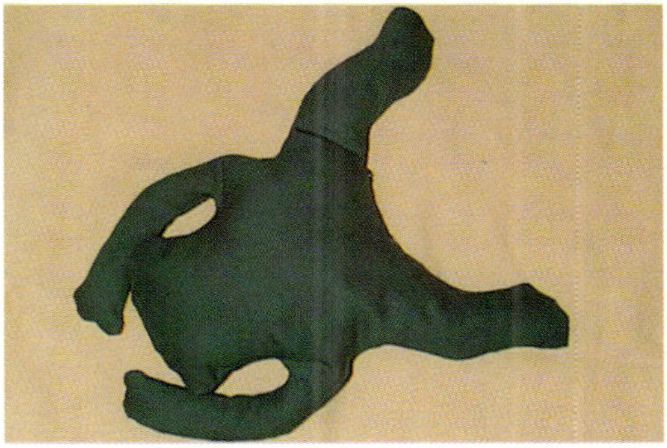

Heftfäden entfernen, Frosch wenden – verstürzen. Naht ausstreichen, bügeln. Mit Schafwolle ausstopfen. Öffnung mit Staffierstich, vgl. S. 93, schließen.

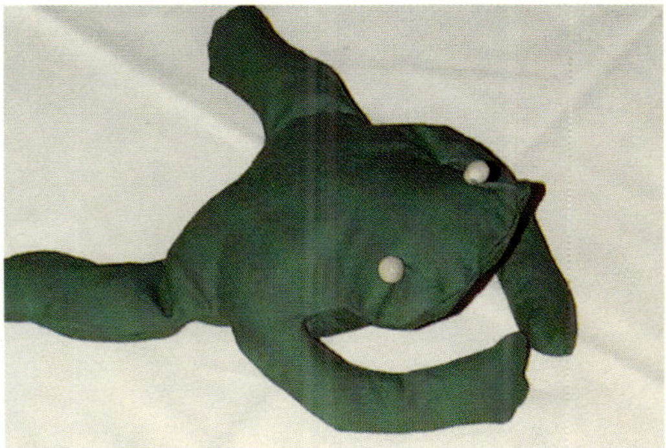

Zwei Perlenknöpfe als Augen annähen. Der Frosch ist fertig. Ob er noch Gesellschaft bekommt? Wie wäre es mit einer Ente oder einem Fisch?

9.2 Herstellung einer Marionette

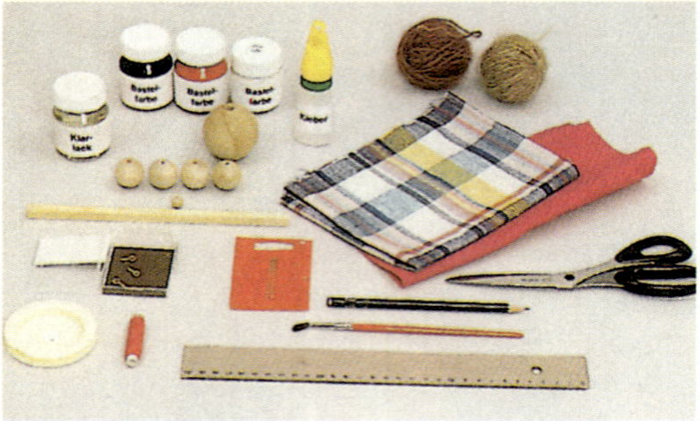
Material für die Marionette

Malen des Gesichts

Gestaltung der Haare

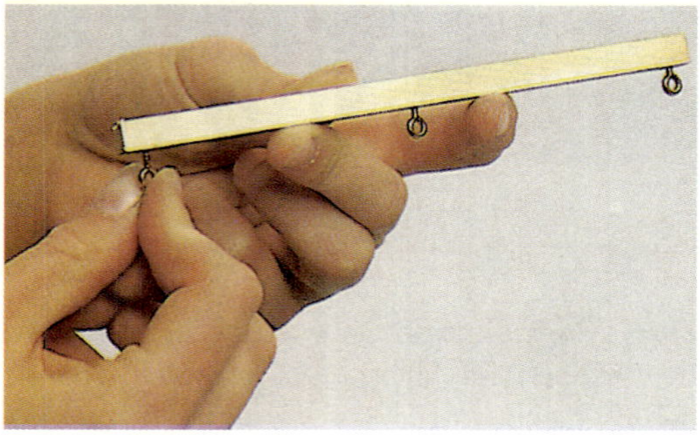
Führungsleiste

Für die Herstellung benötigt man:

Führungsleiste: 1 Holzleiste – ca. 1 cm breit und 16 cm lang, 3 Metallösen,

Bleistift, Lineal,

Nylon- oder Zwirnsfaden, lange Nähnadel

Kopf: 1 Holzperle – 5 cm Durchmesser

Hände und Füße: 4 Holzperlen – 2,5 cm Durchmesser,

1 Holzperle – 1 cm Durchmesser,

Bastelfarben, farblosen Lack, 1 dünnen Pinsel

Haare: Woll- oder Fellreste, Kleber, evtl. Filzstücke für die Mütze

Kleidung: bunter oder einfarbiger Stoffrest – 30 × 30 cm, Nähnadel, Schere, Garn

Arbeitsschritte:

- **Kopf:** Auf die große Holzkugel – 5 cm – wird zunächst mit Bastelfarben ein lustiges Gesicht, z.B. Clown, gemalt. Als Nase kann auch eine halbe rote Perle aufgeklebt werden. Nachdem die Farben gut getrocknet sind, werden sie mit farblosem Lack fixiert.
- Der Kopf kann auch aus Pappmaché selbst hergestellt werden.
- Als **Haare** kann man Wollfäden oder Fellreste auf den Kopf kleben. Aus Filz kann nun auch noch eine Zipfelmütze von etwa 7 cm Höhe geformt und später aufgeklebt werden.
- **Führungsleiste:** In die Holzleiste werden in der Mitte und jeweils 0,5 cm von den Enden entfernt Metallösen eingeschraubt.

  Anstelle der einfachen Holzleiste kann auch ein Führungskreuz für die Marionette angefertigt werden. Hierfür werden zwei Holzleisten, von denen eine etwa $^1/_3$ länger sein muss als die andere, benötigt. Die Holzleisten werden an den Enden etwas für die Befestigung der Führungsschnüre eingekerbt und dann kreuzweise aufeinander genagelt und festgebunden.

- **Fertigung der Kleidung:** Den Rand des Stoffquadrates mit Zickzackstich versäubern.

  Einfarbiger Stoff kann auch mit Stofffarben bemalt werden.

- Ein Drittel des Stoffes umschlagen, oben in der Mitte des Stoffbruchs eine Spitze bilden.

- **Befestigung des Kopfes und der Führungsschnur:** Einen 80 cm langen Faden – Nylon oder Zwirn – bis zur Mitte durch die kleinste Holzperle ziehen. Die beiden Fadenenden mit einer langen Nadel durch die Spitze des Stoffbruchs und den Kopf sowie die Mütze führen und an der mittleren Ringöse der Führungsleiste befestigen.

- **Arme und Füße:** Die vier Stoffecken durch die kleinen Holzperlen – 2,5 cm Durchmesser – schieben, den Stoff jeweils über den Perlen mit einem kleinen Knoten befestigen.

- **Führungsschnüre:** Die beiden Führungsschnüre für die Arme werden durch die äußeren Ringösen der Führungsleiste gezogen und verknotet. Die beiden Führungsschnüre für die Arme müssen gleich lang sein.

Befestigung des Kopfes

Befestigung der Arme und Füße

- **Bewegen der Marionette:** Führungsleiste in die Hand nehmen und hin und her führen. Evtl. mit der freien Hand die Führungsschnüre der Arme bewegen.

- Mit einem Führungskreuz kann die Marionette leichter geführt werden.

1. *Mache weitere Vorschläge für das Gestalten der Marionette.*
2. *Stellt einen Kostenvergleich an: Marionette*
   a) selbst hergestellt,
   b) gekauft.

9.3 Teddy – ein anderes Stofftier

Benötigtes Material:
Stoffstück 40 × 30 cm,
einen bunten Stoffrest,
Zwirn zum Abbinden,
Wolle oder Watte zum Ausstopfen

Schnittteile auflegen, zuschneiden:
Aus dem Teddystoff
Kopf- und Armteil viermal, Ohren zweimal, Füße viermal zuschneiden.

Aus dem bunten Stoff
Körper und Ohren zweimal zuschneiden.

Dies sind die für den Teddy zugeschnittenen Stoffteile. Die Nahtzugaben sind bereits in der Schnittvorlage enthalten.

Jetzt beginnen wir mit dem Nähen:

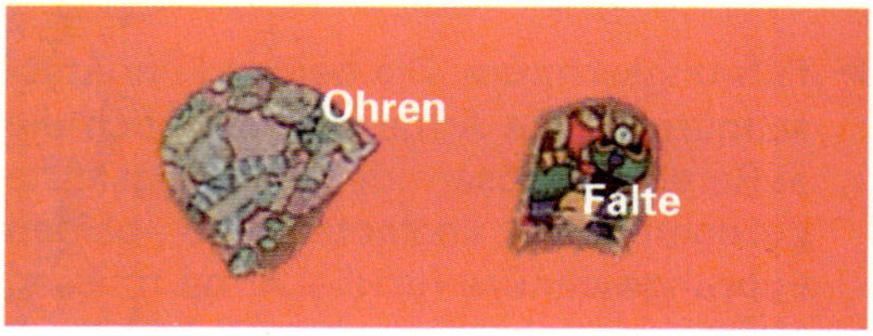

Ohren: Je ein Stück Teddystoff und ein Stück bunten Stoff rechts auf rechts legen. Im Bogen außen herum zusammensteppen, wenden. Den bunten Stoff unten in der Mitte etwa 1 cm übereinander legen, sodass eine Falte entsteht. Untere Stoffkanten so zusteppen.

Füße: Je zwei Stück Teddystoff rechts auf rechts legen, im Bogen außen herum zusammensteppen. Füße ausstopfen. Die oberen Stoffkanten zusteppen, schließen.

Kopf-/Armteile

eite des einen
ten.

hts auf rechts

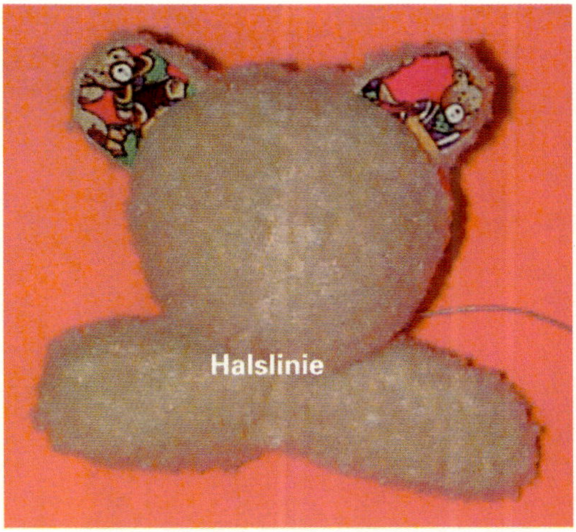

Hals möglichst weit oben mit festem Zwirn fest umwickeln – fest abbinden.

Durch das Abbinden werden Kopf und Arme getrennt. Kopf und Arme sind nun zu erkennen. Auf dem Foto sind die Arme durch zu tiefes Abbinden recht kurz geraten.

Das Ausstopfen kann noch nicht beginnen. Die beiden Stoffteile müssen zunächst ringsherum zusammengenäht werden.

Lediglich unten in der Mitte bleibt eine kleine Öffnung, durch die die Wolle bzw. Watte hinein gedrückt werden kann.

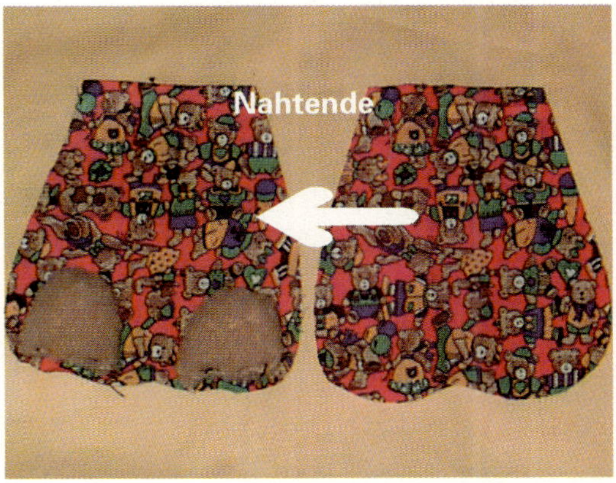

Füße auf der rechten Stoffseite des hinteren Körperteils aufheften.

Die beiden bunten Stoffstücke – Körperteilhälften – rechts auf rechts legen, heften, mit der Maschine oder mit der Hand zusammennähen. Diese Naht ist besonders schwierig, da es schwer ist, die Füße mit der Maschine zu erfassen.

Oben – und an den Seiten oben – bleibt eine Öffnung, hier werden später Kopf und Arme angenäht.

40
30
30
30
30
30
40 x 20 bunt
40 cm Teddy = 11.96
40 cm bunt = 2.40
zus. = 14.36 : 5
pro Teddy = 2.90
+ Watte

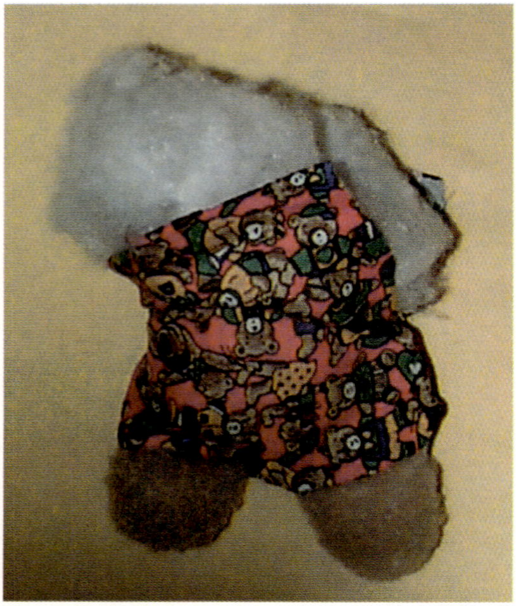

Körper nun mit Wolle oder Watte fest ausstopfen. Besonders Watte drückt sich später schnell zusammen.

Den Körper – bunten Stoff – vorne und hinten mit kleinen Stichen am Hals annähen.

Den bunten Stoff an den Schultern nach innen einschlagen. Den Stoff an den Armen festnähen.

Ein Stück Spitze mit einem festen Faden kräuseln. Die Halslinie mit der gekräuselten Spitze verdecken.

Augen und Nase mit Wolle aufsticken. Bei den Augen darauf achten, dass sie nicht zu weit auseinander liegen.

Und fertig ist die Bärengesellschaft.

9.4 Gefaltete Schachtel zum Aufbewahren oder Verschenken

Material: Tonpapier, Schere

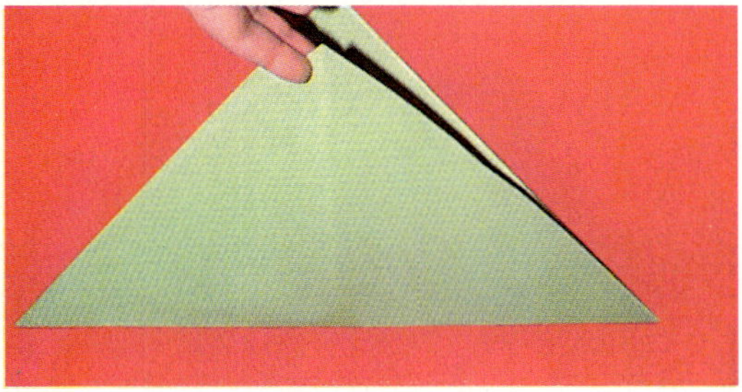

Ein quadratisches Stück Tonpapier oder Zeichenkarton zusammenfalten.

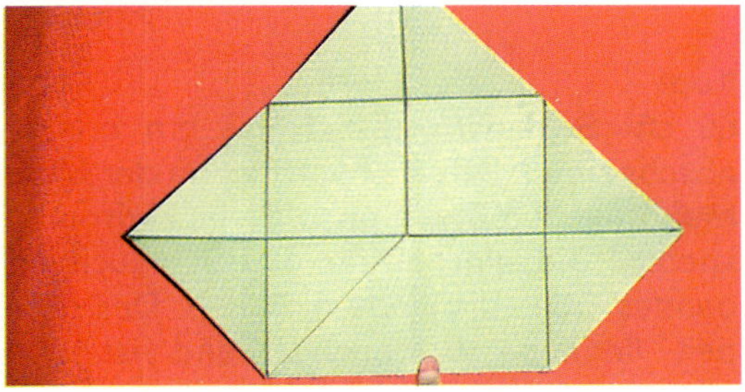

Die vier Papierspitzen zur Mitte falten, damit dieses Faltmuster entsteht.

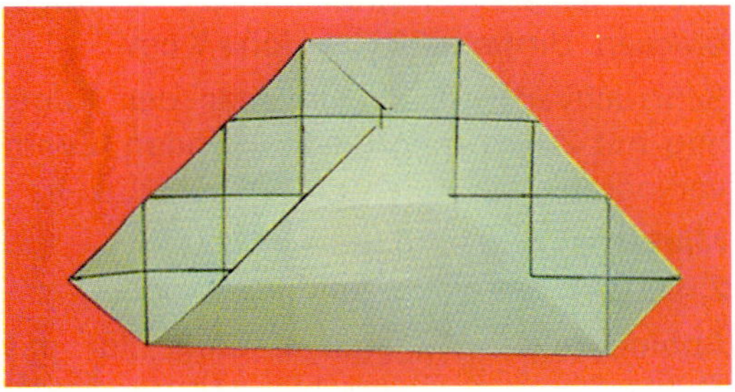

Die vier Papierspitzen von oben und von unten zum neu entstandenen Knick falten. Dies Faltmuster entsteht.

Seitenlinien einschneiden.

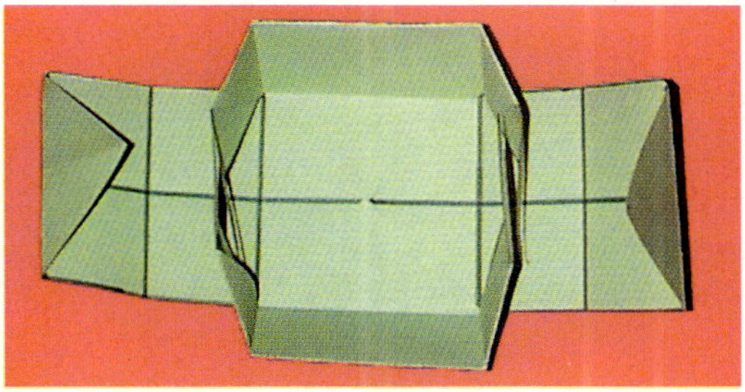

Seitenlinien zur Mitte falten und klappen.

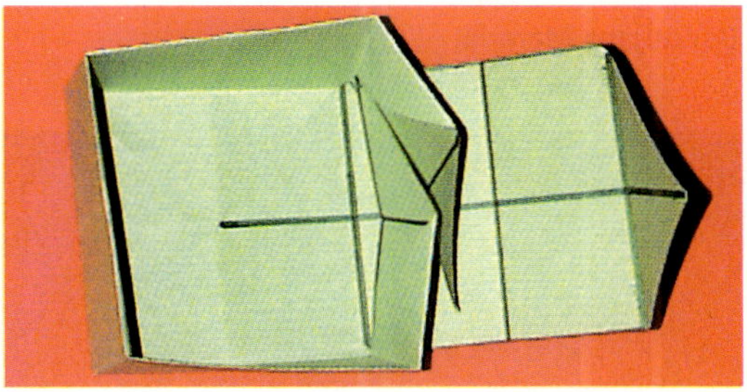

Die anderen beiden Seiten ebenfalls zur Mitte klappen und falten.

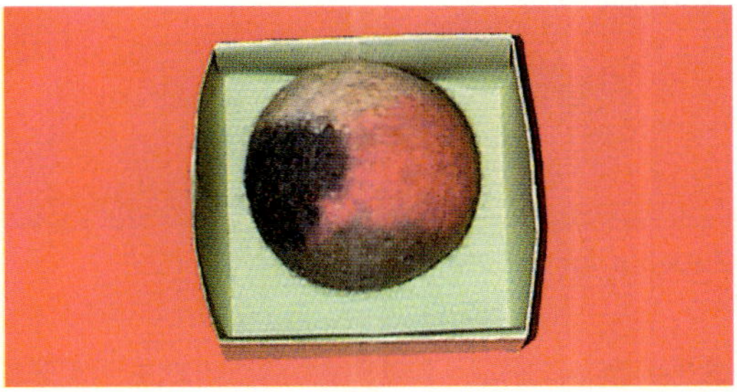

Ein Karton ist entstanden. Den Deckel genauso, aber 4 cm größer, arbeiten.

Karton bemalen oder bekleben.

9.5 Waldorfpuppe

Benötigtes Material

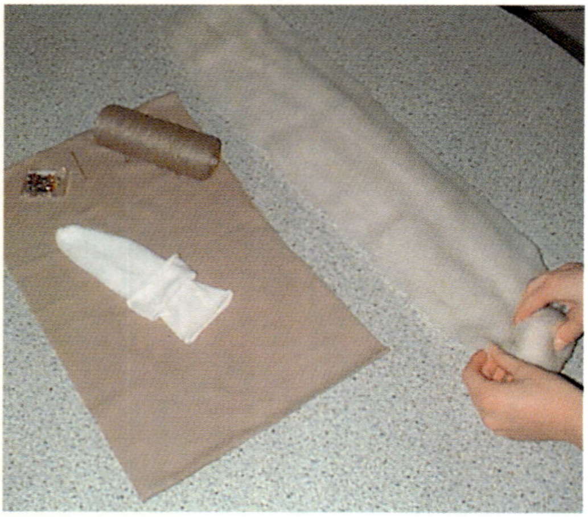

Zubehör für den Kopf

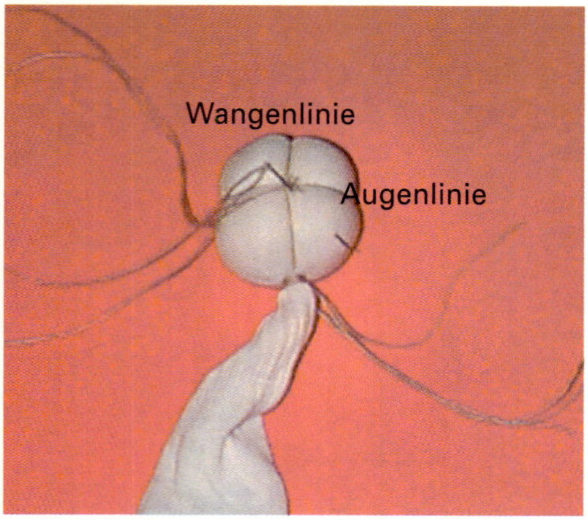

Kopf abschnüren

Kopf

60 cm Schlauchverband – 7 cm breit – abschneiden. Schlauchverband in der Mitte mehrmals mit Zwirn umwickeln, Zwirn verknoten. Die eine Hälfte des Schlauchverbandes über die andere ziehen. Der doppelt liegende Schlauchverband ist nun oben geschlossen.

Ein Strang Schafwolle – 50 g – auf den Tisch legen und eng aufrollen. Schafwolle in den Schlauch stopfen und zu einer Kugel pressen. Umfang 22 cm, Höhe 7 cm.

Schlauchverband direkt unter der Kugel eng mit Zwirn mehrmals abbinden, Zwirn verknoten.

Markieren des Gesichts

2 m Zwirn einfädeln, Enden verknoten.

Abbinden der Augenlinie: Stelle für das rechte Ohr auswählen, hier mit der Nadel Stoff aufnehmen, das Ende des doppelten Fadens stehen lassen. Stelle für das linke Ohr auswählen, mit der Nadel Stoff aufnehmen. Faden zurück zum rechten Ohr führen, durch das Fadenende stechen. Faden durchziehen und festziehen, sodass eine Einkerbung entsteht. Faden mit zwei, drei Stichen befestigen.

Abbinden der Wangenlinie: Faden nun über den Kopf zum linken Ohr führen, unter dem Zwirn durchführen. Faden durch den Hals stechen, zum rechten Ohr führen. Faden unter dem Zwirn durchführen, festziehen, befestigen.

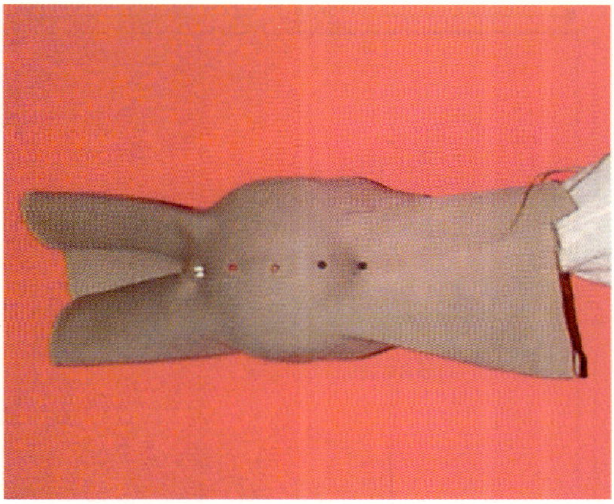

Hinterkopfnaht, „Eselohren“

Gestalten des Hinterkopfes: Zwirnsfaden am Hinterkopf, z.B. mit einem Löffelstiel, bis 1 cm über dem Hals herunterziehen.

Beziehen des Kopfes

Kopfumfang nachmessen. Beträgt er 22 cm, ein Quadrat – 20 cm Kantenlänge – aus hautfarbenem Trikot zuschneiden. Ist der Kopfumfang größer, ein größeres Quadrat zuschneiden.

Trikot gerade über den Kopf legen, sodass die Augenlinie parallel zum Fadenlauf verläuft.

Stoffenden des Bezugsstoffes auf der Kopfrückseite übereinander mit Stecknadeln feststecken.

Kopf herumdrehen. Aus den Stoffenden am Oberkopf „Eselohren“ bilden. Eselohren abschneiden. Die beiden Seitennähte am Kopf ebenfalls mit Stecknadeln fixieren. Beim Fixieren der Nähte beachten, dass diese später von den Haaren bedeckt sein müssen. Nähte mit kleinen Stichen schließen.

Trikotkopfbezug am Hals zusammenhalten, wiederum mit einem Zwirnsfaden fest abbinden, verknoten. Aufpassen, dass der Trikot am Hals keine Falten bildet.

Heraushängenden Schlauchverband und Zwirn abschneiden.

Der Kopf – der schwierigste Teil der Puppe – ist nun fertig gestellt. Das Gesicht und die Haare werden erst gestaltet, wenn Kopf und Körper verbunden sind.

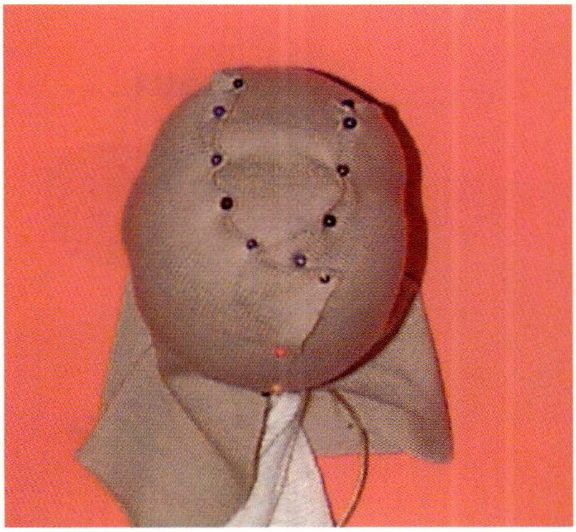

Kopfnähte

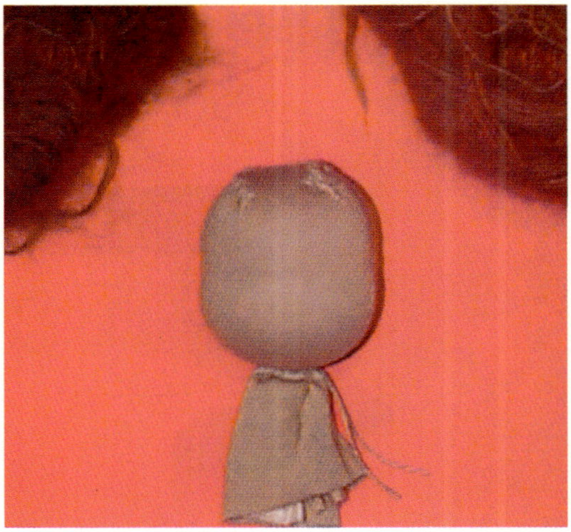

Bezogener Puppenkopf

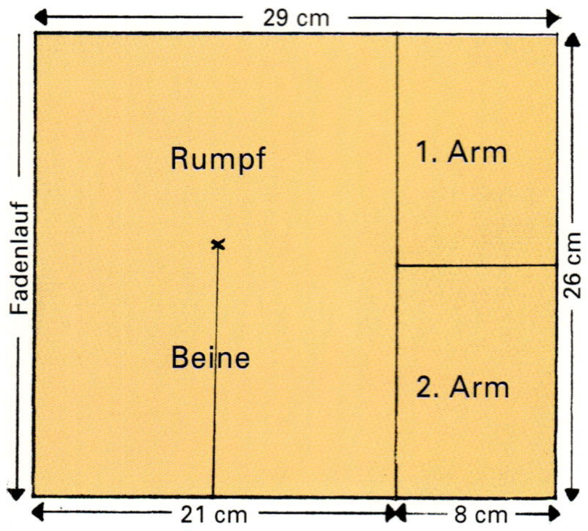

Schnitt für den Körper

Zuschneiden:
Ein Trikotstück 29 cm breit und 26 cm lang – Fadenlauf beachten – wird benötigt.

Arme: Einen Streifen 8 cm breit und 26 cm lang abschneiden. In der Mitte durchschneiden. Die „Arme" sind also 8 cm breit und 13 cm lang.

Rumpf und Beine: Die beiden Außenseiten des größeren Trikotstücks zur Mitte falten. Das Trikotstück für die Beine in der Mitte 13 cm einschneiden.

Nähte:
Je eine Schablone mit „Rundung" für Arme und Beine anfertigen. Nahtlinien für Arme und Beine auf der linken Trikotseite mit Schneiderkreide markieren.

Nähte an Armen, Beinen und am Rücken mit der Nähmaschine schließen.

Ausstopfen:
Beine mit Schafwolle ausstopfen. In der „Beugung" mit der Hand abnähen, die Beine sind so beweglicher. Arme und Rumpf ebenfalls mit Schafwolle ausstopfen.

Befestigung des Kopfes:
Mit dem Finger ein Loch in den Rumpf – Schafwolle – bohren, den Hals des Puppenkopfes in das Loch hineinstecken. Rumpf in der Mitte – vorn und hinten – am Hals feststecken und festnähen.

Hände und Füße abnähen.

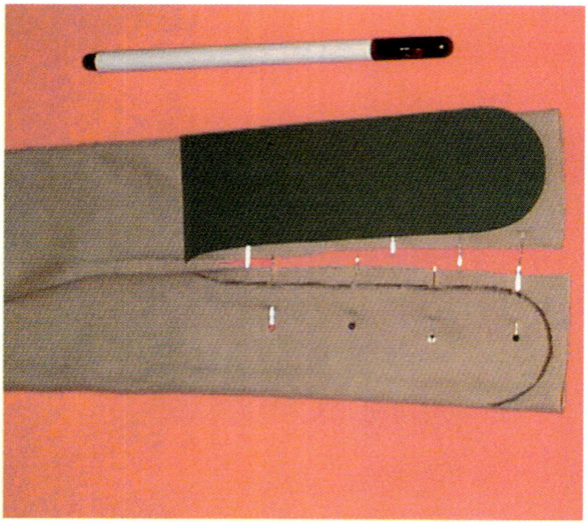
Rumpf und Beine zugeschnitten

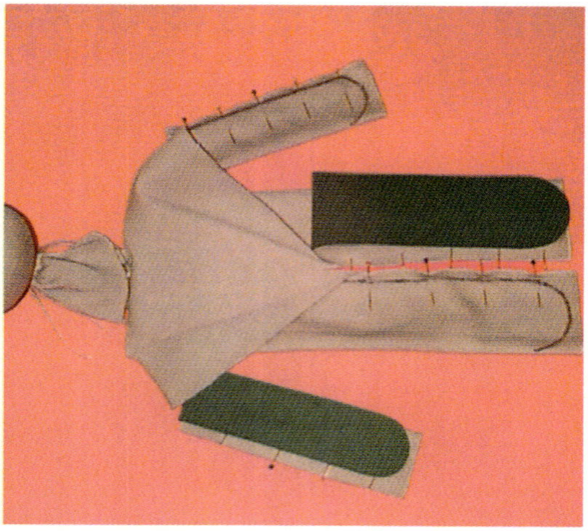
Körper zugeschnitten

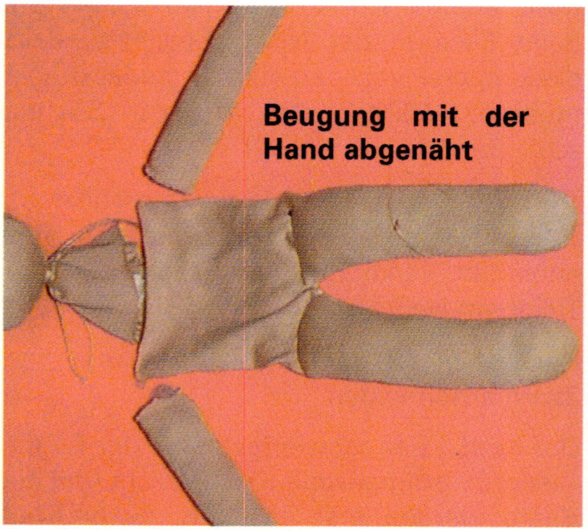

Arme und Beine ausgestopft

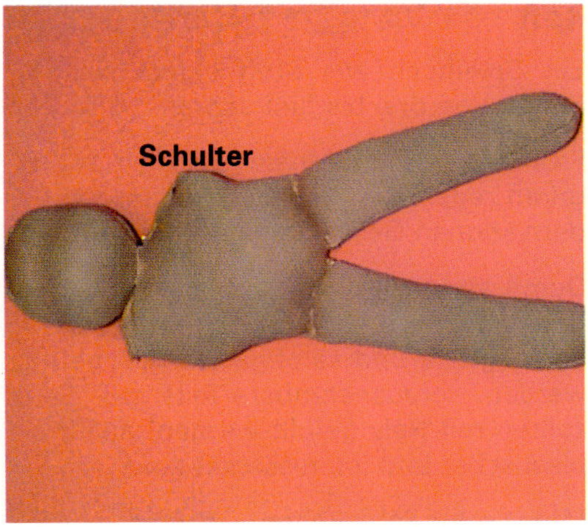

Schultern: Den rechts und links überstehenden Stoff etwas abschrägen und als Schultern mit der Hand zunähen.

Arme annähen und dabei schließen.

Anziehen der Puppe

Schnitt für Anzug und Zipfelmütze:
Anzug: Körperlänge 17 cm. Mitte bis Ärmelende: 22 cm. Viermal zuschneiden.
Zipfelmütze: Dreieck: Grundlinie 22 cm = Kopfumfang, Höhe: 22 cm.

Nähen: Stoff rechts auf rechts legen. Nähte schließen. Anzug wenden. Ärmel, Beine und Halsausschnitt mit Gummizug versehen. Halsausschnitt mit einem Druckknopf schließen. Spitze kräuseln und am Hals anbringen.

Gesicht gestalten

Augen und Mund mit Stofffarben oder mit Stickgarn gestalten. Die Nase kann auch vor dem Beziehen des Kopfes mit einem Stecknadelkopf markiert werden.

Frisuren

Haare mit Woll- oder Fellresten gestalten.

Meckifrisur: Mit einem doppelten Wollfaden von links nach rechts kreisförmig arbeiten. Eine Schlinge über den Fingern bilden, diese Schlinge durch eine weitere festgezogene Schlinge befestigen. Schlingen zum Schluss aufschneiden.
Zöpfe: Kopf mit Spannstich vom Mittelscheitel zu den Ohren bedecken. In diese Unterhaare Fäden für die Zöpfe einnähen.

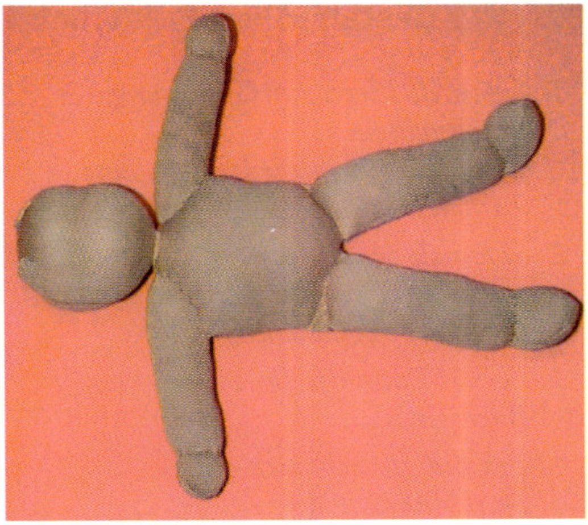

Fertiger Puppenkörper

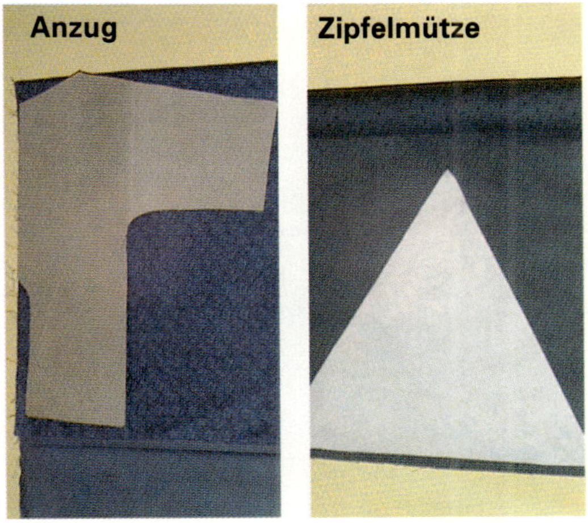

Schnitt für den Anzug und die Zipfelmütze

Fertige Waldorfpuppe

9.6 Wir gestalten ein Spielbuch aus Stoff

1. *Sammelt Ideen zur Gestaltung von Buchseiten. Das Kind soll mit jeder Seite eine Tätigkeit ausführen können.*
2. *Sammelt Materialien, z. B. Stoffreste, Knöpfe usw., die ihr verwenden könnt.*
3. *Fertigt Entwürfe für zwei Buchseiten an.*
4. *Erkundigt euch nach der Durchführung der erforderlichen Nähtechniken.*

Für ein Spielbuch benötigte Materialien

Entwürfe zeichnen

Ein Spielbuch aus Stoff eignet sich für Kinder von drei bis fünf Jahren.

Fröhliche Farben, Muster, Formen und Figuren regen zum Schauen an. Zu den Bildern können Geschichten erzählt werden.

Durch Verwendung verschiedener textiler und anderer Materialien können weiche, harte, glatte und samtige Flächen gefühlt werden. Herausnehmbare Teile, z. B. Tiere, sollten mit Reis gefüllt werden, damit sie plastischer und interessanter sind.

Motorische Fähigkeiten – Bewegungen – können gelernt und geübt werden: Teile, z. B. Wäsche, werden abgenommen und wieder aufgehängt, Verschlüsse, z. B. Reißverschlüsse, werden geöffnet, Taschen und Beutel werden gefüllt oder geleert, Schleifen gebunden, Bänder geflochten usw. Knopflöcher müssen relativ groß genäht werden, damit die Kinder besser damit umgehen können.

Töne können beim Öffnen und Schließen von Verschlüssen oder beim Bewegen von angebrachten Glöckchen gehört werden.

In Taschen/Beuteln und hinter Vorhängen können Gegenstände versteckt werden. In Zugwagen können Puppen sitzen.

Beim Spielen wird durch die Veränderungsmöglichkeiten, z. B. Umsetzen der Fische, die Fantasie des Kindes angeregt.

Verletzungsgefahr: Spitze, scharfe und zerbrechliche Teile eignen sich wegen der Verletzungsgefahr nicht für ein Spielbuch.

Das Buch muss **stabil gearbeitet** werden. Als Oberstoff des Spielbuches eignet sich festes Material, z. B. Jeansstoff, damit die Knöpfe usw. nicht ausreißen. Druckknöpfe usw. werden gut festgenäht, damit sie sich trotz häufigen Öffnens und Schließens nicht zu schnell lockern. Alle frei hängenden Teile, z. B. Schnüre, werden gut befestigt, damit sie nicht abreißen.

Das Spielbuch – alles Material – sollte bei 30 °C **waschbar sein.**

Einige Beispiele für Spielbuchseiten – vorher und nachher

Unter Wasser: Hier gibt es viel zu entdecken. Die versunkene Schatzkiste kann geöffnet werden. Es herrscht reges Leben.

Auch eine andere Landschaft könnte so mit Personen und Tieren gestaltet werden.

Die Seetiere schwimmen immer wieder an andere Plätze und sehen nach, was es zu entdecken gibt.

Hier könnte auch Unrat im Wasser vorhanden sein, der aufgesammelt und in einen Abfallbehälter getan werden kann.

Teddy geht angeln: Ob es heute Fisch zum Essen gibt? Ja, der Teddy hat bereits einen Fisch gefangen.

Der Fisch kann mit der Angelleine herausgezogen werden, er ist mit einem Druckknopf an der Angel befestigt. Ein Eimer steht schon bereit. Hinein mit dem Fisch!

Was der Teddy wohl noch alles angelt?

Der Teddy weiß, wie man sich vor der Sonne schützen kann, ein Sonnenbrand muss nicht sein! Der Hut wird mithilfe eines Druckknopfes am jeweiligen Platz befestigt.

„Abnehmbare" Wolken gibt es nicht. Auf solche Dinge, die nicht auch wirklich machbar sind, wurde bei diesen Spielbuchseiten bewusst verzichtet.

Große Wäsche: Auf dieser Spielbuchseite wurde eine Wäscheleine angebracht. Die Kleidung der Puppen kann hier aufgehängt und wieder abgenommen werden.

Die Wäscheleine muss fest sein, damit sie die Wäsche trägt. Die Wäscheleine zwischendurch mit Schlaufen befestigen. Entsprechende kleine Klammern gibt es in Blumengeschäften.

Im Zirkuszelt: Heute ist Vorstellung im Zirkuszelt. Die Zirkuszeltwände können geöffnet werden. Was sich wohl dahinter verbirgt? Gerade befindet sich ein Clown im Zelt, der jongliert. Oder es ist gerade eine andere Vorstellung im Zirkus. Es können also auch Gegenstände für unterschiedliche Zirkusnummern gefertigt werden.

Durch angebrachte Glöckchen können die Vorstellungen noch lebendiger gestaltet werden.

Die Welt des Dinos: Der kleine Dino kann aus der Bauchtasche genommen und wieder hineingesteckt werden.

Die Blumen können gepflückt werden. Sie haben unterschiedliche Farben und eine unterschiedliche Anzahl an Blütenblättern. Farben und Zahlen können so gleichzeitig geübt werden. Es wachsen immer wieder andere Blumen an den verschiedenen Plätzen.

Auch der Hut des Dinos ist abnehmbar.

Weitere Arbeitsschritte

Eine Doppelbuchseite – außen ein hübsch gemusterter Kinderstoff und zwei unterschiedliche Motive innen – soll hergestellt werden.

Ein Rechteck, 53 × 28 cm, aus dem festen Innenstoff und dem gemusterten Kinderstoff zuschneiden. Das endgültige Buchformat beträgt 50 × 25 cm, die Nahtzugabe beträgt jeweils 1,5 cm.

Zwei Quadrate, 25 × 25 cm, aus Molton zuschneiden.

Die Moltonquadrate jeweils auf der linken Stoffseite des Innenstoffes feststecken und festheften.

Die Motive vorbereiten und applizieren.

Applikationen mit Doppelhaftvlies

- ▶ Motivteile spiegelverkehrt auf die glatte Seite des Doppelhaftvlieses auflegen und nachzeichnen. Motivteile grob ausschneiden.
- ▶ Motivstoff mit der linken Seite nach oben auf das Bügelbrett legen. Das Vlies 3 bis 4 Sekunden auf den Motivstoff aufbügeln. Motive ausschneiden.
- ▶ Motiv wenden und auf den Buchseitenstoff aufbügeln.
- ▶ Motiv mit engem Zickzackstich an den Außenkanten aufnähen.
- ▶ Motive ausgestalten: Knöpfe, Kordeln usw. annähen, mit Stickstichen oder Stofffarben ausgestalten.

Fertigstellung des Spielbuches

Die Doppelbuchseite und den Außenstoff rechts auf rechts legen und zusammenheften.

Bänder zum Schließen des Buches an den Seiten mit einnähen. Hier kann das Kind später das Binden der Schleife erlernen.

Entlang den Moltonkanten das Buch nun mit der Maschine zusammensteppen, dabei an der unteren Kante eine Öffnung von 8 cm zum Verstürzen offen lassen.

Ecken zurückschneiden, Buch durch die Öffnung verstürzen. Die Öffnung unsichtbar mit der Hand zunähen. Buch evtl. bügeln. Verstürzen, vgl. S. 116.

Doppelbuchseite, mit Molton unterlegt, und zugeschnittener Außenstoff

Motiv auf den Buchseitenstoff aufbügeln, mit Zickzackstich applizieren

10 Gegenstände für Nikolaus und Weihnachten

10.1 Nikolaus

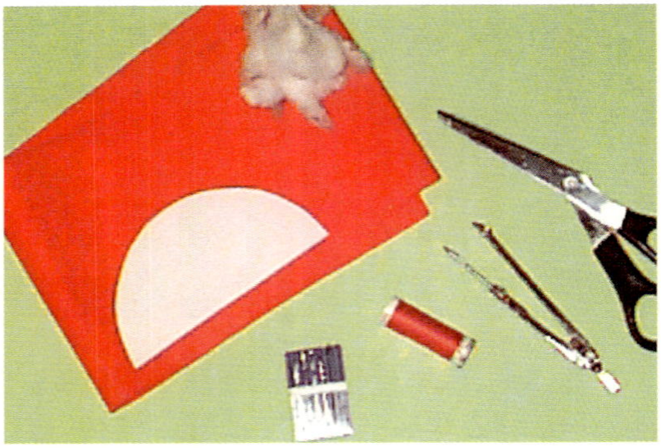

Benötigtes Material:
roter Filz,
Schablone – Halbkreis, Papier und Zirkel,
Watte oder Schafwolle,
Schere, Nadel, Garn

Mit dem Zirkel 7 cm an einem Lineal abmessen. Einen Kreis zeichnen. Eine Schablone für einen Halbkreis anfertigen. Halbkreis aus rotem Filz zuschneiden.

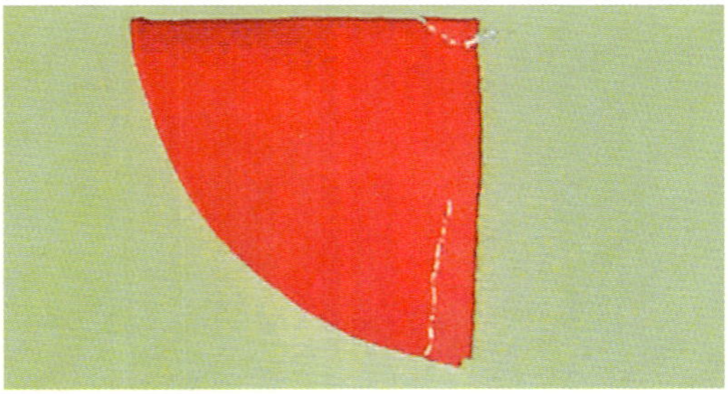

Halbkreis zusammenklappen.
Am Kopfende die Stoffecke abnähen. Den Halbkreis vorne zusammennähen, es soll eine etwa fingergroße Öffnung für das Gesicht bleiben.

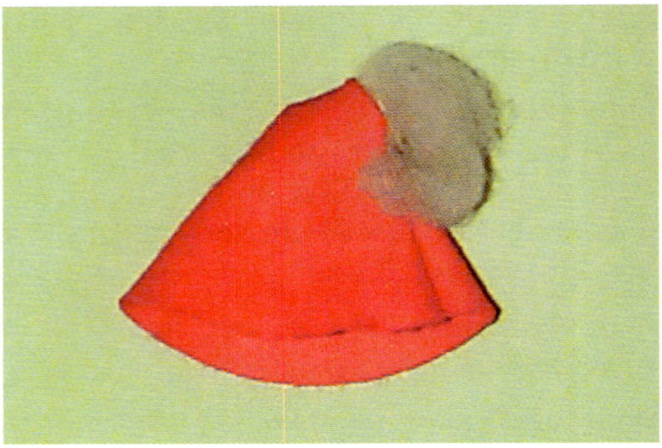

Stoff wenden. Den Kopf fest mit Watte oder Schafwolle ausstopfen. Den Bart aus der Kopföffnung herausziehen.

Auf dem Rücken eine große Falte legen. Dann Kopf und Bart mit einem doppelten Faden fest abbinden. Bart über dem Faden zurechtzupfen.

Am Hinterkopf einen Faden befestigen, sodass der Nikolaus z.B. in einen Tannenzweig gehängt werden kann. Die Augen können auch noch mit Stofffarbe gekennzeichnet werden.

10.2 Nikolausstiefel

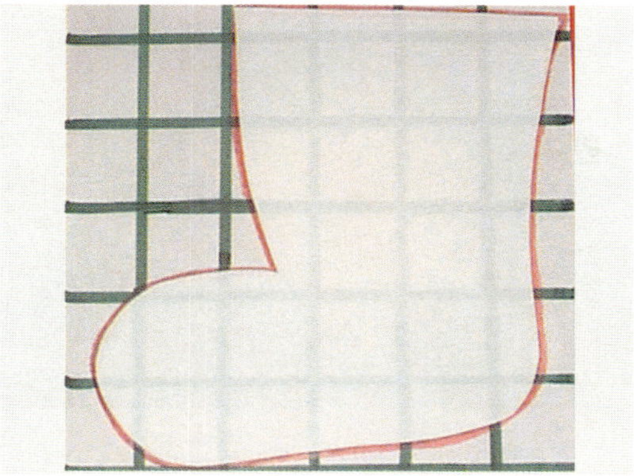

Dies ist der Schnitt für den Nikolausstiefel. Ein Karo entspricht 5 cm.

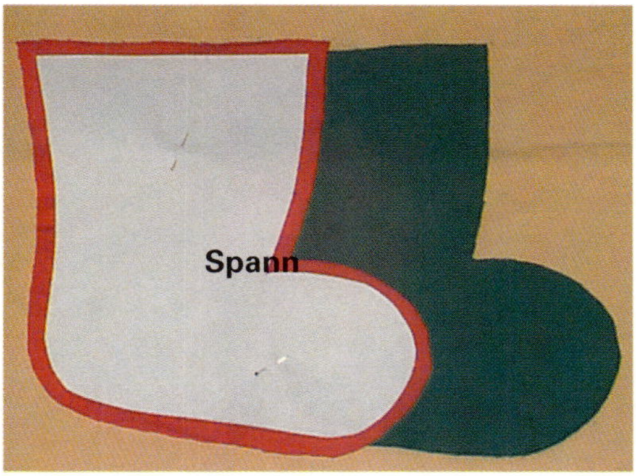

Der Nikolausstiefel wird je zweimal – mit 1 cm Nahtzugabe – aus zwei verschiedenfarbigen Stoffen zugeschnitten, also insgesamt viermal.

Beide Stiefel zusammennähen, die obere Kante bleibt offen. Der Schnittteil kann beim Nähen als Schablone dienen.

Nahtzugaben auf 0,5 cm zurückschneiden. Ecke am Spann bis fast zur Nahtlinie einschneiden. Nahtzugaben ausbügeln, vgl. S. 215.

Den roten Stiefel auf die rechte Seite wenden. Den grünen Stiefel in den roten Stiefel stecken, die Stiefel liegen nun links auf links.

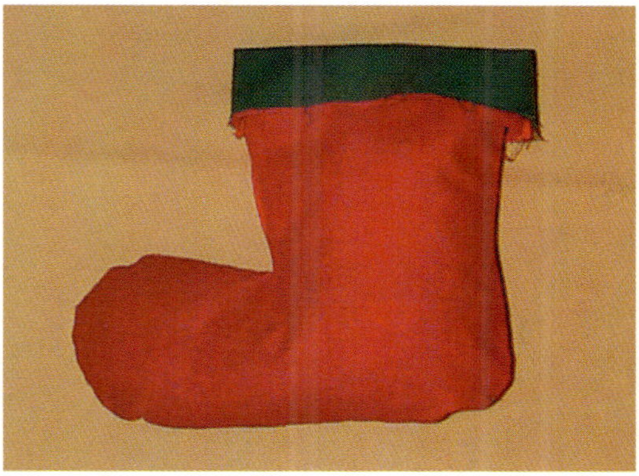

Die oberen Kanten jedes Stiefels 1 cm nach innen – links – einschlagen, umbügeln und heften. Stiefelkanten zusammennähen.

Der Stiefelschaft wird nun noch mit Maschinenstepperei – engen Zickzackstichen – verziert. Muster zunächst mit Stofffarbe aufmalen und dann nachsteppen.

Sicher habt ihr noch viele weitere Ideen für Advents- und Weihnachtsschmuck.

10.3 Fröbelstern

Fröbelsterne werden aus vier Papier- oder Baststreifen gefertigt. Die benötigte Länge der Streifen richtet sich nach der Breite:
2 cm breit – 50 cm lang,
1 cm breit – 40 cm lang.

Die Arbeitsanweisung muss genau beachtet werden, da es sonst später nicht mehr weitergeht, die Streifen können nicht mehr durch das Geflecht hindurchgezogen werden.

4 Papierstreifen in der Mitte zusammenfalten.

Streifen zusammenstecken.

Flechtquadrat zusammenschieben.

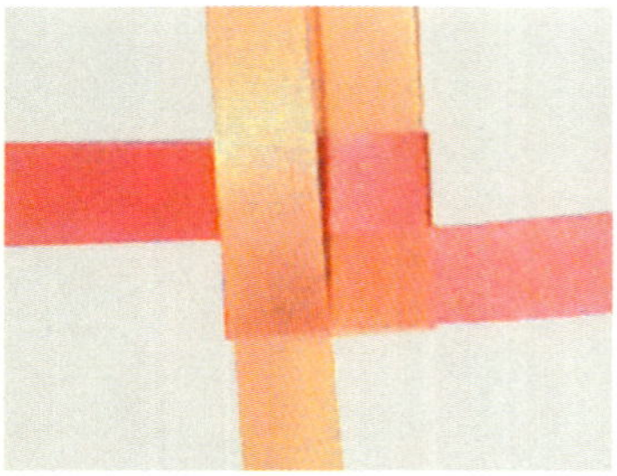

Obenauf liegenden Streifen von unten nach oben falten.

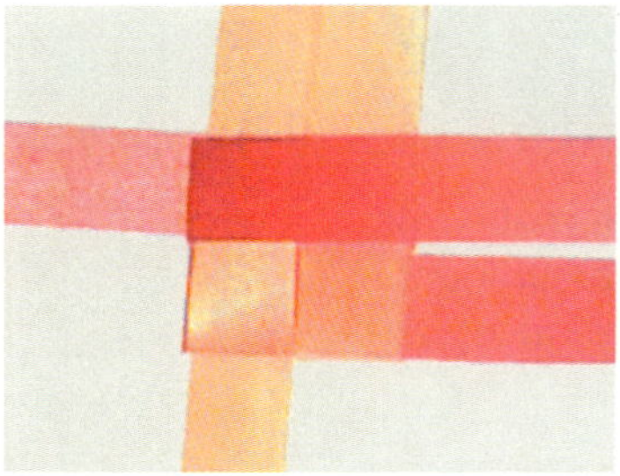

Von links nach rechts falten.

Von oben nach unten falten.

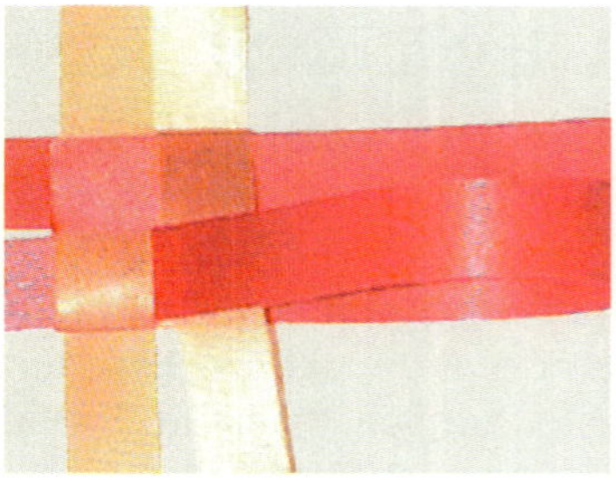

Letzten Streifen von rechts nach links durch das Flechtquadrat schieben.

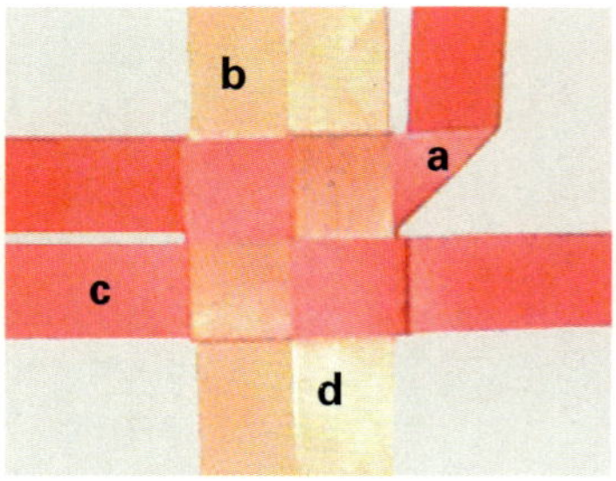

Streifen a nach hinten umschlagen und nach oben falten.

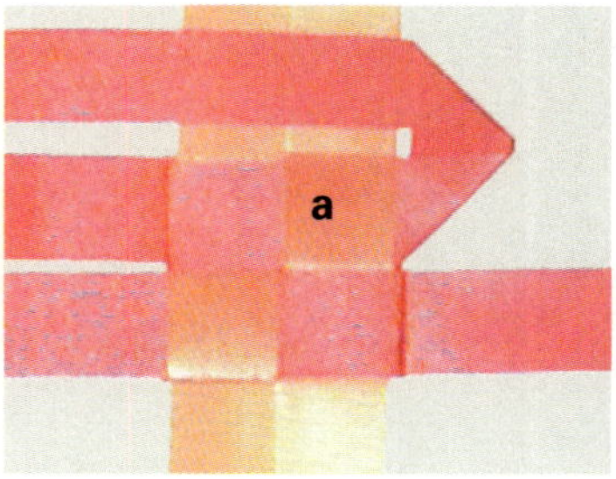

Streifen a zurückschlagen.

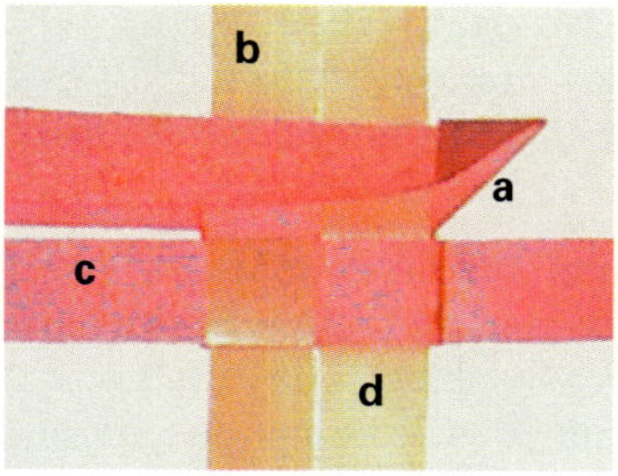

Streifen a zur Mitte falten.

Streifenende durch das Flechtquadrat schieben.

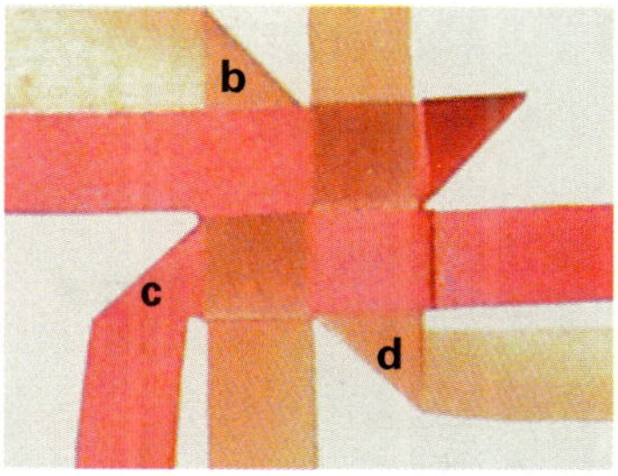

Ebenso die restlichen anderen drei Streifen – b, c, d – falten und durchziehen.

Stern umdrehen.

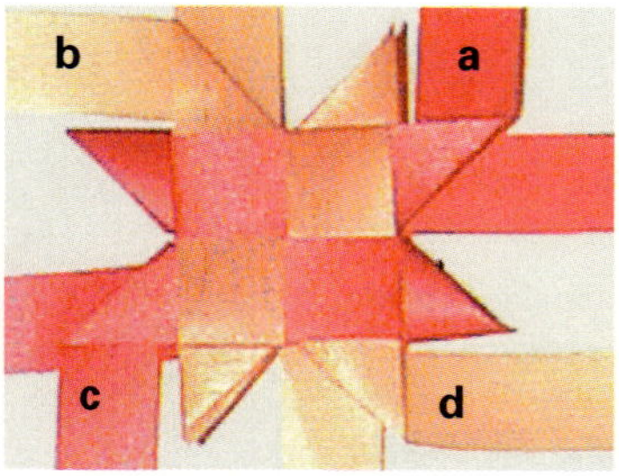

Umgedrehter Stern:
Die restlichen Streifen zu Zacken falten.

Streifenenden durchziehen.

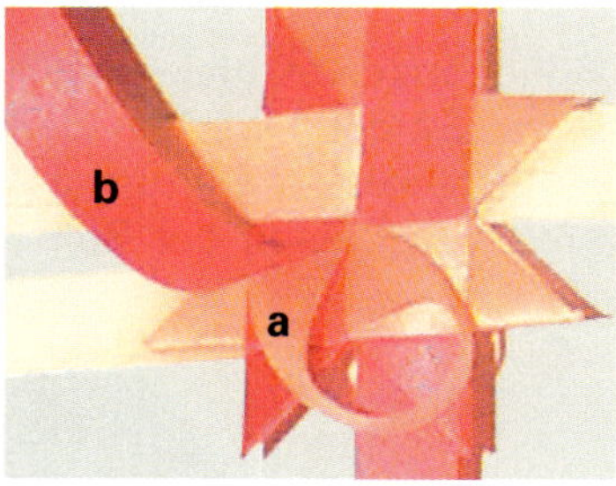

Streifen a nach hinten umschlagen und unter Streifen b durchschieben.

Fest anziehen, bis eine Tüte entsteht.

Mit den restlichen Streifen Tüten bilden und durchziehen.

Überstehende Streifenenden abschneiden.

Fertiger Stern

11 Wohnraumgestaltung

11.1 Raffrollo

Zunächst die Fensterhöhe und Fensterbreite ausmessen.

Material entsprechend der jeweiligen Fensterhöhe, Fensterbreite einkaufen.

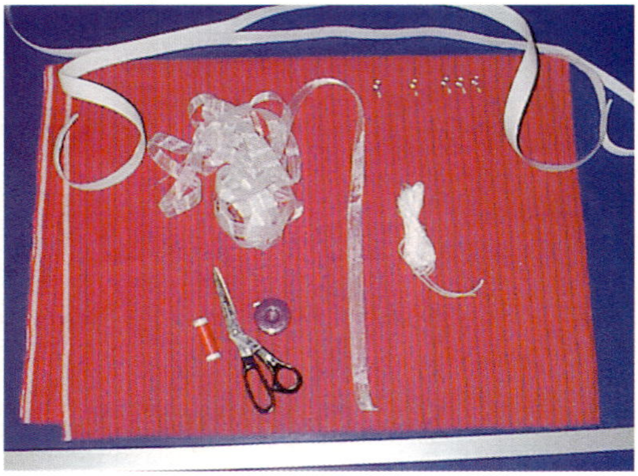

Benötigtes Material

Baumwollstoff – Breite: Fensterbreite plus je 2 cm für die Säume rechts und links; Länge: Fensterhöhe plus 7 cm für den Saum unten und 2 cm für den Umschlag oben;
2 Holzleisten oben und unten;
selbstklebendes Klettband für Rollo und Holzleiste;
Rolloband und Rollozugschnüre:
für 150 cm Stoffbreite z.B. fünf- bis sechsmal die Stofflänge;
Ringschrauben – in diesem Fall 5 bis 6;
Nähgarn – farblich passend;
Stoffrest für einen Gewichtsbeutel zum Heben und Senken des Rollos.

Wir beginnen mit dem Nähen:
Stoffkanten des Baumwollstoffs für das Rollo an den Längsseiten rechts und links säumen.

Rolloband rechts und links – auf der linken Stoffseite – auf den seitlichen Saum aufstecken und mit der Maschine aufsteppen. Beim Aufstecken des Rollobandes darauf achten, dass sich die ersten Schlaufen der Rollobänder jeweils in gleicher Höhe befinden, hier befindet sich z.B. die erste Schlaufe jeweils 15 cm über dem unteren Rand. Die Raffung wird sonst später ungleichmäßig.

Die mittleren Rollobänder in gleichmäßigem Abstand – ca. 30 cm zwischen den Rollobändern – aufstecken, wiederum auf die Höhe der ersten Schlaufen der Rollobänder achten.

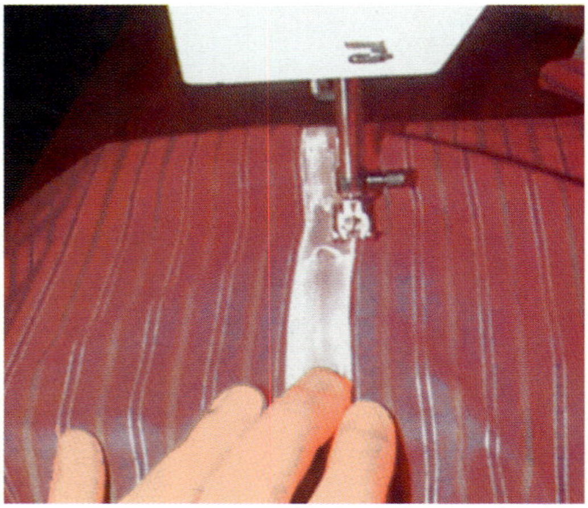

Alle Rollobänder rundherum, d.h. auf beiden Längsseiten, feststeppen.

Nähte der Rollobänder ausbügeln.

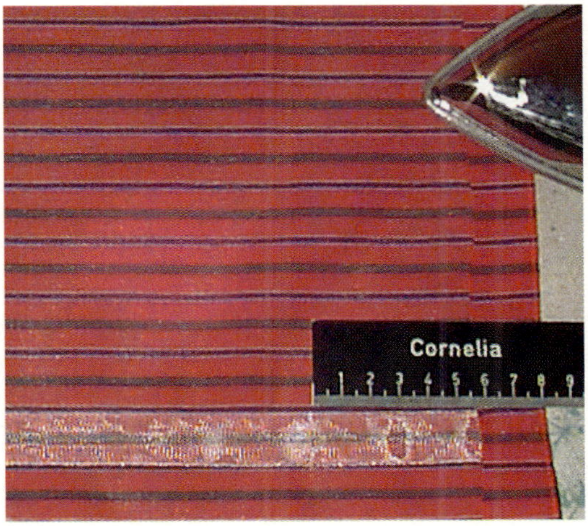

Saum am oberen Rolloende: Zunächst den Abstand zwischen den obersten Schlaufen der Rollobänder und der Stoffkante kontrollieren, evtl. wurde der Stoff nicht gerade abgeschnitten.

Der Abstand zwischen Stoffkante und den oberen Ösen beträgt hier 8 cm, Stoffkante evtl. zurückschneiden.

Die obere Stoffkante 2 cm breit nach links umbügeln und feststecken.

Obere Stoffkante am oberen Rand knappkantig feststeppen und ausbügeln.

Saum am unteren Rolloende: Durch den Saum soll später eine Holzleiste bzw. Metallleiste geschoben werden, die das Rollo beschwert und so einen besseren „Fall" ermöglicht.

Die Umschlagbreite für den Saum richtet sich also nach der Leistenbreite. Hier 2 cm Einschlag und 5 cm Umschlag.

Einschlag und Umschlag nach links umbügeln, stecken, evtl. heften und knappkantig feststeppen.

Einschlag zunächst rechts und links auf dem Umschlag feststeppen, damit er später nicht „hervorblitzt", dann Saum steppen.

Das selbstklebende Klettband – mit der weichen Fläche – 2 mm unterhalb der oberen Stoffkante aufkleben, vgl. Foto, die obere Stoffkante blitzt also hervor.

Selbstklebendes Klettband auf dem Rollo rundherum knappkantig feststeppen.

Für die Zugvorrichtung in die Unterseite der Holzleiste im Abstand der Rollobänder/Rollozugschnüre entsprechend viele Ringschrauben eindrehen.

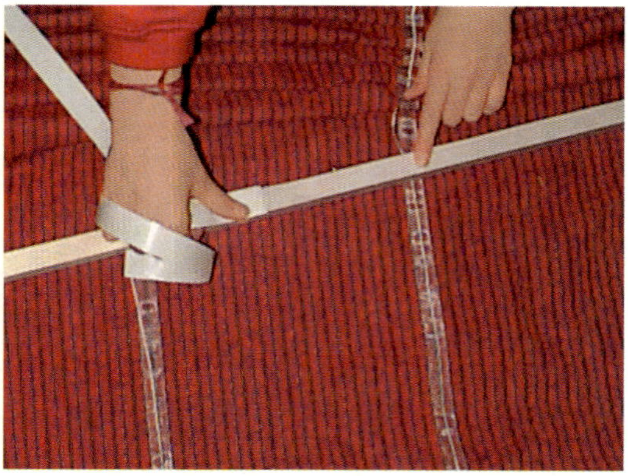

Holzleiste zum Befestigen: Das andere Teil des Klettbandes – raue Oberfläche – auf die vordere Kante der Holzleiste mit den Ösen kleben und festnageln.

Diese Holzleiste direkt an der Decke oder über dem Fenster mithilfe eines Bohrers befestigen.

Einziehen der Rollozugschnüre: Zunächst sollte man entscheiden, auf welcher Seite des Raffrollos – des Fensters – sich später die Führungsschnur zum Hochziehen bzw. Herablassen des Rollos befinden soll.

Auf der entsprechenden Seite des Raffrollos mit dem Einziehen der Rollozugschnüre beginnen.

Die Rollozugschnur an der untersten Schlaufe des äußersten Rollobandes fest verknoten.

Rollozugschnur nun durch alle Schlaufen senkrecht nach oben bis zum Klettband und bis zur äußeren Öse in der Holzleiste führen. Rollozugschnur sollte etwa 15 cm länger als das Raffrollo sein, den Rest der Rollozugschnur abschneiden.

Die zweite Rollozugschnur ebenfalls an der danebenliegenden untersten Schlaufe festknoten und nach oben zum Klettband führen, dann durch die darüberliegende und die äußere Öse führen, 15 cm überstehen lassen, abschneiden.

Die restlichen Rollozugschnüre entsprechend anbringen.

Die Enden der Rollozugschnüre durch die Ösen an der Holzleiste zur Seite der Führungsschnur führen und abschneiden.

Evtl. am Fensterrand einen Haken anbringen. Rollozugschnüre über den Haken führen.

Raffrollo mithilfe des Klettbandes an der Holzleiste über dem Fenster befestigen.

Zweite Holzleiste durch den Saum des Raffrollos schieben. Durch das Gewicht der Holzleiste sieht das Rollo gleichmäßiger aus.

Rollozugschnüre zusammenfassen, Rollo ein Stück hochziehen, darauf achten, dass das Rollo waagerecht hängt. Rollozugschnurenden in der gleichen Länge zusammenknoten und in gleicher Länge abschneiden.

Einen **Beutel als Gewicht** für das Heraufziehen bzw. Herablassen des Rollos nähen.

Gefüllten Gewichtsbeutel an der Führungsschnur befestigen.

Das Raffrollo ist fertig.

Farblich passend zu dem Raffrollo können auch noch Kissen für Stühle, Sets usw. angefertigt werden.

Einfache Ausführung

Das Raffrollo kann man auch führen, indem man in den rechten und linken Saum Ösen einschlägt. Die erste Öse befindet sich jeweils im unteren Saum, die oberste Öse direkt unterhalb des Klettbandes. Die restlichen Ösen werden gleichmäßig dazwischen verteilt, der Abstand beträgt jeweils 15 bis 18 cm.

Das Rollo wird nun mit Vorhang-Seilspanngarnituren bewegt, die im Baumarkt erhältlich sind. Bei diesem Rollo entfällt das Aufnähen von Rollobändern.

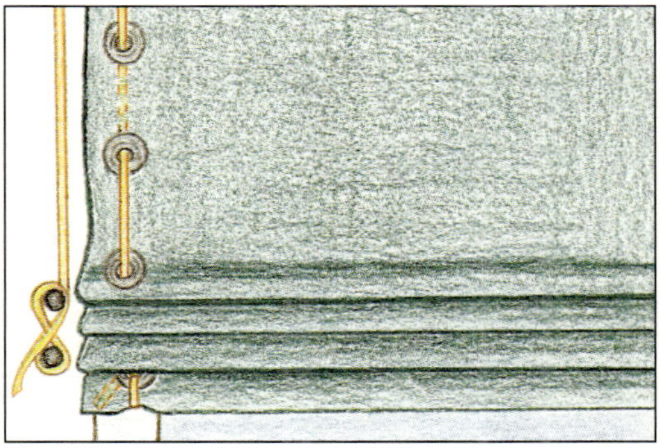

Kordel zum Ziehen an der untersten Öse anknoten

11.2 Blumen aus Krepppapier

Blumen können aus Krepppapier als Zimmerschmuck gefertigt werden.

Benötigtes Material
Grünes und weißes Krepppapier,
16 cm gelber Biegeplüsch/Pfeifenputzer,
5 Ilexbeeren – 4 mm,
extra dünner Draht,
grünes Kreppband

Schablonen für Blätter und Blütenblätter zeichnen und ausschneiden.

Krepppapier in Längsrichtung hinlegen.

Weißes Krepppapier falten, 5 Blütenblätter gleichzeitig ausschneiden.
Ein grünes Blatt ausschneiden.

Dies ist das zugeschnittene Material, das wir zunächst benötigen. Die Anordnung zeigt, wo die verschiedenen Teile später befestigt werden.

Biegeplüsch oben 1 cm umbiegen, sodass der Draht nicht mehr zu sehen ist.

Ilexbeeren rundherum anordnen.

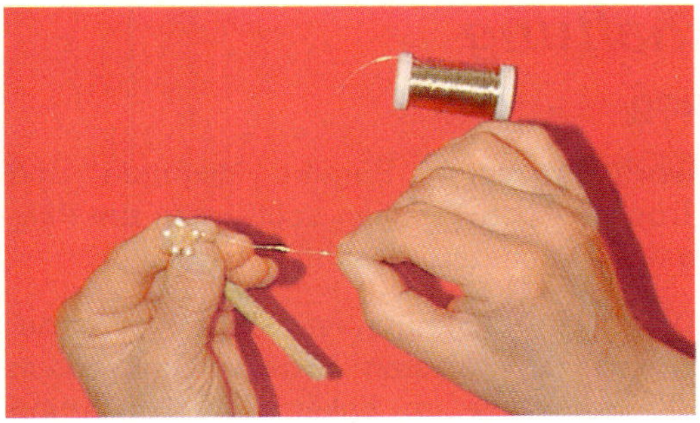

Blütenstiel mit feinem Draht umwickeln, die Stiele der Ilexbeeren werden befestigt.

Blütenblätter im unteren Bereich auseinander ziehen, sie wölben sich etwas.

Blütenblätter um den Stiel anordnen, mit Draht umwickeln, befestigen.

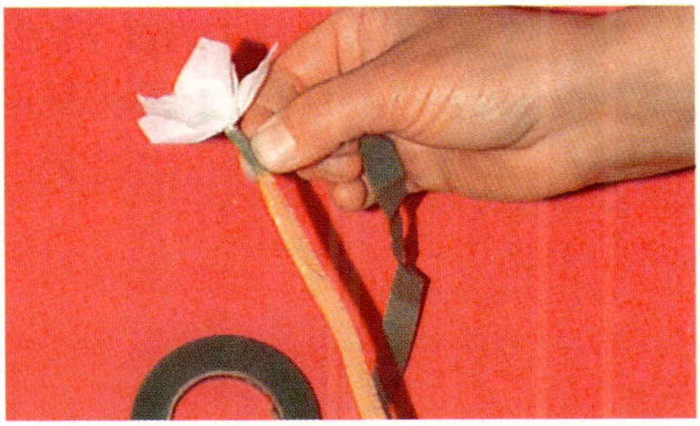

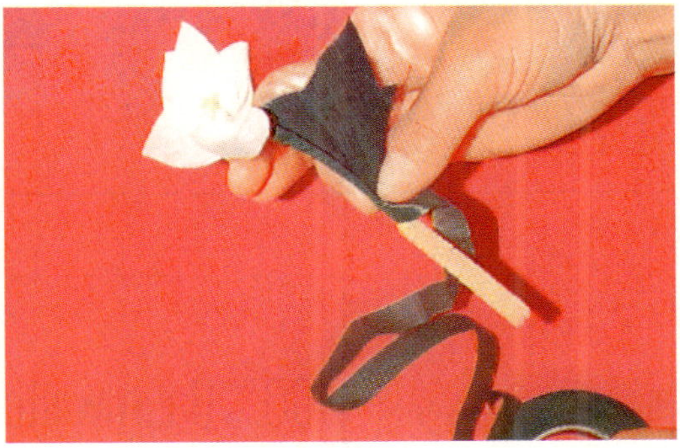

Stiel – Biegeplüsch – mit grünem Kreppband umwickeln, das Blattende dabei mit festwickeln.

Blüte zurechtbiegen.

Fertige Christrosen

12 Textilpflege und Werterhaltung

12.1 Internationale Pflegekennzeichnung

1. *Erläutere die Pflegesymbole. Wie sollten die Textilien*
   a) gewaschen,
   b) gebügelt werden?
2. *Welche Textilien werden zusammen gewaschen?*
3. *Erstellt Plakate: „Umweltfreundliche Textilpflege“.*

Beim Waschen, Bügeln, Reinigen und Trocknen von Textilien sollte man die Pflegekennzeichnung beachten.

Diese Kennzeichnung ist nicht vorgeschrieben, in den meisten Textilien sind jedoch Pflegesymbole im Etikett. Die Beachtung der Pflegesymbole hilft, später höhere Reinigungskosten zu vermeiden usw.
Gesetzliche Textilkennzeichnung, vgl. dazu S. 24 f.

WASCHEN (Waschbottich)	95	95	60	60	40	40	40	30		
	Normal-waschgang	Schon-waschgang	Normal-waschgang	Schon-waschgang	Normal-waschgang	Schon-waschgang	Spezial-Schon-waschgang	Schon-waschgang	Hand-wäsche	nicht waschen
	Die **Zahlen** im Waschbottich entsprechen den **maximalen Waschtemperaturen,** die nicht überschritten werden dürfen. – Der **Balken** unterhalb des Waschbottichs verlangt nach einer (mechanisch) **milderen Behandlung** (zum Beispiel Schonwaschgang). Er kennzeichnet Waschzyklen, die sich z. B. für pflegeleichte und mechanisch empfindliche Artikel eignen.									

CHLOREN (Dreieck)	Cl	
	Chlorbleiche möglich	Chlorbleiche nicht möglich

BÜGELN (Bügeleisen)				
	heiß bügeln	mäßig heiß bügeln	nicht heiß bügeln	nicht bügeln
	Die Punkte kennzeichnen die Temperaturbereiche der Reglerbügeleisen.			

CHEMISCH-REINIGUNG (Reinigungs-trommel)	A	P	P	F	F	
						keine Chemisch-reinigung möglich
	Die **Buchstaben** sind für den Chemischreiniger bestimmt. Sie geben einen Hinweis auf die infrage kommenden **Lösemittel.** Der **Balken** unterhalb des Kreises verlangt bei der Reinigung nach einer **Beschränkung** der mechanischen Beanspruchung, der Feuchtigkeitszugabe und der Temperatur.					

TUMBLER-TROCKNUNG (Trockentrommel)			
	Trocknen mit normaler thermischer Belastung	Trocknen mit reduzierter thermischer Belastung	Trocknen im Tumbler nicht möglich
	Die Punkte kennzeichnen die Trocknungsstufen der Tumbler (Wäschetrockner)		

Quelle: Arbeitsgemeinschaft Pflegekennzeichen für Textilien in der Bundesrepublik Deutschland. Frankfurter Str. 10–14, 65750 Eschborn

- ► Die internationale Pflegekennzeichnung ermöglicht die Auswahl geeigneter Waschverfahren und angemessener Bügeltemperaturen.
- ► Die Pflegekennzeichen sollten auch beim Einkauf von Textilien beachtet werden, so können hohe Reinigungskosten und Umweltbelastung vermieden werden.

12.2 Waschen von Textilien

Für das Waschen werden in unterschiedlicher Menge benötigt:

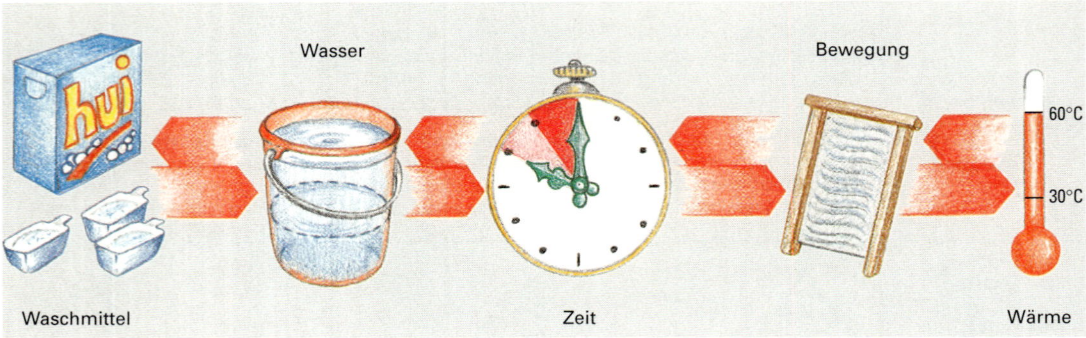

Waschen mit der Maschine

Die Textilien werden nach Handwäsche und maschinenfest sortiert. Handwäsche möglichst vermeiden, man benötigt dafür mehr Waschmittel und Wasser.

Wäsche sortieren: nach Rohstoffart, Ausrüstung – z.B. pflegeleicht –, Farbe und Verschmutzungsgrad.
Außerdem sind gleichzeitig folgende Arbeiten zu erledigen:
- Taschen entleeren,
- Ärmel usw. entrollen, Knöpfe öffnen,
- Reißverschlüsse schließen,
- stark verschmutzte Stellen evtl. mit Waschmittel einreiben,
- Kleidungsstücke wenden.

Nun muss das **Waschprogramm ausgewählt** werden. Bei den verschiedenen Waschprogrammen werden unterschiedliche Temperaturen und verschiedene mechanische Beanspruchungen eingesetzt. Pflegeleichte Textilien gehören in den Schongang. Hier ist die Bewegung gemindert und es wird mehr Wasser eingesetzt. Nicht mehr als 1 kg Wäsche sollte man bei diesem Programm in die Waschmaschine (Fassungsvermögen 4 bis 5 kg) laden, d.h. z.B., fünf bis sechs Oberhemden ergeben eine Füllung. Sonst die Maschine voll füllen: so werden Strom, Wasser und Waschmittel gespart. Zwei Maschinenfüllungen im Sparprogramm sind teurer als ein Waschgang im Normalprogramm.

Waschprogramme in der Maschine

95	**Kochwäsche:** kochfeste weiße und farbige Textilien aus Baumwolle, Leinen usw.
60 40 60 40	**Buntwäsche:** Temperatur je nach Farbechtheit **Pflegeleichte Wäsche:** bügelfreie Baumwolle, synthetische Fasern in Mischung mit Baumwolle oder Leinen **Synthetische Fasern:** Polyamid (z.B. Nylon), Polyacryl (z.B. Dralon) usw.
30	**Feinwäsche:** pflegeleichte Stücke aus Dralon usw., Gardinen, maschinengeeignete Wolle usw.

Bei der **Auswahl des Waschmittels** Rohstoffart, Farbe und Verschmutzungsgrad der Textilien berücksichtigen.
Zu viel Waschmittel belastet die Umwelt, es entstehen unnötige Kosten.
Wird zu wenig Waschmittel verwendet, verkalken die Heizstäbe, die Wäsche wird nicht sauber. Der Schmutz fällt in kleinen klebrigen Klümpchen – „Fettläusen" – aus und setzt sich auf der Wäsche ab.

► Für die richtige Waschmitteldosierung Wasserhärte beim örtlichen Wasserwerk erfragen bzw. im Versuch ermitteln, vgl. S. 211.

Kartentechnik: Ideen, Vorschläge und Kenntnisse sammeln

1. *Schreibt die Bezeichnungen für unterschiedliche Textilien – Kleidung, Heimtextilien – auf Karten.*
2. *Versucht die Karten mit den Bezeichnungen für verschiedene Textilien nach Oberbegriffen zu ordnen. Es gibt viele verschiedene Einteilungsmöglichkeiten:*
   a) Verwendungszweck,
   b) Waschverfahren,
   c) Materialien,
   d) Ausrüstung,
   e) usw.

Die Kartentechnik eignet sich zum Sammeln von Ideen, Vorschlägen und Kenntnissen.

Hier lautet die Aufgabe:
Schreibt die Bezeichnungen für unterschiedliche Textilien auf Karten.

Jeder bekommt eine Karte.

Nun könnt ihr allein oder in Gruppen an die Arbeit gehen. Wenn ihr in Gruppen arbeitet, könnt ihr euch abstimmen, damit nicht so viele Textilien doppelt genannt werden.

Nur eine Bezeichnung – ein Stichwort – auf eine Karte schreiben. Sonst gibt es später Probleme beim Sortieren.

Nun werden die Karten einzeln vorgelesen, von euch einer Gruppe zugeordnet und dann mit Kreppband an die vorläufige Stelle auf Packpapier oder an der Tafel befestigt.

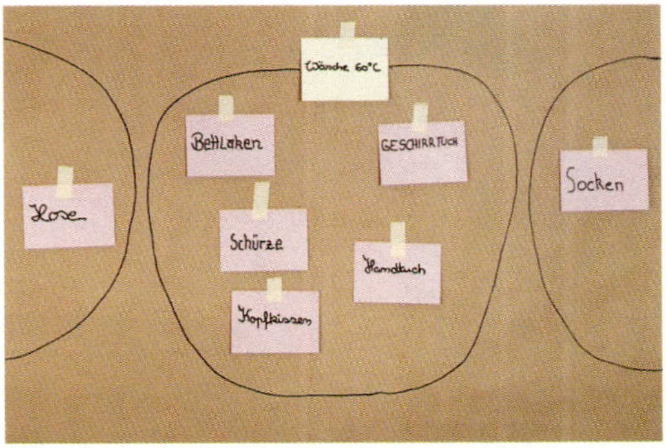

Jetzt werden endgültige Kartengruppen gebildet. Die Kartengruppen werden dann mit einem Stift umkreist und mit passenden Überschriften versehen.

Die Karten können auch noch mit Punkten „bewertet“ werden. Jeder erhält einen Klebepunkt. Die Punkte werden möglichst gleichzeitig auf den Karten befestigt.

1. *Erkundet, welche Waschmittel bzw. Pflegemittel für Wäsche angeboten werden.*
2. *Ermittelt, welche Stoffe in diesen Waschmitteln enthalten sind und welche Aufgaben sie erfüllen.*
3. *Welche anderen Möglichkeiten für „umweltfreundlicheres Waschen“ gibt es?*

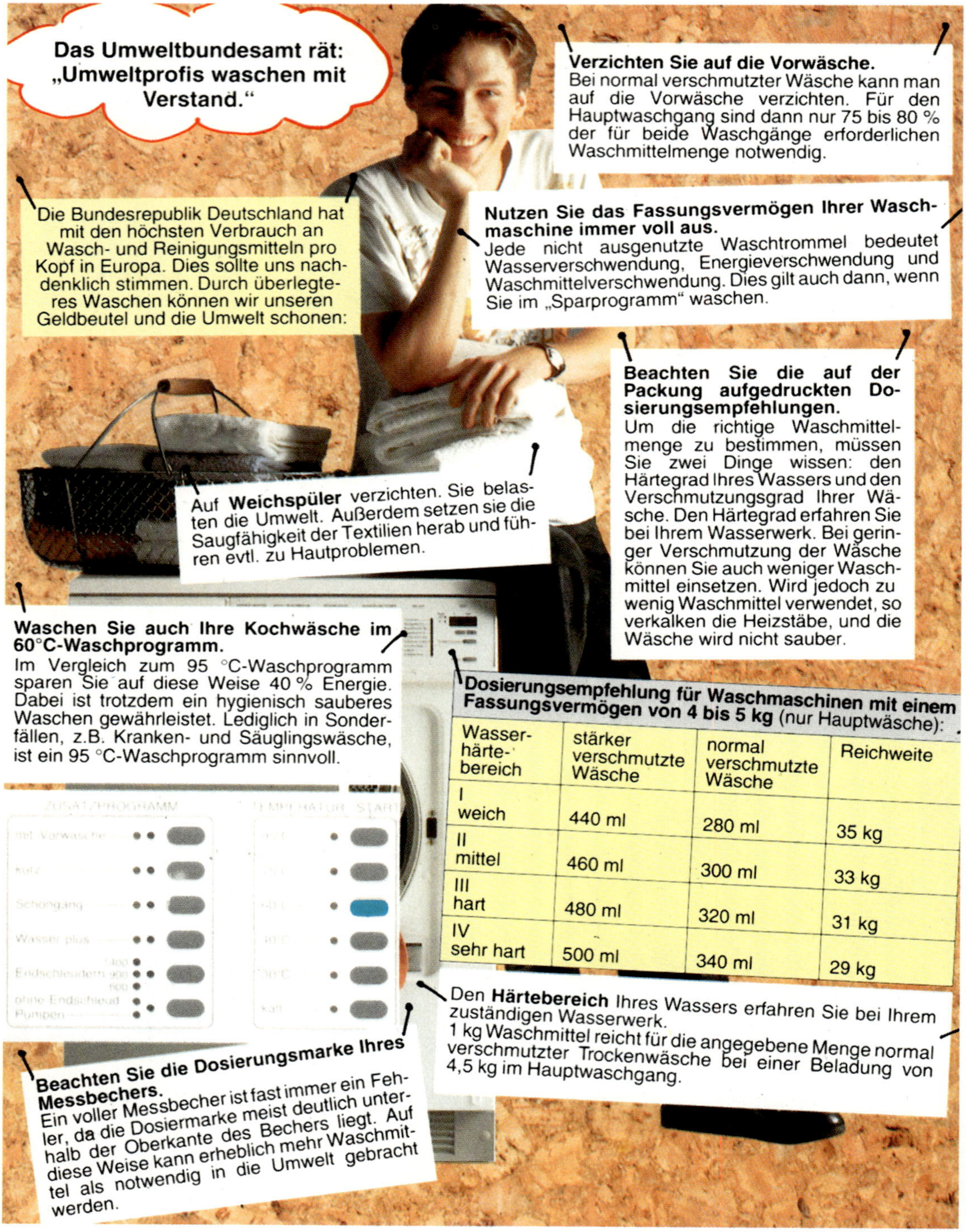

Das Umweltbundesamt rät: „Umweltprofis waschen mit Verstand.“

Die Bundesrepublik Deutschland hat mit den höchsten Verbrauch an Wasch- und Reinigungsmitteln pro Kopf in Europa. Dies sollte uns nachdenklich stimmen. Durch überlegteres Waschen können wir unseren Geldbeutel und die Umwelt schonen:

Verzichten Sie auf die Vorwäsche.
Bei normal verschmutzter Wäsche kann man auf die Vorwäsche verzichten. Für den Hauptwaschgang sind dann nur 75 bis 80 % der für beide Waschgänge erforderlichen Waschmittelmenge notwendig.

Nutzen Sie das Fassungsvermögen Ihrer Waschmaschine immer voll aus.
Jede nicht ausgenutzte Waschtrommel bedeutet Wasserverschwendung, Energieverschwendung und Waschmittelverschwendung. Dies gilt auch dann, wenn Sie im „Sparprogramm“ waschen.

Beachten Sie die auf der Packung aufgedruckten Dosierungsempfehlungen.
Um die richtige Waschmittelmenge zu bestimmen, müssen Sie zwei Dinge wissen: den Härtegrad Ihres Wassers und den Verschmutzungsgrad Ihrer Wäsche. Den Härtegrad erfahren Sie bei Ihrem Wasserwerk. Bei geringer Verschmutzung der Wäsche können Sie auch weniger Waschmittel einsetzen. Wird jedoch zu wenig Waschmittel verwendet, so verkalken die Heizstäbe, und die Wäsche wird nicht sauber.

Auf **Weichspüler** verzichten. Sie belasten die Umwelt. Außerdem setzen sie die Saugfähigkeit der Textilien herab und führen evtl. zu Hautproblemen.

Waschen Sie auch Ihre Kochwäsche im 60°C-Waschprogramm.
Im Vergleich zum 95 °C-Waschprogramm sparen Sie auf diese Weise 40 % Energie. Dabei ist trotzdem ein hygienisch sauberes Waschen gewährleistet. Lediglich in Sonderfällen, z.B. Kranken- und Säuglingswäsche, ist ein 95 °C-Waschprogramm sinnvoll.

Dosierungsempfehlung für Waschmaschinen mit einem Fassungsvermögen von 4 bis 5 kg (nur Hauptwäsche):

Wasserhärtebereich	stärker verschmutzte Wäsche	normal verschmutzte Wäsche	Reichweite
I weich	440 ml	280 ml	35 kg
II mittel	460 ml	300 ml	33 kg
III hart	480 ml	320 ml	31 kg
IV sehr hart	500 ml	340 ml	29 kg

Den **Härtebereich** Ihres Wassers erfahren Sie bei Ihrem zuständigen Wasserwerk.
1 kg Waschmittel reicht für die angegebene Menge normal verschmutzter Trockenwäsche bei einer Beladung von 4,5 kg im Hauptwaschgang.

Beachten Sie die Dosierungsmarke Ihres Messbechers.
Ein voller Messbecher ist fast immer ein Fehler, da die Dosiermarke meist deutlich unterhalb der Oberkante des Bechers liegt. Auf diese Weise kann erheblich mehr Waschmittel als notwendig in die Umwelt gebracht werden.

Versuche – Waschmittel

Nachweis von optischen Aufhellern

Betrachte unter der Quarzlampe

a) das trockene Waschmittel,

b) Stoffproben, die mit dem Waschmittel gewaschen wurden.

Netzwirkung

Fülle ein Becherglas mit Wasser und ein zweites mit Waschmittellösung.
Lege jeweils vorsichtig zwei 1 bis 2 cm lange Baumwollfäden auf die Wasseroberfläche.

Beobachte: Sinken die Fäden schnell, so ist die Flüssigkeitsaufnahme groß.

Oberflächenspannung

Drücke einige Wollfäden kräftig in trockenes Holzkohlepulver. Fülle ein Becherglas mit Wasser und ein zweites mit Waschmittellösung.
Lege jeweils angeschmutzte Wollfäden vorsichtig auf die Wasseroberfläche. Bewege die Wollfäden behutsam mit einem Glasstab. Beobachte.

Emulgierung von Öl

Gib in ein Reagenzglas Wasser und in ein zweites Waschmittellösung. Gib jeweils einige Tropfen blau gefärbtes Öl hinzu. Schüttle die Proben kräftig. Beobachte.

Versuch – Wasserhärtebestimmung

Gib Leitungswasser in ein Glasgefäß. Halte ein Teststäbchen etwa eine Sekunde in das Leitungswasser (nicht unter fließendes Wasser halten).
Nach einer Minute kann der Härtebereich des Wassers abgelesen werden.

Die Teststäbchen können z. B. vier Härtebereiche anzeigen. Die Testzonen reichen hier von Grün bis Rotviolett.
Härtebereich 1: keine bzw. eine rotviolette Testzone.
Härtebereich 2: zwei rotviolette Testzonen usw.

1. *Ermittle die Wasserhärte an deinem Wohnort.*
2. *Vollwaschmittel enthalten optische Aufheller. Für welche Textilien werden diese Waschmittel verwendet?*
3. *Führt eine Pro-und-Kontra-Diskussion: Nutzen und Umweltbelastung durch Weichspüler.*
4. *Informiert euch über das Waschmittelangebot, auch über das Baukastensystem.*

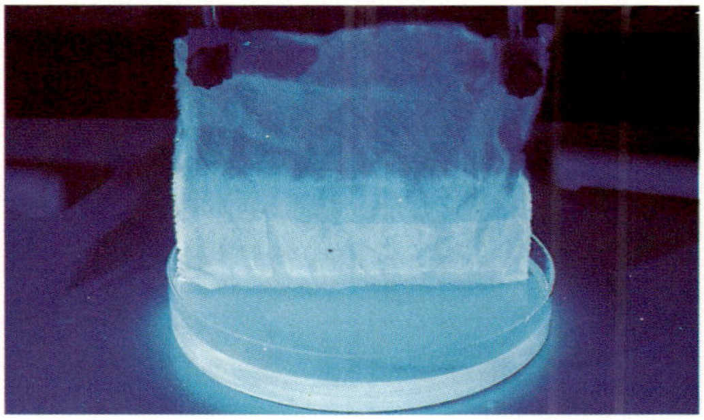

Optischer Aufheller im ultravioletten Licht

Oberflächenspannung ohne und mit Waschmittelzusatz

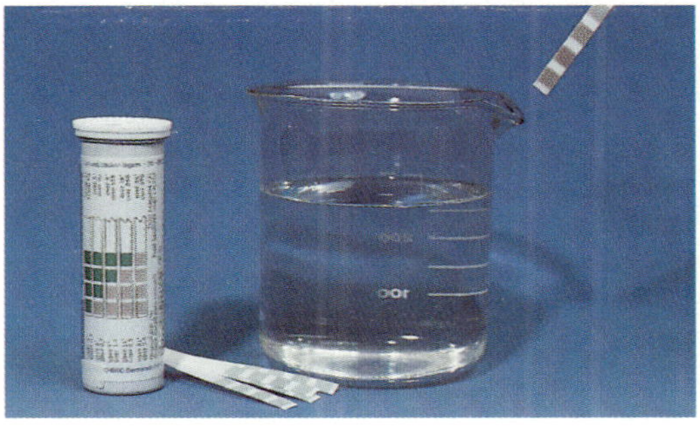

Wasserhärtebestimmung

Handwäsche

Jan möchte seinen Pullover waschen.
Mache Vorschläge:
Wie soll Jan dabei vorgehen?

Die meisten Textilien können heute in der Waschmaschine gewaschen werden, die Handwäsche ist relativ selten geworden. Besonders bei einigen Wollsachen ist jedoch das Pflegesymbol **Handwäsche** zu finden. Diese Textilien sind empfindlich gegen zu viel **„Bewegung"**, oft wirken auch zu hohe Temperaturen schädigend. Auch bei selbst gestrickten Kleidungsstücken sollte möglichst bereits beim Einkauf des Materials auf den Hinweis „filzt nicht" oder „waschmaschinenfest" geachtet werden, da der Wasserbedarf bei der Handwäsche sehr hoch ist.

Wolle, verfilzt durch falsches Waschen

Wolle, richtig gewaschen

Bei der Handwäsche sind folgende Arbeitsregeln zu beachten:

- Kleidungsstücke nach Farbe und Material sortieren. Besonders bei neuen Kleidungsstücken darauf achten, ob das Material farbecht ist. Textilien, die Farbe abgeben, müssen getrennt gewaschen werden.
- Bei empfindlicher Maschenware, z.B. einem Pullover, der mit der Hand gewaschen werden muss, können sich Ärmellänge, Breite und Länge beim Waschen verändern. Diese Textilien sollten nach dem Waschen wieder in Form gezogen werden.
- Waschflotte nach der Gebrauchsanweisung auf der Spezialwaschmittelpackung herstellen. Auf der Packung kann z.B. folgender Hinweis stehen:

Ca. eine halbe Verschlusskappe auf 4 Liter Wasser, kalt bis handwarm, zügig durchwaschen, gründlich spülen.

- Kleidungsstücke in reichlich Waschflotte geben: 1 kg Wäsche in 20 l kaltes bis handwarmes Wasser – Flottenverhältnis 1:20. Kleidungsstücke im Wasser gut durchdrücken, nicht zu stark reiben, das Material wird sonst beschädigt.
- Kleidungsstücke gründlich spülen, bis das Spülwasser klar bleibt. In das letzte Spülwasser evtl. etwas Essig geben, die Farbe bleibt so besser erhalten. Kleidungsstücke gut ausdrücken, nicht auswringen.
- Maschenware zum Trocknen zunächst in Handtücher einrollen, ausdrücken oder in einem Kissenbezug in der Waschmaschine leicht anschleudern. Kleidungsstücke anschließend im Liegen, z.B. über dem Badewannenrand, trocknen. Hierdurch bleibt die Form des Kleidungsstückes besser erhalten, durch das Gewicht des Wassers würde es sonst in die Länge gezogen.

12.3 Fleckentfernung

Flecken können aus kochbaren Textilien meist durch Waschen mit einem Vollwaschmittel beseitigt werden. Eine spezielle Fleckenbehandlung ist oft unnötig. Aus nicht kochbaren oder sogar nicht waschbaren Textilien müssen Flecken durch Fleckenbehandlung bzw. durch chemische Reinigung entfernt werden.

Durch eine gezielte Fleckenbehandlung erübrigt sich evtl. das häufige Waschen einzelner Textilien. Eine Verringerung des Wäscheanfalls trägt zur Verringerung der Umweltverschmutzung bei.

Regeln für die Fleckenbehandlung

- Flecken sofort entfernen. Frische Flecken lassen sich leichter entfernen, „ältere" Flecken sind manchmal gar nicht mehr zu entfernen.
- Flecken evtl. mit einem weißen Faden umranden. Wenn das Material feucht ist, sind die Flecken nämlich manchmal nicht mehr zu erkennen.
- Groben Schmutz, z.B. Speisereste, vor der Fleckenbehandlung abheben.
- Zur Fleckenbehandlung je nach Material und Fleckenart Feinwaschmittellösung, Gallseife, Fleckenmittel oder andere spezielle Mittel verwenden.
- Den Einsatz von chemischen Fleckenmitteln möglichst vermeiden, da sie gesundheitsgefährdend und umweltbelastend sind. Genau die Gebrauchsanweisung des Fleckenmittels durchlesen und beachten. Bei geöffnetem Fenster arbeiten. Dämpfe nicht einatmen.
- Zunächst an einer verdeckten Stelle, z.B. Naht oder Saum, prüfen, ob das Fleckenmittel das Material bzw. die Farbe angreift.
- Zur Fleckentfernung die verschmutzte Stelle auf eine saugfähige farblose Unterlage, ein Tuch oder Zellstoff, legen, der Schmutz soll von der Unterlage aufgenommen werden.

- Einen sauberen farblosen Lappen bzw. einen Stoffrest aus dem gleichen Material mit Gallseife, Fleckenwasser oder Seifenlösung tränken. Flecken von der linken Stoffseite bearbeiten. Nicht zu stark reiben. Flecken mit kreisenden Bewegungen – von innen nach außen – herausreiben bzw. -tupfen. So wird eine Randbildung vermieden.
- Gallseife und Seifenlösung kurze Zeit einwirken lassen und anschließend ausspülen und trocknen.
- Nach der Behandlung mit Fleckenwasser Material trocknen lassen, anschließend ausbürsten.

Behandlung von speziellen Flecken

Wachs: So weit wie möglich abheben. Stoff zwischen farbloses Toilettenpapier bzw. Küchenpapier legen. Wachs bei niedriger Temperatur ausbügeln.

Ölfarbe: Nach einer Stoffprobe mit Terpentin und Waschmittel behandeln.

Blut: In kaltem Wasser auswaschen, mit Waschmittel nachbehandeln.

Milch: Mit lauwarmer Waschmittellösung behandeln.

Kaffee, Tee: Mit warmem Wasser abtupfen, mit Waschmittellösung nachbehandeln.

Lippenstift, Schuhcreme, Wagenschmiere: Mit Fleckenwasser herauslösen, evtl. mit Waschmittellösung nachbehandeln.

Kaugummi: Kleidungsstück einfrieren und Kaugummi im harten Zustand abheben.

Tinte: Mit Spezialmittel behandeln.

Nagellack, Alleskleber: Nach einer Stoffprobe – **nicht bei Synthetics** – mit Nagellackentferner behandeln.

12.4 Bügeln

Wäsche bügeln

1. *Beschreibe mithilfe der Abbildung den Arbeitsablauf beim Bügeln.*
2. *Ein Paar Jeans und eine Bluse sollen gebügelt werden.*
   Zeige oder beschreibe, wie du vorgehen würdest.

Regeln für das Bügeln

- ▶ Möglichst mehrere Wäschestücke nacheinander bügeln, um Arbeitszeit und Energie zu sparen.
- ▶ Wäschestücke einsprengen und gut durchziehen lassen oder bügelfeucht von der Leine nehmen.

  Temperatureinstellung beim Bügeleisen entsprechend Material und Ausrüstung auswählen. **Pflegesymbol beachten.**

● ● ●	Leinen, Baumwolle
● ●	Wolle, Seide
●	Chemiefasern

  Beachte aber: Bei entsprechender Ausrüstung, z.B. pflegeleicht, darf auch Baumwolle nur bei der Einstellung ● gebügelt werden.
- ▶ Zuerst Stücke mit niedriger Einstellung bügeln, dann mit mittlerer und schließlich mit hoher Einstellung. Auf diese Weise kann das Bügeleisen nicht zu heiß sein, es muss auch nicht gewartet werden, bis es abgekühlt ist.
- ▶ Textilien im Allgemeinen von rechts bügeln. Stickereien z.B. jedoch von links bügeln, so wird die Stickerei nach rechts durchgedrückt, sie bleibt plastischer.
- ▶ Wollsachen von rechts dämpfen.
- ▶ Große Wäschestücke so bügeln, dass die fertig gebügelten Teile auf der anderen Seite des Bügelbrettes herunterhängen. Von sich weg bügeln, so bleiben die fertig gebügelten Teile glatter.
- ▶ Doppelte Teile, z.B. Kragen, Manschetten, Knopfleisten, erst von links, dann von rechts bügeln. So werden sie von rechts glatt, eventuelle Falten entstehen auf der linken Seite.
- ▶ Danach kleinere Teile, wie Ärmel und Bänder, bügeln. Zuletzt die großen Teile, wie Vorderteil und Rückenteil einer Bluse, bügeln. Die großen Teile können dann nicht wieder kraus werden.
- ▶ Vom Weiten ins Enge bügeln, z.B. Blusenärmel von der Schulter zur Manschette bügeln. Auf diese Weise kommt es nicht so leicht zur Faltenbildung.
- ▶ Gebügelte Kleidungsstücke sofort aufhängen. Wäschestücke auf die Ablage legen.
- ▶ Kleinere Wäsche- und Kleidungsstücke sollten im Sitzen gebügelt werden, so wird Kraft gespart.

Arbeitsplatz beim Bügeln

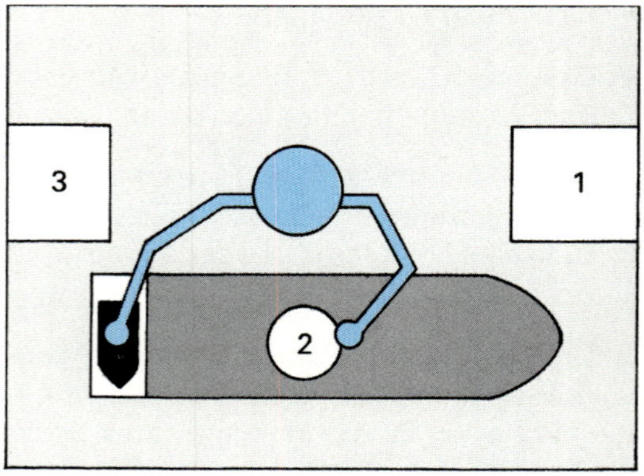

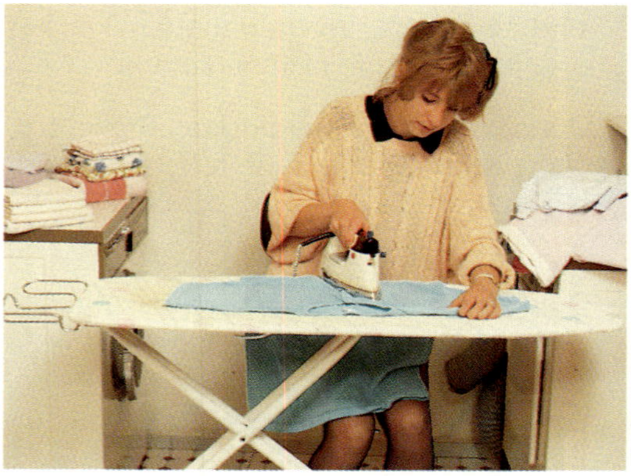

Bügeln beim Schneidern

Ein Ausspruch sagt: Eine Schneiderin „näht mit dem Bügeleisen“. Mit anderen Worten, sie benutzt das Bügeleisen ebenso häufig wie die Nähmaschine. Bügeln ist beim Nähen genauso wichtig wie das Beherrschen einschlägiger Nähtechniken.

Durch das Bügeln kann man sich die Näharbeiten wesentlich erleichtern.

Ein Beispiel: Eine Hose soll gesäumt werden. Die richtige Länge wird zunächst bei der Anprobe ermittelt und gekennzeichnet. Der Umschlag und Einschlag – Saum – werden nach links umgeklappt und umgebügelt. Der Saum kann dann gesteckt und gesteppt werden. Durch das Bügeln kann man sich häufig das Heften ersparen.

Möglichst nur von links bügeln, so wird unschöner Bügelglanz auf dem Stoff vermieden.

Stecknadeln vor dem Bügeln entfernen, sie hinterlassen Eindrücke im Stoff und zerkratzen die Sohle des Bügeleisens.

Beim Bügeln während der Anfertigung eines Gegenstandes setzt man das Bügeleisen auf die zu bügelnde Naht auf, hebt es hoch und setzt es wieder auf der nächsten Stelle auf. Es wird nicht wie beim Bügeln von Wäsche auf dem Stoff entlanggeschoben.

Es sollte möglichst immer im Fadenlauf gebügelt werden, der Stoff kann sich sonst durch das Bügeln verziehen.

Jede Naht sollte, bevor sie von einer anderen Naht überkreuzt wird, auseinandergebügelt werden, vgl. innere Beinnaht bei der Hose, S. 134 f. Nähte werden in Stepprichtung ausgebügelt.

Soll ein Gegenstand, vgl. Beutel (S. 116 f.) oder Weste (S. 128 f.), nochmals von außen abgesteppt werden, so müssen die Nahtzugaben und Kanten vor dem Steppen gut ausgebügelt werden. Hierdurch wird ein Verschieben des Stoffes verhindert, die Steppnaht wird gleichmäßiger.

Stoff umbügeln

Naht ausbügeln

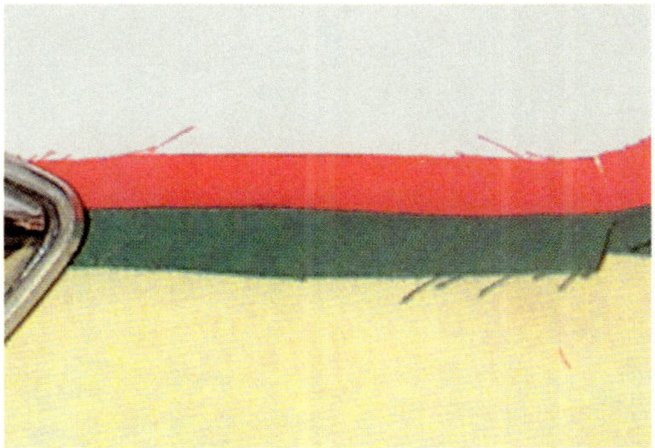

Nahtzugaben ausbügeln

12.5 Gebrauchswert erhalten

Kleidungsstücke werden durch den Gebrauch früher oder später schadhaft, unmodern oder zu klein. Sie können oft mit geringem Arbeitsaufwand ausgebessert bzw. verändert werden. Vgl. auch: Aus Alt mach Neu, S. 221.

1. *Mache Vorschläge hinsichtlich der Ausbesserung folgender Kleidungsstücke:*
   a) Jeans mit Riss,
   b) Strickjacke mit Loch am Ellbogen,
   c) Rock mit ausgerissenem Saum.

   Beachte bei deinen Vorschlägen für die Ausbesserungsarbeiten
   a) das Aussehen,
   b) den Preis,
   c) den Zeitaufwand.

2. *Ermittle die Kosten für die Erneuerung eines Reißverschlusses*
   a) in einer Änderungsschneiderei,
   b) selbst durchgeführt, vgl. S. 106.

3. *Nenne Ausbesserungsarbeiten und Änderungen, die*
   a) bei euch zu Hause,
   b) in einer Änderungsschneiderei durchgeführt werden.

Ausbesserung

Stopfen
Handstopfen bei kleinen Schäden an der Oberbekleidung, besonders Strickwaren, z.B. Socken, dünn geschlissener Stoff, kleines Loch, kleiner Riss.

Maschinenstopfen bei kleinen Schäden an Haushaltswäsche und Berufskleidung.

Flicken – Aufsetzen von Stoffteilen
Flicken bei größeren Schäden an Haushaltswäsche und Berufskleidung, z.B. größere Löcher und Risse.

Ergänzen, z.B. Aufhänger annähen, Knopf annähen, vgl. S. 109. Reißverschluss einsetzen, vgl. S. 106.

Kleine Schäden lassen sich schnell und einfach beheben, deshalb frühzeitig ausbessern.

Eingesetzter Aufhänger

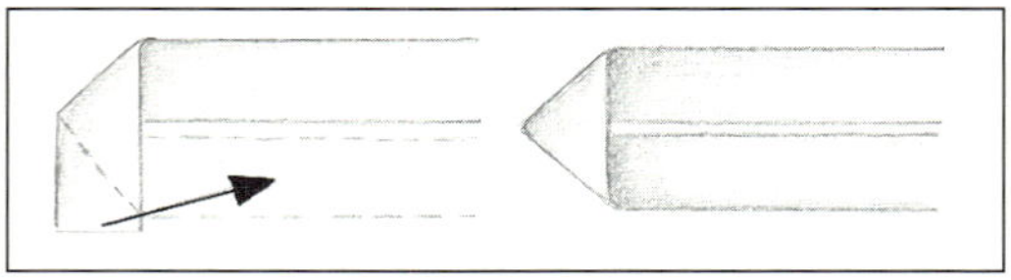

Leinenband falten, evtl. in Form bügeln.

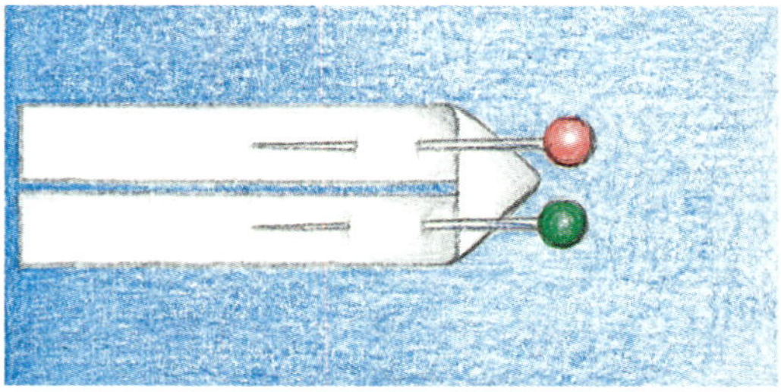

Aufhänger mit den Schnittkanten bis an die Stoffkante schieben. Aufhänger feststecken.

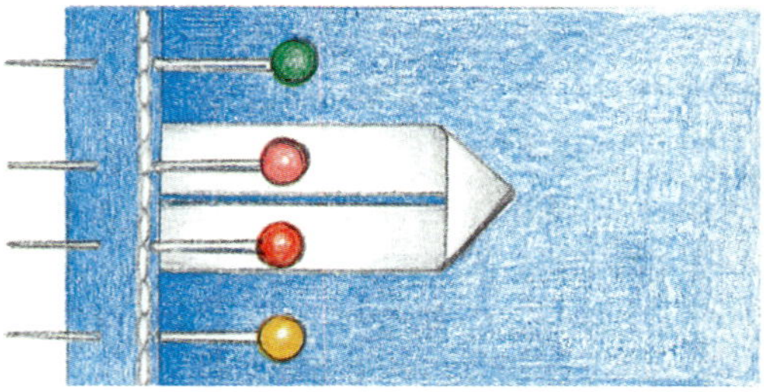

Stoffkante zweimal zum Saum umschlagen – Saumbreite 1 cm. Saum feststecken und knappkantig mit der Maschine übernähen.

Ausbesserung von Webwaren

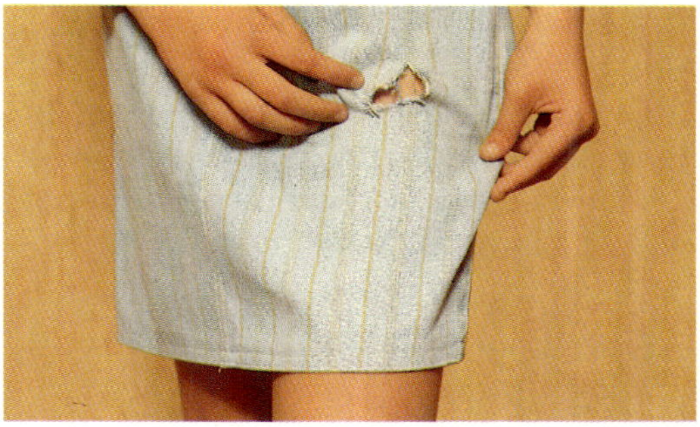

Petra hat sich ein Loch in ihren Rock gerissen. Sie möchte den Rock nicht wegwerfen. So hat sie ihn mit in die Schule gebracht. Die Klasse berät, was getan werden kann.

Mache Vorschläge, wie Petra den Rock ausbessern kann.

Das Loch kann gestopft werden

Stopfen per Hand – Arbeitsschritte

Die Kanten mit einer Schere begradigen, sodass ein rechteckiges Loch entsteht.

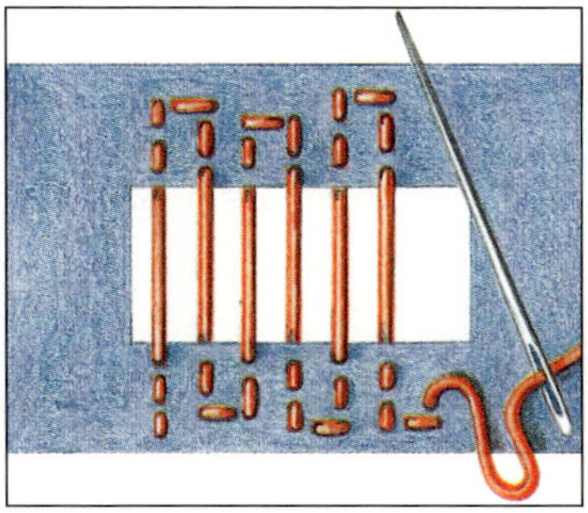

Einen Kettfaden spannen, dabei jeweils 1 bis 2 cm in den Rand hineinarbeiten.

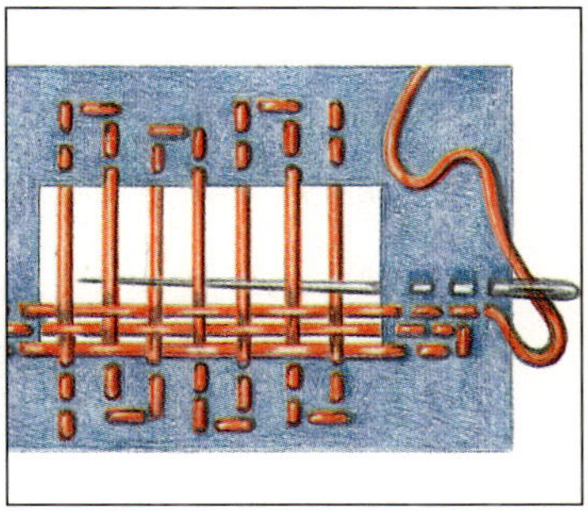

Nun den Schussfaden quer zum Kettfaden einziehen. Der Schussfaden wird abwechselnd unter und über dem Kettfaden entlanggeführt.

Stopfen mit der Maschine – Arbeitsschritte

Stoff mit der schadhaften Stelle fadengerade in einen Stoffrahmen spannen, Rahmen unter den Stofffuß legen.

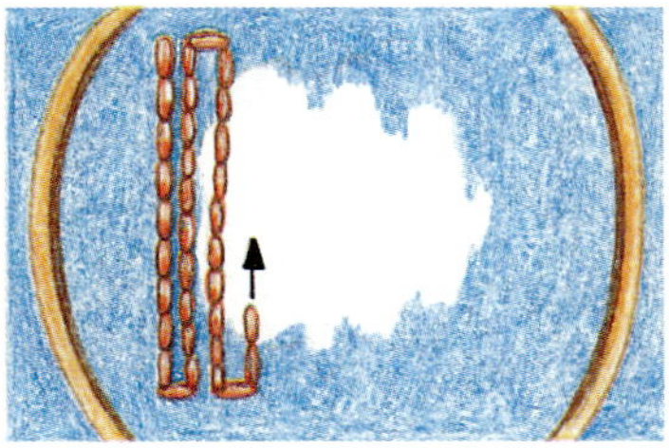

Parallel zum Fadenlauf die Nählinie durch Schieben des Stoffrahmens ausführen, am Ende einen Stich in Querrichtung und die zweite Nählinie in entgegengesetzter Richtung ausführen.

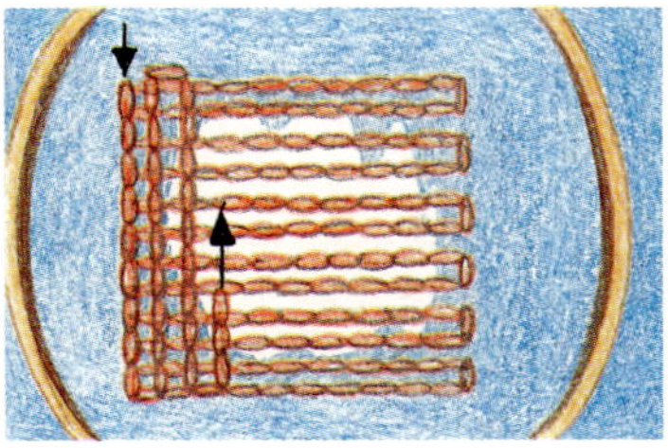

In Querrichtung gleichen Stopfvorgang ausführen.

► Beim Stopfen per Hand wird die Verkreuzung zwischen Kett- und Schussfäden – wie bei Geweben – wieder hergestellt.

Ausbesserung von Maschenwaren

Claudia hat einen Riss in ihrem Lieblingspullover. Nachdem Petras Rock so schön ausgebessert worden ist, bringt Claudia ihren Pullover mit in den Unterricht.

Mache Vorschläge, wie Claudia ihren Pullover ausbessern kann.

Maschenstich – Arbeitsschritte

Mit dem Maschenstich werden die auf der rechten Seite sichtbaren Maschenteile, die Maschenschenkel, nachgeahmt.

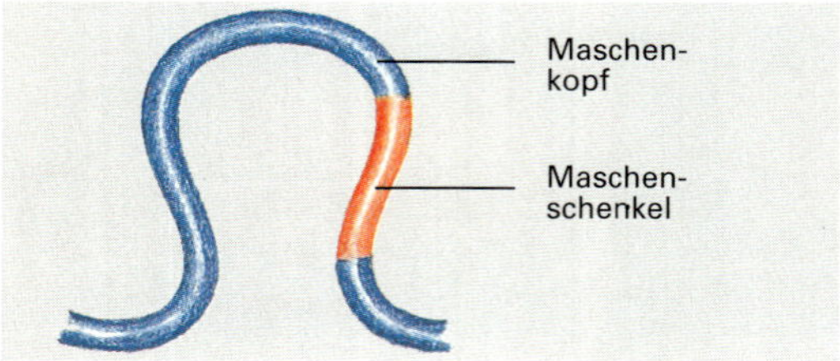

1. Faden von der linken Seite durch einen Maschenkopf führen.
2. In die rechts darüber liegende Masche wieder einstechen.
3. Den Faden auf der linken Seite um die Masche herumführen, in die links daneben liegende Masche wieder einstechen.
4. Faden wieder zum Ausgangspunkt zurückführen, in den Maschenkopf einstechen. Faden auf der linken Seite um die Masche herumführen, in die links daneben liegende Masche wieder einstechen. Mit dem 2. Arbeitsschritt fortfahren usw.

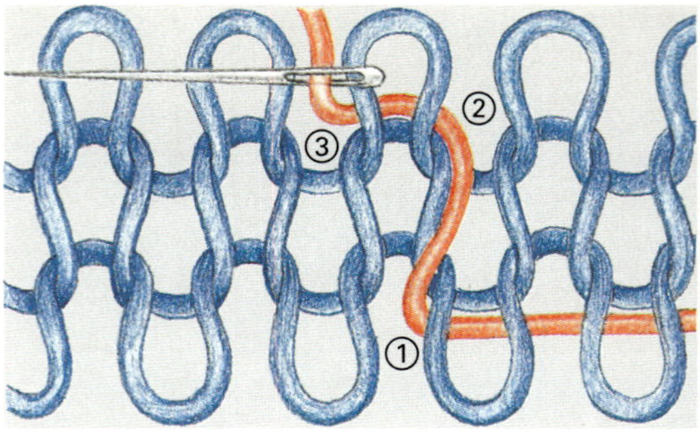

Arbeitsschritte 1-3

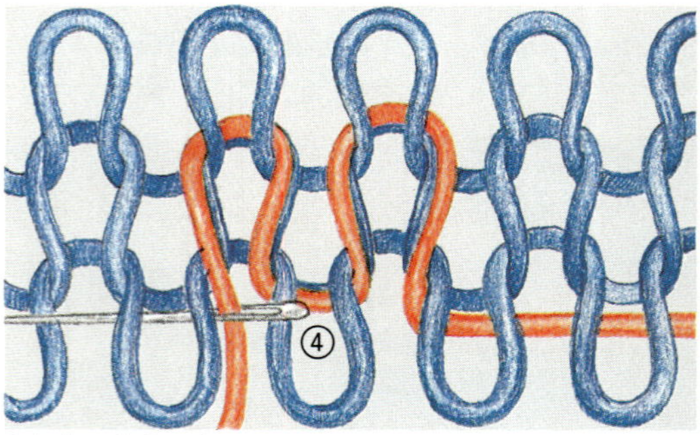

Arbeitsschritte 4 usw.

Mit dem Maschenstich können kleine Risse überarbeitet werden. Man kann damit aber auch Stickereien auf unbeschädigten Kleidungsstücken anfertigen.

Das Muster hierfür sollte zunächst in **einfachen Formen** auf kariertem Papier entworfen werden.

Ausbesserung des Pullovers – Arbeitsschritte

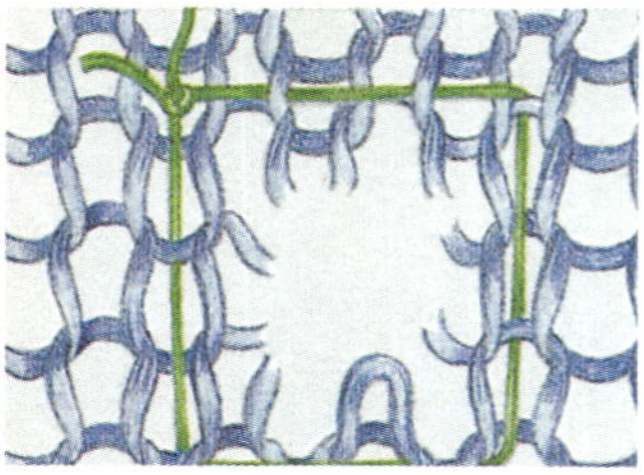

Zerrissene Stelle auf ein Stück Pappe spannen. Rand befestigen.

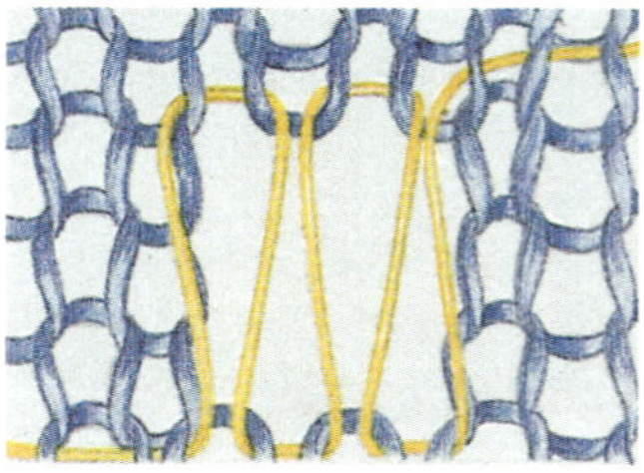

Hilfsfäden spannen. Rand säubern.

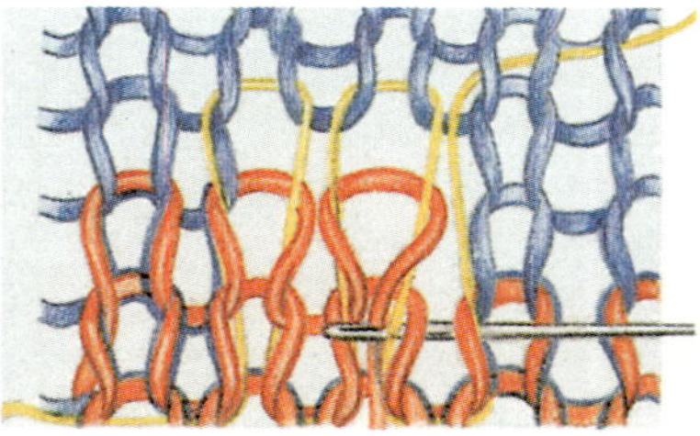

Maschenstiche reihenweise einziehen. Rechts unten beginnen. Hilfsfäden entfernen.

Applikation – ein Flicken kann aufgesetzt werden

Ein roter Apfel soll über das Loch im Rock genäht werden.

Benötigtes Material:
- roter Jeansstoff,
- Haftvlies, auf beiden Seiten mit Klebstoff beschichtet

Aufnähen eines Flickens – Arbeitsschritte

► Ein Motiv auf ein Stück Papier zeichnen. Das Motiv muss 2 bis 3 cm größer als das Loch sein. Motiv auf die Papierseite des Haftvlieses durchzeichnen.

► Grob ausschneiden.

► Jeansstoff mit der linken Seite nach oben auf das Bügelbrett legen. Haftvlies mit der Papierseite nach oben auf den Jeansstoff legen. Bügeleisen auf Wolle einstellen. Haftvlies – nach Gebrauchsanweisung, die auf dem Vlies steht – auf den Jeansstoff aufbügeln.

Beim Aufbügeln schmilzt der Klebstoff, Haftvlies und Jeansstoff werden fest miteinander verbunden.

► Motiv ausschneiden. Trägerpapier vom Haftvlies abziehen.

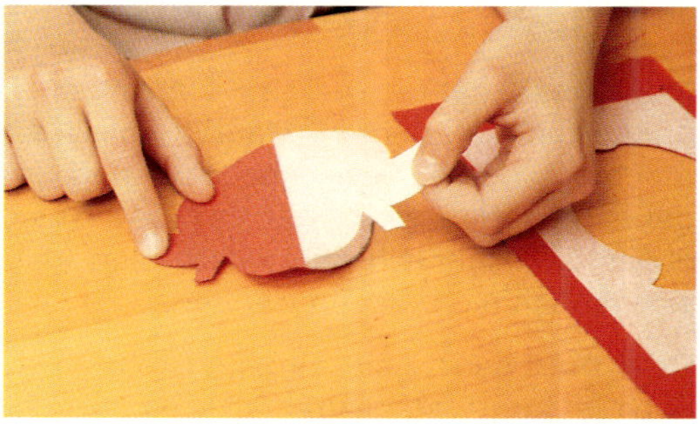

► Flicken mit der beschichteten Seite nach unten über das Loch legen. Unter das Loch ein Stück Pergamentpapier legen, sonst klebt der Flicken am Bügelbrett fest. Flicken aufbügeln.

► Rock auf die linke Seite drehen. Ein feuchtes Tuch über das Loch legen. Bügeleisen – nach Gebrauchsanweisung – fest andrücken, nicht verschieben.

► Der Flicken ist nun fest mit dem Rock verbunden, aber die Schnittkanten können noch ausfransen. Aus diesem Grunde sollte der Flicken noch mit einem eng eingestellten Zickzackstich umnäht werden.

► Für die Naht kann rotes Garn oder auch ein anderer passender Farbton ausgewählt werden. Zickzackstich – Stichbreite 3 bis 4 – einstellen.

Fadenspannung regulieren, die Verkreuzung von Oberfaden und Unterfaden soll auf der linken Stoffseite liegen, also die Oberfadenspannung etwas lockern. Den Flicken nun so umnähen, dass die Schnittkanten des Flickens bedeckt sind.

► Der aufgesetzte Flicken kann nun auch noch durch weitere Steppnähte verziert werden.

Aufpeppen von Kleidung

Manchmal hat man ein Lieblingskleidungsstück, das man ständig anziehen möchte, weil es sich so bequem und angenehm trägt – doch mit der Zeit ist es etwas unansehnlich geworden. Man mag sich jedoch nicht davon trennen.

Oder man besitzt ein Kleidungsstück, das noch in guter Verfassung, aber nicht mehr modisch ist. So möchte man es doch nicht mehr tragen.

Beide Kleidungsstücke geben Anlass zu überlegen, ob man sie gebrauchsfähig erhalten kann. Eigene Ideen oder die gegenwärtige Mode können Anregungen für eine Umgestaltung geben.

Einige Beispiele:

- Verändern der Form: z.B. Ärmel oder Länge kürzen, Ausschnitt vergrößern, Kragen abnehmen.
- Verändern mit Zutaten: z.B. Taschen aufsetzen, Kanten farbig einfassen, Motive aufsticken.
- Verändern der Farbe: die Kleidung modisch mit umweltfreundlichen Farben einfärben oder mit farblich aktuellem Zubehör kombinieren, z.B. Tücher, Ketten, Gürtel, die man auch selbst dazu passend herstellen kann.

Es kommt auch oft genug vor, dass ein Kleidungsstück nicht mehr passt, besonders bei Kinderkleidung tritt dies schnell ein.

Engermachen oder Kürzen ist in der Regel leichter als Erweitern oder Verlängern. Falls neuer Stoff bei der Änderung verwendet wird, sollte er vorher gewaschen werden, damit er später nicht einläuft.

Aussortierte Textilien – noch brauchbare Stoffe – und Knöpfe sollte man in einer Vorratskiste sammeln. Diese „Schätze" können dann beim Ändern und Umarbeiten hilfreich sein.

Stoffstücke, die nicht groß genug sind, eignen sich für Patchworkarbeiten. Das habt ihr ja sicher bereits einmal im Unterricht erprobt.

Manchmal kann man beim Umarbeiten das Prinzip „aus zwei mach eins" anwenden. Die noch brauchbaren Teile von zwei „ausgemusterten" Kleidungsstücken können ein neues ergeben. Durch Material- und Farbkombination entsteht oft ein besonderer Reiz.

Aktuelle Anregungen zum Ändern und Umarbeiten findet man in vielen Handarbeits- und Modezeitschriften. Achtung beim Durchblättern!

Neue Formen, Farben, Zutaten: So bleibt das Lieblingskleidungsstück modern

Rollenspiel: Aus Alt mach Neu

1. *Nennt Gründe, die für eine Umarbeitung/Wiederverwendung von Textilien sprechen.*
2. *Sucht verschiedene Kleidungsstücke heraus und macht Modernisierungsvorschläge.*
3. *Erkundet das Warenangebot in Secondhandläden.*
4. *Führt das folgende Rollenspiel durch.*

Situation

Eine Umweltgruppe hat beantragt: Kleidungsstücke dürfen frühestens nach fünf Jahren zur Altkleidersammlung gegeben werden. In anderen Ländern gibt es bereits seit geraumer Zeit entsprechende Gesetze.

Die Diskussionsrunde hat folgende Mitglieder:

Herr Schneider hält die Forderung für nicht vertretbar. Er sieht den Absatz der Kleidung gefährdet.

Sabine Mode fordert energisch eine Ablehnung des Gesetzes. Fünf Jahre die gleiche Kleidung – unvorstellbar!

Jürgen Wald begrüßt dieses Gesetz, da er die Umwelt schonen möchte. Ob er sein Anliegen auch verteidigen kann?

Frau Schere näht ihre Kleidung selbst. Sie kennt viele Möglichkeiten, ihre Kleidung wieder modern zu gestalten.

Petra Schmuck berichtet über die modischen Veränderungen im letzten Jahr.

Wir bereiten uns in Gruppen auf das Spiel vor
Die Rolle wird zunächst gelesen.

Wir sammeln in der Gruppe Argumente für die Person.

Wir einigen uns, wer die Person spielt.

Wir spielen
Beachtet folgende Spielregeln:

Lasst die anderen Mitspieler ausreden.

Geht auf die Beiträge der anderen Mitspieler ein.

Unterstützt die Beiträge mit Begründungen, Argumenten.

Die Zuschauer beobachten und machen sich Notizen.

– Verhalten der Spieler?

– Aussagen der Spieler?

Wir werten das Spielgeschehen aus
Die Zuschauer berichten über ihre Beobachtungen.

Wir überlegen: Welche weiteren Gründe könnten noch von den verschiedenen Personen angeführt werden?

Wir spielen noch einmal mit anderen Teilnehmern.

Ob es uns gelingt, unsere Mitschüler von der Notwendigkeit einer längeren Verwendung der Kleidung zu überzeugen?

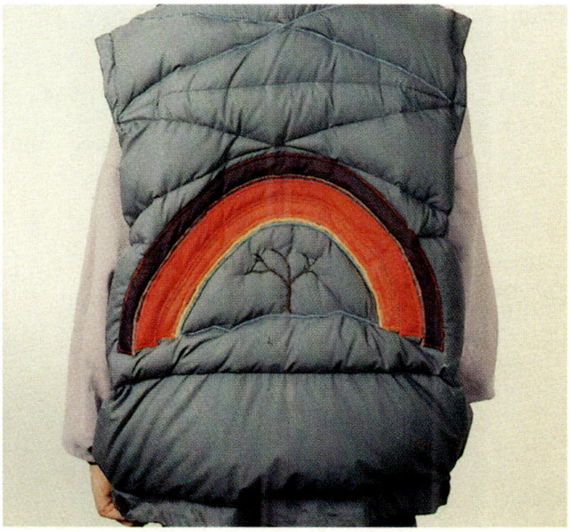

Alte Weste – gefärbt, mit Applikationen und Stickerei geschmückt

Sachwortverzeichnis

M

N

O

P

R

S

T

U

V

Alba Moda GmbH, Bad Salzuflen, 51/7 – Animali Promotion- und Handels GmbH, Oberhachingen, 51/4 – Archiv für Kunst und Geschichte, Berlin, 47/2-4 – Bavaria, Gauting, 42/1+2 – Bayer AG, Leverkusen, 36; 37 – Deutsche Lufthansa, Frankfurt/Main, 67 – Deutsche Presse-Agentur, Frankfurt/Main, 8/5; 56/2; 65/1; 78/2,3 – ECO-LOG Recycling GmbH, Tettnang, 61 – El-Gebali-Rüter, Traute, Prof., Flensburg, 220 – Fontaine, Technologie für Bekleidungsberufe - Grundstufe - Fachstufe 1, mit Genehmigung des Stam-Verlages, Köln, 13 – Gaedigk, Wolfgang, Rellingen, 64/2,3; 90; 171/1; 209/3,4; 211/3; 212/1 – Gay, Claude-Bernard, Hamburg, 7/2; 29; 30; 31; 38; 43; 52; 54; 62; 63; 64/1; 77; 121; 161 – Gesamtverband der deutschen Textilveredelungsindustrie e.V., Frankfurt/Main, 19/2 – Gieseking, Ralph, Hamburg, 209/1,2 – Globus-Kartendienst, Hamburg, 60; 81– Gruner + Jahr AG & Co, aus: Brigitte, Heft 21/87, Kahlbrandt + Kahlbrandt, Hamburg, 147 – Henkel KGaA, Düsseldorf, 212/2,3 – Holzhausen, Brigitte, aus: „Arbeiten und Gestalten mit Textilien", Schneider Verlag, Hohengehren, 179 – aus: Helga Hosens, Schablonieren, F. Englisch Verlag, Wiesbaden, 171/2,3 – Industrievereinigung Chemiefaser e.V., Frankfurt/Main, 16/1; 34/1 – Institut für Textil- und Verfahrenstechnik, Denkendorf, 10/2 – Internationales Baumwoll-Institut, Frankfurt/Main, 26 – Mauritius GmbH, Frankfurt/Main, 42/3 – MEZ Aktiengesellschaft, Freiburg, 150 – Okapia, Frankfurt/Main, 12; 20 (Geduld); 40/1 (C. Voigt), 40/3 (Hergenhahn); 40/4 (Urselmann); 46/2 (Urselmann) – Otto-Versand, Hamburg, 51/8 – Pfaff Handelsgesellschaft für Haushaltsnähmaschinen mbH, Karlsruhe, 95; 96/2; 99 – Quinzler, Gottfried, Sindelfingen, 211/1,2 – Gemälde von Peter Connolly im Römisch-Germanischen Zentralmuseum, Mainz, 19/1 – Schröder, Ralf, Kiel, 78/1; 80; 82; 83; 85; 87; 170/1; 183; 192; 195; 213; 214; 216/1; 217/1; 218/4; 219; 221 – Schüler, Jeanette, Kiel, 28; 46/1; 59; 68; 70; 71/3+5; 74; 75; 76; 89; 91; 120/5; 122/3,4; 129/2; 147/3; 181/1; 184/3; 193; 194, 199/12 – Stone, Tony, Hamburg, 55/2 – Transglobe, Hamburg, 40/2 (Bruwier); 53 (Kanicki); 55/1 (Spierenberg), 55/3 (Bauer); 65/2 (Norenlind) – Ullstein-Bilderdienst, Berlin 14; 45/3; 47/1 – Wolfson, Micha, Ulm, 18/2

Sämtliche nicht im Bildquellenverzeichnis aufgeführten Fotos: Cornelia A. Schlieper, Kiel

Sämtliche nicht im Bildquellenverzeichnis aufgeführten Illustrationen: Birgit Kock, Kiel

Umschlaggestaltung: Harro Wolter, Hamburg